考古民俗叢書

鍛冶の民俗技術

増補版

朝岡康二 著

慶友社

鍛冶の民俗技術　目次

凡例

一、原則として、民具の名称・材料名には〝○○〟を、民具製作技術用語には《○○》を、民具使用に伴う技術名・名称・名詞等には〈○○〉を、引用及び一般名詞・名称等には「○○」、引用書・資料名には『○○』の記号と使い分けたが、民具・材料・技術の間に名称が混用されている場合があり、その区分けに曖昧な所がある。

〔例〕　湯金—技術をさす時と材料をいう場合がある。

一、「型」は定形的なパターンを意味する場合に使用し、単に形態を示す場合には「形」を用いた。ただし、両者の区分けは厳密に行ない得ない場合もあり、同じ名称でも文意によって「形」を用いたり「型」を使用したりした。

一、挿図は内容の理解を助ける目的で用いたので、縮尺は統一されておらず、また、意図的に部分を強調している場合もあり、厳密な実測図とはいえない。

鍛冶の民俗技術

第一章　鍛冶屋の世界

鉄を素材にして作り出してきた製品は実に多種多様で変化に富んでいる。刀剣や鉄砲のような武器、諸職人の用いる色々の種類の利器工具、あるいは鋤・鍬・鉈・鎌のような農具、釣針・突き具等の漁具、釘・かすがい・針、さらに庖丁・小刀・剃刀などの刃物類があり、こうした製品は〈打ち物〉といって、専ら鍛冶師の作るものであったが、この他に鍋・釜・半鐘・犂先のように〈鋳物〉で作るものもあった。これらの鉄器はどれをひとつ取っても何らかの形で人の生活と生業に深くかかわっており、歴史や文化の基層を支え、またそれを動かしてきたものであるといえる。

しかし、それにもかかわらず、これらの鉄器の果してきた本当の役割や、それを作り出してきた職人の世界はまだ十分に明らかにされてきたとは言えないのではないかと思われる。それがどんな技術を基礎として持ち、どんな道筋をたどって発展ないしは変遷をしてきたのか、その伝播はどういう過程をたどったのか、あるいはそれを担ってきた人々の有様は、ということになるとあまりにも漠然としてくる。

周知のように、鉄の技術は鉄鋼材料の精錬に関する部分と、それに加工して製品を生み出す技術とに二分することができる。この両者の歴史的な関係は、今日私達が考えるほどには截然と区分ができるわけではなかったようであるが、それでも比較的に早くから分業化の傾向を示しており、後者の加工技術については〈鍛造〉と〈鋳造〉との二つの質を異にする方法が確立していた。ここでは、このうちの鍛造鉄器とその技術を中心に考えていき、必要に応じて鋳造との関わりにもふれていくことにしたい。

鍛造による鉄器製作を一言で表わせば、すなわち「鍛冶屋の世界」と言うことができる。私達は漠然とした知識をもとに〈鍛冶〉と言えば鉄を打ち鍛えて製品を作るという程度のことは知っていても、もうそれ以上の細かな詮索をしないですませてしまっている。古い文献の解釈などもこの程度の知識を基礎に行なわれてきているが、それで十分であるかどうかはいま一度よく考えてみる必要があるのではないかと私には思われる。

単に一言で打ち鍛えるといっても、そこには様々の要素が含まれている。土地土地によってなんらかの差異を示す分野があり、特別の傾向が見られるとすれば、ひょっとするとそれは異なった技術の伝承過程を示しているのかもしれず、そこから文化伝播の事例を見出すことができるかもしれない。後にみていくように、鍛冶と鉄器の技術や文化においても、我が国の文化形成の重層性に関わる問題を見ることができるのである。それが製品の形態や機能として表出してくるのは当然のことであるが、その一方で、鍛冶の技術形式そのものの中からも抽出をすることが可能になる。

言いかえれば、細かく観察していくと、鍛冶技術の伝承の

1図　鍛冶屋の仕事　立っているのが先手(向う槌)，坐っているのが横座。

中にはいくつかの異なった系統を示すものがあって、それがそれぞれのあり方で、生活や文化や社会的な機能を個別に担ってきていたと見ることができる。おのおのの異なった技術系統は文化の総体の中で相互に住み分けて、それぞれに違った役割を果してきたのだと考えることができるのである。

こうした〈鍛冶〉の世界を考える時に、近代の技術体系や生産様式になれた、いわゆる近代的視点はあまりにも合理主義的で単眼的である。そのために、往々にして事実を単純化して考える傾向があって、そこに錯誤が入り込む。私達は物の存在や技術のあり方を発達の程度に整理をして見ることに馴れすぎており、水が高きから低きに流れるごとくに考えがちであるが、それをもう一度考えなおしてみたいのである。

確かに〈鍛冶〉の世界は鉄材料の性質に基因する一定の技術的な基礎の上に成立しており、そこに現われる生産形態や生産財も材料の性質によって規定されるから、広く共通性を持っていると言うことができる。例えば『百姓伝記』に「刀・わきざし・鑓・長刀・おの・まさかり・なた・かま・惣ての刃物うつに、みな地金・刃がね二色・三色にとゞまる」とあるのは、既にこの当時、鉄材料の規格化が相当に進んでおり、その上に〈刃物鍛冶〉が成立をしていたことを示すものといえる。また、箱鞴の形式と、それに直接にかかわる横座と先手との労働分担の形式も、広く全国的に画一的様式を持っており、しかも、大陸や東南アジアの現状とはかなり異なった様子をみせている。

この他にも、日本に共通の、しかも独特ではないかと思われる要素は幾つかあるが、にもかかわらず、もう少し細かな技法や製品の特徴を観察し、比較検討を加えていくと、基本的にはいくつかの異なった要素の複合体として成り立っていることが発見できる。それを基にして歴史的文脈の中に位置付けようとするのが私の試みであるが、それはそれとして追々述べていくことにしたい。ここでは以後の目安となる鍛冶の分類を一わたりざっと見ることから入っていくことにしよう。それを通して、製品の性格や意義と、その技術との関係に見通しが得られ、さらには歴史的な対応を考える枠組みを作り得ると考えるからである。

一　刀剣鍛冶と小刀、剃刀

鍛冶を考える時に、まず刀剣の世界を思い描くことが多いのではないかと思う。もちろん、刀剣や武器が歴史の上に果してきた役割は無視することはできないし、鍛冶の技術史に限って考えたとしても、その影響には非常に大きなものがあったと考えられる。しかし、今日までのところ、刀剣鍛冶とその他の鍛冶製品との相互の関係についてはあまり研究がなされてきたわけではなく、ただ『職人尽絵』等に刀剣鍛冶が一般のそれと分けて描かれていることや、近世後期の状況から考えて、その分化はかなり古い時代からのことであろうと推測されるのみである。こうした問題は私の扱う範囲を越えているが、中世を通して刀剣の大きな需要が鍛冶の技術と組織にあたえてきた影響は多大なものがあったと考えられ、その意味では特に、中世後半の大和・京・美濃・備前の作刀職人集団における、生産技術・材料鉄及び製品流通、あるいは座の形式、支配関係等はさらに深く検討されなければならないものと思う。このような展開の背景には、特にある種の新しい技術体系の需要と拡大とがあったものと考えられ、鋳物師や鉄山師の問題とも併せて総合的に研究をしていく必要があるといえる。

作刀職人の集団は、近世に入ると刀剣の需要の減少に伴い、その多くは拡散し消滅していく。しかし、刀剣の技術的伝承は庖丁・小刀・剃刀・鋏等の生活利器に受け継がれて新しい展開を示してくるのである。その背景には、作刀技術と小刀・庖丁・剃刀の世界をむすびつける上で、技術と製品の性質の上に、ある種の共通の性格があったものと考えられる。その上に〝小刀〟を除く他の製品は比較的に新しく普及していったものであって、在来から作られてきた鍬や鎌のような製品の生産流通とは抵触することが少なかったと考えられる点も、系譜を考える上で考慮に入れておかなければならない。

〝小刀〟が作刀職人の集団と深くかかわっていることは明らかといっていいであろう。実際問題として、腰刀や鞘巻と諸職の用いる〝小刀〟をどのように区別できるかは難かしいことであって、鞘巻を白鞘に仕立てれば〝小刀〟ということになったものと思われる。様式的なことで言えば、刀は鎬作り・切刃作り・平作りの三種類に分類できて、腰刀や鞘巻は平造りということになり、これに類似の〝小刀〟を、皮細工・曲げ物細工・弓作りなど諸々の職人が用いて細工を行なっている状態は、『職人尽歌合』等の絵画資料でよく見るところである。

ここで注意しておく必要のあることは、こうした小刀の利用は軟質材料を対象とした軽加工に専ら用いられている点で、これは単に形態的な適応関係を示すということばかりではなく、鍛冶技術の上からみた系譜上の問題をも含んでいるのである。この事は、なぜ新刀の作刀法があのような複雑な技法を確立していったのか、という問題とも関わってきて、もうすこし多面的な説明を必要とするであろう。ここでは簡単に〝小刀〟は本来は《総鍛え》で作られたものであったから、刀剣一般と同様に、あまり高炭素の鋼は用いられなかったという点だけを指摘しておこう。《総鍛え》の場合にはあまり高炭素の鋼を用いると、《水焼入れ》を行なうことが技術的に困難になるのである。

この事が、〝小刀〟が他の鉄製民具、たとえば鉈や鎌等と非常に異なることを示す面なのである。鉈や鎌をはじめとして日本の多くの刃物利器は、後述するように《割込み刃金》もしくは《付け刃金》の技法を用いて作られており、これによってあれほどに鋭利な〝和剃刀〟をも作ることが可能になったのであった。

要するに〝小刀〟は、ごく古い時代の刀剣作りの技法をそのまま受け継いできたものであると考えることができる。そして、この性質は〈先尖り〉の刃物に共通のものとして近年まで残って来ているのである。即ち専ら山で用いられてきたヤマガラシ・サスガ・マキリ等も、腰刀や小刀と同じように《総鍛え》で作られてきたとみられるからである。私の実見した例はそう多くはない。だからあまり決定的なことは言えないが、同じ山の道具でも、こうした〈先尖り〉の刃物や、斧のように別の意味で古風の技術を残してきた物と、鉈や鎌のような刃金付け法が用いられている物とははっきりと区別することができる。

ここで美濃の作刀集団を代表する関流の一例について、それがどのように刀剣から民具製作へと変化をしていったかを見ておこう。

中世の後半には、西の備前とならんで隆盛をほこった関七流の刀剣鍛冶は、近世的再編成の過程で各地に四散していくが、その中の有力な一派、兼常の一統は上有知《こうち》（現美濃市）に移住して定着をすることになる。『濃州徇行記』(1)の上有知の項には「当処にて鎌を打ち出し、是は年内大凡金百三十両程なり」との記述があり、『濃陽志略』(2)『新撰美濃志』(3)等にはこの兼常一統が鍬や鎌を作る農具鍛冶となったかの如くに記されている。

しかし、享保五年（一七二〇）の『関鍛冶改帳面写』(4)をみると、ここに当時の関七流の流れをくむ鍛冶九十名近くの名前が記載されており、その中で奈良派・兼常一統は総数で二十四名の多くを数えているが、その内の十九名は〝小刀〟を作るとされている。この外に〝薄刃〟（庖丁を指すものと思われる）を作る者が二名、残りの者は鋏・矢根刃針・彫物ということである。兼常一統以外の派に属するものであっても〝小刀〟を打っているものが大多数をなしており、この他には剃刀鍛冶がやや目立っている。こうして、刀や長刀等の武具を作るものわずかに四名となり、関の鍛冶はほぼ完全に転業してしまっているのである。

そこで、前出の〝鎌〟を小刀鍛冶の職分の中に含め得るかどうかということになるが、私の見方ではそれにはすこし無理があるものと思われる。どうも前記の『濃陽志略』等には紛れがあるのではないかと考えられるのである。

これに関連して、この地を支配していた尾張藩の鍛冶頭・津田助左衛門家に残されてきた鍛冶支配文書を見ると、(5)寛政十一年（一七九九）の「役銀上納書上」の記録が残っており、ここから尾張藩支配の農鍛冶・船鍛冶の分布状態を一応知ることができるのであるが、その美濃の分の中で、上有知村・洞戸村・附知加子村の三村についてはすこし特殊な記載がみられ、それが上有知村では特にはっきりと表われてくる。

この書上の美濃分においては、本役(役銀六匁)・半役(同三匁)の鍛冶屋がまったく現われず、無役(肝煎・同付役、及び困窮)と四半役(役銀一匁五分)に限られており、この点で本役と半役を基本とする尾張知多の鍛冶と対比できるのであるが、その上で前記の三ケ村に限って「代願本役」という記述がある。上有知村についてみると、総札高二十三枚、無役六枚(肝煎三枚、同付役二枚、困窮一枚)、本役半役なし、四半役九枚、そして代願本役八枚が計上されている。この総札高二十三枚は、前記の『関鍛冶改帳面写』の兼常一統の総数二十四名にほゞ見合っており、このあたりの数が長く固定された株数であったことを暗示しているが、問題は代願本役で、これに対する役銀は一枚あて十五匁ということになっており、通常の本役役銀のほぼ三倍ということになる。いかにもこれは特殊な存在である。その上で上有知村に特別な点としてもう一つ無役肝煎三枚・同付役二枚と無役のものの多いこともあげられる。藩内最大の鍛冶集団であった知多大野においてすら、無役行事二枚・同付役四枚であったからである。

こうした上有知村の状況をどう解釈すべきかは難しい問題である。今のところこれ以上の資料を私はなんら持っていないのだが、しいて言えば、ここにはすでに産地的な形態が出来上がっていたのではないかと想像される。そして、その中に代願本役を位置付けてみるならば、それを鉄物問屋であったと想定することも可能ではないかと思うのである。即ち、代願本役とは、株仲間の外に位置する農閑鍛冶を数多く配下に取りまとめていたことを示しているものと考えられ、そういう鉄物産地問屋を想定して、初めて役銀十五匁という金高も了解できるものと思う。

以上のような見方で上有知村を理解することが許されるならば、それは知多大野の農鍛冶・舟鍛冶とはまったく対照的な性格をもっていると言え、全国的な流通網に接続をした世界を想像することができる。したがって、ここでは大阪にむすびついて全国的な流通をもつ製品が生産されていたものと考えられ、それが〝小刀〟であったということになるであろう。上有知村に移住した関兼常の一統は、そこに座を組み、小刀鍛冶に転業して大阪送りの小刀・剃刀・庖丁等の、やや高級な刃物を作っていたものと思われ、『和漢三才図会』の記述で美濃土産とされているような「小刀(関)、剃刀、庖丁」の産地であったのである。

こう見てくると、前出の地誌等に現われてくる上有知の鎌とは一体どんなものであったのかということになる。もちろん、当時において美濃鎌が自給されていたことは確かなことである。近年の記録をみても、昭和十年代の岐阜県ではほぼ鎌の半分が自給をされていた記録があり、地鎌が有力だったのである。私はまだこの地域の地鎌について鎌型・技法等を調査したことがないのであまりはっきりとしたことは言えないが、美濃鎌は越前鎌・播州鎌などのごとく、問屋の流通ないしは行商等を通して広い商圏を作り出していったとはいえないようであるから、〈地鎌〉の段階を越えられなかったのではないかと考えている。それは古い時代から美濃刀鍛冶座の外延に形成されていたもので、特産としての小刀が全国的商品であったのに対して、おのずと別の伝承を持ってきたものではないであろうか。

中世末期の美濃では、すでに刀剣鍛冶座を中心として、その周辺に鎌鍛冶を含むさまざまの地方《ちかた》を対象とした鍛冶が成立していたものと考えられ、この両者の間には大きな技術的・社会的な落差があったものと思われる。それを別の言い方で表現すると、美濃鍛冶とひとことに言っても、その中にいくつかの個別の技術的伝承を考えることができて、兼常一統のような刀剣鍛冶は株仲間を形成し域外商品を生産していくが、もう一方の周辺の鍛冶達は株仲間外に半農半工として残されてきて、それを支配していったのが〈代願本役〉ではなかったかと思われるのである。

いずれにしても、備前鍛冶とならんで一時期東西の作刀集団の双璧をなした関七流も、享保年間には刀を作るものわずかに四名といった状態となって、刃物鍛冶に転じてしまっていることに注目しておかなければならない。

この他にも、関の諸流はそれぞれに各地へ分散していった。その中で、岐阜へ移住したものには兼船が剃刀鍛冶として、宗利は裁縫刀、坪内は毛抜き、そして盛道は鋏鍛冶として名を得て、それが後代にひき継がれていったといわれている。特に盛道の場合には、〝盛道鋏〟としてほとんど固有名詞のごとくになって、各地に伝えられて行った。

このように各地の城下町等に拡散していきつつ徐々に転業の道をたどった刀剣鍛冶は、もう幕末に至るまでふたたび刀鍛冶としての勢力をもりかえすことがなかった。刀鍛冶は、鍛冶の特殊な一領域に限定されつつ細々と受け継がれてきたのである。

ここで刀剣鍛冶の衰微を示す例をひとつだけあげてみると、享保四年(一七一九)の越中前田家の文書に「領分之内ニ打物仕候鍛冶何人程有之候哉」(6)の問に対する回答がある。それは次の如くである。

松平長門守城下越中国富山ニ致住居、打物仕候鍛冶左之通御座候。弥次兵衛清光、弥助清光、右両人兄弟ニ而御座候。元祖藤嶋友重より十二代鍛冶相続罷在候。両人ともニ銘清光と打申候。此外ニ打物仕候鍛冶無御座候。

このように、越中富山の城下には〈清光〉と銘する刀剣鍛冶しかいなかった。他所の場合にも大同小異の状態であったと考えられるから、これが近世の実状であったものと思われる。

だから、この時代の刀剣の技術は、ごく特殊なものとしてほそぼそと伝承されてきたと言ってよく、その場合にも、呪術的ないしは美的、儀礼的な観点が大きくなっていた。その結果、細かくは様々の技巧がこらされるようになるが、大局的には古風な鍛冶技術が残って、質的な発展はもうここからは生じてこなくなるのである。しかし、近世も末期の乱世に入ると、刀剣の需要はふたたび増加をしてくることになる。そして、この過程において、伝来の一子相伝的な世界は徐々にくずれて、広く開放されていくことになる。それに伴って、その一方で、作刀の伝統が鍛冶職一般の精神的な支柱となってくる面を生じた。自己の出自を刀剣鍛冶におくことによって技術の正統性を主張するものが多くなり、実際に彼らも刀剣を打ち、その修業も行なったのである。全国どこを歩いても数代に亘って続いている鍛冶は、元は刀鍛冶であったと言うことが多いのはこの時代を反映していると考えられる。近世の刀鍛冶は「禁庭　公儀御用」の免許を宗匠家の藤原金道から得ていたが、大工道具鍛冶、剃刀鍛冶あるいは鋸鍛冶などもこれを得て自家の技術の正統性を主張し、またその鑑札と高張提燈とによって流通の上での特権を認められるといったこともあったのである。

一例をあげると、佐渡の羽茂の百姓、市郎平はもともとは農鍛冶であったと思われるが、事情によって江戸表へ出て暮す間、弘化五年(一八四八)には〈日本鍛冶宗匠家三品伊賀守藤原金道〉より前述の「禁庭　公儀御用」を得てその一門に名を連ね、作刀を行なっている。もちろんこれは多分に名目的なものにすぎなかったものとみられるが、実はこうした権威をもとめる背景には、市郎平が天保八年(一八三七)、あるいはもうすこし早く同五年から、羽茂において〝千刃扱き〟の製造を始めて、対岸の越後平野へ売り拡めていったことが関係していると考えられるのである。羽茂の千刃扱きは、以後急速に地場産業として興隆していき、東日本の代表的な産地となっていく[7]。その具体的な過程はここでは述べないが、同様の例は他にも多くみられ、金道の免許はかなり乱発されているのである。播州加東郡北条村は比較的早くから剃刀鍛冶が有力になっていた所であるが、ここにも文化十二年(一八一五)の金道の免許状が残されており[8]、このような禁庭御用・公儀御用の刀鍛冶の免許状が新しい鍛冶産地の成立と特産品の興隆に一定の役割を果したと考えられることは興味深いことである。

このことはまた同時に、刀剣の技術的な影響も拡がっていった状況を示しているものともみられる。特に明治時代に入って、廃刀令の以後には失業同様になった刀剣鍛冶も多かったから、彼らの転業も様々な方向へ向ったからである。明治時代の鋸鍛冶・刃物鍛冶等は玉鋼の下し鍛えに秀でていたが、その技法を各地で聞き歩くと、おどろくほどに画一的であることがわかる。そこに新刀作刀技術として確立した玉鋼の利用技術が、一般の鉄器の製法にも応用されていった跡を見出すことができるのである。

このように、刀剣鍛冶とその技術伝承を受け継ぐ世界は、当然のことであるが刃物を中心としており、小刀・調理庖丁・剃刀・鋏等の、どちらかというと町の暮しに関わるものが主であって、小刀の場合には様々な細工職でさかんに使用されてきたものでもあった。それが今見てきたように、近世の末期にもうすこし広く応用されるようになっていき、新しく産地を再編成する力となる。こうして現在の基礎を作ってきたのである。だから、この系統には農山漁民の生活生業と関わる部分が比較的弱かったということができる。そこから、農山漁民の世界にむけて伝承をしてきた鍛冶とは異なる、一個の独立した系統を形作っていたのだと考えてみることも可能であると思われる。たとえば、ひとことに庖丁といっても、そこには〃式庖丁〃にむすびつく〃割烹庖丁〃の流れがあり、これに対して、漁村で干物を開いたり、鮭やブリの腹を割ったりした〈漁民の刃物〉とでも言うものが考えられ、さらに〃菜切り庖丁〃のように、本来は株切りや桑切りのための刃物であったものが糅物《かて》きざみにも利用されていき、後にだんだん小形になって、現在の家庭の〃菜切り〃に受け継がれてきた場合など、それぞれに異なった系統と見なすことができる。その一々について鍛冶の技術の伝承の上でもなんらかの性格の相違があり得ることを考えていく必要があると思われる。

以下に、そうした実際的な面からみた鍛冶のあり方を述べていくことにしたい。

二　様々な鍛冶屋

ほんのすこし以前まで、あちらこちらの小さな町の通りに面して、あるいは村の集落の中に紛れて、場合によってはちょっとした漁港のはずれに、煙出し用の煙突を突き出した、煤けた佇まいの鍛冶屋を見掛けることができた。もちろん今日でも、すこし注意深く気を付けて探し歩くならば、まだまだ細々ながら営業を続けている鍛冶屋に出会うこともないではないが、もう大方は消えていってしまった。

こうした鍛冶屋の姿は、当然のことながら日本にだけ特別に見られたものであったわけではない。私の訪ねて歩いた範囲でも、東南アジアの各地、中国の町々にも同じようなあり方が残っていて、それらはいずれもほぼ類似の形式と構造とを持っている。そして多分これは、近代化以前のヨーロッパにおいてもまったく同様であったのではないかと考えられる、一時代前のごく普遍的な様式であったと言ってよいものと思う。その歴史は長く、その役割もまた大きかったのである。

こうした諸々の鍛冶のあり方は、先に見てきたような刀剣鍛冶の系統的、系譜的な研究、ないしは支配側からの資料の上からはなかなかその実態が見えてはこないのである。だから、もしこうした鍛冶のあり方に関心をいだくとなると、そこには当然異なった視点が要求されてくることになる。ここでは、それを仮に生態的な研究方法と名付けておくことにしたい。即ち、彼らが持っている技術や製品のあり方、その伝承と伝播の型、社会関係等をできるだけたくさん観察して、文献などに現われる世界の基礎に横たわる、基本的な性質を探ってみることが必要となるのである。それはおそらく技術と社会関係の複合形態として表われてくるものと思われ、それ故に生態的といってみたのだが、その構造の上に個々の歴史的な局面を考えていくことができそうに見えるのである。

三　生物(なまもの)と釘鍛冶

数多くの鍛冶屋を訪ね歩いてみて気の付いたことの中に、〈刃物〉をまったく作らず、焼入れ作業も行なわない鍛冶屋が相当数いるということがあった。このことは、考えてみればごくあたり前のことではあるが、これによって私の持っていた、鉄器はすなわち利器、と考える単純な固定観念はあっさりと崩れてしまったのである。たしかに鍛冶屋の技術(鍛造技術)には《鍛造成形》と《熱処理》とのふたつの要素があり、その複合として成立しているから、目的とする物によっては、ただ《鍛造成形》をほどこすことのみによって成り立ってきた。これこそが最も古い鍛冶の技術を受け継ぐものであったと考えてよい。この領域は長い時代の間に徐々に拡大し続けたものと考えられ、その役割は無視できないほどに大きかったはずである。

近世の後期に成立していく鍛冶産地のかなりの部分は、このもっとも単純な技術を基にして生まれてきて、それがだんだんと高度なものへ移行をしていき、熱処理を含む製品へと発展していったことを示している。それは単純な技術工程であったから、それだけに早くから産業的な組織と量産的な工程区分とを生み出すことが出来たのである。そして、その産業的組織と量産的な分業形態こそ、その後の発展の基礎をなしたものであった。

鍛造成形だけによって作り出される製品を、土地によっては〈なまもの〉といってきた。〈なま〉とは焼入れを行なわず、従って硬化させないことを指しており、普通の場合には軟鉄が素材として用いられている。その上に、〈なまもの〉の場合には、接合技術としての《ワカシ(鍛接)》も伴わないことが普通であると考えてよい。〈なまもの〉鍛冶があつかうものはただ素材を鍛造加工して形を打ち出す範囲に限られていることが多い。このことは、接合技術としての《ワカシ》が刃金加工もしくは刃金付けと密接に関係していることを暗示しているのである。

こうした〈なまもの〉には、家釘・舟釘・鎹(かすがい)などの他に、ヤットコ・火箸・囲炉裏やかまどの金輪など様々のものがあって、その種類はたいへんに多い。その中には、暮しの中で重要な役割を持った製品もかなり含まれているのである。

しかし、〈なまもの〉を鍛える鍛冶屋を、今日、町や村を廻って探し歩いてみても、もうほとんど見掛けることはできなくなっている。これらの大半は大阪の周辺の特定の産地や、東京でいえば三河島や鳥越付近、あるいは新潟県の三条のような場所に集中しており、そうした、いわゆる町工場も、現在ではどんどん工具工場等に変化をしていっているからである。この種の製品は前述のように早くから量産的な性格を持っていたから、そのために工場制生産に入るのも早く、それに伴って製法も様式も、洋風化していく暮しと共に変っていったのである。

これを別の言葉で表わしてみると、〈なまもの〉はその量産的な性格の故に、問屋制による全国的な流通網に早くから接続されてきたのであり、その流通機構の最末端に〈なまもの鍛冶〉が位置付けられていたのだということになる。作り手の方から言えば、工程の単純さ、熟練の必要性の低さから量産(数物作り)によって利益を得ることが目差されることになり、その一方、製品性格の上では、土地柄等の理由によって製品の形態に差の出る余地の少ない物が多かったから、この両面が原因となって問屋制の発達をうながし、交易品として普及していったのである。

このような性格を考えていくと、〈なまもの〉を代表するものとして、まず〝釘〟を考えてみることができるであろう。釘はもっとも早くから特産化したものであって、かつ流通の拡がりも大きなものの一つであった。

敦賀の釘鍛冶について『福井県物産誌』によってみてみると、文禄年間(一五九二〜九六)におこり、近世の後期にははなはだ盛大となっていき、近江・伊勢・美濃その他の国々に移出をされていたという。そして、その最も盛時には六十戸以上の鍛冶屋を数えるほどになっていたといわれている。一方、石塚資元(一七七八〜一八五〇)の手になる『敦賀志』によると、敦賀の鍛冶は当時「金ケ辻子」と「鵜飼ケ辻子」の二個所に分かれていたということで、前者の「金ケ辻子」の方には二つの流派の刀剣鍛冶が系譜を残していた。その一流は千代鶴国安の末流といわれて、「関某」を名乗っていたということである。もう一方は「刀称屋某」として、その当時(『敦賀志』の時代)も引き継いで残っていたとのことであるが、この「刀称屋」は、慶長年間に越前中納言季康が気比神宮へ奉納した太刀を鍛えたものの末裔ということで、実際に慶長三年(一五九八)付の大谷氏の発給した「地子本銭永代免許」の書状を所持していたという。

ところで、もう一方の鍛冶町である「鵜飼ケ辻子」の方は、前述の「金ケ辻子」よりも更に古い時代に出来た所であると伝えられている。伝承によれば若狭早瀬浦から鵜飼が渡って来て住みついたために、この地名が起ったものであると伝えられている。そして鵜飼ケ辻子は、一町内が皆鍛冶を生業としており、その作る製品はもっぱら碇・釘であったというのである。ここから、敦賀鍛冶の古い製品が廻船にむすびついた碇や舟釘であったことが推測されて、瀬戸内海の鞆の釘鍛冶の場合によく似た性質を持っていたことを暗示している。備後鞆は後に舟釘から家釘製造にも対象を拡大していき、洋釘の普及によって大きな打撃を受けるまでは非常に有力な産地であった。

ところが敦賀においては、文化年間(一八〇四〜一八)に刀根市左衛門なるものが、「上質」の千刃扱きの製造を開始したといわれている。『物産誌』の記述によると、それ以前から敦賀鵜飼ケ辻子では千刃扱きが作られてはきていたが、この刀根市左衛門の手によって大きく発展をしたのだということのようである。釘鍛冶集団の中から千刃扱きの製造が発生して、それが大きく発展していったものの例として伯州倉吉のこともあげることができる。同様の発展形式をたどった例は、更にすこし新しいものとして、瀬戸内側の尾道の場合や出雲の木次をも付け加えることができるのである。[9]

さて、ここで注意しておかなければならないことは、倉吉にしろ敦賀の場合にしろ、こうした釘鍛冶の集団は早くから大阪の鉄釘問屋にリンクしていたものと考えられることで、この回路をたどって、千刃扱きの穂作り(中仕立て穂・半仕立て穂)が釘産地にふりあてられていったのである。言いかえると、千刃扱きの穂作りは、実は釘作りとまったく同じ技術・生産体系を前提として始まり、徐々に大阪問屋の支配下から自立をとげていくのである。伯州倉吉の場合には、その自立過程を具体的に表わす指標として《黒打ち》から《磨穂》への移行があげられる。これにはいくつかの技術的要素が含まれているが、一言で表わすならば、〈なまもの〉から〈浸炭鋼(液体浸炭)〉によるものへの発展を示すと言ってよく、この過程で半製品である〝穂〟の大阪への出荷から、完成品としての千刃扱きの出荷へと移り変っていったものと推測される。こうして倉吉の浸炭鋼技術は特に〝伽羅鋼〟と名付けられて、特産化していくのである。

このような倉吉の状況から見ていくと、刀根市左衛門が敦賀で創業した「上質」の千刃扱き製造は、おそらく二つの側面を表わしているものと考えられてくる。ひとつは倉吉における《黒打ち》から《磨穂》への移行に対応する、全く技術的領域に関わることであって、それは後代の千刃扱きの状況から見て、《黒打ち》から《刃金付け》への発展を示すものであると考えることができるのである。この発展によって、敦賀は倉吉の場合とは別個の技術を作りあげていく。この両者の相違の故に、明治時代の新しい状況に対応して生み出されてきた様々の改良技術は、両者の技術を基本として、その間の相互影響の中から生じてくるのである。だから、もうひとつの側面を考えると、この技術的な発展を基礎として、敦賀においても単なる穂作りの段階を脱して、完成品の生産と販売へと進んでいったのだと考えられ、それ故に以後ながく〈トウネヤ〉の名称は上質の千刃扱きの代名詞として、後述の若狭早瀬の行商人達に受け継がれていったのである。要するに、この刀根市左衛門が、前述の「金ケ辻子」に地子免許無役の地を持つ「刀称鍛冶」となんらかの関係があったものとすれば、この時点で、刀剣鍛冶のもつ刃金技術の一部分が釘鍛冶集団の千刃扱きの穂作りに受け継がれて、そこから敦賀鍛冶の世界は新しい展開を生み出していったのだと考えることができる。こうして敦賀千刃扱きも大阪鉄釘問屋から相対的に独立をして、新しい製品と販売網とを作り出していったのである。

敦賀釘鍛冶の千刃扱き作りをめぐる問題はこれで終りとはならない。というのも、鵜飼ケ辻子へ渡ってきて、その鍛冶集団の基を作ったと目せられる鵜飼の郷里、若狭早瀬浦の方も、天保五年(一八三四)ごろには千刃扱きの製造を開始して、以後またたく間に大産地に成長して全国に売られていったからである。こちらの方は古くから行商力に富んだ特異な土地柄であったから、その活潑な商業力は全国津々浦々まで及び、行商人が売り歩くことで〈若狭金扱き〉の名を高めていった。

早瀬浦は三方五湖のひとつ、久久子湖と外洋とをつなぐ地峡の位置にある。そして、険しい峠によって対岸と切断されていたために、陸路づたいに内陸と繋がることはできず、専ら湖上の舟が往来に利用されていた。だから、早瀬浦は廻船によって外洋から運ばれてきた舟荷をここで一旦おろして、湖舟に乗せ換えて対岸へ輸送する中継地点ということになり、その面から言えば津としての性格を持っているが、より古くは湖上生活者の集団とみなしてよいのかもしれない。明治時代の初期の記録をみると、廻船五十石以上を三艘、その他に十五艘を有しており、廻船業にあたるものが三名いたことが記されている。

このように、早瀬浦は漁村がだんだんと津の性格を得てきたというものではなく、中世以来の長い歴史を持つところで、そこには特別な性格がみられるのである。たとえばその一例に、早瀬は地先の浜にすらなんらの入漁権を持ってはおらず、しかも古くから遠く隔たった常神半島の先端に飛地を持っており、そこから渡ってきたという伝承が残っている。こうした「飛地」を考えると、あるいは先に見てきた敦賀の「鵜飼ケ辻子」も同じような「飛地」として早瀬に結び付いていたのかもしれない。

この他にも、挙げればまだ個性的な要素を幾つか持っており、それらを総合してみると、早瀬浦の人々と鵜飼との間にはなにか関係があったものと想像される。その人々が湖上輸送にも従事していったことから、早瀬浦はだんだんと津の性格を持つようになってきたのではないかと私は考える。これを証するなんの記録も伝承も地元には伝えられてはいないが、早瀬浦の人々が京への魚行商にさかんに出かけていたことは記録も残っており、また伝承もされてきている。たとえば、『若狭漁村史料』にある「早瀬、日向両浦庄屋、組頭、熊川宿法ニ付願状写」宝暦六年(一七五六)等から、京の市内でのふり売りの権利を持っていたことがわかる。それによると、元来は魚行商には関銭がかからないものであったが、まぎれて町店へ卸し売りするものが出てきたことで紛糾をしたもののようである。ごく近年までこの浦の人々には、対岸の村々へ塩漬けや粕漬けの魚をふり売りして歩いたものが多かったという。

その上に、早瀬浦は鍛冶もまた早くから発達をしていたらしいのである。前述のように天保時代以後には千刃扱きの生産が有力な産業にのしあがるのであるが、明治初期の記録を見ると、それと同等かもしくはそれ以上に、鋸も生産されている。津に船釘鍛冶が生ずるのは当然といえば当然のことであり、そこから千刃扱きや鋸の産地になっていったと見ることはごく自然のことであろう。この面からも敦賀釘鍛冶との密接な関係が暗示されていると思われるのである。このように、鵜飼・魚行商・湖上輸送・廻船・釘鍛冶・千刃鍛冶・千刃行商といった流れがあったものと見ていくことが出来るならば、敦賀の鵜飼ケ辻子の釘鍛冶の問題はなかなか興味深く、まだまだ調べてみたいことがたくさん残る。

釘(舟釘・家釘)は取り分けて量産的な性格を持った製品であったし、基本的な技術の上からみても比較的簡単であったから、この釘作りを基礎として鍛冶集団が形成されていき、それが後にはもうすこし高度な技術を必要とする製品の製造へと徐々に発展をしていったことは前述のごとくである。そこで更に一、二の例を付け加えれば、播州の在村鍛冶工業の成長過程もこの枠組みから見ることができる。ここでは刃ヤスリ(目立てヤスリ)や剃刀へと発展をしていき、さらに鎌の生産に移行をしていったのだと考えられる。播磨鎌の商人は、藩政時代後期にはすでにかなり遠方まで行商に出ており、今まで知られていたよりも古い時代から、この地では鎌作りが活発であったようである。いずれにしても、寛政時代以後の播州鍛冶の中心地のひとつ三木の金物問屋資料を整理してみると、この移行過程がおぼろげに見えてきて、それは前述の伯州倉吉の釘鍛冶とも密接な関係を持っていたらしい。また、越後の信濃川流域の鍛冶産地の場合も有名であるが、この場合も、農閑稼業による江戸送りの釘作りが産地形成の基礎をなしていたことは明らかである。江戸が焼けると三条や燕は栄えたのである。

そこで、こうした釘作りの鍛冶を考える上で注意をしておかなければならないことの一つに、どんな鉄材料が用いられていたのかということがある。こうした材料が記録に残っていることは少なく、それを詳しく知ることははなはだ困難であるが、伝承等から判断をすると、そこに古鉄や屑鉄の再生利用ということが浮びあがってくる。古鉄や屑鉄の再生利用は鉄材料の性質から考えれば当然のことであって、その再生循環の仕組みにはいくつかの道筋が考えられる。これについては後に詳しく述べてみたいので、ここではいくつかの事例をあげるに止めておこう。

広島県の鞆は従来は舟釘・家釘・碇鍛冶のさかんな所であったが、その釘作りは洋釘の普及によって大きな打撃を受けたことは既述してきた。ここには今日でも鉄鋼船を解体して、その鋼材を再生する企業(元は碇鍛冶)が営業をしているが、その本来の姿は釘鍛冶へ卸す材料供給にあったのではないだろうか。鞆については、まだ調査したことがないのでこれ以上のことはなにも言えないが、こうした鉄鋼船の解体とその古鉄再生はある時代には非常にさかんであって、この流れは後には、鉄道の廃レール、車両の解体利用へと受け継がれていくことになる。

前出の佐渡羽茂の千刃鍛冶は、明治初年に小木港の沖に沈没した秋田藩、佐竹家所有の鉄鋼船を引き揚げようと試みて、その権利の獲得と金策に長い年月をかけ、最終的には引き揚げに成功した。これを解体して千刃扱きの材料にしたというのである。この一例に限らず、私は鳥取県の倉吉をはじめ、各地の千刃鍛冶がどんな材料を用いてきたのかを大分聞き集めてみたが、結論から言えば、その大半はなんらかの再生鉄や屑鉄であったということができる。こうした再生処理には大小様々の規模があって、あちらこちらでそれぞれの方法で行なわれていたものと思うが、千刃扱きの事例から逆に釘の場合について推測をしていくと、新しく精錬して出来た新鉄が直ちに釘に用いられていたということは考え難いことである。このことは釘鍛冶集落の成立に大きな意味を持っていると考えられ、今後の研究を必要とするものであると思う。

四　鍬鍛冶と出職

釘や鎹のような〈なまもの〉以外にも、一般に刃物とは考えられていない鍛冶製品の重要なものが他にもあった。それは鍬である。先に「刃物を作らない鍛冶」と述べてきた時に、私はなまもの鍛冶や釘鍛冶を考えるのと同時に、この鍬作りの鍛冶をも想定していたのであった。私なりの分類を用いれば、釘鍛冶と鍬鍛冶は、その存在様式の根本的な違いから「刃物を作らない鍛冶」のふたつの側面を代表しているということになるのである。

しかし、なぜ鍬が刃物の中に入らないのかということはそう簡単に説明できることではない。鍬もある時代から以後には焼入れがされてきたし、刃金付けも普及しているからである。これについては後に技術的な観点からすこし詳しく述べる。そこから鍬作りの技術的な変遷と形態上の問題が生じるからである。しかしここではもうすこし簡単に考えて、砥石をかけながら使用するものかどうかで〈刃物〉かそうでないかを区別することにしておこう。砥石を用いる鉄器は常に砥石と共にあるから実用になるのであって、その刃物としての性質は砥石によって規定される。言いかえれば、砥石の性質が刃物に反映して、それによって出来が決っていくことになる。

さて、鍬を作る鍛冶屋を一般には〈農鍛冶〉ないしは〈野鍛冶〉といっている。この表現はかなり古くから用いられてきており、その上にこう呼ばれている鍛冶屋は日本中どこへ行ってもかなり共通の性質を示している。もっとも支配側からの文書には紛れのある場合があるが、それは彼らが刀剣鍛冶を鍛冶の中心と考えて、それ以外を野鍛冶と考えてきたからであった。

普通の場合には〈野鍛冶〉には刃物を作る技術は伝承されてはいない。近年になって、民間の鉄器が質量共に非常に増加して〈野鍛冶〉を取りまく状況に変化が生じてくると、彼らもそれに対応して多角的な技術を必要とするようになってきた。こうして〈野鍛冶〉はあらゆる鉄器を取り扱うようになってきたが、刃物の場合には再生修理に限っているところも多いのである。

なかでも薄刃物(庖丁・鎌等)、特にその中でも《二丁鍛え(二枚重ね)》で鍛える技法を用いて作る製品は、まったく手掛けないのが普通のことである。《二丁鍛え》の製品は薄く打ち延すものであるから、刃先を掛け継ぐことは困難である。それらは基本的な性質からみて、再生修理をほどこして使い継いでいくといったものではなく、むしろ使い尽してしまう消耗品といえるものであった。だから当然のことではあるが、〈野鍛冶〉に再生修理が回ってくるということも少なかったのである。

このように、野鍛冶が刃物を取り扱う場合には、肉の厚いものが中心となっていて、一般には鉈などに限られていたと言ってよい。斧の場合には、作り方がやや特殊であったから、刃先を掛ける修理にあたる程度と考えてよく、新規のものは作らなかった。鉈を作る例の方はかなり多く見られるから、鉈の性格を考える時にはこの点は注目しておかなければならない。鉈は唐鍬や備中鍬などと基本的には同じ技術系統に属するものと考えることができ、この事が反映して〈野鍛冶〉の作る製品の中に含まれることが多かったのではないかと思われる。これについては後にもうすこし具体的に考えていくことにしたい。

いずれにしても現実には地域によって差異がかなりあり、私の見聞した範囲もそう広いわけではないから、これからも資料を収集していく必要があろう。しかしともかくも今までに見聞きしてきた特徴からみて、〈野鍛冶〉は刃物作りとは異なった技術を基礎にしており、その存在様式もまた固有のものを持っていたと言うことだけはできる。そこでここでは鍬作りを主な生業としてきた鍛冶職を〈農鍛冶〉と表わしていくことにしたい。〈刀剣鍛冶〉に対して〈野鍛冶〉と称したのとは異なって、ここでは鎌作りや庖丁作りなどを含まないことにする。

刀剣鍛冶・刃物鍛冶・釘鍛冶・農鍛冶等はそれぞれに異なった技術上の伝承を持ち、また、実際に要求される能力もそれぞれに異なった側面を持っていたが、それだけには止まらず、集団そのものの存在形態、さらにはその歴史的な変遷の上にも大きな相違があったものとみえる。そこで、以下では〈農鍛冶〉を特徴づけていたものが、前述の製品や技術的な領域の他にどのような方面に表われてきたのかを見ていくことにしたい。

〈農鍛冶〉は土地柄や環境に深く密着している存在であったから、その地域の固有の歴史や生活や生業と深く関わっていた。だから、あまり一般化してしまったり、普遍的な概念におきかえてしまうのはよい方法とはいえないかもしれない。しかも、私の見聞きして歩いた鍛冶屋の多くは、どんなに遡っても明治二十年代以前の状態について明確な知識を持っていたわけではないから、当然にそこには限度があって、これをそのまま引き写して近世のそれへと繋いでいくことはやや危険な面も持っているのである。

そこでまず近世の後期の状態についてすこし地方の史料を参照しつつ、見聞や伝承によって得た知識を相補っていくことにしたい。そこから〈農鍛冶〉とはざっとこんなものであったということが理解できると思うのである。

〈農鍛冶〉は一軒一軒がばらばらに独立して村々に居住している場合と、ごく限られた場所に集中して集落を形作っている場合とがあった。私の見る機会の比較的多かった関東地方や東北地方では分散的な傾向が強くみられ、越後をはじめとして日本海側では集合的な色合いが濃いように思われる。こうした相違の背景に何があるのかは十分にはまだ判らないが、総じて言えば、〈農鍛冶〉は近世後期から徐々に分散傾向を示し、在方居住が多くなっていったものであるから、その流動過程の中で様々の差異が生まれてきたのだと考えられる。この時に、藩をはじめとする支配側の対応策や既存の株仲間、あるいは村方の受け入れ姿勢等、様々の地域的な要因が働いてきたのである。

このような農鍛冶の在方居住、ならびに拡散状態を示す具体的な例は少なからずあって、その比較研究が必要となるのであるが、ここでは手元の資料の中から一例として、飛驒高山や古川方面から美濃地方に南下して、村々へ移住していった農鍛冶の場合をあげてみることにしたい。

東部美濃の、現在は東白川村に含まれる神土村には、明和四年(一七六七)の「地借証文之事」[10]以下の関係文書が残っている。それによれば「神土村え飛州古川より安右衛門と申農鍛冶、父甚六郎より二代」に亘って来村していた。そして「当村清五郎殿地之端ヲ借、住居候処、去七月九日之夜之満水ニ家ヲ流シ申ニ付、利八郎殿御内ニ、愚父先年借居申候ニ付…略…御貸被下忝次第候」ということになる。この親子は以前は利八郎地内に借家をしていたが、なんらかの事情で清五郎の所へ移り、それが出水で流されたために元の所へ移りもどるということで、かなり以前からこの地に鍛冶として入ってきていたことを示している。借家は普通は十年ないし二十年の年季を限って、受証文を出して借入れているのであるから、この明和四年をさかのぼること二、三十年前からのことであると思われる。

その後に、安右衛門の忰、久六と六平のうちの六平がこれを受継いで、ひきつづき天保年間まで神土村にて地細工(農鍛冶)を行なっていく。天保五年(一八三四)の一札には「六平部屋住ニ付　同人兄久六代判」とあって、これに連署して飛州吉城郡鍛冶山下屋久六・同親類同村山下屋甚助・同村五人組頭山下屋喜助の名がみえるから、山下屋の一族は古川を中心としてかなり多数の鍛冶職をかかえていたのではないかとみられる。兄の久六の方は神土村には来ておらず、どこで渡世をしていたのかは不明である。神土村の権利は、父安右衛門から部屋住みの弟、六平が受け継いでいるのであるから、あるいは安右衛門の入鍛冶した村はこの他にもあって、それを受け継いでいたのかもしれない。いずれにしてもこうした出職鍛冶の形式が古い時代のあり方であったことを暗示している。

これに似た例を幾つか拾ってみると、安永三年(一七七四)の飛騨郡代の「覚」には、同じ吉城郡の木曽垣内村から二名の農鍛冶が東白川に「入鍛冶ニ相越候」ことがみえ、また文政十年(一八二七)にも東白川の越原村へは高山の西川原町から、川裾屋忠右衛門与下、広瀬屋利助の子直太郎が引越してきて空家に入り、農鍛冶細工を行なっている。さらにもう一つ付け加えると、柏本村にも同じく高山の川原町から、組頭谷屋次三良組下、古川屋甚吉が妻子と共に文政七年(一八二四)に入鍛冶をしており、これに関してはやや詳しいことが判る。

実は甚吉はこの入鍛冶に先がけて、文化十年(一八一三)に高山の勝久寺から「往来一札」を発給されており、この間に十年少々の開きがある。この間に他所で鍛冶を行なっていたものか、あるいは既に文化年間より柏本村に入鍛冶に入っていたのかは記録の上では判明しないが、この柏本村入鍛冶の一札がほぼ十年の開きをもって出されているところから考えると、これは年季変りにともなう書き改めであると考えることができる。このように入鍛冶した甚吉は、文化十年に往来一札を得て川原町から出職に出るようになってから三十年近くを過ぎた後の天保十一年(一八四〇)に至って、こんどは一族の「引越願」を出して、これが許可されて本籍も柏本村に移るのである。

それまでの間は他所者として農鍛冶に従事していたのであるが、文政七年の入鍛冶には夫妻に子供も引き連れているのだから、この時にはもう生活の拠点は柏本村方へ移っていたものと推定され、季節を限って訪れる出職鍛冶ではなかったと考えられる。すこし想像をたくましくしてみると、「往来一札」を持って村へ入ってきた農鍛冶は、初めは季節季節を限って訪れて来て、決った家に宿借りをするものであったが、村との付き合いも長くなり、二男三男を分家に出す時などに、ここに分家一家が構えられたのではないだろうか。このことは前出の神土村の場合にもあてはまるようで、甚六郎と安右衛門の二代の時代は、あるいは季節的な出職であったかもしれないが、これが部屋住みの息子、六平に受け継がれてから後には、もう村方居住に変っていき、在方鍛冶として土着していったものと考えられる。

そこで〈入鍛冶〉といわれているものの形式的な面をみていくと、次の如くではなかったかと思われる。まず、地請、寺請状をたずさえてきて、村方の承認を得ることができると、村内のだれかから十年ないしは二十年と年季を限って地先に家を借り、その上で代官所に願い出て許可を得るということになる。

もっとも、すべてが初手からこうであったかどうかということになると、もっと簡単に、ただ一片の「往来一札」を得て、親方や親類等による身元保証を携えてくるばかりの事もあったのではないだろうか。こうした状況に株仲間の統制が上から加えられていき、仲間独占が強く出てくると知多半島の大野鍛冶のような「出職鑑札」による制限が生まれてくるのである。(11)

いずれにしても、前述の史料に現われるところは、十年、二十年と年季を限って「住居候」「居申候」あるいは「借居」等と書かれているところを見ると、主たる生活基盤はすでに出先の村に移っていたものと考えられ、その上で一定の年限を経て、出身地との間の縁が薄くなっていった者の中からは「引越」をするものも現われてきて、まったく出先の村の住人に組み込まれていってしまうのである。先に見てきた古川屋甚吉などはこの典型ではなかったかと思われる。甚吉が柏本村に〈入鍛冶〉に入ってから「引越」に至るまでに少なくとも十六年掛っており、郷里の高山川原町から出職に出たころからは二十七年を数えている。この「引越」によって本籍を抜けて在方の寺の宗門に入ったのであった。

ところで、高山近在の『丹生川村史』を見ると、高山から十五キロほど北方に位置する大萱村の六兵衛家の家暦の欄外に書き込まれていたという、次のようなものが残っている。

文政六年十一月より十二月迄入鍛冶宿凡四十日余居候。内手前細工七日。

これは十一月より一ケ月間に亘って鍛冶に宿を貸し、多分はその礼として一週間を自家の細工にあてさせたことを表わしているのであろう。そうすると、ここに出てくる鍛冶屋は一ケ月、二ケ月とあちらこちらの村々を移動しながら、有力な家に宿を求めて、仕事納めには礼奉公として宿親の求める品々を鍛え、また移動をしていくといった生活をしていたのであろうか。

しかし、この丹生川村の事例は十一月から十二月へかけてと年の暮のことであったから、もう少し考えてみなければならない事情もありそうに思われる。出職形態とその季節との関係は、色々の問題が含まれているとみなければならない。特に鍬作りとその時季は農事暦との関わりが深く、鍬という農具の本質的な性格にむすびつくものだからである。このことに関してはもう一度後で取り上げることになると思うが、ここではこの丹生川村の場合に示されている年の暮の出職は案外に古い様式ではなかったかということにふれておきたい。なぜならば、鍛冶のあり方の一方の根底には半農半工のようなところがあって、それと農閑稼業を元にする在村工業との間にはなにかの繋がりが感じられるからである。こうした考えを押し進めて見ていくと、専業の農鍛冶が多量に生まれてきて、今見てきた過程をたどりながら在に展開していく状態は、あるいは農鍛冶が土地から引きはなされて専業化していく過程でもあったのだと思われる。

いずれにしても、東部美濃には飛驒高山、あるいは古川から多くの鍛冶が〈入鍛冶〉に出掛けるようになっていき、それが出先に落着いていくのである。これに類する記録は他の地方においてもまま見られる。三河吉田や尾張知多半島の大野の例についてはもうすこし詳しく後に示すつもりである。

そこで、この時に村方がどのような対応をとっていたかという点も注目しなければならない。例えば、前述の東白川村などに比べれば、はるかに開けていたと考えられる土岐の妻木村の場合にも、寛政七年(一七九五)の文書[12]に次のようなものがある。

奉願上候書付之事

妻木村御知行所の内、先年百姓農具鍛冶有之候処、近年暫打絶無御座候間、甚以百姓難儀至極ニ奉存候間、百姓之内ニて、農道具鍛冶工伊兵衛と申者壱人取立仕度奉存候間、惣百姓共ニ難有奉存候。

寛政七年

これを見ると、以前は在村鍛冶がいたが今はなく、鍛冶のできる百姓がいるからこれを取立てて鍛冶を行なわせてくれるようにという願い上げである。当時は尾張藩の鍛冶職統制がひとつの転換期にさしかかっており、寛政九年(一七九七)には御札目付役が設けられて強化されているから[13]、この場合にもあるいは百姓伊兵衛は以前から鍛冶を行なっていたのであるが、この時に改めて願い上げをする必要が生じたということなのかもしれない。いずれにしても前出の寛政十一年(一七九九)の尾張藩鍛冶頭文書「役銀上納書上」の中には妻木村分はあがってはいない。

この妻木村の例にも表われているように、村方では村内居住の鍛冶を必要とするようになってきた。鍛冶の来村は、元はといえば村々にぜひ農鍛冶が必要だということから起ってくるのであって、その必要の高まりが農鍛冶の分散と増加とをもたらしてくるのである。こうした状況の背景を考えると、それは〈農鍛冶〉と〈農民〉との間にある特殊な緊密性によると表現することができよう。元々〃鍬〃のもつ固有の性格からくるものであって、〈農鍛冶〉は鍬のあり方によって規定されていたのである。

鍬の性格を考えていくと、その対象となる田畑は、他の鉄器や利器刃物が対象としている各種の材料や加工品とは異なる。地域的な相違が大きく、土壌の物理的な性質は様々である。そのために、鍬の形態や性質にはそれに対応した細かな相違が要求されるようになってくる。いいかえれば、鍬は土質や作物にそれぞれ適応しなければならなかったから、土地土地に実に様々な変種を生んできたのであった。

ごく限られた狭い地域に限っても、平場と傾斜地、砂地と粘土地、あるいは砂利混りと山土など、耕起作業の条件に差があり、さらに湿田と乾田等々によっても影響を受けることになる。こうしたそれぞれの条件によく対応する鍬が農民から要求されるようになってくると、農鍛冶はこの要求に一つ一つ答えていかなければならないから、その面から必然的に土地に密着せざるを得なくなっていく。だから、あちこちで聞く農鍛冶の話には「わしらの仕事は、上手に鍛冶ができれば一人前というものではない。実際に鍬を使う田んぼや畑のことを考えながら作るのだから、他所の鍛冶屋に持っていってもうまくはできやしない」といった内容がよくある。そこでは、農鍛冶は鍛冶技術を持つと同時に、農作業や土質など土地の事情によく精通していなければならない、それが資格のひとつであるとすら考えられていたことを表わしている。

農業経営がより高度に集約的になってくると、それに伴って農鍛冶に要求されてくる内容もますます細部にまで及んでいき、それぞれに適応した細かな技術がますます集積されてくる。こうして農鍛冶の分散、村方への定着はさらに進行していったのである。

しかし、農鍛冶の村方居住を進めた要因にはもう一つ重要な面があって、この点も見落とすことはできない。農鍛冶は単に鍬を作り上げるということだけではなく、いや、実際にはそれよりも重要な仕事として、鍬の修理再生を行なってきていたのである。

鉄器のうちには、親から子へと数代にもわたって次々と受け継がれていった刀剣や武具のようなものから、一代一生のものとして使用された職人の諸道具、あるいはそれほどではなかったにしても、比較的息長く使用に耐えた庖丁類や剃刀などの刃物があり、さらに、時によっては一年と保たない草刈鎌のような消耗品まで、物の寿命という面からみても様々なものが含まれていた。当然のことであるが、そうした個々の物の性質に見合って、生産様式なり、使用文化なりがそれぞれに形作られてきたのであるが、ここでも鍬はかなり特殊なものだったのである。

なぜならば、鍬先(鍬の鉄部)はそれ総体としてはかなり長年にわたって使用に耐え得るものであったが、しかしその一方で刃先の部分は比較的簡単に消耗してしまった。その消耗が耕起や畑のサク切りなどの作業能率の上に大きな影響をあたえたのである。この点は田鍬よりも畑鍬の方により大きく表われてくるが、いずれにしても先が磨耗したからといって、ただちに廃棄してしまうには鉄そのものがあまりにも貴重なものであった。だから、鍬には《先掛け(サキガケ・サイガケ・サッカケ)》ということが付いてまわったのである。

古い話になるが『延喜式』をみると、鍬と馬鍬は旧品と引きかえにして、新しい製品を下付している記述に出会う。例えば「内膳司」の「凡作園…略…其鍬七十四口。鍬柄卅枝。鋤柄卅四枝。並二年一請。旧鍬返上。馬鍬二具。旧返上。辛鉏　鬪良二枚。鋒四枚。已上随損請。車二両。年別請」の如くであって、この時代からすでに鍬に固有の前述の性質が現われているといえよう。

この場合には多分は回収された古鍬はまったく打ち直されてしまって、単に鉄材料として取り扱われたものと考えられ、それがもう一度新らしい鍬に仕立てられたのではなさそうである。周知のように当時の鍬は、鉄と共に庸調として産鉄諸国より集められたものの外に、木工寮下の五畿内および周辺諸国の鍛冶戸によって作られていた。『延喜式』にはその材料鉄についてはまったく記載がないので明らかにはし難いが、当時の鍬の形態や構造から考えていくと、近世の《先掛け》に類する方法が行なわれていたとは考え難く、むしろ回収された古鍬は〈鉄工〉としてあげられている釘作りの方にまわされたのではないかと考えられるのである。

「鍬形」という図形がU字形であることは、長らく鍬先はこの形態を持っていたことを示している。実際に、絵画資料で見掛ける鍬はかなり後代までこの形式を伝えているが、これに《先掛け》をほどこすことは技術的に困難な点が多いと考えられ、もし《先掛け》が行なわれたのならば、もうすこし刃先の形態に変化が生じたはずなのである。私の考えでは、《先掛け》の普及は刃先が直線に作られた鍬の出現と関係があり、そこには鉄材料とその取り扱い方の変化といったこともむすびついていたのである。

話が前後してしまったが、ここで《先掛け》について簡単に説明をしておく。《先掛け》とは古い鍬の磨耗した先端に新しい鉄を接合して、古鍬を再生する方法である。そして、この補修は一個の鍬先に対して何回も繰り返して行なわれていったのである。この技術の具体的なことについては後にもう一度詳しく述べることになるが、ここで大切な観点は、この作業を通して鍬の改良や適応が進められていき、地域に密着した分化が生じてきたことなのである。いいかえれば、日本の鍬(風呂鍬)の発達はこの《先掛け》に負うところが大きかったといえる。前述の、農鍛冶の分散をうながした農民の要求も、手近に新鍬を得るということよりも、まず先掛けの必要にあったのだと考えられる。

鍬のこのような再生の仕組みはその基本的な性格とよく見合っており、その点を考えると、これが特に我が国に特有のものであったのかどうかには疑問が生じてくる。いやむしろ、この方法も案外に鍛冶技術や材料鉄技術を含んだ、ある時代の渡来文化の一端であったのではないかと私は想像しているのであるが、それが日本では実に見事に発達をしたのであった。《先掛け》は農民の一年の生活のリズムに深く組み込まれて、生産暦と関わり、現在まで受け継がれてきている。今日でも農鍛冶を訪れると、年の暮や春先の春耕のすこし前の時季には、沢山の古鍬が集まっているのを見ることができる。ここにこそ農鍛冶の特徴が如実に表われていると言えるのである。

五　鎌鍛冶とその特徴

比較的に実状のわかっている、近世の後期から明治時代を通して見られる状態を基にして、鍛冶の社会的な形態を類型化してみようと考えると、それは〈立地〉の状態を規準として三つの場合に分けていくことができそうである。ここで〈立地〉といっているものは、端的に言えば〈町〉と〈村〉と〈産地〉のことで、それによって鍛冶の存在形態を象徴させるのである。こうした方法を用いることで鍛冶の総体を一応は表わすことができるのではないかと私は考えているのである。

もちろん、三者がそれぞれに持つ生産構造やそこから生じる相互規定は、より厳密には時代性を持っており、近世社会の最終段階に位置するものとして、あるいは明治時代の固有の状件の下での現象としてしか把握することはできない。しかし、既に〈農鍛冶〉や〈釘鍛冶〉の場合に示してきたように、こうした立地的な区分は基本的な点でその製品構成と不可分の関係にあって、製品の性格そのものによって規定されていると考えることができる。そこで、こうした立地と製品性格とのかねあいを見ていくことから、もうすこし深い認識が得られはしないかと思うのである。

〈町〉〈村〉〈産地〉といった区分は、製品の種類と生産様式、生産規模と相互関係を持っているが、それは同時に、流通のあり方とも関わっている。これを簡略に表現すると、流通圏域の規模と考えることができて、産地の広域的流通、町の地域的流通、村の村落的流通ということもできるであろう。したがって、これから考えていこうとする〈町の鍛冶〉は中間的な規模を持つものであって、その中間的、地域流通的な性格の故に、近世後期から伸長をしてくる産地製品の販売力と競い合い、対立していった。その具体的な過程を見ていくためには、地域の産業流通史的な視点をぜひ必要としており、そこには様々な問題がある。私は十分に見通すほどの資料を持ってはいないし、一体にこうした問題は土地土地の事情による差が大きく、一般化しにくいものである。いずれにしても〈町の鍛冶〉を考えていこうとする時には、この問題をさけて通ることはできないであろう。

町の鍛冶屋

日清戦争以後の明治三十年代の時代から急速に洋鉄、洋鋼が普及していき、これを通して鍛冶技術は比較的容易なものに変り、材料の供給も安定すると共に広域化していった。だから、農村の次男、三男が口べらしを兼ねて鍛冶に弟子入りをしてその技術を修得すると、それぞれが独立して一軒をかまえることが行ないやすい時代になったのである。一人前になったものの中には腕だけをたよりに諸国を流れ歩き、他所の親方も腕前を見てそれが気に入れば雇い入れるということもあった。だから遠い他国に住みついたものもいたが、普通はそのまま町で一軒を構えたり、出身の村へもどって開業したりしたから、村の農鍛冶は急増し、また町の鍛冶屋もふえていった。こうした状態は各所に残っている鍛冶組合の資料からうかがうことができる。ちょっとした地方の町で、明治初期には数名しかいなかった鍛冶が、三十年代後半には十数軒を数えるような例もままみられるのである。

鍛冶組合の中には、古い時代の株仲間をそのままに受け継いで、それを新しく組合に衣更えをしたものも多かったが、それ以外にもこの時期には、町を中心に、あるいは郡をひとつの単位として結成されていく場合も多かった。明治時代は、鍛冶に限らず職人の時代であるといえる側面を持っていて、新しい受け皿が作られていった。

この時代にはもう鉄の利用はかなり拡大をしつつあったから、鍛冶の領域もそれに伴って拡がっていった。しかし、基本になっていた製品は在来からの農具が中心で、町の鍛冶の手掛けたものは、その内でも特に鎌類が多かった。もちろんこれにも地域による相違があるから、全国を一律にみることはできない。しかし、例えば新潟県の三条の金物商人の取り扱った商品構成をみていくと、鎌以外の、暮しに用いる鉄器類が急に増加をしていくのは大正時代に入ってからのことである。それ以前には、暮しに用いる様々の鉄器の需要は相対的には少なかったものと推測できる。

比較的に産地産の鎌の流入の遅かった東北地方では、近年まで鎌鍛冶があちらこちらに残っているのを見ることができた。だがそれらも、産地から下ってくる安価な鎌が増えてくると、徐々に圧倒されていく。その上、近年は鎌の総需要の減少の結果、鎌からはなれて庖丁類などの日常に用いる鉄器の製造に変っていくものが多く、これも昨今の

〈町の鍛冶〉のひとつの傾向であるが、こうした変遷のあり方を逆にたどって本来の姿を推測していくと、町に鍛冶屋があるからといって、それが直ちに町の暮しを背景とするものではなかったことがわかる。基本的には、周囲に散在する村々へ向けて成り立っていたものであったとみなせるのである。従ってこの性格を基本にして鍛冶を分類してみれば、村々を回遊する出職農鍛冶（もしくは在村の農鍛冶）と、居職による店売りや市売りの鎌鍛冶とに区分をすることができる。後者は後に金物屋へも卸すようになっていくのである。

すでに釘鍛冶のところでもふれてきたが、越前や播州のような全国的な産地で大量に生産されて、広く各地へ流通していった鉄器はその種類が限定されており、鉄器刃物であるならばなんでも産地の生産が可能になるのかというとそうではなかった。これにはもちろん技術的・社会的な変化など、常に時代相が反映をしてきたが、それにもかかわらず、大枠は長い時代に亘ってそうは変らなかったように思われる。

早くから産地的な生産が行なわれてきたものには、中世の相模・備前・美濃・大和等の刀剣があり、その他に針・毛抜き・鋏のような小形の製品があるが、これを受け継ぐことから、畿内を中心にして剃刀・庖丁・小刀などが特産品となっていき、次いで鋸や大工道具のような職人の刃物がこれに含まれてくる。

このような〈下り物〉としての鉄器類の特徴は、ひとことで言うならばものの寿命がかなり長いところにあり、このことが決定的な意味を持っていたのではないかと私には思われる。製品の寿命が長いということは、入手する際にはそれだけ慎重になり、吟味も行き渡り、使用の上にも特別の配慮が生まれてくる。そこに、単なる実用の「もの」として以上の意味があたえられてくることになるのである。

特に職人の場合には、道具によってその生業を支えたということに止まらず、それによって自己を表現し、自己を確認してきたという側面がある。常に道具と共に一生を送ったのであるから、こうした気持は更に強められたのであった。その上に、彼らの用いた利器刃物はかならずしも一代に限って使用されたものではなく、時には三代、四代と受け継がれ、使い継がれてきた場合もかなりあるから、道具そのものの受け渡しが技術の伝承を示し、それを保証もしたのであった。これが制度的になってくると、年季明けに親方が弟子に道具一式を買いあたえるというものに変ってくる。

ところが近世の後期に台頭してきた鎌の産地生産の場合には、その意味するところがかなり異なっているのである。なぜならば、鎌は比較的古くから各地で分散して作られるようになってきており、畿内の先進地域から地方へ売り下って普及していったものではない。そのことが形態や使用法にも反映をしている。これについては後に述べるつもりであるが、鎌の形や製法に広く全国的に共通した様式を見出すのは困難なことであって、この点が前述の〈下り物〉とは違うのであった。その上に、鎌は基本的にみてまったくの消耗品であった。一本の草刈鎌が数十年に亘って用いられていくということは考え難いことなのである。毎年のごとく購入して、すぐに使い古していくのが常態であった。草刈鎌の使用技術については後にふれるつもりであるからここでは省略するが、普通に考えて、一年か二年で使い尽してしまう程度のものであったと考えておいていい。

ところで、中世の農家の家産の書上げの中に鍬はよく書き込まれているが、鎌の方はまず見掛けられないとのことである。[14]これは網野善彦氏から御教示をいただいたことであるが、考えてみれば当然のことのように思われる。鍬は比較的消耗が少なく、そのために動産と考えられていたが、鎌は非常に磨耗の速いものであったから消耗品と考えられていて、財の中に含まれていなかったものと言えるからである。近世においても諸職職人の道具類は貴重な財産とみなされており、一式として質に入れられることもままあって、そういう文書が色々と残ってきているが、鎌はそういう性質のものではなかったのである。

鎌の性質をよく表わしている例をひとつあげると、こんなものがある。それは、産地から鎌を担いできて、村々を廻り売る行商人から買う場合であるが、鎌を購入する村の人々は、本当のところは鎌を買ったのか、借りて使用をしているのかの区別があまり明白につかなかったらしいのである。明治時代の行商はもう銭勘定になっていたが、それ以前は米や雑穀で支払っていた。それがなんでこのように曖昧なのかというと、多くの場合に鎌売りは古鎌を下取りとして取っていたからであった。そして、村廻りの行商人は毎年定まった時季にかならず訪れるもので、すっかり顔なじみでもあった。売りっぱなし、買いっぱなしということはなかったのである。だから、古鎌の下取りは、見方を変えると新鎌との交換と考えることもでき、これが毎年毎年繰り返されていたから、借りた鎌を用いてそのちびた分だけの使用料を支払っているのだと考えても、なんの不思議もなかったのである。

要するに同じ刃物利器とはいっても、鎌は刀剣・剃刀・庖丁・諸職の利器等とは相当に異なったあり方を持っていて、その発展も自ずから別の道筋をたどってきたのだと考えられる。

この鎌と刀剣以下の刃物との発展過程の相違は、前述のように後者がごく部分的な例外を除くと、ほぼ全国的に共通の形式をもっているのに対して、鎌は地域によってかなり細かく、技術的・構造的・形態的に差異を持っていることに表われる。私の調べた範囲だけでも、関東地方に五百種類以上の鎌型があった。整理の方法によってはもっと少ない種類に再区分することもできるのであるが、それにしても、このように多種類であることには驚かされる。そして鎌の場合には、鍬の種類が多いという場合とは全く意味が異なり、使用状態の差によって生ずるというよりも、作り手の側のあり方を反映している面の方が大きいのである。その点から考えて、鎌はごく小さな商圏の中で、それぞれに個性を磨いてきたものであると言ってよく、これは〈町の鍛冶〉のあり方にむすびつく。その構造が決定的に崩れてくるのは、鎌の有力な産地の興隆と他国売りの活発になってくる近世の後期に至ってからのことであった。

各地に市がたち、港や渡しや門前や社前に町が生まれてくると、鍛冶も周辺に住み付き、近辺の六斎市に鉄器を商っていったものと考えられる。城下に職人町がつくられて、鍛冶屋が鍛冶町に集められた時にも、基本的には〈町の鍛冶〉のあり方はあまり変ってはいかなかったのではないかと私は考えている。〈町の鍛冶〉はほぼそのまま近世に受け継がれてきたのではないであろうか。しかし、実際にその過程を示すとなると、ほとんど資料らしいものを得ることはできないから、多分に推定的にならざるをえないのである。以下に例をあげて考えてみることにしよう。

『喜多院職人尽絵』の鍛冶師

慶長年間(一五九六〜一六一五)に描かれたものであると考えられている『喜多院職人尽絵屛風』には二種類の鍛冶が出てくる。片方は「刀師」とあって、こちらはたぶん慶長新刀と名付けられている一群の新刀と関わるものと思われるが、もう一方は単に「鍛冶師」と記されているものである。

「鍛冶師」は煙出しの天蓋を持った藁葺きの家を仕事場にしており、周囲の壁などに出来上がった製品が掛け並べてある。それを見ると、火箸・錠・下げ鉤・鍋の弦・庖丁・紙截ち・ハナ付鉈・鎌・弦掛け鋸の他に、長持ち簞笥の棹通しや火打ち鉄と思われるものがみられる。通常はこの鍛冶を〈農鍛冶〉とみなしているようであるが、実はここには鍬先や鋤先はまったく描かれてはおらず、どちらかというと町の暮しにむすびつく器物が多いから、私なりの言い方をすれば、これは即ち〈町の鍛冶〉ということになる。〈農鍛冶(野鍛冶)〉とは言い難いものと思われるのである。

たしかに藁屋に住んでいる風情からみると、〈町の鍛冶〉ということもむずかしいかもしれないが、京中にも田舎であったことは、『洛中洛外図絵屛風』のよく描くところである。実際に私の近年の鍛冶屋歴訪の中にも、町のはずれに仕事場を構えている鍛冶の例は少なくはなく、小さい集落をなしていることもよくあった。こうした居職鍛冶は、もちろん鎌だけを専業に作ったと言うものではなく、その他の様々なものも注文によって打ち分けていた。ここにもそうした品々が描き込まれているのだと思われるのであるが、しかし、こうした種々雑多なものによって生業が成り立っていたとはちょっと考え難いのである。

なぜならば、こうした品々をも作る背景には、鎌がかなり季節性をもった製品であって、その結果、これを打ち鍛える時期も季節が限られるという事情があった。だから鎌に専念する時期以外には、こうした諸々の品物の注文を受けて製作していたのである。このことは、今日でも基本的には変らないものと言える。

ところで、鎌の購入時季（鍛冶の立場からみれば販売時季になる）は東日本と西日本とでは少し違いがあったようである。このことは鎌の使い方とも関係してきて、なかなか複雑な問題を含んでいるから、後に少し詳しく考えてみるつもりである。ここでは、西日本では春秋の彼岸が道具揃えにあたっていたが、東日本では春の草刈りに入る前に買い調えておくのが普通のことであった点だけを述べておく。もっとも、西日本の場合には、秋口の方が重要であって、稲刈りの前に買い入れておき、新鎌はまず稲刈りに用いられる。そこから段々と使い下されていくのが基本的な用法ではなかったかと考えられる。春の購入の方は麦刈りとむすびつくものと思われ、したがって、春秋二回の道具揃えが生じてくるのは、裏作の田麦作りの普及と関わっているのではないかと推測しているのである。

東日本の事例については、私はかなり色々の例を聞いてきたが、鎌鍛冶が草刈鎌を作るのは春までのことが多かった。それから夏にかけては、近年は造林鎌や地払い鎌と、この季節に用いるものの需要があったから、そうした植林用の刃物を専ら作り、真夏はほぼ休みとなる。秋から冬に向けては炭焼きや杣人の道具、鉈や技打ち鎌といったものを作る。こうした流れが多いのである。このような生産形態であったから、この中の鎌だけを取り出せば、信州鎌の産地である北信の村々のように、農閑稼業から発展していくことも可能になるのである。

要するに、産地が形成される以前の鎌鍛冶は、鎌を中心に製造をしていたが、注文がありさえすれば、その他の様様の鉄器をも併せて鍛えるものであったはずで、それらは鎌作りと季節的に区別されていた。これが〈町の鍛冶〉のおおよその姿ではなかったかと私は考えている。『喜多院職人尽絵屏風』に描かれている「鍛冶師」は、こういう種類の鍛冶屋ではなかったかと思われるのである。

この「鍛冶師」の図にはすこし紛らわしい点がある。それは脇にたてかけられて、一本の〝手鋤〟が描き込まれているからである。ちょっと見ただけではこの〃手鋤〃は商品の一部ではないかと考えてしまうのであるが、どうもそうではないらしい。実はこれは、炭俵から取り出した炭を火床の横の炭置き場に積み上げる時に、鍛冶屋自身が用いるためのものである。今日では、代りに平底のスコップが用いられており、鍛冶屋の道具のひとつに数えあげてよいものなのである。図を詳しく見ていくと明らかなように、炭俵からこぼれ落ちている炭は消し炭である。和炭あるいは鍛冶炭ともいわれて、窯を作らないごく簡単な方法で焼かれたもので、はなから小さなかけらになっていたから、運搬には手鋤のようなものを必要としたのであった。

町の鍛冶は、後には鍛冶場の横に小さな店棚をしつらえて、出来た製品をそこに並べ掛けて往来の人々に商うといった形式が多くなっていく。こうした商い方は、現在でもすこし鄙びた町では時に見かけるものである。もちろん今日では、もう戸板の上にのせて売るといったものではなく、多少は見映えのするガラス戸風になっていることも多いが、気持ちそのものはそうは変っていないといえる。出来上がった製品が、仮に注文を受けて作ったものであっても、買い主が訪れるまではこれも戸棚に入れて飾られている。

このような小さな店棚を持った鍛冶屋の風景は、先年訪れた中国のいくつかの町でも見掛けたから、日本に限らず、鍛冶屋のひとつのあり方としてはごく普遍的なものであったのだろう。そこでこうしたあり方をよく考えてみると、直し専門や注文作りだけを行なう鍛冶屋や、問屋の下に組織されている産地の鍛冶屋、あるいは、村々へ分散して暮し、日常的に村民と接触の深かった農鍛冶などには本来必要のなかったものであることが判る。だから、店売りはやはり〈町の鍛冶〉のひとつの特色であって、出来の製品(見込み生産品)を商う目的から生じたものであった。ここにも鎌の基本的な性格が反映していると考えることが出来るのである。

鎌の市売りと行商

店売りに近いものに、もうひとつ市売りがあって、こちらも後々まで長く続けられていたようである。六斎市に関わって鍛冶屋が発展をしていった例はいくつか知られている。例えば、三河吉田も古く六斎市と関係があったと記録されている。そういうあり方は今日も引き続いており、鍛冶屋が市日に鉄器を商う例は少なくないのである。秋田の五城目の町は、近年は〈五城目鍛冶〉の名でかなり有名になってきたが、この町はこの地方で最も早く成立した市の町であった。今日も週に二回の定期市が開かれていて、時には鍛冶屋も参加するのである。

私の聞いた話の中には、お祭の市へ出掛けて売り歩くことを専門にしている鍛冶屋がいた。これは福島県での話である。手のあいている時に製品を作り、それを担いで市から市へと渡って売り歩くというのであった。こうした人々のなかには、産地産の製品を仕入れてきて、これに多少の加工を加えてから自分の打ったもののように作り直して売るものもいるようで、彼らの話はなかなか面白い。

近頃は、都市の郊外の商店街の片隅などで、赤白の幕をめぐらして金物を商っているのに出会うことがよくある。この場合は鍛冶屋が直接に売っているのではなく、なんらかの流通組織を持っているのであろうが、案外に古いあり方がそこには残されているのではないかと思われる。しかし残念ながら、こうした市売りの鍛冶のあり方に対応する文献史料は、あまり残ってはいないようである。六斎市・農具市・祭礼市等の商品構成がいくらかでも判明すれば、その中からもうすこし明らかになってくる部分も多いと思われる。

同じ鉄器であっても、市売りの対象になりやすい物と、個別に家々を廻る行商が主として扱う物とがあったようである。もちろんこれには時代的な変遷もあろうが、物そのものの性質をも反映している。その相互の関係を捉えるなんらかの方法がないものかと考えているのが今の私の段階である。

越前鎌と播州鎌

市売りや行商は、在地の金物商への卸し売りに先駆けて、鎌の産地の形成と産地産鎌の普及とに一役を買うことになったもののようである。私の知識の及ぶ範囲では、もっとも早く産地的な形態を作りあげていったのは越前武生で作られた越前鎌であった。その商圏はまず近江湖東の山沿い地方から大和をむすぶ線に拡がっていったものと考えられる。このことは単に鎌の商圏を考えることからだけではなく、越前鉈の利用分布の地域をおさえることからもある程度は推定のつくことである。鉈の場合にも行商と市売りとがあったものと考えられる。

山間の村々へ越前鎌や越前鉈が普及をしていくのは、個別に一軒一軒の家を廻る行商人の活躍によっていた。こうした行商人の中には、漆木を求めて山里を回遊する漆掻き職人の果してきた役割も含まれている。漆掻き職人と鎌行商の関わりについては、既にかなり知られていることであり、その報告も公にされているから、(15)詳しくはそれにゆずることにして、ここでは繰り返さない。ただこの越前刃物行商は長い歴史を持ったもので、その形式は引続き後代に至っても、対象とする地域を拡大しながら受け継がれており、現在までその道筋は生き続いていることだけにふれておく。

私の歩いてみた埼玉県の山間の村々では、どこから鉈や鎌を入手するのかと聞くと、「福井の方から毎年きまって来る刃物売りから買うのだ」という話をよく聞いた。こうした山村の人々が近くの町へ下りていって刃物を購入するということは古くはあまりなかったのである。そういうことが増えてきたのは、山の人々が育成林業や大規模な営林伐採に従事するようになったころからで、この事業とむすびついて山林刃物鍛冶が各地に生まれてくることになる。

このために越前刃物行商の入ってくる秩父や東京都下の山地、上州の山村の刃物は越前刃物の影響を強く受けており、今日でも形態の上にそれを反映して、里とは異なった系統のものを残してきているのである。

ところで、越前刃物の他国売りは、古くは山鎌（木刈鎌・荒草刈鎌）や鉈を商品としていたのではないかと考えられる。どの地方でも、越前鎌はまず山間の地に売り拡められていき、そこから徐々に里の方へも売り下っていくとい

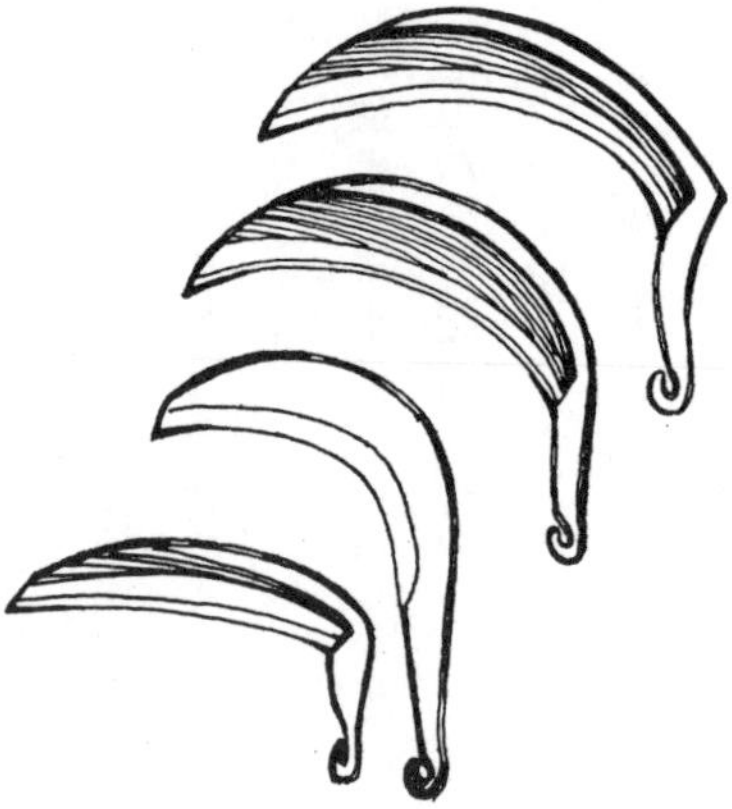

2図　越前鎌
上より越前地型・越前三日月型・勝山型・越前伊賀型

った傾向がみられるのである。この性格は、現在の代表的な製品の形態の上にも名残をのこしている。これをもうすこし別の面から見ると、高度経済成長期以前にまとめられた鎌の各産地ごとの商圏分布図の上にも、かなりはっきりとした形で反映をしている。(16)特に西日本に進出した越前鎌は、海岸に沿って浜通りや平場に普及している播州鎌の商圏と対照的に、どこでも内陸地帯の山間部に勢力を持っていた。このことは実は、播州鎌と越前鎌の基本的な性格の相違を示しているが、それと同時に、この二類型は西日本各地の在来の鎌のあり方をも暗示しているのである。

しかし、このような越前鎌の山間の村々への行商も、やがては平場へ下っていくことになり、そこで製品そのものの構成にも変化が生じてきて、それと共に商い方も変ってきたのだと考えられる。即ち、個別に村から村へ、家から家へと売り歩く行商ではなく、市から市へと移動をする形態を取るようになってきたのだと推定されるのである。これが産地成立史の第二の段階である。

元々は山の刃物であった越前鎌が、平場を対象として水田地帯の市売りに進出をしていく時に起った製品の性格の変化は、即ち、その商品が里村で使用をする草刈鎌や稲刈鎌でなければならない点にあった。簡単にいえば、山鎌から里鎌へと変っていかなければならなかったのである。この時に、各地にそれぞれ固有に伝承をしてきた地型（土地型の鎌）をまねて作り、それを自己の商品に吸収していくことが盛んに行なわれた。そのために、各地の地名を付けた鎌が越前武生にはたくさん残されているのである。

越前鎌が里に下っていったのは、近江や大和盆地など近畿地方の東部が比較的に早かったようで、その結果この地域に伝承してきた鎌型の影響を強く受けることになった。この地域は直接に京や大阪につながり、早くから畿内文化の中に含まれており、かなり広い地域にかけて共通の要素を持つ草刈鎌が定着していた。古くは『春日権現絵巻』などの草刈りの風景に現われてくる鎌型をそのまま受け継いでいたものと推測され、また、前出の『喜多院職人尽絵屛風』の〈薬細工師〉の所持している鎌とも比較することができる。

畿内には早くから、〈丸型〉と〈角型〉という肩の作りの異なる二つの形式の鎌が共存していたようであるが、〈薬細工師〉の所持しているものは〈角型〉にあたり、後に「播州角型」と称して稲刈専用鎌として全国的に売り拡められていったものと類似している。その祖型と考えることができよう。要するに、〈丸型〉と〈角型〉の系統をひとまとめにして〈畿内型〉とでもいうべきものがあるのだが、それを受け継いで発展させたのが播州鎌であったと思われる。

これをもう少し細かく見ていくと、絵画資料等に現われる中世の畿内の鎌型と考えられるものは、いずれも昨今の「播州角型」「同丸型」ないしは「越前伊賀型」にくらべると、幾分か刃幅が広いように思われる。これには理由があって、「播州角型」以下は稲刈りに専用化していくことによって、軽く細刃のものに変化をしてきたからであった。

越前の鎌商人が吉野や大和の山間から、盆地の水田地帯の里村に進出をしていく時に、その鎌型は畿内型を習って作られ、優秀な技術と量産による価格差を武器に販路を拡大していった。そして、この時に同じように西の方から売り進んできた播州鎌と競い合うことになり、その過程で徐々に独自の商品を形成していったのだと思われる。この競合に場をあたえたのが「市」ではなかったかと私は考えているのである。

このような越前鎌のあり方に対して、古くから有力であった播州鍛冶の中から徐々に成立してくる播州鎌は、当初から〈畿内型〉をそのまま受け継ぐもので、平場の草刈鎌や稲刈鎌を中心としたものであったと思われる。播州鎌の成立は詳しくは判らないが、〈播磨鎌商人〉は寛文年間（一六六一〜七三）には遠く甲信の地にも進出しているから、[17] 古くからの隠れた歴史があったものと推測される。そして、大工道具などと同じように大阪問屋の下職産地として台

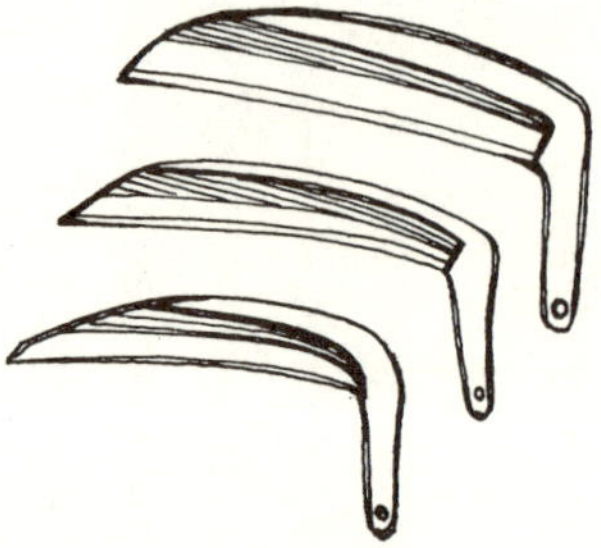

3図　播州鎌
上より播州地型・播州角型・播州丸型

頭してきたものであったと考えられ、いわゆる「阪物(さかもの)」として売り拡められていたのではないかと私は考えている。この問題は大阪鉄物問屋を調べてからでなければなんともいえないし、まだ手を下して調べた訳ではない。しかし、私のこの考えにもまったく根拠がないわけではなく、前述の産地別の鎌の商圏分布図をみると、播州鎌の普及地は実にみごとに海岸線に沿っている。それには前述のように播州鎌(畿内型)が平場の鎌であったということも関係しているが、また同時に廻船交易によって売り拡められていったものであることをも暗示していると考えられるのである。そのことは逆にいえば、播州鎌は行商や市売り品であるよりも金物屋の店で売られる店売りの商品であったことを示す。

いずれにしても山から下りてきた越前鎌と、大阪を経て普及をしてくる播州鎌とは長い間に亘って畿内東部で競合をしつづけて、そこで技術競争が展開されていく。その過程で在来の伝承的な鎌型はすこしずつ改良されていき、より鋭利でより軽量なものを生み出していくのである。こうして明治時代の代表的な鎌型「越前伊賀型」や「播州角新型」等々の銘柄品が生まれ、広く全国各地に売り拡めることの出来る商品が登場してくる。越前と播州の二つの異ったものの出合いを通して獲得した普遍的な性格は、畿内に限られる地元鎌(地型)といった地方性を乗り越えて、全国的な商品へと飛躍する下地を形成するのである。ここで注目しておかなければならないことは、これらの銘柄品はもう〈稲刈専用鎌〉となっていた点である。その結果、日本の各地で稲刈鎌と草刈鎌の分化が進み、それぞれまったく系統の異なるものが使い分けられるということになったのである。

「越前伊賀型」はその名称の示す通りに、本来は伊賀に向けて作られたものであった。だから古くから伊賀地方で用いられてきた地型を改良したものを指していると言うことができる。この鎌型の成立の事情については伊賀名張に伝承があって、それはもう明治時代に入ってからのことであるという。しかし、そのあり方には古い時代から受け継いで来たものがあるように思われるのである。

伊勢街道に面して古い歴史を持つ名張の町には、毎月決ってえびす市が立てられて、そこでは農具等の販売が盛んに行なわれてきたものだという。そして、この市では鎌商売をめぐって越前鎌と播州鎌の商人、そして地元の金物屋と、三者それぞれに異なった要素を伝承する人々が出会い、その出会いと競争の中から鎌の改良が起り、その結果新しい性格を得た鎌型が生まれていったのだと伝えられている。しかしもうすこし具体的なことになると、いくつかの違った伝承があってあまり明白なことは言えない。

私の聞いた話では、名張の金物屋会津屋が、市売りの播州物に対抗して、越前から職人を呼び寄せて地物を改良したのが始まりであるという。これが越前に流れていって「越前伊賀型」となったのである。名張の町には実際にかなり後まで越前から来た鍛冶職人がおり、〝伊賀鎌〟を作っていた。そしてもう一方の播州の方でも、越前鎌との出会いによって新しい改良が行なわれて、大きく商圏が伸長したことが語られている。このような比較的に新しい時代の話の中からも、市の交易を通して改良されていった鎌の性格を知ることができる。

鎌の地型

鎌のような製品が市売り、店売りとむすびつくのは、これが基本的に注文によって作るものではなく、「出来(あらかじめ見込みで生産する)」の製品を買うもので、量産的な性格を持っていたからである。この点が鍬の如く注文によって作る製品とは大きく異なるところで、見込みで生産をするためには、大きさや目方や形態があらかじめ決っている必要があり、この必要からそれぞれに固定的な〈鎌型〉が生じてきたのだと考えられる。こうして出来た鎌型には土地それぞれの特徴が強く表われているが、多くは稲刈りを対象にして決るのではなく、草を刈ることにかかわって

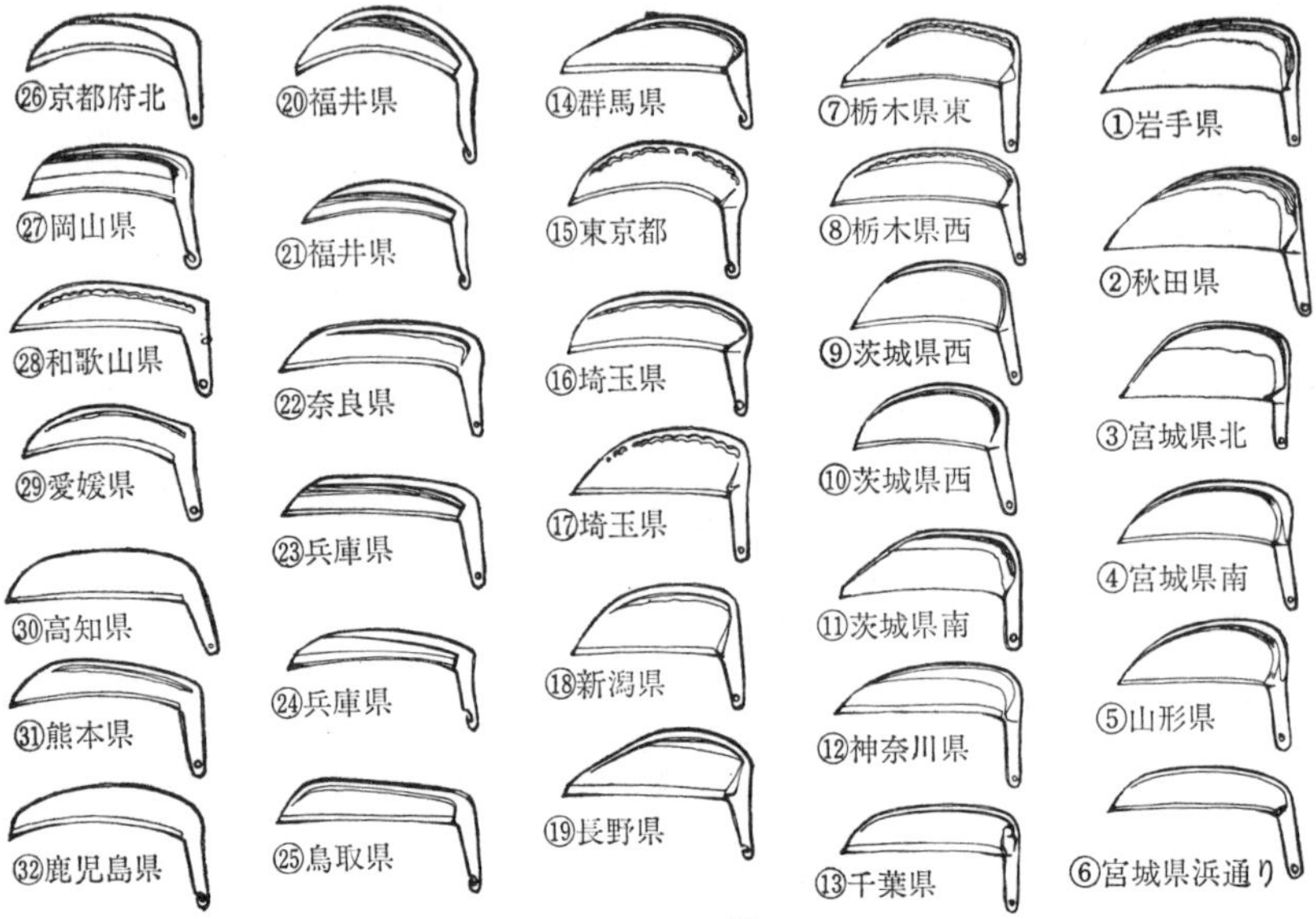

4図　諸国の鎌型

①〜⑲東日本型(広刃型)，⑳〜㉕畿内型(細刃型)。㉖〜㉜西日本型(両刃型)。
①〜㉕片刃金作り，㉖〜㉜両刃割込み刃金。但し⑥⑬は浜通りの細刃型に属す。
⑰は越後鎌の武州型，㉑は改良稲刈鎌(越前伊賀型)。

いた。

草刈鎌には、土地ごとの草の刈り方・草質・利用目的・環境等が反映をしたが、それと共に、鍛冶屋の技術系譜の問題がかさなってくる。この二つの要因によって、鎌型は小さな地域ごとにすこしずつ違った個性を持ったものが固定していったのである。だから、日本中から地域に根差した鎌型を集めてみれば、すぐに千点や二千点を越えることになり、その多彩さは驚くほどである。

私は、この〈鎌型〉を集めて詳しく観察して系統付けていくことから、明らかに出来ることが少なくないと思っている。〈鎌型〉に表われる差異は、使用条件や使用環境といったものを反映している他に、鍛冶の技術的な系譜が表われることは前述したが、その他に産地産の鎌の流入の影響が表われてきている場合もあり、調べてみるとなかなか面白いのである。

一例をあげてみると、鎌作りの技術伝承や系譜と関連する問題として、鎌の寸法をどうやって決めていたのかということがある。鍛冶製品の寸法は、明治時代に入って型鋼が用いられるようになるまでは材料形状が安定をしていなかったから、材料鉄の目方を基礎にしており、それを出来上がりの寸法に置き換えることから成り立っていた。

私はかつて鳥取県の倉吉の千刃扱きが、俗に「鉄千駄・千刃千駄」と言われていることから、千刃扱きの鉄穂一本の目方を基礎にして換算をしてみたことがあるが、その関係はかなり正確に守られていることを知ったのである。これと同じことは鉈や鎌においても言え、最初の材料取りが目方で行なわれるから、これがまず第一の基準となって、それに出来上がりの寸法がむすびついて決ってくるのである。簡単に言うと、例えば出来上がりで三〇〇匁の鉈ならば、刃渡りの方は自動的に六寸に決ることになり、三五〇匁ならば七寸といったことになる。この基準が決ると、以下はこれに準じて、厚さやコミ（ナカゴ）の長さ、峰幅、刃幅等々のすべての寸法が導き出されていく。そしてそこから、更に加工の中途における各部の寸法も決ってきて、打ち延す回数も求められ、刃先に付ける刃金の大きさや形も決められてくる。

そこで、最初の重量と対応する寸法の基準をどこに置くかということは、工程の組み立て方と密接に関係してくるものと考えられる。このことを逆に表わすと、もし寸法基準の取り方の上で相違がみられるならば、それは結果的に、作業工程の違いをも表わしていると言ってよい。とすれば、このような相違はなんらかの形で、技術系統の上の問題とも関わってくるものと思われるのである。(18)

こうした問題に気が付いたのは、手元にあったいくつかの鎌について、各部の寸法を計ってみたことがあって、その時に、刃渡り寸法が整数できれいに割り切れるものと、微妙にずれるものとがあることを発見したからである。それから以後は鎌鍛冶を訪れると、基準寸法の事を注意して聞いて歩くことにしてきた。そこでおいおい判ってきたことは、鎌は大方の刃物の場合とは異なって、かならずしも〈刃渡り〉を基準として作られているものではないということであった。

たしかに越前鎌や播州鎌のような、西から運ばれてくる産地で作られた鎌は〈刃渡り〉が基準寸法になっており、五寸五分、六寸、六寸五分等々に作られている。ところが東北地方で出会った何人かの鎌鍛冶の話では、鎌の場合には、腰から切先まで、すなわち鎌の最大長を計るものだと言うのである。こうした計り方を時には〈総丈〉ともいっているが、この〈総丈〉を用いて六寸鎌と称する場合と、下り物のように〈刃渡り〉で考える場合とでは、当然ながらコミ(ナカゴ)の幅分だけ大きさが異なってくることになる。

今まで出来るだけこうした視点で鎌を採寸してきたのだが、実際には東日本の場合についてしかまだ十分に調べが済んでいない。九州や四国の計り方は今後の課題ということになる。その範囲で言えば、〈総丈〉を用いているのは東北地方と北関東の一部だけのことのようで、どうも地域的に線引きができそうなのである。それでは南関東ではどうであったのかということになるが、そこでは色々の寸法取りが併用されており、かなり混乱がみられる。しかし、どうも古い時代にはコミの中央部を基準点として、そこから切先までを計る方法であったようにみえるのである。

これに関連して、宮城県の西部、山形県境に近いある町の鍛冶屋に聞いた話の中には、なかなか興味深いものがあった。

宮城県も北部の古川盆地に入ると、その鎌型は極端に刃幅の広い北東北に特有の形になるが、県南で用いられているものの方はほぼ山形県のものに近い。この鍛冶屋は山形の村山方面へ売る鎌も作っていて、その鎌型は宮城側のものに比べるとひと回り小形の作りになっている。どちらも六寸鎌であるという。鍛冶屋の話では、山形のものは腰から刃先までを計って六寸とするが、宮城平野へ向けるものはコミ(ナカゴ)の中心から取るためにひと回り大きくなる。計り方が違うのだという話だったのである。

この話と南関東の基準の取り方は見合っている点が多いから、想像を逞しくすれば、太平洋側と日本海岸とで違っていたのではないかとも考えられるが、まだはっきりしたことは言えない。そのためには越後や甲信の場合はどうであったかも調べていかなければならないが、いずれも今後の課題ということになる。この問題は、各地の鎌を集めて測定すればすぐに明らかになる簡単なことのように見えるが、実はそうではなく、現実はなかなか複雑なのである。というのも、後に産地で地鎌をなぞって作り、それを大量に移出するようになってくると、在来の〈総丈〉などを用いてきた地鎌の寸法取りを、無理に西の産地の〈刃渡り〉を用いる技術に置き換えて作ることになって、話が非常に錯綜してくるのである。鎌の大小を比較していくと、よく一分とか五厘とかの差が生じていることがある。こうした場合の一分や五厘から、特に実用上の意味が生じてくるわけはないから、このような違いが発生してくるのは、前代の物差しの地域差もあったかもしれないが、もうひとつは古い時代の基準寸法の相違をも反映していると思われる。そこから、技術系統を考える上での重要な視点が開かれてくることを期待しているのであるが、それは今後の課題である。

越後鎌の関東売り

新潟県の三条の鎌商人達は、化政時代あたりから盛んに越後産の鎌を関東方面に売り拡めていった。この時の商法は、土地土地に伝承されていた地型を見本として、これを国元へ送り、それに倣ってまったく同じ形式に打ち上げた製品を、在地の金物屋へ卸すといった方法であった。前述してきた越前鎌や播州鎌と異なっているところは、越後鎌商人は行商や市売りは行なわず、土地の商家とむすびついてその販売網を形成していったことであった。この地元の商人達は、利根川水系を中心として関東平野にひろがる水運に関わる川港の者達であったと考えられる。だから、山から里へと売り下ってくる越前鎌や、海を渡ってくる播州鎌に対して、越後鎌は川道をたどって普及していったのだと言うことができる。関東各地で越後鎌の荷受けをした商人達は、それぞれに川港を拠点としていて、そこから先の街道をたどって内陸へ入っていく流通は彼らの手ににぎられており、この流通網に乗った越後鎌は、またたくまに関東平野の広大な地域をその商圏の中に組み入れていくことになったのである。(19)

三条の町に集まった鎌は、ここから舟で魚野川を溯り、馬の背に乗って三国峠を越えて上州の倉賀野に至る。ここでもう一度川舟に積みかえてから利根川水系を下っていった。ここで興味深いことは、越後鎌の普及はまず利根川の下流地帯からはじまって、だんだんと中流域に及び、渡良瀬川流域や江戸川流域へと拡がってきて、最後に上州に及んできたもののように見えることである。この過程についてはここで詳しく述べることは出来ないが、その背後にはいくつかの問題が隠れているように思われる。信濃川流域と利根川下流域の二つの水田地帯がむすばれるのには、なにかそれを媒介する要因が働らいていたのではないかと考えられるのである。

三条の鎌商人達の手元には、明治時代の中頃より集められてきた、関東地方の地鎌の型を記録した『関東向鎌形帳』というものが何冊か残されてきた。それには数百種類の地鎌が実物大で収録されており、その上に目方が書き込まれているものが多い。また、かなりの鎌には売り向きの地名も書き込まれているから、これを整理していくと、色々な点が判ってくる。その結果を一言でいえば、同じ関東平野の鎌といっても、いくつかの異なった形式が分布しており、その分布のおおよそのところを知ることができるのである。

実は、その分布図はかなり複雑なものであるから、ここで詳しくは扱えないが、取り敢えず問題にしておきたい事は、信濃川流域で用いられてきた越後の鎌と比較してみると、割合に近似的な鎌が使用されていた地域がうかんでくることである。それは、利根川が南へ向きをかえて、鬼怒川と江戸川の三本の川がならんで南下していく地域を中心としており、それが越後鎌が早い時代に普及をしていった地域とほぼ見合ってくるのである。

このような二つの地方の鎌型の類似が、越後鎌の関東進出を手助けしたのではないかと私は考えている。実は、この関東型とでもいうべき鎌型は、西の越前鎌や播州鎌とは基本的な点で違いがあり、その事が西からの下り物の進出を阻んでもいたのである。この西と東の鎌型の相違については後述するつもりである。

利根川の中流域の南部に拡がる新田地帯では、通称して「武州型」といわれている鎌が普及をしていた。この「武州型」は元々この地で用いられていた形式をそのまま残してきたものではなく、在来の地型を原型として、それに越後鎌の性質が加わって生まれたものだと考えられ、越後鎌の関東向けの代表的な銘柄となっていた。

この武州型が強力に普及したために、その分布圏内には地元の鎌鍛冶はほとんど残ってこなかった。このことは埼玉県下の平場を歩いてみると鎌鍛冶の伝承の非常に薄いことからもよく判る。しかし、その周辺部にあたる八王子や青梅から比企丘陵にそった山沿いの地域には、固有の鎌鍛冶が残っており、個性のある鎌型も残存してきた。そして、ここには越前鎌の影響が強く働らいている。前述のように、この山間地方は越前鎌行商が活発に入っている地帯であって、地鎌も〝木刈鎌〟を基本としており、平場の鎌とは異なっていたのである。

ところが、「武州型」の普及地帯のもう一方の外延にあたる越谷には、「越谷型」といわれる特徴のある鎌が残されてきた。この鎌型は、前出の山沿い地方の木鎌が平場の鎌の形式を取ることで成立したのだと考えることができるものである。この二つの鎌型をつなぐものとして志木越谷街道があり、新河岸川をたどって山麓にむすびつくことになる。だから、越後鎌が関東に進出する以前のこの地域の鎌は、越谷鎌・志木鎌・青梅鎌にみられる形式に近いものであったと考えられ、元は山麓から下ってきた木鎌の系統に属するものであった。それが越後産の「武州型」の普及によって、まったく一掃されてしまったのだと考えられる。近年まで、越後鎌の主力製品は「武州型」だったのである。

註

1 『濃州徇行記』 樋口好古（一七九〇年代）

2 『濃陽志略』 松平君山（一七五六）。『濃州徇行記』と共に一九七〇年に大衆書房より復刊。

3 『新撰美濃志』 岡田文園（一八六〇）。一九七二年に大衆書房より復刊。

4 関鍛冶改帳面写 『岐阜県史』史料編 近世6所収

5　津田助左衛門家文書　名古屋市立博物館蔵
6　『富山県史』近世(中)所収
7　東日本の千刃扱き　拙稿『日本常民文化研究所調査報告』第六集所収（一九八〇）
8　『国産金物発達史』小西勝次郎　文書堂（一九三四）
9　西日本の千刃扱き　拙稿『日本常民文化研究所調査報告』第八集所収（一九八一）
10　『東白川村誌』所収。以下に用いた『丹生川村史』を含め『国府村史』『養老町史』『中野方村史』等の岐阜県下の農鍛冶資料の収集は脇田雅彦氏の協力によるものである。それらによって、この地方には高山方面から移動してきた農鍛冶の多かったことが判る。
11　『大野町史』佐藤重造編（一九二九）。一九七九年に常滑古文化研究会より復刊。
大野鍛冶　杉崎章『民具マンスリー』一五巻二号（一九八二）
12　『岐阜県史』前出所収
13　津田家文書　前出
14　中世農業技術の様相　黒田日出男『講座・日本技術の社会史』1所収　日本評論社（一九八三）
15　『越前鎌行商物語』斎藤嘉造　自家版（一九七一）
16　『日本鎌に関する研究』西井俊蔵・中村忠次郎『農林省四国農業試験場特別報告』第一号（一九五三）
17　近世の鋳物師と鍛冶　笹本正治『講座・日本技術の社会史』5所収　日本評論社（一九八三）
18　関東地方における鎌の形態と分布　拙稿『三条市史研究』7所収（一九八二）
19　町の生業　五十嵐稔・朝岡康二『三条市史』民俗篇所収（一九八二）

第二章　鍛冶の技術とその伝承

鉄器を作り出す方法としては、古くから鋳造と鍛造の二通りの技術が知られており、それが使い分けられてきたが、ここでは鍛造に関わる性質とその利用技術を見ていくことにしたい。ここに表われてくる技術内容は、それを用いて作り出される製品と深い関係を持っており、この両者の関係の中から鉄器技術の伝承と伝播を考える糸口を得ることができると思う。

一般に「鉄」と呼ばれている材料は、実際には鉄と炭素との合金であって、含まれている炭素の量によってその性質には大きな変化が生じる。現在では、それを様々な方法で制御して利用しており、それ自体が巨大な技術体系となっていることは周知のとおりである。しかし伝承的な鍛冶や鋳物師の世界では、そうした体系的な把握があったわけではないから、利用される範囲は自ずから制限されていた。だから、その分類や使い分けは最も簡単な方法でなされてきたのであった。ごく一般的な言い方をすると、近世の末期までの鉄器の材料区分はズク(銑鉄)、地金(軟鉄)、刃金(鋼鉄)の三つに分類されて使い分けられていた。

その内のズク(銑鉄)は一般には鋳造に用いる材料であったが、鍛冶の方でも手を加えて地金(軟鉄)に仕立てて用いることがあった。ズクはそれ自体としてはまったく打ち鍛えることができなかったが、《卸し金法》という技術によって可鍛性をあたえることが可能だったから、鉄山の大鍛冶場では軟鉄(千割鉄・小割鉄・庖丁鉄 等と称した)を製造する素材となったし、また刃金(鋼鉄)にすることもできたようである。この他に、後に詳しく述べる湯金の材料とし

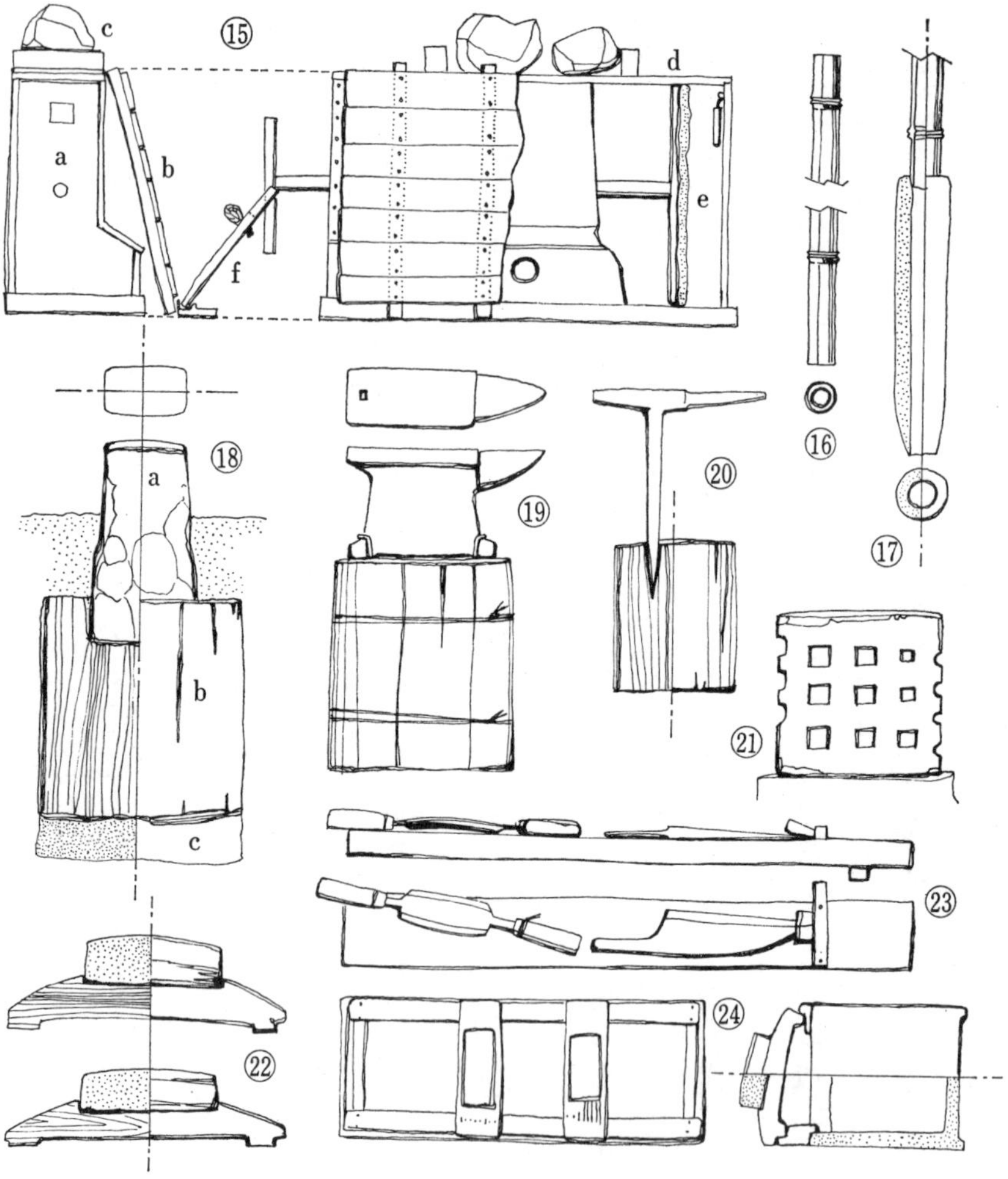

①炭カキ　②ハシ　③向う鎚（大鎚各種）　④小鎚（横座用）　⑤鍛冶屋セン　⑥タガネ（切りタガネ・樋打タガネ）　⑦タガネの柄　⑧ヤスリ（平ヤスリ・甲丸ヤスリ）⑨泥桶（焼入れ・ワカシ付け用の泥）　⑩硼砂・鉄ロウ・赤血カリ等のクスリ　⑪水神様　⑫正月の物作り（宝船に七福神の見立て）　⑬水フネ　⑭鎌型・鉈型　⑮鞴（a 鞴本体，b 前板，c 上フタの重石，d 上フタ，e 押し板と毛皮，f ふみ吹き下駄）　⑯羽口竹（キロ竹）　⑰羽口　⑱金床（a 鉄塊，b 木台，c 砂）　⑲角床（アンビー）　⑳シュモク金床（丁字金床）㉑蜂ノ巣床　㉒砥石（荒砥・中砥）㉓センガケ台　㉔砥船と砥石台

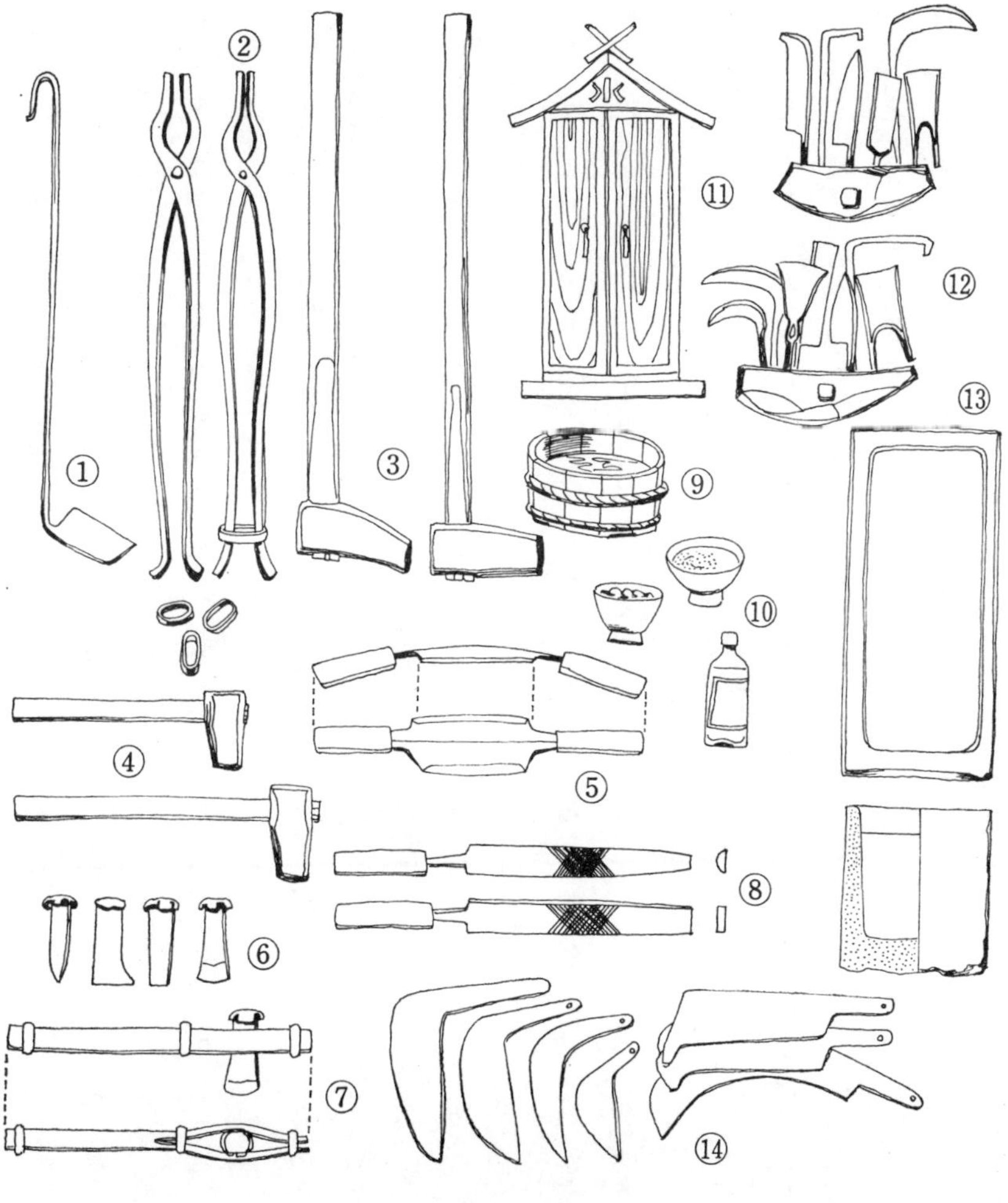

5図　鍛冶屋の道具

火床・鞴・金敷・鎚は鍛冶の基本的な装置である。個々の様式（箱鞴・鍛造金敷・土間火床等）と，それが組み合わされた形式は横座と先手の作業姿勢や労働分担を定め，作り出される製品・形態・加工の範囲を規定していく。たとえば，土間火床は，横座に対して座位作業を要求し，金敷や鞴の設置を低くする必要を生じる。その結果，鞴の操作は横座の仕事となり，先手鎚には長い柄が付けられる。この点で中国の竪炉を用いる技術とは非常に異なってくる。

ても、鍛冶の世界と無関係なものではなかった。

しかし、なんといっても近世の鍛冶の用いた材料鉄の代表は、〝地金〟と〝刃金〟との二種類であって、地金には大鍛冶で作られた〝千割鉄・万割鉄・小割鉄・庖丁鉄〟が使用されて、後者の〝刃金〟には、鉧押し製鉄法によって得られた、鉧の内の上質な部分が〝玉鋼〟と称して利用されてきた。当時の鍛冶技術といえば、すなわちこの二種類の材料鉄の操作と組合わせの技術を指すことになる。

この〝地金〟と〝刃金〟との明確な区分が、どのようにして発生し、一般化していったのかという問題は、単に鍛冶技術の範囲にとどまらず、製鉄技術の変遷等とも深い関わりがあり、解決しなければならない問題は多いが、現在までのところあまり明らかにされてはいない。この製鉄技術の問題には、中世の鋳物師集団の鉄物販売が果した役割も無視することができず、そこから考えてみなければならない幾つかの技術上の可能性がある(1)。これに対する私見は追々ふれて行くことにしたい。

ここでは、この〝地金〟と〝刃金〟に二分した上で、それを組み合わせる鉄器製造法は、かならずしも日本に固有の技術で他に見られぬといったものではなく、実は東アジアのかなり広い範囲に亘って用いられてきた、普遍的な技術であったことを指摘しておきたい。だから、その技術的発展は古代技術の伝来以来の、日本国内での直線的な発達の結果であるとみなしたり、日本の独自の創造であるとすることは出来ないのである。

むしろそこからは、ある時代にもたらされた新しい技術体系の普及によって発展してきた姿を見ることが出来るのである。その渡来と普及の過程は、かなり複雑な様子を示すことになる。そして、それは単に鉄器製造の技術に限っての受容ということではなさそうで、それと共に（あるいは前後して）、幾つかの新しい形式の道具や鉄器をも伴って来たものと考えられ、そうした物の文化の影響の方も無視しがたい面を持っている。この点は後に述べることになるが、こうした技術と物との複合的な渡来を見る観点に立つならば、物の研究から逆に鉄器技術の伝播の問題をも推測することが可能になってくるのである。

そこで、物の方から見ていくと、日本には幾通りかのまったく異なった系譜を持つものがあり、それぞれに個別の経路をたどって移入されたのではないかと考えられ、それが鍛冶の技術分布に見合うことがおおよそ明らかにし得るのである。その上でより大切なことは、このような移入はその第一歩をまず中央に印して後に、徐々に列島の東西へと拡散をしていったものばかりではないことで、幾つかの異系のものが、それぞれの仕方で伝来し、時には重層的に時には対立的に働きながら、総体としてかなり複雑で多様性に富む文化を形成してきたものと考えられることである。

鉄器に表われる中央と地方との関係は、前章で述べてきた様々な鍛冶の存在形態とも関わってくるのは当然であるが、ここでは〝地金〟と〝刃金〟の関係を中心において分類をしていき、そこからそれぞれの性格を考えていくことにしたい。

そこでまず初めに、用いる材料や技法と出来上がる製品との関係を整理して示しておくことにする。その後に解説を加えていこう。

(1) 刃金(鋼鉄)を用いて作るもの

a 焼入れをしないで使用するもの

馬の馬衔・馬鍬の爪刃・千刃扱きの穂(正鋼作りの場合)・漁撈用の突具・鮑起し

b 焼入れをして用いるもの

鋸歯・鏨・石鑿・火打ち鉄・木地屋鉋

(2) 地金(軟鉄)を用いて作るもの(洋鋼時代の軟鋼も含む)

家釘・舟釘・碇・建築金物・錠前・火箸・金箸・金輪・火鋏

(3) 刃金と地金を合成して作るもの

大部分の刃物・鍬・唐鍬・金鎚・金敷

(4) ズク(銑鉄)の利用(湯金法)

鍬・唐鍬・つるはし

(5) 浸炭法

刃物の化粧・千刃扱きの穂(伽羅鋼作りの場合)・鍬(炭素むし)・釣針

一　刃金作りの鉄器

強度(強さ)と共に靭性(粘り強さ)を必要とするものには、刃金だけで作る技法が用いられた。軟鉄を用いて作ったものは素材自身が柔らかであったから、繰り返して鍛え締めて硬度を得たが(加工硬化という)、それには限度がある。特に弾性が不足して変形しやすかったのである。一方、刃金を用いると、焼入れさえ施さなければ、軟鉄よりもはるかに粘り強いものが出来た(焼入れを行なうと脆くなる)。だから、特に強靭さを必要とするものには、手間を厭わずに刃金を鍛えて使用したのであった。例えば、伯州倉吉の千刃扱きの穂には、一般に使用された〝伽羅鋼〟に対して〝正鋼〟とよばれるものがあった。普及品(伽羅鋼)は軟鉄に特殊な処理をして焼入れを行なったのに対して、〝正鋼〟は高級品であることを表わしており、刃金を打ち上げたものであった。

このような刃金の利用の場合に注意をしておかなければならないのは、決して焼きを入れるということはしなかったことである。馬鍬の爪刃や千刃扱きの穂、あるいは馬の馬銜のように大きな応力のかかる製品として用いられる時には、材料に靭性を得て変形をふせぐことに意義があったのであるから、焼きを入れてはかえって脆くなり、まったく実用にはならなかったのである。

一般的な言い方をすれば、全体が刃金だけで出来ている製品には、十分に焼きを入れることが出来ない。伝承的な技術である《水焼き》ではキズが出やすく、技術的に困難なことであった。そして、もし仮に上手に焼きを入れることが出来たとしても、この《水焼き》の技術には現代のような《焼戻し》の技法を伴っていなかったから、これに十分な靭性をあたえることができなかった。だから、今日のバネ鋼の性質を得ることは出来なかったのである。

もっとも、藩政時代も末期に入ると一部の分野では《油焼き》の技術が徐々に用いられてくるようになる。それは鋸の製造方法として、明治時代に入ってから大きな発展をみせたものであるが、この《油焼き》の発明までには様々の工夫と努力があったと語り伝えられている。《油焼き》の発明の過程はあまり明らかではなく、伝承されている話はそれとして、私はなんらかの経路を辿って洋式技法が伝播してきたのではないかと考えている。それ以前には、薄刃全鋼という悪条件の下での焼入れのために《泥焼き》とか《砂焼き》とかの技法があったと伝えられており、全鋼製品の《水焼き》の技術がいかに難しいものであったのかを示してくれるのである。

このように、肉の薄い全鋼の製品に上手に焼きを入れるには非常に高度な技術が要求されたが、日本の伝承的な鍛冶の熱処理方法は、本来こちらの方には向いてはいなかったのである。だから、全鋼鋸の油焼き技術の発達は特に意義が深いということができるのであるが、しかしもう一面からいえば、これが前挽き・大鋸・大工鋸等と、ごく限定された製品にのみ利用されたものであった、ということも見落しにすることはできない。櫛挽きが用いる弦掛け鋸のように薄肉でバネ性を必要とするものには、近年まで洋時計のゼンマイの廃品や梱包用の帯鋼が盛んに利用されてきたが、この利用によって櫛作りは随分変化を起したのであった。それというのもこうしたバネ性の製品は、伝承的な鍛冶技法からはなかなか得がたい性質だったからである。だから、洋鋼によって作られたバネ性をもつ廃品が入手できるようになるまでは、刃金を入念に打ち鍛えて延し、そのまま徐冷をして作った、焼入れを施さないものが用いられてきたのである。

この他に、刃金によって作るものには、石工や鋳職が用いる大小の鏨(タガネ)類がある。鏨は刃金を打ち延べて作った〝株(カブ)〟という材料鉄を元にして、これを石工なり鋳職なりの、使用者自身が自分で打ち鍛えて成形し焼入れを施すものであって、そこには一般の鍛冶屋とはすこし違った熱処理技術が伝承されていた。そのために、石工・鋳職・木地師などは小型の箱鞴をかならず持っており、それぞれが小さいながらも鍛冶場を作っていたのである。だから、これらの職人も、鋳物師や鍛冶屋と同じように、鞴をまつる習俗を伝承してきた。

〝株〟は比較的古くから大阪等で量産されて、それが売り出されていたもののようである。(2)それが諸国の石工等へ、なんらかの流通経路を経て供給されていたものと思われるが、その具体的なことはよく判らない。《株作り》とは、一般の鍛冶が材料(玉鋼等)を精錬して均質の刃金に仕立て上げるのと同じ工程を、専門的に行なうことであった。だから、〝株〟を入手した石工等は、刃先の形を好みに作り、必要の硬度に焼入れをする。それが彼らの仕事ということになる。石鏨の中でも、花崗岩系のように特に硬い石材を加工するものの場合には、鏨の先端の硬度と耐磨耗性は重要な要素である。この性質を得るためには、できるだけ炭素分の高い鋼（少なくとも一パーセント以上）を用いて十分に深く焼入れをする必要があった。だから、金属加工用の鏨がすっかり《油焼き》に変ってしまった現在でも、石工の鏨の方は《水焼き》を行なっているのである。

先にもすこしふれたが、石工の焼入れ技術には、一般の刃物や農具類の場合とはすこし異なる方法が用いられている。今日では土木工事で使用するコンクリート用の鏨やパワーシャベルの爪などが農鍛冶に持ち込まれてきて、鍛冶屋がこれを打ち直し、焼入れをしてやっているのによく出会うが、その時の方法は石工の技術と同じものである。鏨の先端を加熱して焼入れ温度にまであげると、先だけを水に入れて強く焼きを入れる。それを引き上げると、基の部分に残っている熱によって、もう一度徐々に先端へ向って温度があがってくる。そこで一息待って先がちょうどよい焼戻し温度になった時点で、もう一度水中に投入して冷し、戻しを止めるのである。このタイミングの取り方によって比較的自由に焼戻しの程度を加減することができる。

こうした石工の熱処理技術は、もう少し注意深く調べておく必要があるのではないかと思う。花崗岩に用いる鏨の使用条件はなかなか厳しかった。その上に花崗岩の細工は単に石工の領域にとどまらず、金銀鉱山と関係が深かったからである。逆にいえば石工の鏨作りの背後には、鉱山の鏨作りの技術があったものと考えられるのである。

二　地金の製品

地金を材料として作る鉄器については、既に〈なまもの〉の鍛冶のなかで多少述べてきたから、ここで改めて技術的な観点から考えておかなければならない点はそう多くはない。

この種の鉄器は、急冷したからといって、焼きが入って硬化するわけではなかったから、専ら打ち放しで使用されてきた。だから、もし少しでも強度や剛性を高めようとするならば、入念に空打ち(冷間鍛造)を繰り返す必要があった。金属は、空打ちを繰り返すと加工硬化という現象を生じ結晶構造に歪が出来る。これによってかなり硬くなるから、この原理を利用してよくよく打ち固めるのである。板金のプレス物や金銀細工あるいは銅の鎚起細工等が形態をよく保っているのもこの加工硬化の原理によっている。鉄の〈なまもの〉の出来のよしあしもこれにかなり左右されたのである。

三　刃金と地金の合成技術

次に、日本の鍛冶技術の最も目立った特色の一つを成している〝刃金〟と〝地金〟の組合わせによって作られる製品を見ていくことにする。実際のところ〃刃金〃や〃地金〃という用語そのものが、異種の鉄を合成して製品を作る技法に結びついている表現と考えられ、〃軟鉄〃や〃鋼鉄〃といった材料の機械的な性質を表わす表現形式とはこの点で異なっている。ここで注意しておきたいことは、〃軟鉄〃や〃鋼鉄〃といった表わし方は新しい時代のもので、以前は〃地金〃になる鉄はただ単に〃テツ(鉄)〃もしくは〃ジュテツ(鐫鉄)〃、あるいは、〃ナマテツ(生鉄)〃等といわれてきた。もう一方の〃刃金〃になるものの方は、単に〃ハガネ(鋼)〃もしくは材料の形態的な特徴から〃タマハガネ(玉鋼)〃といわれ、これらには「鋼」もしくは「鋼」の字があてられていることが多い。

要するに〃刃金〃は、文字通りに切り刃を作るのに用いる鉄という意味であって、これに対して〃地金〃の方は、地の形態を作り出す鉄のことを指しているという訳である。だから、〃刃金〃や〃地金〃という表現に表われる材料観念は、古代的な技術の範疇からは生じてはこなかったはずのものである。古代においては、単一の素材を加工精錬の工程で浸炭させたり脱炭させたりして性質の上の差を生み出し、それを錬り合わせることから、鋼の硬さと軟鉄の融通の良さを組合わせて用いる方法であったと想像される。そこでは二種類の異なった鉄の複合に対する自覚的な感覚が欠けており、当然ながら〃刃金〃と〃地金〃が材料段階で区分けされていたわけではなかった。むしろ古い時代において異なった種類の鉄と理解されていたのは、〃ズク(銑鉄)〃と〃鉄(軟鉄)〃との間においてであって、〃刃金〃と〃地金〃の複合法が用いられるようになる前には、むしろこちらの二種の合成が意識されていたと考えてよいと思う。作刀技術の中に《鋳刀法》として伝承されている技法があるが、それは〃ズク(銑鉄)〃と〃鉄(軟鉄)〃の合成が古い形式の一端であったことを暗示しており、中国で言うところの《雑錬生鍒》による作刀法と考えられる。

ここで大切なことは、古い時代の技法は、後代に起った新しい二種合成的な方法の普及によって消えていったという訳ではなく、それはそれで独自の伝承のなかで発展し、また受け継がれてもきたことである。これらの古い技法はかならずしも刀剣を作る世界に限られていたということではなく、古代にその形式が完成されてから以後、製法・形態・使用法ともにそれほど変化の起きなかった斧・マサカリ・手斧などの世界にも受け継がれてきている。その具体的な内容となるとすこし複雑になるので後に示すことにしたいが、いずれにしても〝刃金〟と〝地金〟の二種合成的な製法は新しい時代に展開をしてきたものということが出来るのである。

だから、〝刃金〟と〝地金〟とによる世界は、古い時代の技法が連続的に発展をして、その結果、到達した技術であるとは考え難い。ここに至るまでには幾つかの途切れがあり、断続する渡来技術の受容を想定せざるをえないのである。しかし、その歴史的な実態を示すにはまだまだ調べなければならないことがたくさん残っている。

ここでは歴史的な推移を示すことが目的ではないが、断続的な渡来技術の受容過程を暗示する一例として〈廻船鋳物師〉の鉄材料売買があげられる。鋳物師と鍛造鉄材料をめぐる問題はそう簡単ではなく、また実証的な資料がないので決定的な言い方は避けなければならないが、鉄熔解技術と一体になった熔解精錬による熟鉄(軟鉄)製造法がまず鋳物師にもたらされて、そこから熟鉄の量産が可能となっていったものと考えられる。それを〈廻船鋳物師〉が燈炉供御人の特権を背景に諸国に売り拡めていった時代が推定されるのである。[3]多分こうした状況の下で〝刃金(刃物鉄)〟と〝地金(生鉄)〟の分離がすこしずつ一般的になっていったのであった。それが決定的な意義を持ってくるのは、中世末期に至ってタタラ製鉄技術が改良されていき、〝玉鋼〟が一般に普及していったからであった。後に見ていくように、〝刃金〟と〝地金〟の構成形式には大きく分けると二種類の方法があ

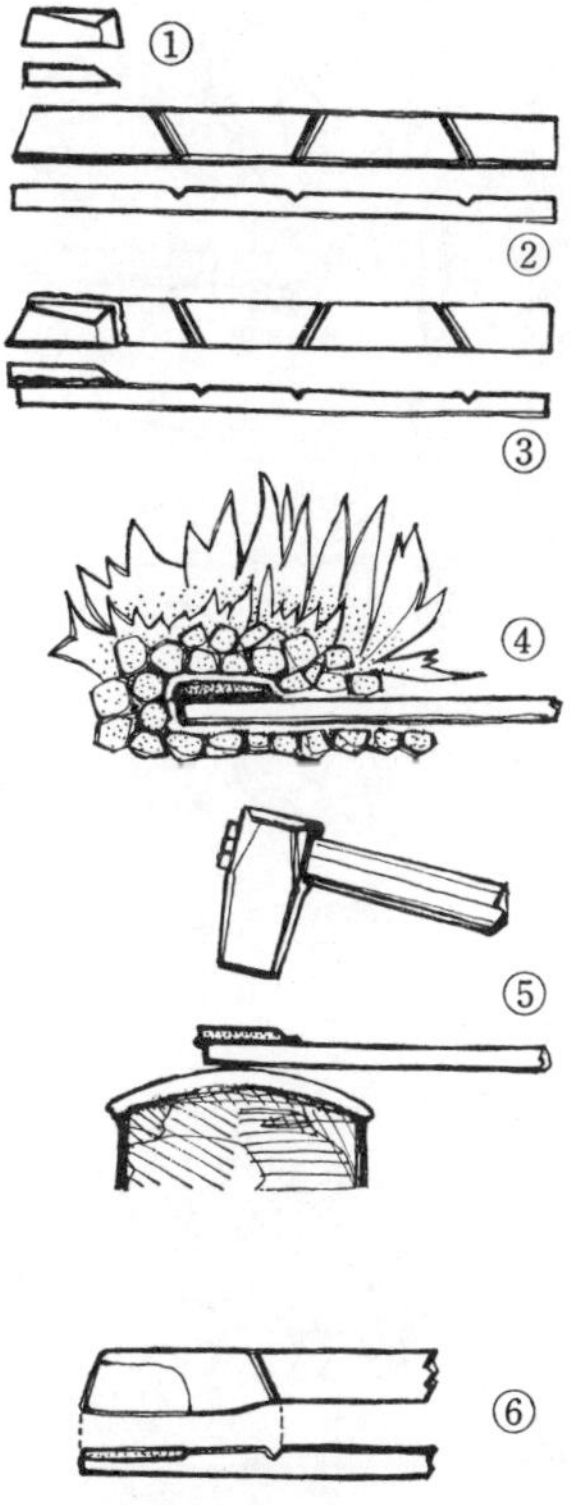

6図　《片刃付け刃金》の方法
①刃金　②地金
③鉄ロウをはさんでのせる
④加熱する
⑤手早く鍛接合する
⑥完成

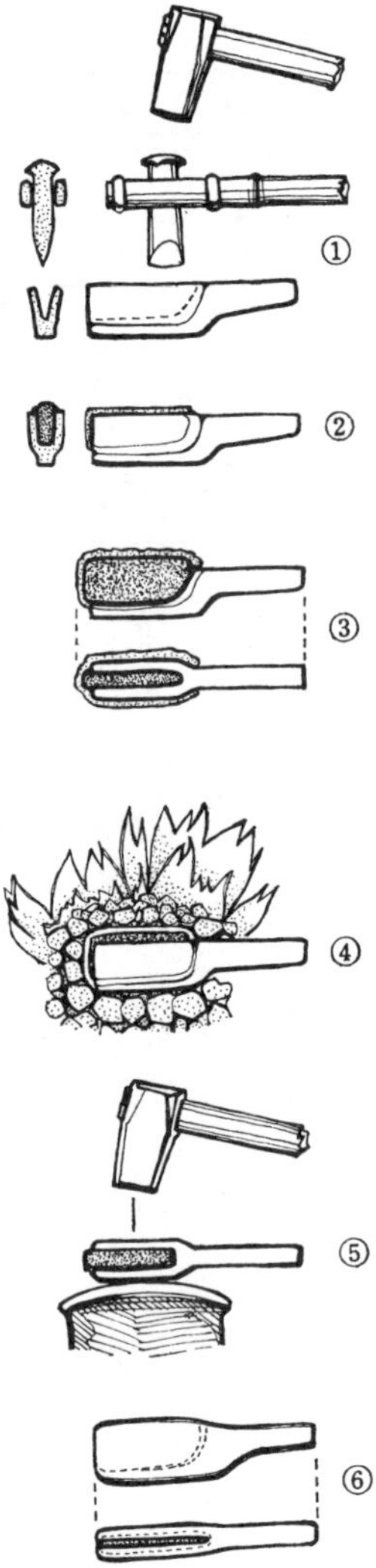

7図　《両刃割込み刃金》の方法
①割りを入れる
②刃金を間にはさむ
③泥でくるむ
④加熱する
⑤打ち鍛える　⑥完成

って、その利用に地域差を見ることができることも、こうした歴史的推移と無関係ではないと私は考えているのである。

それでは、現在まで伝承している〝刃金〟と〝地金〟との組合わせの形式を見ていくことにしよう。まず組合わせの構成形式から述べていくと、簡単には、《付け刃金》と《割込み刃金》(または単に《割り刃金》ともいう)との二つの技法に整理分類をすることができる。《付け刃金》とは、地金の片面に刃金をのせて接合して、それを打ち延し作りあげる。出来上がった刃先は左右非対称の断面となる。この形式の刃物は、使用する時に刃金が使用者に対して左に付き、地金が右に来ることになり、普通は地金側を表、刃金側を裏という。この原則はよく守られていて、左きき用に特別に作ったもの以外には反対側に刃金が付くということはない。

《付け刃金》を技術的な面から考えてみると、まず刃金面の半分が露出をしているために、比較的に均一に強い焼きが入ることがあげられる。しかし、この技法では同時に、焼入れに伴う結晶構造の急激な変化によって生じる、刃金側の体積膨張がそのまま変形となって表われてくるから、これを地金で吸収しきれない薄刃刃物、例えば〝菜切り庖丁〟のような物には不向きであった。薄刃刃物を《付け刃金》で作るにはかなりの習熟を必要としており、鍛冶屋は体積膨張に伴う反りをあらかじめ計算して逆側に反りをあたえておいてから、焼入れを行なうのである。

《付け刃金》は片面から強く焼きが入るから、刃金が厚すぎたり質にむらがあると、焼き割れや焼き瑕の原因となる。だから、より均質の刃金が要求されてくるし、比較的に刃金の厚い鉈のようなものの場合には、近年では刃金の上にもう一層ごく薄い地金を被せて焼むらを防ぐ方法がとられていることがある。また時には、地金に斜めにすこし割りを入れて、上部の三分の一程度を地金層に埋め込んでしまうこともあって、こうなると、次に述べる《割込み刃金》の場合と比べて基本的な差がなくなってくる。だから、現在では《付け刃金》と《割込み刃金》との間には中間的な性質を示す形式が色々と工夫され、作られているのである。

次に《割込み刃金》だが、鍛冶屋は一般にただ単に《割り刃金》といっている場合が多い。ここでは、構造がはっきりと理解できるように《割込み刃金》の語で表わしていくことにする。これは、初めに地金の峰側を下に置いて、タガネで竪に半割りに割っていく。その割れ目に刃金を挟み込んでから、全体をワカシ付(鍛接)する。こうして刃金を接合したものを打ち延して、製品に仕上げるのである。割込みの深さは全体の三分の二くらいで、この近辺までは使い減らし、砥ぎ減らしてもまだ使用に耐えるということになっている。

出来上がった製品の断面をみると、刃金は左右両側から地金に挟まれており、断面の形態がまったく左右対称になるのが普通である。このために、《両刃作り》もしくは《双刃(もろは)作り》といわれていることも多い。しかし割込む位置を七対三、ないしは六対四と左側に寄せて作ったものもあって、これを半双(はんもろ)といっている。《七三のはんもろ》《六四のはんもろ》と呼ぶのである。

〃菜切り庖丁〃のような薄刃刃物の場合、あるいは逆に非常に大形のもので刃金が厚くなる時は、《付け刃金》よりもこちらの方が構造的に安定しているから作り易い。

《付け刃金》と《割込み刃金》との間には、既にみてきたように、刃先の断面形状が対称・非対称になる相違がある。そして《割込み刃金》の方が《両刃作り》とも称されていたから、これに対して《付け刃金》は《片刃作り》ともいわれてきた。従って、多くの場合に、《割込み刃金＝両刃作り》《付け刃金＝片刃作り》と考えられているのである。しかし、刃先の形態を表わす両刃または片刃という言葉は、石器の分類にも用いられていて、その形態的な差とそこから想定される機能に着目されているのであるから、本来は刃先の構造を表わす《付け刃金》《割込み刃金》とは一応区別をしておく必要があり、その上で、前述の関係が成立していることの意味を考えていくべきなのである。この技術が成立していく経過を考えてみると、当然《片刃》から《付け刃金》の技法が生まれ、《両刃》から《割込み刃金》が発生してきたものであると推定し得るからである。

次に、《割込み刃金＝両刃作り》と《付け刃金＝片刃作り》の二通りの技法と形態の複合が具体的にはどのように使い分けられてきているのかを見ていかなければならない。

実は、それには二通りの場合があって、製品の種類によって決ってくる。日本中どこへ行っても画一的に《付け刃金》ないしは《割込み刃金》が用いられているものと、地域によって《付け刃金》であったり《割込み刃金》であったりする場合とがある。

四　職人の刃物

全国的に変化がなく、単一の技法が用いられている刃物には、鑿・鉋・手斧・セン・小刀・ヨキ・斧等があるが、その特徴は職人の用いる工具が中心を占めていることである。それが何を意味しているのかは難しい問題である。そこには様々の理由を考えることができるが、その一つとして、諸職の技術の伝播過程に関わるものが考えられる。もう一つには、諸職の技術に共通した性質、即ち加工対象となる材料が固定していることも関係しているのではなかろうか。諸職の対象としてきた素材や加工方法は、それぞれに初めからかなり限定されており、そのために全国的に差が少ないのである。だから、対象が共通している事によって、刃物や利器の側にも地域的な差の生じる必然性がなかった。材料性質と加工目的のどちらもが普遍的であったから、その共通性に従って、刃先の構造や形態も広く共通の形式が普及してきたのだと考えられるのである。

諸職の用いる工具の中で、鑿や鉋に代表される木工や大工の道具は、日本ではまったく《割込み刃金》は用いられておらず、すべてのものが《付け刈金》で作られている。この場合の《付け刃金》は、建材などに使用されてきた杉や檜のような針葉樹の材料性質に見合っているのだと思われる。杉や檜は軟質材でありながら、繊維質は硬く、従って木目も強いから、これをきれいに截ち切ったり削ったりするためには、刃の切れ味がよくなければならなかった。だから、出来るだけ硬質の刃先に作り上げ、その上で刃先の角度をできるだけ鋭く砥ぎ上げる必要があった。それには《片刃・付け刃金》の構造が適していたのである。

中国の江南などでは、こうした木工刃物、台鉋や鑿の刃のように、形態の上では片刃作りになっているものも、日本の場合とは異なり《割込み刃金》によって作られていたようである。だから、片刃構造であるからといって直ちに《付け刃金》になるのだとは言えず、ここに一つの問題が残るのである。一般に南方の樹木の木目はそれほど強くないのが普通であるから、《割込み刃金》のやや甘い切れ味でも十分であったのだという事が考えられ、また砥石の性質に起因する問題も生じてくる。いずれにしても、文献をみると中国においても《夾鋼(割込み刃金)》に対して、《附鋼(付け刃金)》があったことが記されているが、それがどのように使い分けられてきたのかはまだ判らない。今までの見聞の範囲では、

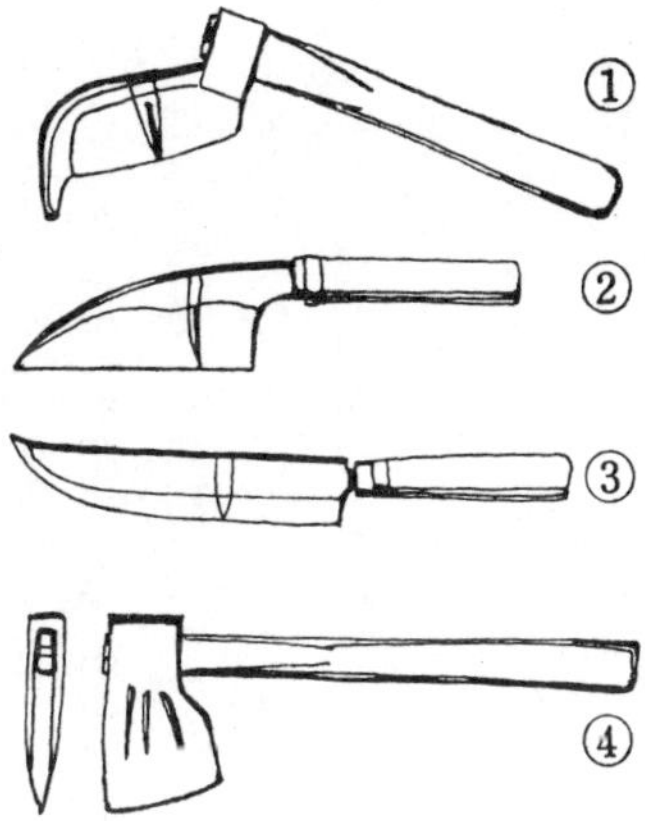

8図　刃金入れの種類の例
①両刃割込み刃金ー鉈
②片刃付け刃金ー庖丁
③総鍛え刃物(全鋼)ーヤマガラシ
④三枚合わせ刃物ー手斧

《附鋼》によって作られた中国の刃物を見ることがまったくなかったからである。しかし、後に述べる日本での刃先作りの分布から逆に推測して、華南の《夾鋼》に対して華北の《附鋼》といった分布があるいは存在するのかもしれず、今後調べていきたい問題の一つである。このことは刃先作り技術の渡来の問題とも関係してくる。刃先作りの問題は日本の鉄器文化の変遷史に止まるものではなく、朝鮮半島や中国や東南アジアをも含めた東アジア全体の技術史に関わってくる可能性が考えられるのである。

一般に大工道具と称されている鑿・鉋のような《付け刃金》の刃物以外に、諸職の関わる道具利器には皮細工・畳屋・経師屋等々において諸々の軽工作に使われてきた小刀・細工刀子・截庖丁の類、あるいは杣人・桶師・刳り物師等の用いた斧の仲間のような《両刃》の刃物がある。前出の《片刃》の刃物とこれらの《両刃》のものとの間には、なにか基本的な相違があるように思われるのである。それを簡単に表わすと、前者には細かく分化した道具の集合による体系的で総合的な利用技術が反映をしており、個々の道具は、その中の限られた部分的な目的に適合し、かつ限定されている。だから一言でいえば、組織的で分業的な世界を表わしたものであると考えることができる。このような道具の体系と《付け刃金》の片刃刃物がむすびついているのである。

片刃の刃物は通常の使い方の場合には、刃裏(平面を作る側)が一種の定規ないしはアテの役割を果している。だから、刃先が磨耗をしてくると、刃表から砥ぎ込んでいき、刃裏にはあまり砥石をあてないのが普通の砥ぎ方である。この砥ぎ方に《付け刃金》の刃先作りは見合っている。この時に下手に刃裏を砥ぎおろしてしまうと、形がくずれて取り返しがつかなくなる。

このように、《付け刃金＝片刃》の刃物は刃裏がアテになっているから、それを基準として、機械的な加工をすることには向いているが、逆に、そのために自由自在とはいかず、微妙で複雑な加工を必要とする仕事にはあまり適してはいないともいえる。例えば、いくら見事に砥ぎ上げて良く切れる平鑿でも、これでは上手に鉛筆を削り出すことはできない。たとえ刃先が鈍角であって切れ味が落ちても、曲面を含んだ《両刃作り》の方が鉛筆を削り出すのには向いているのである。

このように《両刃作り》の小刀・刀子・斧・マサカリなどは、決りきった仕事を能率的に行なうことには不向きであったが、そのかわりに汎用的で応用範囲が広く、多様な使い方のできるものなのである。その利用技術は多分に技能的ないしは技巧的なものであるといえる。

五　ふたつの両刃刃物

小刀が古くから多量に用いられてきたことは既に述べた。『延喜式』の中には実にたくさん登場するし、中世後期の生活を表わした『職人尽絵』等にも、様々なところに顔を出す。ところがその一方で、階層に関わりなくあらゆる種類の常民が腰刀を差している様子も描かれている。それが何を意味するのかはよく判らない。勿論そこにはなんらかの護身の意味が込められていると考えられるから、その意味では武器であるということになるのであろう。しかし、似たようなものを腰に差す習慣は、近世になってからも根強く受け継がれてきて、それが矢立や煙管になっていくところを見ると、もうすこし多様な理由を考えておくことも必要になってくるのではないかと思われる。

いずれにしても腰刀は、護身のためといったやや象徴的な役割の他に、もうすこし具体的な機能があって、汎用の利器として日常の様々の場面に使用されてきたのではないかと思われる。そう考えていくと、どうも腰刀と小刀や刀子類との間には、あまり明瞭な差はないもののように思われる。すこし大ぶりに作った小刀を、加飾を施した鞘に入れて腰に差せば〝腰刀〟ということになり、白鞘におさめて利器として用いれば職人の道具として〝小刀〟〝刀子〟ということになったのではなかろうか。「小刀一丁で細工をする」と比喩的に表わす時の小刀とは、このような小刀＝腰刀を指していると考えることができ、そこには両刃の刃物の汎用的な性格がよく表われていると言うことができる。

このように、〝小刀・刀子・截庖丁〟等々と〝腰刀〟との間には、それほど本質的な違いがないと考えるならば、当然にその作り方の上でも、小刀類は刀剣一般の方法と違いがなかったことになる。だからこそ、美濃関流は小刀鍛冶として栄えることができたのである。

今日では、小刀・刀子・截庖丁から斧・マサカリまで、古風な様式を残す両刃の刃物は、おおむね《全鋼》で作られているか、《割込み刃金》が用いられている。現在みられる全鋼で出来た製品は安価なものに多く、職人の用いるものは《割込み刃金》を使ったものの方が多いが、考えてみると、《全鋼》のものの方がむしろ古い時代の作り方をそのままに受け継いでいるようにみえるのである。古刀は《総鍛え(もろぎたえ)》といって、単一の鉄塊から打ち上げる方法が主であって、慶長以後の〝新刀〟のように異種の鉄を意図的に組み合わせるといった技巧的な方法はあまり用いられてはこなかった。

《総鍛え》の刃物は、一般に鉄に含まれている炭素の割合が低く、またそうでないと焼入れが困難であったし、砥石がかりも悪く、刃毀れも生じやすかった。だから《総鍛え》の刃物は《付け刃金》の鑿・鉋・剃刀のように鋭く刃を立てることはできなかったし、その必要性もなかったのであった。こうした《総鍛え》の性質は、基本的な点で、現代の全鋼の製品の《油焼き》を施して十分に焼き戻した刃物に受け継がれてきていると考えてよく、《割込み刃金》の技法とは見合わない点が多いのである。

もっとも、鎌倉時代の備前鍛冶の中には《割込み刃金》の技術を用いて刀剣を打ったものがおり、そのことから逆に《割込み刃金》の技術伝来の時期を推定することも出来ることになるが、全体で見るならば、《総鍛え》がすたれて《割込み刃金》に移行していったのはそう古い時代のことではなさそうなのである。

このことを考えていく上で、ヨキや斧の作り方が参考になるのではないかと思われる。ヨキや斧を伝承的な技法によって作っている鍛冶の場合には、鉈のような新しいタイプの刃物が専ら《割込み刃金》によっているのに対して、少し異なった技法を伝承しているのである。その作り方は、《三枚合わせ》という方法で、比較的に炭素量の低い刃金を用いて十分に肉厚を持った芯金を作り、その両側面にヒツと一体になっている地金を張り合わせて、下方へ打ち延していく形式になっている。張り合わせる前の地金の形状は、ちょうど魚の腹開きのような格好で、刃金の方ははらわたに相当するのである。したがって、地金の本来の役割はヒツを上から被せて結合することにあったのだが、それが刃金でできた本体の強度の確保と、焼入れの時の刃金の保護とを兼ねて、段々と下の方まで延びてきた結果《三枚合わせ》が生まれたのではないかと推定されるのである。

だから、地金を割り裂いてそこに刃金を仕込む《割込み刃金》とは、気持ちの上でかなりの違いがあった。後に述べる西日本型の鉈は、ヒツを持つ《割込み刃金》の刃物であるが、こちらは斧類が基本的に二つの部分（刃部とヒツ部）の合成で出来ているのに対して、三部分の構成になっている。即ち、刃金と地金とヒツとに分かれていて、その接合によって形が生まれてくる。このように、両刃の刃物を作る方法には《総鍛え》の名残をうかがわせる《全鋼》や《三枚合わせ鍛え》の方法と《割込み刃金》によるものとがあって、前者は古代から基本的にそうは変らない形態と様式を受け継いできた一群の刃物の場合に用いられ、作り方の中にも《割込み刃金》とは違う古風な部分が残っていたということができる。その一方、《割込み刃金》と本来的に結び付いている職人の利器工具は案外に少なくまた限られているから、これらを基準にして利器工具の新旧の分類を試みることが可能になると思われるのである。

六 《付け刃金》と《割込み刃金》の分布

職人の刃物には地域的な差はあまり見られず、むしろ職の違いによって形態や構成の上に相違が表われていること

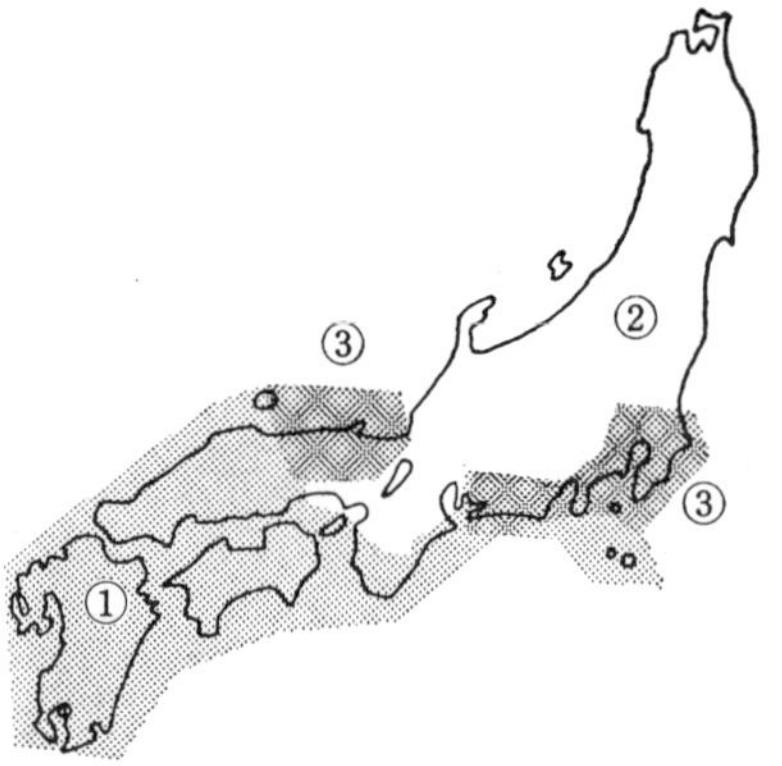

9図　割込み刃金と付け刃金の分布概観図
①割込み刃金単用地域
②付け刃金単用地域
③両用地域

はすでに述べた。これがもうすこし一般的な「農」に関わるものとなると、逆に地域差ということが大きな比重を持ってくる。より具体的には、《付け刃金》が使用されている地域と《割込み刃金》が用いられている地域とが、製品ごとにきれいに分かれてくるのである。こうした製品の代表的な例は〝鉈〟と〝鎌〟とであるが、その他に〝鍬〟や〝唐鍬〟や〝開墾鍬〟にも部分的には同様の状況が見られる。

　奇妙なことに、《付け刃金》と《割込み刃金》の二つの技法の分布境界線は、鉈・鎌・唐鍬等と、それぞれの製品ごとに異なった地域にずれており、そのために、簡単に一纏めにして技術の相違による分布圏を設定してしまうことはできないのである。そのことを考えに入れた上で、全体を概観していくことにしよう。

　そこで大雑把なことであるが、日本列島を大きくこの二つの技法で区分してみると、東日本の《付け刃金》と西日本の《割込み刃金》とを対比して捉えることができる。そしてこれをもう少し視点を変えて表わすなら、日本海沿岸から拡がる「付け刃金圏」に対して、もう一方は太平洋と東シナ海に沿って伝播している「割込み刃金圏」とに区分けすることも出来るのである。いずれにしても、東北日本には《割込み刃金》はまず見られず、西南日本には《付け刃金》は分布していない。その意味では、個別の製品ごとの分布境界線が、それぞれに大きなずれを示しているにも関わらず、本質はあまり変らないものと判断できる。

　ここで鎌の場合について見ていくと、分布の境界は、瀬戸内海側は播州と美作との間に現在はあり、日本海側では伯州の一部に《付け刃金》の鎌が残っているから、東日本型がすこし西の方まで伸びていることになる。しかしその一方で、もうすこし東に位置する丹波の地鎌は《割込み刃金》であるから、この付近での出入りはかなり複雑である。その詳細を知るには、もうすこし地域に根差した詳しい調査を必要とし、土地土地での変遷を見極めていかなければならないが、まだそこまでは行き届いていない。

次に南近畿の方を見ると、紀伊水道が境界となっていると考えられる。しかし、ひょっとすると紀伊半島の一部では《割込み刃金》の鎌が用いられているかもしれない。ここもまだ十分に調査が及んではいないのだが、基本的な点ではそう違ってはいないであろう。いずれにしても、畿内は「付け刃金圏」に含まれており、それよりも西側は「割込み刃金圏」に変るのである。

こうした鎌の例に対して、鉈(ナタ)と一般に通称されている粗朶刈りや木刈りに用いられてきた厚刃物の場合には、太平洋の沿岸では《割込み刃金》が東関東にまで伸びてきて、茨城県の東北境に及んでいる。ところが、中部地方の山岳地帯から近畿地方の内陸部へかけては、《付け刃金》の方が西の方へ進出をしており、日本海岸では越前の敦賀が境をなしているようにみえるのである。しかし、実はこの《付け刃金》の鉈はここからさらに西へのびて、島根県の隠岐島においても用いられてきている。鉈の場合にはまだ複雑な点があるので、詳しくは後述することにしたい。

以上のような分布状態をもう少し簡略に表わすと、鎌は畿内を中心としてそれより東の《付け刃金》の片刃、西の《割込み刃金》の両刃鎌とに分かれていると考えてよいが、鉈の場合にはすこし異なって、日本列島をほぼ南北に仕切って、関東地方の東部から隠岐島までを一応の境界線と想定することができる。その北は《付け刃金》による片刃鉈でその南は《割込み刃金》による両刃鉈が主体ということになるのである。

このような分布のあり方は、二つの技術の伝播の過程をかなりの程度まで暗示しているのではないかと思われる。もしここに私なりの解釈を付けるとすると、日本の鉄器文化は、古代的な鉄器の上に重なって列島の東西(もしくは南北)から全く異質の二種類の技術文化が形成されていき、それが互いに独自性を保ちながら、徐々に中央にまで普及をしていったものと思われる。その伝播は、一方は日本海岸に沿って始まり、もう一方は太平洋を東上して浜伝いに拡がり、その上で内陸地域へと進入をしていったもののようにみえるのである。こうした流れの幾つかについてある程度は具体的に明らかにすることができる。その事は後述したい。

七　銑鉄の利用

これまでは主として〝刃金〟と〝地金〟とを中心に鉄器をみてきたが、ここでは〝ズク(銑鉄)〟を鍛冶に利用する技術を見ていくことにする。

刀剣鍛錬における銑鉄の利用は、中国においては南北朝時代から《雑錬生鍒》といわれて、早くから実用にされてきたと考えられている。「鋼鉄是雑煉生鍒作刀鎌者」と南朝時代の煉丹家(錬金術師)は記述しており、(4)ここでいう〝生〟は生鉄(日本でいう銑鉄、すなわち鋳物鉄)を表わし、〝鍒〟は柔鉄(日本でいう軟鉄、すなわち地金)を示している。従って《雑錬生鍒》とは、それを混ぜ合わせて鍛える意味である。即ち、「銑鉄と軟鉄とを混ぜ合わせて鍛えて作る。こうして出来た刀や鎌の材料が鋼鉄である」ということになる。こうした〝生〟と〝鍒〟の合成による刃金作りは、漢代の『塩鉄論』にすでに比喩的に「剛柔和」等として用いられていて、中国の刃金作りの一つの基本を成してきたものと考えられる。後にこの技術はめざましい発展をとげて、有名な〝灌鋼〟として結実したといわれている。

《灌鋼法》による刃金作りの技術については後述するとして、ここではまず《雑錬生鍒》的な技術が日本にはなかったかという点をまず見ておきたい。考えられる一つは、古代刀の中に高炭素鋼と低炭素鋼とを半熔解状態で混合した鋼塊で作ったとみられているものがあることである。(5)この技法はその後に《下し鉄法》として伝承されてきたものであった。例えば、藩政時代の後期の刀工、水心子正秀は、古刀の復元を志して『鍛工秘伝志』(6)を残したが、その中で

《鍛刀法》といわれる新刀に一般的な技法に対比して《鋳刀法》を示している。そして、《鋳刀法》の材料は鉧(鍛鉄)ばかりでなくズク（銑鉄）も利用したと記している。正秀によれば、《鋳刀法》は《鍛刀法》の普及以前の作刀法すなわち〝古刀〟を再現する方法であるとのことで、その技術はおおよそ次のごとくである。

鋳刀の法は、火床の鉄溜りに水をうち内膨に堅め、水気を能去り…略…銑にても、鉧にても又鋼にても細かに砕き(往昔は銑計也)、鉄溜りへ納れ、炭を多くして鑠す也。…略…偖其塊りたる鋼を鉄溜りより引き出し垢を能去り、又食出たる所を悉く打ち欠て去り…略…打延べ象を造る也。

水心子正秀は天明時代頃の人であるから、これは伝承と実験とから再現を試みた結果について述べたものであると考えられるが、実は現在も「水心子流」を名乗る刀剣鍛冶はこの方法で鋼塊を作って作刀を行なっているのである。この時に、高炭素鋼と低炭素鋼とをまぜて塊を作ると、前述の古代刀の金相と近似のものを得ることができるはずである。これがすなわち《雑錬生鉢》なのであった。そして、これをそのまま刀に鍛え上げると、《総鍛え》ということになる。

このような技法は中近東のダマスカスの剣の有名な例をはじめ、世界的にかなりの拡がりを持っている。

八　雑錬生鍒と金敷作り

ところが、こうした方法はなにも刀剣に限って伝承されてきたという訳ではなく、日本ではごく近年まで、一般の鍛冶でも行なわれていたのである。私はかなり長年に亘って、鍛冶屋が用いるあの大きな金敷をどのような方法で作るのかについて関心を持ってきた。そのために、各地の鍛冶屋を訪れる度に、金敷の作り方や焼きの入れ方を聞いてみることにしていたのである。

というのも、隣の中国の場合には古くから高度の鉄鋳造技術が発達をしており、そのために鍛冶の技術の方も常にこれと深く関わって展開をしていて、金敷には鋳物が用いられているからであった。

中国の鉄鋳造は、非常に早い時代から〃ねずみ銑鉄(フェライト銑鉄)〃を実用化しており、漢代の南陽からの出土品の中にはこれが既に見られるという(7)。その上に、長時間に亘って加熱して、白銑鋳物(セメンタイト銑鉄)を脱炭させて可鍛化する、現代の白芯可鍛化と同様の技術や、組織の中の炭素や炭化鉄を球状に分散させて粘りをあたえる技術も、その当時から行なわれて来たと言われているから、金敷の場合にも、当然可鍛性の鋳物が用いられてきたのである。

『チャイナ・アット・ワーク』(8)にも中国の鍛冶屋の金敷についての記述があって、ホーメルの観察によれば、鋳鋼もしくはなんらかの表面硬化法が取り入れられていると推定されている。中国で私の実際に見た幾つかの鍛冶屋の場合にも、このホーメルの記述と同様のものと思われる金敷が今日も用いられていた。それらは両方に角(ツノ)を持つものが多く、なかには片側のみに角の付くものもある。いずれも日本の金敷とは違って、鍛造で作るという訳にはいかない形のものである。

私は、まだ朝鮮半島や東北中国の事情についてまったく何も調べていないから、確かなことは言えないが、金敷として角の付いた鋳鉄塊が用いられているのは、中国からインド、さらに回教文化圏を通ってヨーロッパにまで及び、かなり普遍的なことのように見える。ただし、ヨーロッパで〃アンビー〃と称されている金敷は、基本的には片側にだけ角が付くもので、アジアの場合にもごく新しい時代のヨーロッパの影響によると考えられる地域もある。

いずれにしても、鉄鋳造技術の普及には限度があった。そして、この技術のない地域で大きな鉄の塊を得るのはなかなか困難だったのである。そして、大きな金敷が得られないということは、鍛冶製品の大きさをも制限してきたのであった。ジャワ島をはじめとして、インドネシア諸島も鉄鋳造の発達の遅れた地域の一つであったから、中国式の

鍛冶技術が広東人職人の手によってもたらされて、大きく変化したと考えられるのは新しい時代のことである。(9)

このように見てくると、日本で用いられてきた富士山型の鍛造金敷はなかなか特異なもので、その発達は注目をしなければならないものと思われる。

金敷の形態や設置方法は鍛冶の作業姿勢と深い関係を持っており、火炉や鞴の形式とも切り放して考えることができないものである。中国の鍛冶は、箱鞴と角を持つ金敷と、独立して築かれた火炉の構成によって、立位での作業形式を完成させたのであるが、その形式は、纏まった体系だったものとしては日本には伝来してこなかった。日本の箱鞴は、中国では主に出職の用いる、移動に便利な形式を元にしていると考えられる。だから、華南で一般に用いられてきた居職用の、ストロークを長く取り、傾斜して設置する形式のものは入ってこなかった。このことが中国と日本との先手(向う鎚)のあり方に決定的な違いを生み出しているのである。これについてはもう少し詳しく調べてみたいと思っているし、出来れば東アジア全体の比較も試みたいと考えている。

日本でも近世の後期に入ると股鍬(いわゆる備中鍬)が普及をしていくが、これを作るためにはツノのある金敷、もしくはその代用となるものが必要であった。そのために〝丁字金床〟あるいは〝橦木(しゅもく)〟等と呼ばれるT字型のものが普及をしていき、今日まで平金敷と共に用いられてきている。しかし、それ以前の金敷は表面の平らなものがただ一つだけだったのである。だから、越前鎌や播州鎌のように樋作りを伴うものの製作のためには、金敷の一部分を欠き取ってその角を利用する方法が取られてきた。九州のように樋の付かないベタ打ちの鎌が用いられてきた地域では、この工夫がないために、産地産の鎌の形式をまねても上手には作れなかったといわれている。

日本で鋳造によって作られた角を持つ金敷が一般に用いられてこなかったのは、元々中国から伝来してこなかったということも考えられるが、おそらく、日本の鋳造技術の水準に理由があったのであろう。というのは、日本の鋳物製品はそのすべてが〝白銑鋳物〟であったからで、これが決定的なことであったかと思われる。

〝白銑〟は炭化鉄（セメンタイト）の結晶の発達した鋳物で、硬さの点では焼入れを施した刃金もかなわないほど硬く、現代でも自由に砥いだり磨いたりすることが難しいものである。その上で、白銑化した鋳物は、鉄のかなりの部分が炭化鉄の形態を取っているから、錆にくいという特徴を持っている。前代までの犂先や鍋や釜は専らこれによって作られてきたのであった。硬いことと錆にくいことは、犂先や鍋や釜の機能によく見合っており、その意味では理にかなった用法であったが、その一方で衝撃に弱く、破壊し易いものであったから、金敷のような製品には全く不向きな性質であった。

日本で〝ねずみ銑鉄〟ないしは〝パーライト銑鉄〟のように炭化鉄の結晶をおさえた鋳物が意図的に作られるようになるのは、鋳鉄砲を得るために洋式の反射炉が使用されて、技術が大幅に進歩をしてからのことであった。だから、金敷を鋳物で作ることは出来なかったのである。こうして、鍛造によって大きな鉄塊を作る方法が伝承されてきた。

実は、すこし辺鄙な土地の鍛冶屋にとっては、ごく近年に至るまで金敷に用いる鉄の塊を入手することはそう容易なことではなかった。その為に第二次世界大戦の頃までは、時として自前で金敷を作るということが行なわれてきたのであった。そういう例をたくさん見聞きできたというわけではないが、話はまだかなり残っていて、それを整理するとおおよそ次のような技法によっていた。

まず、火床の下を炭粉でよく打ち固めて、十分に長さのある新品の羽口（泥で作り素焼きにした風吹き口）を鞴に据え付ける。羽口の先に炭を積むと火を十分に熾してから、その上に鉄片を積みあげ、さらに炭で覆って加熱をしていく。

この時に用いる鉄は、主に刃物や鎌の刃先を断ち落とした屑鉄であったという。刃物を鍛える時に、刃先の先端で刃金よりも地金が少し先へ延びてかぶさるように作って、打ち鍛える。こうすると、鍛造の過程で刃金に疵が入るのを防ぐことができて都合がよいからである。そして、この先端に被さっている地金は、火作りが終了した最終の段階になって、押し切り鋏で切り落とすのである。刃物や鎌を専業とする鍛冶屋の場合には、この押し切り屑がかなり多量になったから、これを溜めこんでおいて、金敷の材料に充てたのだという。この切り屑には刃金分も混入していたから、多少は焼きの入るものができて好都合だったのだという。時には玉鋼や分鉧（ブゲラ、小さな鉧の屑を集めて売られていた。安価なので一般の鍛冶屋に使われた）を用いることもあったというが、今まで聞いた範囲では銑鉄(ズク)が使われたということは聞いていない。しかし技法の性質から考えて、これに銑鉄が充てられたとしてもなんらの不思議はない。

炭火の上で加熱されて半熔解になった鉄は炉底に落下していき、底に溜まってくる。そこで、次々に鉄を足し、炭を追加しては加熱を繰り返しながら、炉底の鉄塊を成長させていくのである。ところが具合のよいことに、鉄塊が成長していくのに伴って羽口の先端も高温のためにすこしずつ熔けていき、段々と短くなっていく。それにつれて火床の火力の最も強い位置が、すこしずつ鞴の方に向って移動をしていくことになる。だから、この工程を繰り返しながら、次々に鉄と炭を追加して熔かしていくと、炉底の鉄の塊は成長をしていき、遂には三十貫目も五十貫目もの巨大な鉄塊が得られるということになる。塊になった鉄は、取り出して数名の先手を使って打ち固める。これだけの大きさの塊となると、大勢の先手が大鎚をふるって力いっぱい打ち込んでも、なかなか中心の部分まで打ち固めることができなかった。そのために、金敷の頭にあたるところだけを入念に鍛え上げることになる。こうして、おのずから富士山のような形が出来上がったのである。こうした作り方であったから、古い金敷を真二つに割って中をみると、内部が巣だらけであることがよく判る。

最後に、この塊に焼入れをするのであるが、そのためには多量の冷水を必要とした。近くに川があれば、河原に鞴を持ち出して、二丁掛け（二個の鞴を用いて火力を大きくする方法）の炉を作り、そこで頭部を十分に加熱して川に投げ込んだものだという。こうした作業は多勢の鍛冶屋が協同して行なったのである。

ここに概要を述べてきた金敷作りの方法は、前述の《鋳刀法》の技法とまったく同じ考えの上にたったものであるといえる。そこから、水心子流の《鋳刀法》はこうしたごく一般の鍛冶に伝承してきた技法を基にして復元されたものではなかったかと考えられる。この方法は一般には《下し鉄法》と名付けられており、鉄山の大鍛冶(軟鉄作り)と共通するものである。私の推側では、この技法は古くから受け継がれてきたものであって、元はもっと幅広い分野で利用されてきたものではなかったかと思われる。そして、これが鍛冶の材料精錬技術の基礎を成していたのだと考えているのである。

このように、中国の南北朝時代という、途方もない昔に確立したといわれている《雑錬生鍒》の世界は、ごく身近なところまで伝承し、生きていたのだということができる。

九　鍋鉄と湯金作り

農鍛冶の世界においては、《雑錬生鍒》的な《下し鉄法》の外にも、積極的に銑鉄を用いて刃先を作り出す独特な方法が伝承してきている。それを土地によっては、《鍋鉄作り》といったり《湯先》《たらし刃金》等々とそれぞれの呼び方をしていたのである。この方法は鍬の刃先作りに固有の方法として伝承されてきたもので、今日でもそれを実際に見ることは不可能ではない。

もうかなり以前から、東北地方には銑鉄を用いて鍬先を作る技術が伝承されていることはぼちぼちは知られていた。しかし、その意味するところが十分に明らかにされて来なかったのは、この技術が遅れた地域での特殊な技法にすぎないと考えられてきて、その普遍性に着目されなかったからではないかと思われる。私自身も、この技術について初めて話を聞いた頃には、不思議なものがあると思った程度で、十分に技術的な意味を理解できたわけではなかった。

その当時はまだ新鉄の流通経路に十な関心を持っていて、はっきりとは判らないなりに、農鍛冶に流れていく鉄材料を、中国地方から下ってくる新鉄や、いわゆる南部鉄に結び付けて考えることしかできなかったのである。しかし、とにかく一度は自分の眼でこの技法を確かめてみたいと考えて、この技術を伝承している鍛冶屋を訪ねて歩くことにした。その見聞の結果から、一応の技術的な基礎について理解が行きつくと、なかなか面白い内容を持っていることにようやく気が付いたという訳である。そして、自分でも色々の種類の銑鉄を集めて実験を試みてみたのであった。

まずここで、《鍋鉄作り》とはどのような技術であったかということを述べていくことにする。概略は次のようなものである。

初めに地金を整えて、地取りを行なう。地取りをした地金は、風呂(木台・ヘラ)をくわえる耳の加工から始まり、耳の内側にはスリットを鏨で刻み込む。次に耳を打ち延していって、鍬の上半分をまず作り上げてしまうのである。ここまでの工程は、現在では土地によって様々な方法が取られており、一様ではない。いずれの場合も、耳が完成してから刃先作りに入る。その時に用いられる刃先の材料には、〝刃金〟の場合と〝銑鉄(ヅク)〟の場合とがあるが、ここでは後者の《鍋鉄作り》の方法についての説明をしているのである。まず鍬の先にあたる部分に浅い窪みを作る。これは熔けた銑鉄が流れ出して裏側に回らないようにする工夫である。その上に細かく割った銑鉄のかけらを一面に並べてのせる。次に泥をかけて藁灰をまぶし、静かに火床に入れてから、さらにその上を小炭で覆う。こうして準備が整うと、徐々に鞴を操作して風を送り火力をあげていく。十分に火勢が強くなって炉内の温度が高まってくると、炉の上にはパチパチと火花が飛びはねるようになってくる。この火花が飛ぶ時が、炉の中がちょうどワカシ付け(鍛接すること)に適した温度になったという合図である。普通の刃金付けの場合には、これ以上温度を上げると鋼(刃金)が熔け始めて、良い製品ができない。だから、この時の一瞬のタイミングをとらえて火床から取り出して、冷えないうちに素早く、しかも丁寧に打ち鍛えて接合するのである。しかし、銑鉄を用いる時には、更に火力をあげて盛大に火

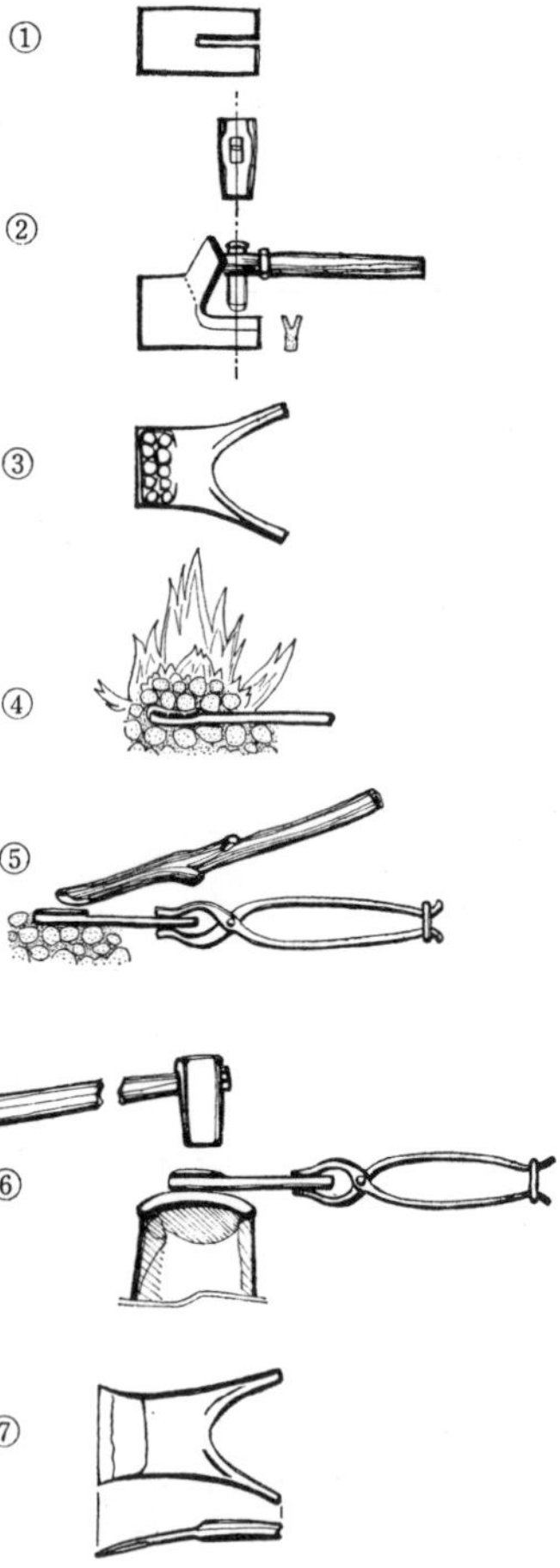

10図　鍋鉄作り

①地金に割りを入れる。
②風呂のくわえを入れ耳を打ち出す。
③鍬先に銑鉄を並べる。
④火に入れて十分に加熱する。銑鉄が熔けると火花がとぶ。
⑤十分に熔けたならば，被さっている炭を除けて木ベラで延す。
⑥藁灰を付けて丁寧に鎚打ちをする。その後に炉に入れて加熱し，地金と共に打ち延す。
⑦出来上り。

花を飛ばす。この時に火床の中を覗いてみると、地金の上にのせた銑鉄はもうすっかり熔解して、刃先一面に拡がっている。そこで、手早に上に被さっている炭をわけて、木ベラで熔けた銑鉄をよく刃先全面になすりつけてやる。すると熔けた銑鉄は、あたかも吸い込まれていくかのように地金面に拡散、吸収されていく。そこでこれを取り出して、全面に藁灰をまぶしてから金敷の上にのせて小鎚で丁寧に打ち鍛えてやる。この工程を終えると銑鉄が一応地金にからみ付いたことになる。場合によっては、これをもう一度ワカシ付けの温度まで加熱して、再度同じように打ち鍛えることもあり、ここらの技法は鍛冶屋によって違いがある。

そこから先は、通常の刃金を付けたものと同じ工程をたどって、先手を一人か二人使って刃先を打ち延すのだが、近年では殆どの場合に、ベルトハンマーが用いられている。こうして鍬先として必要な大きさ、厚さに仕上がると火造りは終るのである。あとはヤスリやセンを用いて仕上げを行ない、最後に焼入れを施して完成する。

この技法が伝承されている地域として現在までに判っているのは、東北地方の内陸中通りと太平洋側、関東地方の西部、東海地方であり、さらにずっと西へとんで九州地方ということになる。そこで、この分布状態をどのように理解すればよいのかという問題になるが、それには幾つかの可能性が考えられる。一つは、元はもっと広い地域で行なわれていたのであるが、鋼(玉鋼・後代には洋鋼)の普及によって段々とそれに置き換えられてきて、特に山畑のようにこの鍬の性質に適している所にのみ、残存してきたのではないかという考えである。私も初めはそうした推定を強く持っていて、西日本の産鉄の中心地帯の中の山間にも、この事例が残っていないものかと折があれば尋ねてきたのだが、その伝承や痕跡を見付け出すことはできなかった。

現在知りうる最も畿内文化圏に近い事例は、多分は近江の湖東あたりで作られてきた、いわゆる江州鋤の技法であろう。ここでは鋤先に銑鉄をたらして、それが固まる前にヘラで引っ掻いて筋目を付けているというのである。これは私が直接に見聞したわけでなく、この地の鍛冶を調べてこられた香月節子氏の御教示によるものである。だからこれ以上の詳しい内容は判らないが、銑鉄を流した京鋤や江州鋤は幾つか見る機会があって、一目でそれと判断できるものであった。鍬ではなく鋤にもこれを用いる目的が、補強にあるのか、土放れをよくするためなのかはよく判らないが、おそらく、その両方を兼ねているのであろう。

これによく似た方法による補強や強化の用例は案外にあちらこちらに残っている。鍬先に銑鉄を用いることを全く知らない鍛冶屋の場合にも、他の製品について特に剛性が要求されるところに、部分的に銑鉄をたらして強化するといった方法で用いる場合があるからである。

ここで更に注目しておかなければならないことは、中国地方から畿内西部にかけてのみならず、日本海側においても、銑鉄による鍬先作りは全く見ることができないことである。もっとも、津軽のような北方の事情や、能登半島や若狭など、まだ調べていない地域も少なくないから保留を付けなければならないが、日本海沿岸地域は、比較的に早くから出雲や伯耆の鉄が普及をしていったということが考えられ、そうした鉄は必ずしも上質のものばかりではなく〝ブゲラ〟のような安価な鉧が多く含まれていたことが想像されるから、それが鍬先に早くから利用されていたからではないかと思われる。だから、新鉄流通が早くから盛んだったところでは、銑鉄の利用は見られないということになる。こうして、ある時代からこの二つの技術、即ち《刃金付け》と《鍋鉄作り》とはそれぞれに独立した地域分布を形成していったのだと考えられるのである。しかし、だからといって《刃金付け》の普及が《鍋鉄作り》の上に重なってきて、徐々にそれを駆逐していったのかというと、そうではなさそうである。勿論、今日ではこれを明らかにして、二つの鍬作り技術の伝播や普及の過程を復元するに足る事例を集めることは、殆ど不可能に近いことかもしれない。明治時代の洋鋼・洋鉄の利用による変化が決定的なものであったために、それ以前の実態を見極めることは甚だ困難だからである。

しかし、現在残っている分布状態や利用の実態、更に材料的な性質や特性を考えて、二つの技術的な性格の相違を探り出して、そこから伝播の過程を明らかにしていくことも、全く不可能ではないと思われる。そこで、以下に私なりの考えを述べてみることにしたい。

私が今まで話を聞いてきた《鍋鉄作り》の技法を用いて鍬を作っている鍛冶屋は、同時にごく一般的な、洋鋼を用いた《付け刃金》の鍬を作り分けていることが多かった。この場合の《付け刃金》は新しい技術で、洋鋼の利用と共に普及をしたものであると考えられる。そして、同じ地域でも、山畑の多い山間の鍛冶屋の場合には、銑鉄を用いたものの方が主な製品で、それは畑鍬として用いられており、平場のよく整理された水田地帯の田鍬には《刃金付け》が普及をしている。水田鍬の場合には特に注文のある時に限って《鍋鉄作り》にするという話もある。

もっとも、これには藩政時代の後半から、田鍬のかなりの部分が股鍬(三本鍬・四本鍬)に置き換えられていったという事情も関わっている。その過程で、田に用いる平鍬は消滅したり使用法の変化が生じてきたから、畑鍬は《鍋鉄作り》、田鍬は《付け刃金作り》とそう簡単に結論を出すことは出来ない。

東日本の単作地帯では、田鍬の最も重要な役割は春田打ちであったが、股鍬が普及してくるとそれに変り、平鍬は相対的に補助的なもの、例えば畔付け用などになっていった。それも窓鍬の系統に徐々に変っていって、平鍬の役割は益々少なくなっていく。こうして平鍬は主に畑鍬として残されてきたのであった。

周知のように、鍬先は特に土質に適応する必要があって、このために土地土地でおびただしい種類の形態を生み出してきた。そうした土質の影響の一つに砂や砂利の混入した山土は鍬先の磨耗を早めることがある。その上に、山土には植物性の繊維も多かったから、刃先の硬さと切れ味が必要とされたのである。だから鍛冶屋は、こうした条件の山畑では一般の《付け刃金》による鍬よりも、銑鉄を熔かし付けたものの方が向いているというのである。鍛冶屋の表現を借りると、銑鉄を熔かし付けた鍬先は、通常のものに比較するとはるかに硬く、また鋭利であるという。

事実、すこし慣れてくると、両者の相違は一見しただけでほぼ間違いなく判別できるようになる。資料館などに展示されている鍬のなかから、この技法によって作られたものだけを選び出すことは、そう難しくはないのである。

現在の《付け刃金》の鍬は、普通は工具鋼(ＳＫ２〜３程度)の安価なものが用いられている。廃品再生もごく近年まで行なわれてきて、この時には自動車の板バネや鉄道のレールが比較的に良質の廃材として使用されてきた。いずれにしても鍬先の刃金は、加工性がよく、あまり硬すぎず、しかも安価なものが用いられたのである。刃金が硬すぎると、地金の方ばかりが減ることになるので、鍬先には刃金ばかりが残って刃欠けを起しやすくなるから、刃金の方もある程度磨耗をしていくことで釣合いがとれるというわけである。だから全体的に考えると《鍋鉄作り》に比べて、《付け刃金》は比較的に磨耗しやすいといってもよい。その上に《付け刃金》の鍬先は、打ち延して薄くするには限度があって、どうしても刃金を一定の厚さ以下に仕上げることができないのである。

そのために、使い込んでいくに伴って地金側から磨耗をしていき、いつも刃先が立っているように工夫されているにもかかわらず、刃金の厚さ分だけの刃先の丸味は防ぐことができない構造になっている。もちろん、通常の土質の場合にはこれで十分といえる。まして水をはった水田の耕作ならば何の問題も生じないが、しかし、植物繊維の多い畑の時には、根切りに労力を要するといってよい。土切れが悪いのである。だから、できるならばもっと鋭い刃先を永続的に得られるものの方が適しているということになる。

このような構造をもつ《付け刃金》の鍬に対して、銑鉄を熔かし付けたものの場合には、硬化する部分を非常に薄く作ることができる。鍋鉄の炭素分は地金の中にもある程度は浸炭していきそこにも鋼の層を作るから、硬い部分から柔らかな部分へと、徐々に変化したものが得られるのである。このために、この方法で作った鍬はいくら使い込んでもいつも刃先が鋭利な状態を保っている。しかも硬さの変化に見合って磨耗をしていくから、刃先の断面がいつも安定した形態になっており、鋭利の上に丈夫でもあるといった利点を持っている。更に、硬軟の変化が連続的であるということは刃めくれ（刃金の部分的な剝離）をも生じない。上手に作った《鍋鉄作り》の鍬先は、手をふれればいつでも指が切れるのではないかと思うほどに刃が立っているのである。

このような特徴と利点があったから、現在までこの鍬が必要とされて残ってきたのだといえる。

しかし、同時にここではもう一つ別の側面から、この技法を考えておく必要がある。それはこの技法の方が、《付け刃金》を用いる場合よりも実ははるかに安価で、しかも手間がかからず材料の入手も容易だったということである。この銑鉄は何も新しく製鉄された新鉄である必要は全くなかった。いや、新鉄はむしろあまり適当なものではなく、何度も鋳返された古鋳物の方がよかったのである。だから、割れ鍋や底の抜けた釜のような廃品が専ら用いられてきた。その意味でも、この技法は《付け刃金作り》の方よりも一般の農鍛冶の仕事には向いていたのであった。《先掛け》を繰り返す農鍛冶の材料は、なんといっても入手に容易なものであることが必要であったし、また、手間のかからない簡便な技術が要求されたからでもある。

十　浸炭とその応用

鉄を硬化させて用いる方法には、今まで述べてきたものの他に、一般に《浸炭法》といわれているものがある。大正時代あたりから主に改良鍬(改良平鍬)の刃先に応用されて、各地で実用されてきた《炭素蒸し》の技法も浸炭を利用したものであった。

《炭素蒸し》とは、地金だけで作った鍬を鉄箱の中に炭粉と一緒に詰め込んで密閉する。それを丸ごと長時間かけて炉で加熱して、地金に炭粉の炭素を吸収させてやり、表面に鋼の層を作る方法である。これは洋式の技術の応用であって、安価に大量に鍬を作る事に利用されて普及を見た例であるが、実は同じような方法が近世末期から既に用いられていた。それは釣針を作る技法であった。

釣針は、できれば硬い方がよかったが、それ以上に粘り強さが要求されるものであった。鋼で作って焼入れを行なうと硬くはなるが、その一方で折れ易くもなり、全く実用的ではなかったのである。現在では一度焼入れをした後に、もう一度一定の温度に加熱をして《焼戻し》の処理を行なって粘りを得ている。この《焼戻し》のために、焼入れの終った釣針を平鍋に入れて、鉄膚の色が茶色になるまで煎ったりしていたのである。しかし、これは明治時代以後のことであって、それ以前には自覚的なものとしては《焼戻し》という考え方は普及をしていなかった。石工の鑿などを除けば、焼きは入れっ放しで使用するものと考えられてきたのであった。刃毀れがする刃物にローソクで焼戻しを施したり、囲炉裏の灰に埋めて温めたりするのは、もっぱら使用者の配慮に属していた。

だから、粘りを必要とするものの場合には、焼入れを行なわず、刃金をただ鍛えあげただけの状態、即ち「生」のままで使用していたのである。

ところが、藩政時代の末期より始まり、後に播州の特産として有名になった釣針の場合は、刃金を打ちあげて作ったものではなかった。伝承によれば、その釣針作りの技法は土佐から学んだものということであるが[10]、それが前述の鍬の《炭素むし》と同じ原理による《浸炭法》だったのである。

その製法は、まず軟鉄線を切断、加工して釣針の形状に作りあげる。これをたくさん集めて木屑等と混ぜ合わせてから、素焼のルツボに詰め込み、蓋をして炭火の中で加熱をしてやる。すると《炭素むし》と同じ原理によって、釣針の周囲から浸炭をして、薄い鋼で表面が覆われてくるのである。これを取り出して水焼きを行なうと、表面の鋼の層には焼きが入って硬化をするが、一方、芯の部分は軟鉄のままであるから軟らかな状態を保っている。こうして、硬さを得ると共に十分な粘りと弾性を持った釣針を作ることができたのである。前述のように、この技法は土佐から伝来したものといわれているが、日本で考案されたものという訳ではなさそうで、その元があるものと思われる。

中国の明代末期の技術書『天工開物』においても、縫針の製法を述べるくだりでこの技法を詳しく解説している。それを見ると、ごく細かなところを除いて、前述の日本の釣針作りと全く変らないといってよい。

この場合も、形の出来上がった針を炭粉や納豆や泥に混ぜ合わせて練り込んでから、鍋の中に封じ込めて加熱をし、焼入れをする。だから、この二つの針作りの技法の一致は単なる偶然と考えることは出来ず、そこに一つの技術の流れを見ることができると思うのである。

以上のような《浸炭法》は現代の技術用語で言うと《固体浸炭法》ということになる。浸炭技術にはこの他に、《液体浸炭法》と《気体浸炭法》とが考えられるが、その中で《液体浸炭法》も早くから実用化していた。特に近世の新刀製作では、表面の仕上げに効果をあげるために様々の秘伝が伝えられてきており、〈焼刃土〉に混入するための薬の調合法が伝書に残っている[11]。

ここでは民具を中心として見ていきたいから、作刀法は取り上げない。そこで、千刃扱きの穂を見ていくことにしよう。

鳥取県の倉吉が、近世の後期から明治時代を通して、千刃扱きの産地として全国的に有名であったことは既に述べてきた。ここの千刃扱きの穂の作り方には特殊な技法が用いられてきて、この技術的な背景によって倉吉の千刃扱きは全国的に有名になったし、安価で上質のものが作り出せたのであった(12)。

倉吉で作られた千刃扱きの穂には、鏨で紀年や作者の銘など色々の文字を刻み込んでいるが、その中で、製品の材料や技法と密接に関係するキャッチフレーズに、「正鋼請合」「伽羅鋼請合」「耳鋼請合」などがある。

「正鋼請合」と刻まれている製品は、前述の通りに刃金だけを用いて作った製品を指している。即ち、穂の強度や弾性は、冷間加工による加工硬化に頼っている。これに焼きを入れるとかえって粘りがなくなり、稲穂を手前に引く時にその衝撃で折れる危険があるからであった。こうした〃正鋼〃を用いる製法は、洋鋼を利用するようになってから容易に作れるようになって増加したが、和鉄の時代には、全体の生産量からみると微々たるものであったという。価格の面から見ても、次に説明する〃伽羅鋼〃の数倍ということになり、その点でも余り実用的であるとはいえなかったのである。

そして、倉吉の千刃扱きといえば、圧倒的多数には〃伽羅鋼〃が用いられてきた。倉吉の千刃鍛冶について初めて調査にかかった時には、私にはこの〃伽羅鋼〃がどんなもので、何を意味するのかがよく判らなかったが、その後に幾つかの文献の記述からヒントを得て、それが《液体浸炭法》を指しているのではないかと気付いたのである。その事はその後に、かつて千刃鍛冶を行なっていた人々からの聞き取りで確認できた。そして、最後には浸炭液の様々の調合を記した書き付けも見付かって、これが千刃鍛冶にとって重要な技術であったことが明らかになったのである。

その技法は、結論から先に言えば、地金を用いて穂を作り、その表面にごく薄い浸炭層を作ってから焼入れを行なうものである。もうすこし具体的に見ると、浸炭層を作るために、硝石や塩や焼き味噌、あるいは鮎のうるか(内臓)

等々を細かく擂り潰し水で薄めて浸炭液を作り、それを炭火であぶって加熱をした地金に塗り着けて、表面から浸炭させるのである。これに類似する技法は、近年まで広く一般の刃物鍛冶も刃先の化粧に利用してきており、その時には、青酸カリや赤血カリ・黄血カリを混ぜ込んで、なかなか複雑な調合になっている。青酸化合物が鉄の浸炭反応に触媒として利用されることは多いが、それを昔は硝石に求めたり、海水塩に含まれる雑多な塩類、あるいは動物の内臓や骨炭、植物性の蛋白質を用いて行なっていたらしい。但しこの技法は、単純に浸炭によって鋼を得るということに限ってはおらず、窒化鉄の形成もあったし、クロム等によるメッキ効果を求めることもあったらしいが、詳しくはまだ判らない。

さて、倉吉の千刃扱きは、古くは《黒打ち(鍛え放して黒錆が付いている)》であったが、それが後に《磨き(センがけをして黒錆をとる)》に変って、これによって一段と販路が拡大したのだと伝承されている。このことは既述してきた。この《磨き》は実は〝伽羅鋼〟と深く関わっており、《磨き》に変ったということは、即ち〝伽羅鋼〟を用いるものに変化をしてきたことを示していると私は考えるのである。《磨き》は単に外観上の美しさを求めたからだけではなく、液体浸炭の化学的反応を起すためにはどうしても必要な工程であった。当り前のことであるが、鉄材の表面を化学的に反応させるためには、錆をよく取り除いて綺麗に磨いておく必要があるからである。

文政五年(一八二二)に出版された有名な農書『農具便利論』によると、千刃扱きの材質には、刃金製(正鋼)・刃金入り(付け刃)・鉄ばかり(地金作り)の三種類があったもののようで、この「鉄斗《ばかり》」と記されたものが、ただ軟鉄の切りっぱなしであったということは、千刃扱きの機能から考えて納得的ではない。だから、これは倉吉で言うところの〝伽羅鋼〟に相当するものであると思われるのである。そこから想像をたくましくすれば、釘産地で下細工をさせた穂に《伽羅》を施したり《付け刃金》を行なったりするのが、大阪や堺の先進地の鍛冶の役割であって、これが次第に地場へ移っていったのではないかという考えになる。こうして《伽羅鋼》の倉吉千刃扱き、《付け刃金》の敦賀・若狭の千刃扱きといった特産地が形成されていく。このことはもう既述してきたことである。

ところで、《液体浸炭法》は実はもうすこし古い時代の農書『百姓伝記』の中にも「鎌のひとはやき」として登場してくる。《ひとはやき》とは、漢字で表わすと《一刃焼》のことで、これは「なまがね(軟鉄)に、しお、みそ、えんしよう」を付けて作っており、《伽羅鋼》と全く同じ技法であったことが判るのである。もっとも、この場合には粗悪な鎌の一例として述べられている。

浸炭技術は常に蛋白質等の窒素分と結び付いている。中国古代の伝承には、盛んに動物の血・脂・汗等が焼入れに登場し、後代には大豆の加工品(納豆・味噌など)が用いられている。西洋においても骨炭の利用が盛んである。世界的に鍛冶の伝承や儀礼の中には、動物の血が用いられていることが多い。日本においても、刀剣鍛冶の〝焼刃土〟にはこれに類するものが複雑に混入されていたことは前述したが、その調合はそれぞれに秘伝を作ってきた。その中で鮎のうるかは特に有名であるが、こうした呪術的な気分を持つ世界から針作りや千刃扱き作りのような実用技術が生まれてきたのはなかなか興味深いことである。

註
1『中世鋳物師史料』　名古屋大学文学部国史研究室編　法政大学出版局（一九八二）
2『鉄山必要記事』　下原重仲（一七八四）。『日本庶民生活資料集成』第10巻に収録　三一書房
3『中世鋳物師史料』　前出
4『北斉書・伝』　李百薬撰（唐時代）
5 関東の古代鉄器から見た製鉄技術　佐々木稔・村田明美　『古代日本の鉄と社会』所収　平凡社（一九八二）
6 鍛刀に関する古記録　岩崎航介　『日本刀講座』第十三巻・十七巻所収
7『中国冶金簡史』　北京鋼鉄学院編　科学出版社（一九七八）等
8 China at Work ; Rudolf P. Hommel, The John Day Company (1937) USA.　一九六九年　M. I. T. Press によって

復刊されている。

9　ジャワ島の鍛冶村を訪ねて　拙稿「あるく・みる・きく」二〇二号　日本観光文化研究所（一九八三）

10　兵庫県下釣針および鯀製造販売聞書『宮本常一著作集』22―産業史三編―未来社（一九六七）

11　鍛刀に関する古記録　前出

12　東日本の千刃扱き　前出

第三章　再生の仕組みと先掛け

一　廃品と再生利用

既に幾つかの例を示してきたように、鉄器の文化と鉄材料のあり方とを考えていこうとすれば、古鉄や屑鉄の再生利用という観点を無視することはできないものと思う。鉄に限らず金属材料は、一般に鋳直し、鋳返しといった再生の容易さに大きな特徴がある。それを考えれば、歴史や文化の研究にとって再生に伴う廃品の回収を位置付けていく必要があるのは、しごく当然のことと思われる。しかし、現実にはそこまではあまり顧みられてはこなかったものと思われる。そこで、ここではこの再生と廃鉄の関係を通して、鉄器の文化を考えていくことにしたい。

第二次世界大戦の時の、銅製品の供出の例や、戦後の古釘集めのことは、すこし年配の人々にとってはごく身近な体験である。また、日本の戦後の復興にはアメリカからの大量の屑鉄の輸入が大きな役割を果していたのである。こうした記憶が日常からやや遠のいていったのは、なんといっても高度成長時代のいわゆる使い捨ての文化とも言うべき社会現象のためであった。だから私達は、廃品再生といえば戦中戦後の特殊な時代に結び付けて考えて、特別のことのように思うのだが、しかし、もし世界的な視点から民衆の生活を見ていこうとするならば、今日もなお大方の国の鉄器文化は屑鉄や再生鉄の上に成り立っていることは明らかなことである。

勿論、現在の屑鉄や再生鉄をめぐるあり方が、直ちに一時代以前の状態と全く同じであるということはできない。

なんといっても、先進国の現在の鉄鋼技術は恐ろしく巨大な技術体系の上に成立しており、そこから生み出されていく製品は、ある意味では民衆の生活から非常に乖離したものであって、それが一方的に供給され、普及をしていくのであるから、その材料としての性質や特徴は、発展途上の国の民衆にとっては全く別世界のものであるといえる。ここからも、世界が北と南に分断をされているのを具体的に知ることができる。現在の世界構造のもとで、北の巨大な先進技術と南の伝承的な鉄器文化とを細々とむすび付けているのは、屑鉄や廃品再生を通してであるということができるのである。

私自身の個人的なごく細やかな体験の上から見ても、現実にアジアの民衆の生活を支えている鉄器は、北の工業国より入ってくる高度に工業的な製品ではなく、その廃品再生を通して作り出される素朴な品々であった。

インドネシアの西部ジャワで見て歩いた幾つかの田舎町のバザールには、決って一軒か二軒は鍛造品を取り扱う店が出ていたが、そこで商われている刃物・鎌・鍬先等々のかなりのものには、廃品利用の跡が生々しく残っているのであった。例えば、土手草の薙ぎ払いに用いる直鎌には、バンドソーの歯が利用されていた。中部ジャワはチーク材を産するから、その製材に用いて、使い古されたものが回ってくるのである。これを五〇センチ程度に断ち切って、鋸歯の部分にグラインダーをかけて削り落とし、そこに刃を付ける。柄を付けると直鎌になるのである。この例ばかりではなく、バンドソーの廃鋼は様々の方面で盛んに利用されており、挽き割り製材用の大鋸（H型の枠を持つ張り鋸）や、一般の軽加工に用いられている弓鋸（中国式の半月型の弓に付ける張り鋸）にも、この廃材を元にして、目を立て変えただけのものが使われている。

この他にも、古い鋼尺を打ち直して作った小刀や刃物がたくさん売られているのを見掛けたこともある。これらの中には、目盛りの刻みを十分に打ち消すことができず、側面に残したままで店に出ているものもあった。

こうした廃物利用の中で、鍛冶屋の仕事場で特に目に付くものは、どこの場合も自動車の車軸を受け止める板バネである。おそらく現在では、これが世界中の民衆にとって最も親密な刃金材料であると考えられる。西ジャワの鍛冶の中心地であるスカブミでも、この板バネを細かく切断して地金に割り込んで《割込み刃金》の刃物を作っていた。

自動車の板バネを刃金として用いる例は、なにも南の国々に限ったことではない。日本でも沖縄の鍛冶屋はこれを使って刃物を打っているし、また本土の鍛冶達も、すこし以前には盛んに利用していたのである。鍛冶屋の話では、板バネは良質で使い易いとのことであるが、なんといっても安価であり、しかも品質にばらつきがない点が好都合であるということらしい。

当然のことであるが、板バネは自動車そのものの普及に伴うものであって、その利用が盛んになったのは比較的新しい時代に入ってからのことであった。しかし、これ以前にもそれぞれの時代に見合った、この板バネに相当するものがあったはずである。例えば、鉄道のレール、機関車のボイラー板、汽車の車輪、大八車の車軸や鉄輪、船舶の甲鉄板、鉱山で用いたワイヤーロープ、梱包用の帯鋼、時計のゼンマイなど、既にふれてきたものもこの中に含まれている。

南九州の山地では、現在でも猟師が腰に差して用いる狩猟用の〝山刀(ヤマガラシ)〟が作られている。これには色色な形があって、一概に〝ヤマガラシ〟の形式はこれであるとは言い難い。そこで、宮崎県のある山麓の町を訪れた時に、その地の鍛冶から色々とヤマガラシ作りの話を聞かせてもらったことがあるが、その時に見せて貰ったヤマガラシは、実に鋭利で美しく思われた。その上にこれはどうも〝安来ハガネ〟などの、いわゆる刃物鋼ではなさそうに思ったので、なんで鍛えたものなのかとその材料について尋ねてみたのである。

一般的に言って、鍛冶屋はこと材料の話になるとなかなか口が固いもので、うやむやにしてしまうことも多い。こちらが無知であると思うと適当にはぐらかすし、多少とも技術的なことを知っていると、途端に警戒心を起すのである。その不信をときほぐすためには、気まずい時間が随分かかることも少なくはない。この時にも多少はそうした時間を費やして、その後にぶっきらぼうに「チェーンソーだよ」と教えてくれた。「はて、チェーンソー?」と首をかしげている私に見せてくれたのは、解体されて胴だけになった林業用の小型のチェーンソーである。これを山林器具店等から纏めて入手してヤマガラシの材料に用いていたのである。この付近は、ヤマガラシを腰に差した猟師達が今日も活躍している山深い地域であるから、それは同時に広大な林業地帯でもあることを意味する。その伐採のために今日ではおびただしい数のチェーンソーが使われている。その廃品がヤマガラシの材料として利用されていたという訳である。その材質を詳しく調べたわけではないが、胴材は合金された高張力鋼であろうと思われる。

もう一つ、廃材の利用に関して手近な聞き取りの例を述べてみよう。

神奈川県の伊勢原の町の鍛冶屋を訪ねると、そこでは専ら鉄道のレールを刃金にしていた。入手したレールを割り裂いて薄く打ち延してから、これを刃金として付けるのである。面白いことにこの鍛冶屋の話では、「鉄道のレールと一言にいっても、良いものばかりとは限らない。甘くて全く使いものにならないものもある。だから、一つ一つを試してみて良いものを選ぶのだ」と言うのである。そして、「刃金ばかりは自分で鍛えて、焼入れをしてみてからでないと、本当に使えるものなのかどうかは判らない」とも言っていた。

そう言われてみて初めて、「レール材といっても、皆どれも同じというわけではなく、色々な種類があるのだな」と気付くことになる。ここではこの話を更に聞き進めていくと、レール丈の高いものが最も上等だと考えられていることも判ってきた。この種のレールは何時でもすぐに入手できるというものではなく、普段から気を付けておいて、古鉄屋に出ているのを見掛けると直ちに買い入れて取っておくのだということである。私が訪れた時には、手持ちがなく、実際に現物を見ることができなかったが、たぶんは新幹線用の長尺レールのことであると思われる。

新潟県の三条の町でも同じようなレールの利用の話を聞いた。三条は金物商人の町であると同時に、実際に大工道具・庖丁・鎌・玄能・荒物・鋸など様々の製品を手掛ける鍛冶が集まっている産地でもある。そして、鍛冶達は取り扱う製品の種類によってある程度住み分けているようなところである。その中で、横町と名付けられた一帯は主に鍬鍛冶の集まっている路地であった。

彼らは、貸鍬商人が村々に貸し出す鍬の製作や修理再生にあたってきたのであるが、ここでも廃材の再生利用の様様の例を聞くことができた。三条の場合はなんといっても大産地であり、しかも流通の中心地でもあった。そして貸鍬そのものについても、一昔前までは大変に盛んで山を越えて会津の盆地にまで進出したほどであったから、廃材再生といっても一般の農鍛冶の例とは比較できないほどの規模で、それ自身がかなり制度的な仕組みになっていたようにみえるのである。

横町の鍛冶達の話によると、鉄道のレールの断ち方や利用方法には、一定の決ったやりかたがあった。なぜならばレールは部位によって硬軟があり、その違いを生かして用途を変えて利用していたからである。レールの頭、すなわち汽車の車輪が上にのって走るところは、工事用のツルハシを作るのに使ったものだという。そして、鍬にワカシ付ける刃金には、レールの底辺にひろがる左右の出っぱりの部分を切り落として、これを打ち延べて用いていたのである。左右に張り出した出っぱりを使用するから、そこから、これを耳鋼(みみはがね)と称していたということであった。

またここでは、汽車の車輪の方も利用をしていた。こちらの方は放射状に分割して、T字形にする。その両端を加工して、〝角ナラシ〟〝撞木ナラシ〟等々と名付けた、均し用の当て金に作りかえるのであった。このようなT字型の当て金は、股鍬の鍛造成形にはぜひ必要なものであったが、在来の鍛冶の道具の中には含まれていなかったものなのである。

ついでに鉄道に関する材料をもう一つ付け加えると、蒸気機関車の釜はそのまま切り開いて〝蒸気バン〟と称して上質の軟鉄として利用されていた。これは良い地金となったから、与板あたりの鑿鍛冶・鉋鍛冶も盛んに用いたものであるという。

〝蒸気バン〟は非常に柔らかな鉄であったから、それだけに砥石おろしが楽であった。しかし、これだけではすこし強度的に不足をするところがあって、昔はこの内側に軟鋼板を張り合わせて、その先に刃金を接合するという、なかなか手間のかかる方法を用いて鉋の刃を作っていたという。

〝蒸気バン〟と同様の軟鉄は、この他にも鉄鋼船から得ることができた。特に長崎や鞆のような港ではその解体業者がいたから、これが様々の製品に変っていったのであるが、これについては既に釘作りの話のなかでふれてきた。こうした鉄材は近辺の鍛冶屋が利用をしたに止まらず、それ自身が独自の流通の仕組みを持っていたもののようで、かなり遠方の地へも廻漕業者の手を経て流れていったのである。

秋田県の五城目は古い市の町で、明治時代以後、秋田林業に支えられて鍛冶のなかなか盛んな所であったが、ここでは材木搬出の軌道トロッコの古レールが利用されていた。特に植林の苗植えに使用する唐鍬は専らこれで作られて、今日まで受け継がれてきているのである。

鳥取県の倉吉や若狭の早瀬の千刃扱きについては既に述べてきたが、その中で明治時代の後半に高級品として盛んに作られたものに、《耳鋼作り》というものがあった。千刃扱きの穂に「耳鋼請合」等と刻まれているのである。この場合の〝耳鋼〟は先の三条の鉄道レールの命名方法とは全く意味が異なり、穂の両側（すなわち、扱き取る稲穂に直接あたる刃の部分）にだけ刃金が付けられており、穂の中央には地金がみえる作りを指している。焼きを入れてから磨きたてると、両端の刃金の部分だけが綺麗に光って、いかにも高級品のように出来上がるのである。実はこの《耳鋼作り》に使用した刃金も、全くの廃品再生であった。

古くなって廃棄されたワイヤーロープを一定の間隔に短く切って、これをばらばらにほぐす。そして、一本ずつ癖を取り真直ぐにする。これを刃金に利用して、穂の左右両側にそれぞれ一本ずつワカシ付けてから、鍛え上げるのである。このワイヤーロープの廃品は倉吉の場合も若狭の早瀬の場合も北九州の炭鉱で使用されたものを移入して用いていたのだという話であって、その発想のユニークなことに感心させられた。

以上の例の他にも、再生利用に関する興味深い話はまだまだある。これこそが明治の産業革命の時期の最も底辺における動態であって、こうした技法の開発や、その応用の小さな工夫の積み重ねが、少しずつ暮しや生業のあり方を変えてきたのであった。言いかえれば、上からの富国強兵や洋式技術への移行も、こうした受容形態を背景としてこそ成立をしたものなのであって、そこに民衆世界に固有の逞しい創造力の表われを見ることができるのである。

しかし、このような民衆レベルの積極的な対応が、この時代に突然に出現した、時代特有のものであったのかというと、そうではない。ここにはもっと古い時代から受け継いできた技術や流通の伝承が生かされており、いや、そう言うよりも、むしろそうした伝承が新しい時代に直面して生み出したものであると考える方が、より正しいのではないかと思われる。即ち、今見てきたような古鉄と廃材の再生利用には、既に古い時代から、一種の制度もしくは仕組みと言えるものが作られてきていて、その上に乗って明治時代の和鉄と和鋼から洋鉄・洋鋼への移行が行なわれてきたのであった。こうして、古鉄・廃材の再生利用はより古い時代への関心を引き起すことになる。

二　下取りと直し職

新潟県の高田の町には、「うぶげ屋」というかなり名の知られた毛抜き鍛冶があった。高田は城下町であり、同時に越後に特有の貸鍬鍛冶の中心地の一つであったから今日でも比較的多くの鍛冶屋が残っているところであるが、実は貸鍬鍛冶とこの毛抜き鍛冶との間には材料鉄を通じて繋がりがあったのである。

貸鍬の仕組みについては後述することにして、ここでは、何度も修理を繰り返してもう再生の限度にまで達して使い尽きた鍬先について見ていく。この廃鍬も解体をされると元の鉄材にもどり、材料鉄として再利用されていったのである。胴の部分は切り取られて、他の鍬の修理再生用として先掛けに用いられたが、鍬台(風呂)を銜える両耳の部分の方は、切り落とされて「うぶげ屋」に持ち込まれたのであった。これがそのまま〝毛抜き〟作りの材料になっていたのである。〝毛抜き〟は地金だけで打ち上げる製品で、形も至極小さなものであったから、鍬の耳くらいの材料が取扱いにも便利で、適していたのである。

「うぶげ屋」を名乗る毛抜き鍛冶は越前の金津にもあったそうである。毛抜きは織物工業にはなくてはならぬものだったからである。〝毛抜き〟といっても、女の身つくろいばかりが目的であったわけではなく、一時期までは織物に用いる為になかなか需要があったというのである。そして、このような鍬の耳の再生利用は、なにも〝毛抜き〟ばかりには限らないことで、〝糸切り鋏〟の材料としても盛んに使われてきた。〝糸切り鋏〟を鍬の耳から作ったという話はかなりあちらこちらで聞くことができるから、これも普遍的なことではなかったかと私は考えているのである。

もう一度話が三条にもどるが、三条にはこうした古鉄のみを取り扱う専門の古鉄問屋があって、これを通して鍬鍛冶は鉄材料を入手していたらしい。前にも述べてきたことだが、越後鍛冶の興隆の基礎は釘作りであったと考えてよく、その釘も古鉄を原料としたものであった。だから、近在の農家から古鉄を集めてきて、これを釘に仕立てて江戸に送り出したのが越後鍛冶の始まりであるという伝承も、この古鉄文化とでもいうものに注目してみて、初めて生きと感じられるものであるといえる。時代が下ると、近在の農家から回収される古鍬で全てが賄われてきた訳ではないだろうから、そこには当然に古鉄の流通があって、古鉄問屋が介在していたものと想像される。実際に鍛冶の盛んであった城下の鍛冶町のようなところには、「古金屋」「古鉄屋」等の屋号を持つ家が少なからずあって、これからはこうした点にも注意をしていく必要があるのではないかと思われる。

さて、全国を股にかけて活発に行商して歩いた若狭早瀬の千刃扱き売りは、新しい製品を売りつけるために古千刃を下取りとして収め、その分だけ値引きを行なっていた。明治から大正にまたがる頃の千刃扱き行商人達の話や、彼らの残した行商日記あるいは帳面を見ると、下取りのない千刃売りなどなかったもののように見受けられるのである。彼らは回収した下取り品を宿に持ち帰り、ある程度たまると夜業で解体にあたったという。台木の部分は廃棄して焚き物かなにかにしたが、鉄の穂や釘は纏めて土地土地の鍛冶屋に売り払って、なにがしかの銭に換えていた。時に一つの宿に長く止まっていて、古鉄が大量にたまるような場合には国元の早瀬に纏めて送り返すこともあったという。送り返された古い穂は、家釘や舟釘に打ち換えられていたもののようである。

こうした状況は、農家の納屋等を見せて貰って民具調査を行なう時にも明らかになる。すでに解体されて穂だけになった千刃扱きが、一組ずつ纏めて大事に保存されているのに出会うことがあるからである。農家ではこれを下取り品として千刃売りに渡したり、時には鍛冶屋に持ち込んで、他の必要な鉄器に打ち換えて貰うことができた。古鉄は大切に保存されてきたのである。

ところで、千刃扱きの販売流通には、いま見てきた若狭の行商人の下取り値引きによる売買とは別に、〈直し出職〉というものがあった。鳥取県の倉吉の職人達は、冬場には倉吉の町の親方の下で千刃作りに励んだが、残りの半年は〈千刃直し職人〉として、北は東北から南は九州まで、さらには五島や種ケ島のような遠方にまでも足を伸していた。彼らは主に出雲の西浜の千刃扱きと蚊帳を商う行商人達と組を作って、春は四月頃から各地へ散っていき、宿屋の納屋などを借りて小さな鍛冶場を設らえて、集めてきた古い千刃扱きを直しては手間賃を得ていたのである。彼らは小型の二尺鞴一丁に金敷一つ、鎚、それに幾つかの特殊な道具をもってこれにあたり、職人二人一組で一年間に二千丁ほどもの直しを行なっていたという。

このように、下取り値引きと、直し出職という異なった二つの方法で古千刃の再生が計られているのであるが、一般に鉄器を考える上では、直し仕事の方が重要であった。鉄器が最終的に古鉄として材料鉄に解体されてしまうまでの間には、何度かの修理や直しが繰り返されるのが普通のことだったからである。要するに、下取り等を経て材料鉄に生まれ変る廃品利用の文化に至る前には、もう一つ、直しの文化とでもいうべきものがあって、これに従事してきた職人もたくさんいたのである。明治時代のことを考えると、ちょっと目を付けただけでもコウモリ傘直し、ゲタの歯すげ、土臼の歯植え、唐箕直し、石臼の目立て、鋸の目立て、鋳掛け屋、羅宇屋などが、町から町へ、村から村へと渡り歩いていたが、その中のかなりのものはなかなか古い歴史を持っていた。

こうした直し職の中で、私が特に重要なものと考えて、注目しているものの一つに《鍬の先掛け》がある。そこで次には、その実際を観察して鍬の直しの意味といった点を考えていくことにしたい。

三　再生と歳取り

新潟県の三条の鍬鍛冶の職人や、通称〈岡鍛冶〉と呼ばれていた貸鍬商人達は、鍬の新旧を区別して貸付けるために、ちょっと変った分類を用いていた。それは、鍬に一年ごとに一才ずつ歳を取らせるという方法で、新鍬のことをまず一才鍬とした。それが向う一年間のあいだの農作業に用いられて、秋の終りに〈岡鍛冶〉に回収をされてくると、回収した鍬にほんの僅かばかりの手を加えて、見映えを綺麗にして、翌年の春にはまたこれを貸しに出す。この時には二才鍬と称して、一つ歳を取らせるのである。更にこのままでもう一年歳を越せば、当然に三才鍬ということになるのであるが、この時には、ちょっとばかりの手入れだけでは不十分なほどに鍬先が傷んでいるもので、もう《先掛け》をする必要があった。三条では、この《先掛け》のことを《焼付け(ヤイヅケ)》といってきた。ここでおもしろいことは、一旦《焼付け》を施した鍬にはもう歳を取らせるということがなく、新鍬の場合と同様に、改めて一才鍬に生まれ変ってしまった。だから、普通の場合には、三条の貸鍬は二才以上には歳を取るということがなかったのだといえる。ただし、農家に貸し出したままで引き続き年を越す鍬の場合は、特に〈居成り(イナリ)〉と称して、一才居成りと二才居成りとがあった。〈一才居成り〉が回収をされて、これに手が加わって翌春に貸し出されることになると、これもまた二才鍬ということになるのである。これを別の表現で表わすと、新しく作られた鍬は、二年から四年の後には《先掛け》がされて新鍬にもどっていったということになるのであるが、実際には二年に亘る〈居成り〉は余りなかったようである。まずは二年から三年用いられて、先掛け再生がされていたのである。

このような考え方には、《先掛け》の場合にも新鍬の誕生と同じ意味が込められているようにみえて、文字通りに生まれかわる「再生」であると認識されていたのではないかと思われる。ここで考えられている新鍬の「新しい」という観念は、現在私達が考える「新しい」の場合とはかなり異なった面を持っていたのではないかと私は思うのである。即ち、職人の手が加わって直されたものは、新品と全く等しい価値を得た。なぜならば、職人はそもそも、物に新しい生命を吹き込む役割の人々だったからである。

こうした考え方は、既に述べてきた倉吉の千刃扱き直し職人の場合にも認められる。ここでも彼ら職人達は、再生された製品は自分達が手を加えたものであるから、新品と全く変りはしないと主張するのであった。

数年前に、私は各地に残されてきた千刃扱きを集中して見て歩く機会にめぐまれて、かなりの点数を観察することができたのであるが、この時に特に気付いたことはこうした再生の具体的な状態であった。すこし古い時代の様式を持つ千刃扱きは、いずれも何度も『直し」の手が入っており、それを繰り返しながら使い継がれてきたものばかりであった。

千刃扱きはすこし風変りな鉄器で、近世の末期から穂の一部に、製造地・作者・屋号・製造年等をタガネで切り付けるという習慣が行なわれてきたから、一台の千刃扱きに植え付けられた穂を一本ずつ丁寧に観察をしていくと、穂が最初に鍛えられた時の年号を知ることができる場合があり、それを通して、ある程度は様式や製法の変遷を明らかにすることが可能になる。そうした調査の過程で、文久紀年や、安政あるいは嘉永などの近世末期の紀年を持つ穂を見付け出すことができたのである。しかし、こうした古い年号を持つ穂を含むからといって、その千刃扱きの全体が文久の昔のまま、製作された当時の状態を保って使用されてきたのだ、ということではなかった。古い紀年を持つ穂と並んで組まれている穂の中には、別の時代を示す年号が刻まれていることもあり、更にはごく新しい時代の年号が改めて付加されている例も少なくなかったのである。こうして、なかには一組の千刃扱きに同時に三種類以上の紀年があるといった場合も生じる。このことは、いずれも途中で何回かの修理再生を経ながら生きながらえてきたものであることを表わしている。

千刃扱き直しの職人の話では、二丁ないしは三丁の古いものを解体して、これを合わせて一丁に仕立て直すということを盛んに行なっており、私の見たものの中には、一丁の千刃扱きが五種類以上の穂を集めて作られているという極端な例もあった。千刃鍛冶の考え方では、千刃の穂というものは、火炉に入れて赤めて打ち鍛え、刃を出し直せばこれはもう新品と全く変るところがないというのである。鍛冶屋にとっては、古い穂を鍛え直そうが、改めて新しく別の鉄材から作り上げようが、結果は鍛冶の技量によって決るのであるから、そこになんらの違いがあるはずはない。これはもっともな考え方である。要するにすべての鉄器は火床と金敷の上から誕生するのであって、それ以前の鉄の来歴を問うことはなかったのである。古い紀年銘の多くが、なかば潰れて判読しがたくなっているのは、後に火作りが加わったためであると考えられる。直し職人は古い紀年の上に新しい年号を刻み加えたのであった。これによって、新しく生まれ変った千刃扱きの誕生を確認したのだと言える。

四　鎌の使い下し

どんな種類の刃物であっても、いずれは使用に伴って、刃は磨耗し、傷んでいく。こうした状態になると、通常は砥石にかけて砥ぎ直し、それによって刃物は元の切れ味を回復して新しい生命を得るのである。しかし、これとても何度となく繰り返していく内には、刃先は減って全体の形態が段々と変形を起していくことになる。

だから、手馴れた使用者はこの現象を逆手に取って、砥ぎ減りによる変形を積極的に利用する。新しい用途を見付けてそれに適応をさせていくのである。こうした用途や用法の移行は、その時々の思い付きもあるが、既にかなり定型化して一つの形式を得ている場合もある。その一つの例として草刈鎌を考えることができる。

鎌のあり方は、時代の移り変りと共にかなり大きな変化を経てきている。それはごく近年のことばかりを指すのではなく、藩政時代の後期から明治時代にかけての産地生産の拡大とその普及によって、決定的な影響をうけてきた。このために、現在ではもう古い時代の利用技術は殆ど伝承されてきてはおらず、このために、鎌の存在形態といったものは明確に把握されてきてはいないのである。

そこで、まず私なりの考え方を述べると、鎌の元来の姿は特定の対象、例えば稲・麦・草等々に限定して作られ、それぞれに使い分けられてきたものではなかったと見えるのである。だからといって、無闇にどんな物に対しても使用されたということではなく、それなりの方法がとられてきた。その方法は西日本と東日本ではかなりの相違があって、全国的に一律ではなかったのであるが、いずれにしても、〝稲刈鎌〟〝草刈鎌〟というように対象ごとに分化をして、それが固定してきたのはごく新しい時代のことである。それ以前の鎌は、せいぜいのところ肉厚の差によって薄鎌と厚鎌とに分かれている程度の相違であったものと思われる。実際に、土地土地の固有の特徴を具えた、地域に即して育ってきた鎌、いわゆる〝地鎌〟を調べてみると、厚鎌と薄鎌との二種類しか作っていないことが多い。しかも、双方の間には目方以外の点で殆ど相違がないというのが実状なのである。

前述のように、産地で作られた量産鎌の普及はめざましかったから、それ以前の利用技術を知ることはなかなか困難なことである。しかしそれでも、山間の村や僻地を歩くと参考になる話をすこしは聞くことができる。ここでは、そうした聞き取りから得た知識を元にして、鎌の利用方法を整理してみることにしたい。

私の得た聞き取りの中には、〝鎌〟というものは本来は厚物の荒草刈りしかなかったというものがある。荒草を刈ると刃の傷みが激しいから、絶えず砥石をあてて砥ぎ立てていなければならない。言う迄もなく鎌には〝鎌砥〟が付き物で、いつも一緒に持ち歩くものであった。砥石を忘れては仕事にならなかった。だから、少し刈っては砥石にかけて刃出しをし、また少し刈っては砥石をかけるといった使い方になるのである。これを繰り返していくと鎌は急速に磨耗していき、肉厚は薄く、刃幅は狭くなり、従って刃線も峰の方に後退をしていく。一言でいえば、この過程を通して鎌は華奢で軽量なものに変っていくのである。こうして使い減りした鎌を夏草刈りに用いるという。

以前に、どこの農家でも牛馬を盛んに飼っていた頃、草刈りと言えば、即ち夏草刈りを指していた。明治時代の村の生活記録をみると、草刈りは若い衆の仕事として非常に重要なものの一つと考えられていたことが判る。その時代には、朝草刈りも一種の競争の色を強くして、馬が倒れるほどに高く積んで帰ることが、若者の甲斐性の表われと考えられていた。その草刈りで鎌の果した役割は非常に大きかったのである。

夏草刈りに用いられた鎌は、更に砥ぎ込まれて、より軽くより華奢なものになってくると、それはもう女の手にも見合ったものに変ってくる。そして、最後に稲刈りに用いることになるのであった。稲刈鎌は終日に亘って使用するものであるから、なんと言っても軽量でなければならない。このために近年の出来合いの鎌柄も、草刈鎌にすげるものと稲刈鎌に用いるものとは別の材質になっている。草刈鎌にはある程度の強度が要求されるけれども、稲刈鎌は軽量であることが第一の条件だからである。

このような理由で、夏草刈りに使い込まれて、十分に砥ぎ減らされて軽く仕上がったものを、稲刈りに向いた柄にすげかえて用いるのが具合がよかったのである。ここに鎌の使い下しの一例を見ることができる。そしてここから推し進めて考えていくと、本来、稲刈鎌とは使い古しの草刈鎌のことをいうのだと考えることが可能になってくると思われるのである。実際にはそうとばかりは言えない面があって、詳しくは後述することにしたいが、いずれにしても、砥ぎ減りに伴って形態や重量が変化をしてくると、その変化に応じて目的や対象も移っていくところに、鎌の本来の使い方があったのだと考えることは出来る。そこで、こうした使い下しを見越した上で、もう一度、各地に残ってきた鎌型を比較して考えていくと、今までは気付かなかった側面も色々と見えてくるのである。

日本の在来の鎌の形態や様式は実に多様であって、その相互関係は複雑を極めている。だから、何に基準をおいて分類すべきなのか、簡潔な類型化が出来るのかどうかはなかなか難しい問題であるが、それでも、漠然とではあるが東日本と西日本の間に相違があることは明らかである。その一つに、既に述べてきた《刃先作り》の技術的な点があり、更に基準寸法の問題があり、その上に、鎌の刃幅に表われる相違がある。

畿内を中心とした西日本の鎌型は、ごく一般的な言い方をすれば、峰と刃線とがほぼ平行線を描いて、ゆるい曲線を形作っている。先端から元刃までの間の刃幅の変化が少なく、また刃幅そのものも狭いから、これを一応ここでは〈平型〉といっておこう。

これに対して、北陸地方の、越前より丹波あたりまでの鎌には、前述のように〝山鎌〟から発展したものがあり、その元の形式は〝鉈鎌〟であったと考えられる。だから、この系統の鎌は刃線が深く内湾しており、通称して〈三日月型〉といわれる形態となっている。要するに、この地域より西の鎌は、大別して、刃線がゆるい弧を描く草刈りや稲刈りに適応した〈平型〉と、〝鉈鎌〟の系統に属する〈三日月型〉とに分かれていたのではないかと考えられるのである。

ところが、東日本から東北地方にかけての鎌型は、西日本の人々の目には全く馴染まない形態なのである。異常とも感じられる程に刃幅が広く作られている。峰は深く弧を描く曲線から出来ており、この峰の形状に対して、刃線の方はほぼ一直線に仕上げられているから、結果として刃幅が広くなるのである。こうした形態がどのような過程を辿って生じてきたのかは、私にはよく判らないが、一つの考えとしては、前出の西日本型の草刈りや稲刈り向きの〈平型〉の鎌と、山鎌の〈三日月型〉とが混合して、その両方の特徴を含んだものを生み出してきたのだと見ることが出来るかもしれない。

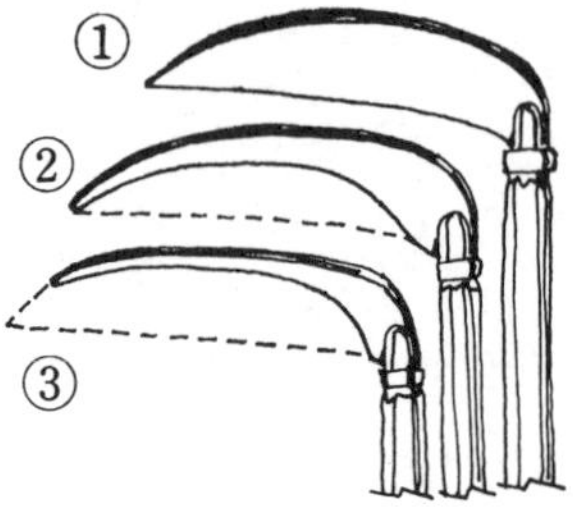

11図　鎌の使い下しの例
（宮城県太平洋側）
①新鎌（荒草刈り）　②草刈りに用いる　③稲刈に用いる

鎌の形態の分布については改めて後述することになるから、ここでは東日本型の鎌の形態は、稲刈りに適応した形式を持っていると考えることは到底できない点だけを強調しておく。もしこの鎌を稲刈りに用いるとするならば、どうしても前述の砥ぎ減りに伴う形態と機能の変化を考えに入れざるを得ないのである。

こうした広幅の鎌型は、東日本の平場で一般に行なわれてきた片手使いの〈払い刈り〉による草刈りの方法と分布の上でよく重なり合っている。この方法の草の刈り方は、両手を用いる稲刈りの方法とは全く一致しないもので、ここから東日本の広幅の鎌型は草の〈払い刈り〉との間に相互関係を持つものであると考えられてくる。

片手持ちの〈払い刈り〉は日本以外の国々でも行なわれており、その場合も矢張り同じように広幅の鎌が用いられている。

ジャワ島やマレー半島の稲作は、元々は穂摘みを行なっていたが、近年は新品種の導入に伴って稲刈りを行なうように変化をしてきた。そのために新しく稲刈鎌も使用されるようになってきたのであるが、これと在来から普及をしていた草刈鎌とは全く異なる。その上に、ジャワ島の場合には、西ジャワで行なわれている〈払い刈り〉には非常に幅の広い鎌が使用されており、これに対して東ジャワやバリ島では細幅のものが用いられており、後者の方は、後述の〈摑み刈り〉であるという相違をも示しているのである。

　片手使いの〈払い刈り〉は、遠くから手元に向けて大きく刈り込み、その勢いで刈った草を鎌の腹の上にのせて手元まで運んできて、それを左手で取り纏めていく方法である。だから、この〈払い刈り〉では、草を手元に集めることが非常に大切な要点で、上手に鎌の腹に草をのせて、手元まで寄せなければならない。これを〈草寄せ〉といって、「この鎌は草寄せがよい」とか「草寄せが悪い」とかと表わすのである。であるから、この草刈り方法が普及をしている地域では、この〈草寄せ〉に適応した鎌型が要求されてくることになり、そこから鎌の背に付く樋の作りや峰のたて方に工夫がされ、鎌柄には強い仰角がつき、刃線は草が逃げ落ちないように直線に近くなる。そして、なんといっても、刈られた草が安定して鎌の上にのって運ばれてくるためには、刃の幅が広いことが最も大切なことになるのである。

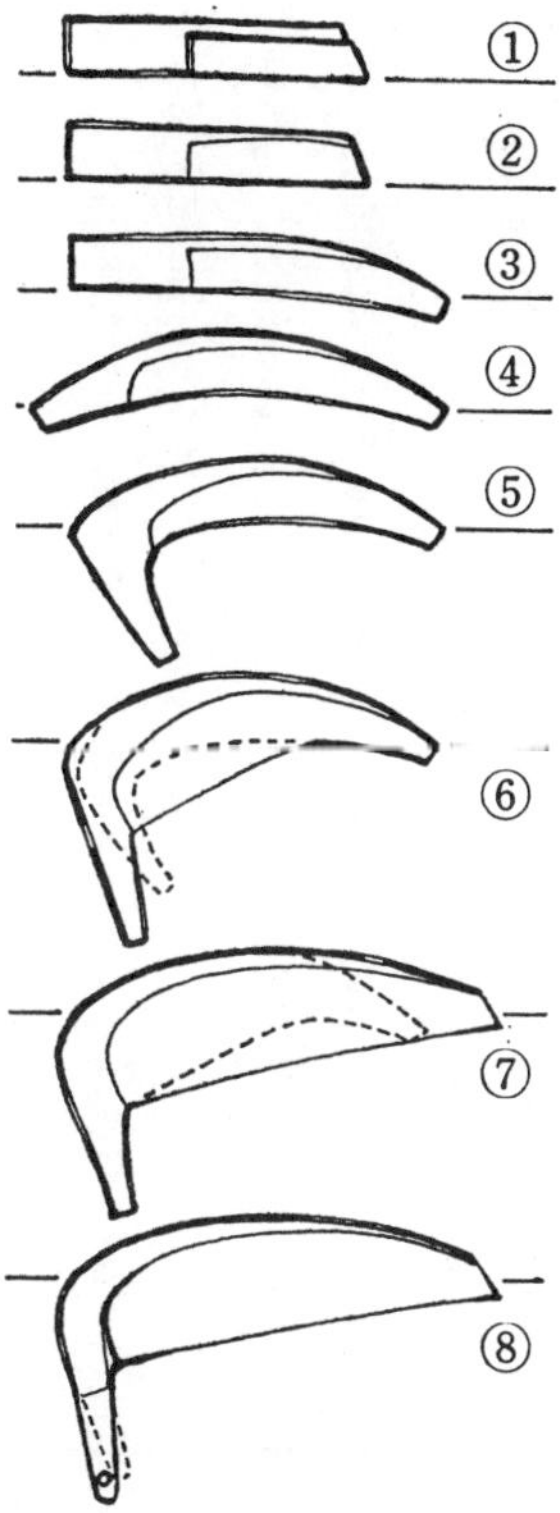

12図　鎌作りの火作り工程
信州鎌（片刃付け刃金）の例。刃金が深く奥迄入っていることに注目。
①刃金付け　②鍛えて接合する
③先延し　④元延し　⑤コミ出し
⑥元刃出し　⑦先刃出し　⑧完成

　このような〈払い刈り〉に対して、西日本の場合のように左手で一摑みずつ持って刈る方法を〈摑み刈り〉と言うことにするが、こちらの方はすぐに思いつくように稲の刈り方と強い共通性を持っているといえる。

　要するに、草の刈り方の差は単に刈る方法の相違として表われるだけではなく、鎌の形態の上にも明らかに反映をしてきており、その間にはかなり厳密な分布の境界が存在しているのである。その境界は《刃先作り》の境界線よりもずっと東に位置しており、越後と信州から東部に〃払い刈り—広幅鎌〃の世界を想定することができるのである。

さて、このような幅の広い鎌を草刈りに使用して、それが十分に砥ぎ込まれていくと、鎌の刃線は中央の部分から段々と内側に減っていき内湾をしてくる。そして、はじめはゆるい曲線だった刃線もやがて深く曲線を形作るようになり、刃幅が揃い、軽くなってくる。こうしてこの鎌は〈稲刈り〉に適したものに変ってくるのである。この状態での鎌の形態はもう新品の時とは全く異なったものになっており、ちょっと見た程度ではとても同じ種類のものであるとは思われない程である。

このような使い下しに伴う〃草刈鎌〃から〃稲刈鎌〃へという用途の変換は、農民が貧しい故に止むを得ず稲刈りに古鎌を使用していたのだとみることはできない。それ自身が至極正統な方法であると考えられていたのだと思われる。そこに長い伝承に支えられた鎌の本来の使用技術があったのである。

このことを鍛冶屋の側から見ていくと、その用法は鍛冶の技術内容にも具体的に反映をしている。鎌鍛冶の頭の中では新鎌の姿や目方が想定されているのと同時に、使い古して稲刈りに用いる状態になった時の古鎌の形態や強度、更には目方や刃金の残り具合も重要なものと考えられてきたのであった。即ち、鍛冶屋は使い古した時の状態を基準にして、ワカシ付ける刃金の形や量を逆算的に求めている。鎌に付ける刃金の形は、実はなかなか複雑にできているが、それは打ち延して最終的に鎌の形に仕上がった時に、刃金がどういう状態で入っているのかを十分に予想して作るからである。そうした配慮の中には、砥ぎ減りをして刃線が後退した鎌であっても、決して刃金が部分的に切れたりしないようにすることが含まれているのである。

実はこのような作り方は、《付け刃金》による片刃作りでこそ自在に行なえるのであって、《割込み刃金》を用いた鎌には不向きなことであった。《割込み刃金》の技法では、刃金の入る深さは最初に鏨で〈割り〉を作ることで決ってしまい、そう自由にはならなかったからである。だから、このような鎌の使い方と刃金入れの技術との間には、非常に密接な関係があったのだということができる。ひょっとすると、このことも東日本に《付け刃金》が普及をしている原因のひとつと成っているのかもしれない。

ついでにここで東日本の鎌の形態の特徴にもうすこし触れておくことにしよう。この広幅型の鎌はおおむね腰を高く作って、切先を尖らせており、通称して〈雁頭型〉といわれる形になっている。切先を尖らせる理由は〈草入れ〉を良くする工夫にあるが、腰高の方は砥ぎ下していく時の形の変化と関係をしている。これによって、砥ぎ減っていくに伴って刃長がだんだん短くなっていったり、柄付け角度が外側に向かって開いていかないように、刃元の方を中心に砥げるようになっている。柄付け角度が大きく外へ開くと、手前に引き切る稲刈りに不向きになるからである。その上に、最後に峰にそって一線だけの刃金を残すようになった時でも、腰だけは十分に強度を持っていて、実用に耐えられるようになっているのである。

こうした過程を経て使い下されていって、最後に本当に刃金が尽きてしまうところまで行くと、この鎌はようやく廃品ということになる。そして、元の鍛冶屋のところへ戻ってくるのであった。

町の通りに面して店を出している鎌鍛冶を覗き歩くと、実によく使い込まれてもう峰のところしか残っていないほどに痩せ尽きた古鎌が飾られているのに出会うことがままあった。また、場合によっては奥から使い尽きた古鎌を持ち出してきて、得意気に見せてくれることもある。ここまで使えたということが鍛冶屋の技量の誇りでもあったからである。

鍛冶屋の話によると、一時代前には、上手に使い込んで見事に砥ぎ減りをした鎌を持ち込んできた人達には、ただで新しい鎌と交換をしてやることもあったという。自分のところの鎌は良い鎌であるから、ここまで使い込めるのだという宣伝になったからだということである。だから、今日までこのように使い尽きた古鎌が鍛冶屋に残されてきたのであった。

明治時代の後期からは、東北地方にも産地で作られた安価な量産鎌が大量に進出していき、地元の鍛冶屋と競争をしてこれを打ち負かしていく。それと同時に、利用技術の上にも変化が起ってきて、新たに稲刈りに専用の〝稲刈鎌〟が付加されてくる。産地生まれの鎌は、形こそ地型をなぞり、切れ味も優秀で、見映えもよく出来ていたが、かならずしも使い下していく前述の伝承的な用い方に適してはいないところがあった。だから地元の鍛冶屋は、この点を強調して伝承的な鎌の用法を訴えたかったのではないかと想像されるのである。

いずれにしても、総ての古鎌を新品と取り換えていたのでは商売にはならなかったはずである。とすれば、先の鍛冶屋の話の新古の鎌の交換はごく一時期の特別のこととみなすことができる。即ち、そのひとつ以前には使い尽きた古鎌が鍛冶屋の元へ還流をしていく仕組みがごく一般的に存在したものと考えられる。そしてこの新古の交換は、それが特殊な条件の下で形を変えたものではなかったかと推測されるのである。既にふれてきたごとく、古鎌を下取り品として鍛冶屋へ持っていき新しい鎌を買うことが、ごく普通の鎌の入手方法であったのだと思われる。下取りを伴う商いは、鉄器の販売の上ではごく普遍的で一般的なものであったと推測出来るからである。こうして回収された古鎌も、材料鉄の一つに組み込まれていったのである。

材料鉄に還元された古鎌は再生されることになるが、それが再び新鎌に作り変えられることは少なかったのではないかと思われる。むしろ、先にみてきたような《下し鍛え》を経て、金敷や向鎚のような鍛冶屋道具に変ったこともあったであろうし、その他に、釘のような小物に作りかえられた可能性が高い。要点は、古刃物は再び刃物に打ち変えられるのではなく、古刃物には多少の刃金分が混入していたからそれを錬り合わせると大夫な〈なまもの〉を作ることができたので、むしろ、そちらの方へ利用をされていったものと推定されるのである。

この他に古鎌の利用の中には鍬の地金となった場合があり、案外にこれも基本的な用法であったと考えられる。聞き取りの例にも、古鎌十五丁を合わせて股鍬(三本爪鍬)を作るという話があり[1]、特に鉄材流通の困難であった山間や島々ではこれに近い話はごく近年まで聞くことができた。しかし実は、これも単に鉄が不足しているから用いたということではなく、古鎌を合わせて作った鍬の方が、新鉄(軟鉄・小割鉄)によって作るものよりも丈夫で長持ちがするという材料上の利点を反映しているのであって、こうしたあり方が廃鉄器再生利用の一つの特徴である。廃鉄器には、新鉄からでは簡単に得がたい性質が含まれていて、それを巧みに利用していく技術が、ひとつの制度といってもよいものを作り出していたのである。このことを無視して伝承的な鉄器文化を語ることはできないと私は思う。そこで、以下に近世の鍛冶仲間文書の中に現われてくる、材料鉄をめぐる問題を紹介していくことにしたい。

五　古鎌と鍬下地

三河吉田(現在の豊橋市)の鍛冶町については別に述べるつもりであるが、そこに残されている鍛冶仲間文書に含まれている天保五年(一八三四)の「願上一札」は、今迄見てきた再生についてのよい資料である[2]。それを見ると、吉田船町の半左衛門という者が、鉄問屋並びに《万割・鍬下地打ち立て》を始める件について町奉行の認可を得るが、これに対して、鍛冶町の鍛冶仲間一同が強く反対を申し立てたのである。即ち、半左衛門は大阪より新鉄を買い入れて、これを〝万割鉄(地金材料)〟に割り裂いて打ち下し、更にこれを用いて鍬の下地に仕立て、鍛冶町の鍬鍛冶へ卸そうと考えて、鍬の材料と下地の加工を問屋支配の下で行なうことを計ったのであった。

これに対する鍛冶方の言い分は、今まで鍛冶町の重立った者が大阪より鉄を直買して、「鉄(地金鉄)売買之儀」も、それを更に加工する「万割打立候儀」も何等の問題がなかったというのである。というのも「只今迄町内ニ而新鍬打立申候節者鎌庖丁之切くず又者古鉄を冶ひ堅め打立申候事故」に、それほどは万割鉄を用いることがなかったからであった。

なぜならば、「鎌庖丁之切くず又者古鉄」を用いると、「農具拵立候処へり方遅く、農人方遣向甚徳用に御座候」ということである。要するに鍬鍛冶の主張では、鎌や庖丁を作った時の切り屑を鍛え堅めて作った鍬の方が新鉄を用いたものよりも上質なものができるというのである。もう何度も述べてきたことであるが、鍛冶屋が金敷を作る時にほどかの刃金の混った古鉄や断ち落し屑を用いたのと、全く同じ原理がここにも働いている。

即ち、鎌や庖丁の断ち落し屑や回収された古鉄の中には刃金分がある程度含まれており、これを錬り合わせることにより、新しく打ち出された〝万割鉄〟よりも強度に優る材料が得られたからである。

これを説明して、「偶々古鉄払底之節稀ニ新鉄万割(新地金)ニ而打立候得ハ至而へり方早く御座候而遣向不宜候」ということになる。この事は数年来の経験に照して、既に十分に明らかなことであると主張しているのである。

さて、「鎌庖丁の切くず」とはいかにも〝吉田鎌〟の産地らしい話であり、これが鍬下地の材料に用いられていたとは十分に納得のいくことといえる。そこで、これに続いて記されている「古鉄」とは一体何を具体的に指しているのかという事も考えてみたいことである。結論から先に言えば、私の考えではこれは回収をされた古鎌のことであったということになり、そこから、回収された古鎌の鉄から鍬が作り出されていくという材料鉄の流れが想定できることになる。鎌が使い尽くされると鍬に鍛え変えられ、その鍬も先掛けできないほどに傷んでしまうと、前述の越後高田の例のように毛抜きや鋏の材料になる。こうした一連の過程を考えてみると、鉄とはなかなか面白いものだと思うのである。

六　吉田鍛冶町の鍬鍛冶

すこし寄り道をして、鎌の使い下しと古鎌の還流の仕組みを見てきたから、ここではもう一度鍬の話に戻ることにしよう。

既に述べてきたように、鍬に砥石をあてて刃をたてるということは原則的に行なわれてこなかった。ひょっとすると唐鍬の中のある種のもの、例えば手斧鍬(ちょうなぐわ)と呼ばれているものの中には、砥石を用いて刃出しをして斧のような使い方をするものがあったかもしれないが、今までのところそういう用法の具体的な例は特に聞いてはいない。

だからといって、鍬先が甘くなると打ち込みに力が必要となり、繊維質の多い土質の場合には特に骨が折れた。そこで、鍬の刃先は、減るにまかせて用いていてもいつもある程度の刃が自ずから出来ていくように作られていなければならなかった。この点で、地金の片面に刃金(あるいは鍋鉄)を付ける構造は最も適当な方法だったのである。

表が地金だけで出来ており、裏側に刃金を張った鍬先は、使い込んでいくとそれに伴い表の柔らかな地金の部分が磨耗をしていく。これに対して裏の刃金の方は相対的に硬度があるから表側のようには磨耗しにくい。こうして鍬先は常に表側から減っていくことになる。常に刃のたった状態になっているという訳である。そして、最後に刃金が全くつきるところまで使い込まれると、《先掛け》が行なわれる。こうした鍬の使い方が、鍬を作りその修理にあたる〈農鍛冶〉に特異な存在形態をあたえてきたことはすでに述べた。

農鍛冶が一定の範囲を回遊する歩き出職の形式をとっていたことや、その一変形とみられる貸鍬の慣行を生んだこと、後には村々への分散居住の傾向を示したことは、近世社会の体制や経済のあり方からも考察できる事柄であるが、また一方では、農と工との間にある「直し」を通したなにか深層的な関係といったものを考えてみることも可能ではないかと思われ、私はこちらにこそ強く興味を持つものである。

もう一度吉田鍛冶町にもどって、鍬鍛冶の具体的な姿を見ていき、そこから農と工の関わりを書き出してみたいと思う。

三河吉田宿が、豊川をひかえた街道の宿場として栄えたところであることは周知のことである。この宿場の入口には鍛冶町があって、その真中を東海道の本通りが通り抜けていた。ここで作られた〝吉田鎌〟は『参河名所図会』に「当駅鍛冶町にて之を鍛ふ。当所の鎌は薄口を以て巧手とす。其鍛ふ音異曲にして、其大鎚小鎚打交る早草、実に諸人の眼を驚かす」と記されており、また、有名な農書『百姓伝記』においても、「御当代三州吉田のかまかぢ、なり、かつかうようち、よくきるる也」と言われている。伝承によれば、吉田の鎌の地型は長さが七寸、幅が二寸であったといわれている。

しかし、その一方でこの鍛冶町は前述のように鍬作りも行なっており、その点から言えば周辺の村々へ向けての農鍛冶の集団でもあった。鍛冶町株仲間は、周囲十里余四方の在方の農具細工を行なってきたのである。

鍛冶町の起源は、永正二年(一五〇五)の今橋城の築城にあたって、牛久保村から多数の職人を連れてきて住まわせてからのことであるといわれている。そして、元和四年(一六一八)には東海道に面した町の入口、ほぼ現在の位置に移住をさせられたと言い伝えられている。それ以前にこの街道筋に別の系統の鍛冶が既にいたのかどうかは明らかではないが、この移住に伴って、吉田鍛冶町は農鍛冶として一円の農村の鍬作りやその先掛けを担う部分と、街道の両側に店を並べて、道行く人々に鎌や庖丁を商う刃物鍛冶との、二重の性格を併せて持つようになっていったものと考えられる。

吉田の近村、羽田村及び牟呂村の天保六年の年号を持つ「願上」に、「百姓農具才掛ケ之儀、土地石交リニ而鍬減リ方多、春秋両度之才掛ケニ而者足リ不申、三度又者四度茂仕候」あり、年に何度も鍛冶町へ先掛けに出向くのでは大変であるから、「萱町九郎右衛門忰農鍛冶仕…略…羽田村内最寄手都合宜鋪場所ニ而」、鍛冶営業を許可してほしいというものがある。これに対して、鍛冶町鍛冶仲間は一円の農具細工の独占権を楯に反対をして、結局は不許可の沙汰が出る。しかし、羽田村の方は隠れて鍛冶細工を行ない、そのために紛糾をすることになるのである。この文書で注目をしておきたいことは、通例では春秋二回の先掛けが行なわれていると記されている点であって、この地域の一つの特徴であったと思われるのである。越後の貸鍬の場合には、その歳取りは一年一歳、鍬の再生は年に一回であるから、これに比べるとこちらの方が二倍の手入れが行なわれていることになる。それはこの地方が二毛作地帯であり、また畑作りの多い所でもあったことを考慮に入れる必要があるものと思う。

実際に、この地方の年に二回の先掛けは明治時代から大正時代まで大変に盛んに行なわれていたという。近在の村の農民は春秋の二回、春は春田打ちの始まる前に、秋は稲の取り入れが終って畑に打ちかえる前に、時季を限って手に手に鍬を担ぎ、あるいは大八車にのせて、鍛冶町へ出掛けてきて先掛けを行なっていったのである。

実はこの頃の吉田鎌は、既に大阪から下ってくる播州鎌にすっかり押されて、衰微してしまっていた。一時期には播州物に倣った製品を打って、それを大阪の鎌問屋へ卸すということも行なったりしたが、結局は寂れてしまったというのである。吉田鎌の衰微の理由はこの他にも色々と考えられるが、更に本格的に調査をしていくとまだ知られていない要因も見出せるのではないかと思われる。こうして、吉田鎌は現在では幻の鎌となってしまったのである。しかし、もう一方の鍬の方はこれとは別の経過を辿っていった。

鍛冶屋は、近隣の人々の分も頼まれて沢山の鍬を担いで町に出てきた農民達を鍛冶場の奥に止宿させ、彼らが町で遊んで時間を潰して待っている間に、先掛けを終わらせる。それを次々に持ち帰らせたのだそうである。近くの農民の中には、朝早くに村を出て来てその日のうちに帰るものもあったが、一夜を鍛冶屋ですごし、町の空気を十分に吸って、ひとときを楽しんだ後に村へ帰っていく者も多かった。だから、この春秋二回の季節の鍛冶町は大変な賑わいになったものだという。

鍛冶町の隣は札木町といって、街道の盛り場としてなかなか有名なところであった。飯盛女も二階から顔を出して、芝居小屋も掛かっていたということであるから、まさに東海道の宿場の華やぎがあったのであろう。近在の村の人々にとって、春秋の二回、先掛けのために鍛冶町へ出掛けていってそこで一刻を過ごすことは、単なる必要性以上のものがあったのではないかと想像される。

吉田宿を唄ったといわれる俗謡に、「吉田通れば二階から招く　しかも鹿の子の振り袖が」というものがあって、東海道を行き来する旅人に好んで唄われてきたという。これをもじった狂詩が文政の頃には作られており、そこからも鍛冶町の繁栄が偲ばれる。

宿ノ入口鍛冶屋多シ　往来唄ヒ行ク古風ノ歌
吉田通レバ二階ヨリ招ク　然モ鹿子之振袖娥

こうして、春秋二回の先掛けの季節には鍛冶町の鍬鍛冶は多忙を極めていた。仕事場以外はすべて村人達の止宿のために開放してしまい、それでもまだ泊りきれない程のこともままあったという。だからこの時には、鍛冶職人達は夜おそくまで仕事を続け、漸くその日の分の先掛けが終わると、鍛冶場のたたきに莚を敷いてごろ寝をするといった具合であったという。

ところで、この吉田鍛冶が用いてきた先掛けの技法も、実はすでに概略を述べてきた〝鍋鉄〟を使用するものであった。但し、豊橋の場合の面白い点は、《鍋鉄作り》の鍬は優秀であるという話が他所ほどは伝承されてきてはいないことである。それよりもとにかく手早く仕事が片付くという所に利点があったと強調されてきたのである。残念なことに、ここで行なわれてきた先掛けはもう大分以前に廃れてしまっており、その技術の様子は話の上でしか知ることが出来なかったから、詳しく細部にまでは目が届いてはいない。だから、鍋鉄で作るのは、手間が掛からなくて多数の先掛けを短時間にこなすのに都合がよかったからだという話には、ただそれだけではなかろうという気持ちもあって、いまひとつ合点がいかない点も残る。しかし、《刃金付け》を行なう場合と比較をすると、確かに工程数は少なく、洋鋼が安価に入手できる時代になっても、その点では有利であったということなのかもしれない。

いずれにしても、なかばお祭り騒ぎのような状態で行なわれてきた吉田鍛冶の先掛けの場合、一つ一つにそうは手間を掛けている訳にはいかず、来る鍬来る鍬を、次から次へとこなしていくことが最も大切なことであったと思われる。鍛冶場の人の割りふりもそれに見合った仕組みができていたのであろう。

吉田の鍬鍛冶は、《鍋鉄作り》をこのように理解していたから、先掛けには専らこの技法を用い、新鍬を作るについてはこれを活用しなかった。新鍬には総て刃金を付けていたのだという。この事もまた吉田らしい特徴といえば言えるが、新鍬には《刃金付け》を、先掛けには《鍋鉄作り》をと、きちんとした使い分けがされていたらしいのである。その理由を尋ねてみると、鍋鉄を用いて作ったものは、熔かした銑鉄を軟鉄の上で固めるのであるから、どうしても見映えがよく仕上がらない。だから、売り物である新鍬を作る場合には、見映えの悪さを嫌ってこの技法は全く用いなかったのだという。

もっとも、このような二様の技法の使い分けが起ってきたのはそう古い時代のことではないらしい。私なりの考えでは、元来は専ら《鍋鉄作り》で鍬先を作っていたものが、後に安価な刃金(洋鋼)が入ってくるようになって、その為に変化が生じてきたのではないかと思っているのである。

以上のように、明治時代の吉田の鍬鍛冶は居職鍛冶の形態を取っており、鍛冶屋の方が村廻りをするのではなく、村人の方が古鍬を担いでやってくるものであった。こうした形式が残ってきたのには、東海道の宿駅であったという特別の事情も反映をしていたと思われるが、もうひとつには、ここには古くから六斎市が設けられていて、その鉄器商いは鍛冶町に独占されていたといわれていることとも関係があるかもしれない。しかし、ここの鍬鍛冶の営業方法ももうすこし詳しく調べてみると、古くは近在の村々を廻って歩く方法が用いられており、出職が全くなかったのかというとそうではないらしい。

鍛冶町の職人達は、元文四年(一七三九)から三回に亘って「運上赦免願」を町役所に差し出して、鍛冶炭運上の御免を願った。これはほぼ十年後の寛延元年(一七四八)には聞き入れられる事になるが、この時の理由の一つに次のようなものがあげられている。即ち、「先年ハ農具鍛冶一切無御座候所々ニ農具出鍛冶出来仕、別而当所之細工減少仕候」、しかしながら、「依之所々之出鍛冶共之儀、御停止之御願申上度奉存候得共、御領分ニ不限御事」であるから、それは不可能である。だから、運上の方を赦免してほしいというのであった。この時に旧来の商圏であった二十四ケ村をあげて、それらの村々に二十年間に二十八軒の在村農鍛冶が定住していることを書き上げている。その内訳は、吉田鍛冶町出身のものが十八名、尾州知多大野より入ったものが七名、三州岡崎より三名を数えている。

ここで「出鍛冶」と言われているものは、先にみた美濃地方の農鍛冶に出てきた「入鍛冶」と等しく、それを鍛冶屋側から表わしたものである。即ち、村々へ農鍛冶が分散居住をして、そこに定着をしていく過程を表わしているのである。こうした一連の動きに対して、吉田鍛冶町の鍛冶達は、文政十二年(一八二九)に改めて鍛冶仲間を結成し、農鍛冶の拡散を防ぐために「出鍛冶」を禁じる。それと共に吉田周囲十里四方に限る農細工の独占的な権利を持つことになる。おそらくこの過程を辿って鍛冶町の農鍛冶は居職による営業形態を強化していったのである。その事が、今述べてきた明治時代の先掛けの様子に強く反映をしているのである。

とするならば、十八世紀の中頃から鍛冶町の様子はかなり変化をしてきたことになるであろう。そこで、それ以前においてはどうであったのかということになるが、宝永三年(一七〇六)の「鍛冶仲間一札之事」をみると、「近年別而鉄大分高直ニ罷成候故…略…就夫在々江打物等ヲ土産ニ遣シ申候共」、今後については相談によって、これを差し止めることを申し合わせている。以前には、村々を廻るに際してなにがしかの簡単な打物を手土産として持っていくことが慣習となっていたのである。

農鍛冶の村廻りに用いられた手土産用の打物鉄器の類には、火箸・鋏・小刀などがあり、時には菜切庖丁なども含まれた。明治時代の越後三条の貸鍬商人の場合も、その帳面をのぞいてみると、殆どの農家に対してこうした手土産を一品は残してきており、これも鉄器の流通や普及のひとつの具体的な過程を示しているものと考えられる。このような土産の形式をとった鉄器の伝播や流通についてはもうすこし詳しく調べていく必要があるように思われる。

但し、この手土産の差止めは、親宿に対しては例外的に取り扱われており、「宿之義ハ鉄物ハ無用、手みやげハ勝手次第」という取り決めになっていた。鉄物は禁ずるが、その他の品物であれば特に差止めはしないというのである。勿論、この「一札」では「宿」がより具体的に何を示しているのかは記されていない。即ち、「宿」が単なる止宿のみを意味しているのか、細工場を開いたものなのかは明らかではないのである。しかし、今までに見てきた様々の鍛冶の出職は、親宿の世話で村内に細工場を開いている。この形式は、後の千刃扱き直し職人の出職などにも受け継がれてきているものだから、この場合も鍛冶場を開くことが「宿借り」の意味であったと解釈をしておきたい。

こうした村廻りの形態は、材料鉄の流通が拡大していくと鍛冶町をはなれて村方へ分散居住することを可能にし、そういう者が増加していくことを促す。その経過は既に見てきた通りである。それが進むと、そのために本家の鍛冶町の商圏はだんだんと狭く限られていくことになって、その結果として、前述の一定地域での在村農鍛冶の禁止と、鍛冶町の居職鍛冶の一円に対する特権とを生みだしてきたのだと考えられる。

七　先掛けの形式

『百姓伝記』において、農鍛冶の技術について述べるくだりに、「手づまのきゝたる農かぢにうたせ、またさいをかけさすべし」と出てくるが、ここで「さいをかける」と言っているのは、すでに何回か述べてきた《先掛け》を意味している。《先掛け》は時には「歳掛け」とも記されており、「サイ」と呼ばれることも多かったのである。

次に『耕稼春秋』(3)を見ると、「農具の図」の鍬の解説において、「鍬一丁のおもさ四百目より五百三拾目」として、その鍬も、「鉄目かろく古く成て焼直し先をかくる也」と出てくる。ここでの《先掛け》には幾つかの程度があったものとみえて、「大先にかくるハ賃四匁五分、小先にかくるハ三匁五分」と、《大先掛け》と《小先掛け》とがあったことを記している。その上に注目すべき点は、「新鍬の先を不懸を更鍬と云」とあって、新鍬はそう滅多には用いられていなかったことを暗示しているのである。

鍬の《先掛け》は確かに実用上の技術であって、この慣行の普及はなんらかの点で農業の発展と関わっているものと考えられる。だから、先にも見てきたように所によっては春秋二回の先掛けでも間に合わない土壌のところもあって、ここでは年に三回も四回を先掛けを繰り返さなければならなかった。しかし、その一方では既に吉田鍛冶町について見てきたように、《先掛け》には一種のお祭りのような雰囲気を伴うこともあって、一つの年中行事ないしは農事暦に組み入れられていると考えてよい場合も多かった。

私はもう大分以前に埼玉県の入間地方の農鍛冶を訪ね歩いたことがあり、そこでも《先掛け》の話を色々と聞くことができた。この付近では、年の暮や春先の三月、彼岸前に村々の鍛冶屋の所に鍬が集まってきたのであった。面白いことに、近年では鍛冶屋の数が絶対的に減ってしまったために、鍬を担いでやってくる農民は以前よりもかえって広い地域に及んでいるという。尾張の知多半島の大野の出職鍛冶の場合には、一組の鍛冶屋の持ち場の広さは一里半四方であったといわれているから、それとは比較にならないくらいに遠方の松山や小川町の方からもやってくるのである。その結果、鍛冶屋を中心にしたかなり広い地域の鍬の形態や分布の相違が一目で判るという利点も生まれてくる。この時季に鍛冶屋を訪れるならば、その地方の農具の基本的な構成や分布ないしは変遷を一応は知ることができるのであった。

　そうした折の鍛冶屋達の話の中から《先掛け》を考える機会が得られ、そこから、その歴史や意味といったことに私は関心を持ち始めたのである。勿論、《先掛け》の意味は即ちこれとこれであると簡単に決めてしまえるものではない。また、地域的に差もあるといえる。場所によっては土質との関係からくるのか、数年に一回の先掛けを行なえばそれで十分であるという所もあり、重要度は必ずしも一様ではない。入間地方の場合には、ここは典型的な関東型の畑作地帯であって、その主要な農耕具にはインガ(鋳鍬)が用いられてきていた。インガは鍬先や鋤先とは異なって、打鉄物ではなく鋳物の先が付いている。だから、川口や川越、あるいは児玉町等の鋳物師が鋳造したものを、地元の大工が組み上げた木部にはめて用いてきた(4)。こうした農具構成のために、鍛冶屋の役割はかつてはそれほどは大きくなかったと推定される地域なのである。

　明治時代の中頃まで、この地域の農鍛冶は川越や飯能な

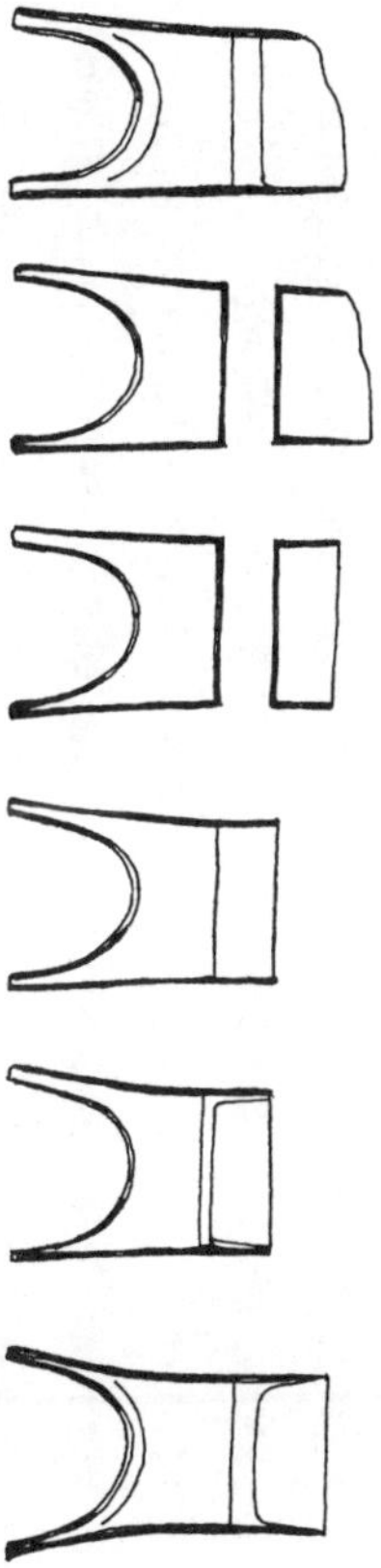
①使い減った鍬
②タガネで切断する
③新しい地金を用意する
④接合をする（ワカシ付け）
⑤新しい地金の上に刃金をのせてワカシ付ける
⑥打ち延して焼入れの後に完成

13図　鍬の先掛け
現在一般に見られる方法（これは刃金付けの場合である）

どの町に集まっていたらしい。私の訪ねた鍛冶屋の殆ど総ての創業者はこれらの町の鍛冶屋へ修業に入っており、そこで身に付けた技術を基にして鍛冶屋になったものであったからである。その多くは明治三十年代のことであった。だから、現在まだ営業を続けている所は三代目か四代目にあたることになる。

その時代、即ち明治三十年代には、これらの町の農鍛冶は非常な盛業であったらしい。飯能の町には、火床と鞴を十組も一列に並べるほどの、もう家内工業といってよい規模の、量産的な形式を持った鍛冶屋があったそうである。一組の火床と鞴と金床には一人ずつの職人が付いている。先手役と仕上げ仕事、それに雑役を兼ねる小僧や内弟子達は金床から金床へと馳けめぐり、渡り歩き、次々と向う鎚を振るったものだという。そうした人々が、段々と一人前になると村々へ戻っていき、村の鍛冶屋を開業したのである。

なぜこのような状況が生まれてきたのかには理由があった。それは、前述のインガに代る新しいタイプの耕起具、いわゆる万能鍬(四本爪鍬)の普及があったからである。その背景には日清戦争や日露戦争に伴う男手の不足から、女が畑起しに参加しなければならなくなったという、使い手の側の事情が考えられる。インガは女手で取り扱うには大きく、また重すぎた。だから、以前は畑起しは男の仕事ということになっていたのである。しかしその一方で鍛冶屋の側の問題もあって、洋鋼や洋鉄の普及に伴う技術の簡便化や鉄材料の流通が容易になった点が、鍛冶の分散拡大を促してきたのだと考えられる。このように、この地方の村の鍛冶は万能鍬と結び付いて、新しく生まれてきたものだったのである。

従って、この地方の《先掛け》は主に畑万能鍬を対象としたものであった。以前には麦畑の起しが終った晩秋から年の暮にかけて集まってきたものであるという。それが近頃は年を越してから持ち込まれることが増えてきて、今では二月の末から三月中旬頃までが最も多忙な時期になっているという。だから、今日では年の暮に農鍛冶を訪れても、この時季にはもう吃驚する程に鍬が集まってくるのを見ることは出来なくなっている。このような先掛けの時季の近年の変化は、他の土地でも時に聞くことができることである。

吉田鍛冶町の先掛けが春秋の二回と言われてきたこと、それが一つの年中行事の如くになっていたことは、今みてきた埼玉県の例の場合の年の暮の先掛けとどういう関係を作っているのであろうか。

ごく一般的な言い方が許されるならば、西日本では、多くの地方で春秋の二回の彼岸の時季が道具揃えの時であると考えられていたようである。このことは近世農書の幾つかにも記載されていて、その「農事暦」の中からも窺うことができる。この季節には新鎌の購入、犁の修理（犁先の交換）、鍬の先掛けと、様々の農道具の手入れがなされていたのであった。

しかし、東日本ではこうした話を聞くことはあまりない。前述のように、鎌は東日本の場合、秣刈りの始まる前、即ち〈山入り〉の前に集中して商われた。一方の鍬は、東北日本の稲単作地帯では冬場は田仕事から離れて休息をさせるものであった。その休息を通して、春田打ちの力が宿ると考えられてきたのだといってよかった。だから、新潟県下一帯に広く見られた貸鍬の慣行も、すこし見方を変えて考えると、貸し出された鍬は、冬場にはその鍬の生まれ出た実家である鍛冶親の元に帰って冬眠に入るのだとみなすことができる。その間に、鍬は鍛冶親と共に英気を養い、翌春の働きに備えているという訳である。であるから、鍛冶親の元に帰らなかった〈イナリ〉の鍬は年を取れなかったのである。

そこで更に旧暦正月を基準として考えてみると、晩秋に回収をした鍬は、その一年の働きによって米を鍛冶親にもたらしたが、それだけにやつれて帰って来たのである。だとすれば、その鍛冶親がやつれた鍬をそのままの状態にして正月を迎えるということは考えにくいことである。実際に、聞き取りによると旧正月十五日を過ぎる頃から貸鍬屋は再び背に何丁もの鍬を背負って、雪深い村々へと鍬を届けに出て行くものであったという。とすれば、時間的な前後関係から考えても、古鍬の手入れや先掛けは当然に正月前の仕事でなければならないことになる。年が明けてからは専ら新鍬作りが鍬鍛冶の仕事になるのであった。

関東の台地の麦畑地帯の場合にも、おそらくこの関係は変らなかったのだと思われる。即ち、畑起しを終えた鍬は正月迎えに間に合うように鍛冶屋へ持ち込むのが元来の形式で、鍬に手を加えて《先掛け》を終えてから、道具の年取りが行なわれたのであった。それが春先にまでずれ込んで来るようになってきたのは、新しい時代の合理的で実用的な判断と、新正月が一足早くやって来るようになったためであったと思われる。鍛冶屋の側から言うと、二千丁も三千丁もの古鍬を新正月に間に合わせるように手を加えることは出来なかったのである。

そこで、西日本の場合についても考えなければならない事になる。私の見方では、道具の年取りと関係する《先掛け》の時季は、種々の事情によって西日本では比較的に早くから変化を生じてきたのではないかと思われる。その結果が春秋二回の《先掛け》や農具改めということになるが、その過程で東日本とは非常に違った形式が生み出されたのだと言えないだろうか。その原因についてはまだ私には判らない点が多いが、豊橋の例で述べた二毛作の発達のような農業構造の相違もあったし、また犁の利用が比較的多かったことも関係しているかもしれない。その他に耕土質の問題もある。日本列島の全体的な地質構造からみると、東日本と西日本とでは大局的な点で相違があるようにも思われる。今後、耕土質の面から鍬先の磨耗を考えてみるのも面白いのではないかと思っているのであるが、これ以外にもまだなにか隠された理由があるのかもしれない。

いずれにせよ、ここで私が述べてみたかったことは、修理や再生方法としての《先掛け》が純粋に技術的に追求されて、近世の農鍛冶のあり方を代表するような非常に完成した形式を生み出す前の段階には、もう少し心理的な「鉄の鍬」を通した鍛冶と農との関わり方があって、その名残がここにまだ残ってはいないかということである。古い時代には、再生の呪術を通して農鍛冶と農民とが結び合っていたのではないかと考えてみたいのである。

そこで少しくどくなるかもしれないが、恐れずにもう一例だけを見ておきたいと思う。というのは、見事に完成された技術様式を作りあげている昨今の《先掛け》の事例からは、その成立時代の原型ともいうべきものを探り出すとは困難だからである。現在もまだ営業を続けている農鍛冶から更に多くの《先掛け》の事例を聞き集めてみても、技術を解説した章で述べてきた範囲以上のものを、そうは知ることはできないと思う。それ程にこの技術は既に普遍的なものとなり定型化しているのである。だからここでは、少し古い時代の資料に現われる《先掛け》の技術を窺いながら、そのあり方の元を探ってみたい。

知多半島の大野の農鍛冶の場合も、その出職は基本的には春秋二回であったようである。(5) ここの鍛冶達は、藩政時代には出職鑑札を持って広く尾張や三河や美濃の村々へと出掛けていった半農半工の鍛冶であったが、定鍛冶株が一四七軒と限られ、それぞれがほぼ一里半四方を単位として権利を持っていた。その得意場は固定的であって、彼らは下職の者二人ないし三人と組を作って毎年決った村へ出鍛冶を行なったのである。出先の村には既に鍛冶小屋が設けられていて、そこを中心に一里半四方の鍬を集めて来ては、先掛けにあたっていたのだという。

だから、明治時代に入って自由営業ができる世の中に変ると、彼らは段々と出先地の方に移住定着していき、いわゆる「村の鍛冶」となっていった。こうして現在でも愛知県下や岐阜県の南部を歩くと、鍛冶屋といえば大野の出身者だという例が多いという。彼らの用いてきた《先掛け》の技法は、吉田鍛冶町の場合と同じく銑鉄を用いる《鍋鉄作り》であり、それをここでは《湯先》といっていたという。大野は、知多の土木技術集団として有名な〈黒鍬組〉の里であった。(6) この〝黒鍬〟と〈大野鍛冶〉とは密接なつながりがあると思われるが、駿河の山間では、この《湯先》のことを「黒鍬」という鍛冶屋も残っているという。また、この「黒鍬」の名は、開墾用の立鍬(あるいは畔付鍬)に対して関東平野でも近年まで用いられてきたのであった。

この大野鍛冶は、安永二年(一七七三)の尾張藩の株仲間改組によって、鍛冶頭、津田助左衛門の下に改めて定株一四七軒が定められて、出職木札が渡されることになるが、この時に「尾州鍛冶仲間中」の名によって出された「覚」(7)

が残っている。それは、その時まで米勘定であった鍬作り代金、先掛け代金を、鉄価不安定を理由として銭勘定に改めるというものであった。それによると、《先掛け》の種類は以下の如くである。

本銑　代四百五十文
中銑　代三百五十文
半銑　代二百七十二文
やい付　代百七十二文
手かえ　代二百七十二文
湯先　代百文
但新鍬百目に付二百三十匁

このように、『耕稼春秋』の「大先・小先」とは比較にならないほど多様である。勿論資料の性格の違いも無視できないし、『耕稼春秋』の書かれた加賀地方では《鍋鉄作り》ではなく《付け刃金》が用いられているといった相違もある。また、加賀地方は馬耕犂の発達していた地域であって、尾張や三河が専ら鍬耕起を行なっていたという農法の相違にも注目をしておかなければならない。

さて、この「覚」の《先掛け》の具体的な相違は明らかではない。しかし、今まで見てきた《鍋鉄作り》の技法の性質から考えてある程度の推定が出来ないことではない。そこで以下に私なりの解釈を下してみよう。

私の見方では、初めの《本銑》から《半銑》までの三つの技法は、本格的な《先掛け》を指しているものであると思う。即ち、まず鍬先を一定のところで断ち切って、その分だけ新しい地金を付け足す。その上で鍋鉄を流すのである。これに三種類の程度があったのだということらしい。刃先の減り具合は、熔かし付ける銑鉄の厚さによって決るから、土質によってその厚さが選択されたのである。もうすこし具体的に述べると、鍋鉄の熔かし付けは何回も繰り返して行なうことができた。そして、その繰り返しによって、厚さが決ったのである。だから、《本銑》が三回にわたって熔かし付けたものであるのならば、《中銑》は二回、そして《半銑》は一回ということになり、この回数によって代金の差が生まれてきたのだと考えられる。

次に《やい付》であるが、これは《焼付け》のことであろう。《やい付》と同じ表現は越後の貸鍬鍛冶の年取りにも出て来て、そのことは既に述べたが、そこでは《先掛け》そのもののことを指していた。勿論、越後の鍬鍛冶は銑を用いる方法ではなく、《刃金付け》を使用していたから、その原意は「刃金を焼き付ける」ということから来ているのだと思われる。この大野の場合も《刃金付け》が用いられていて、それが《焼付け》と称されていたものと考えることもできる。しかし、それが鍬を対象としているのか他の刃物を指すのかは、ここからは知ることができない。

次の《手かえ》については、今のところはよく判らない。ひょっとすると鍬柄を組み付けることを指しているのかもしれないが、「手」の意味は色々に解釈することができるので、ここでは保留しておくことにしたい。

このように見てくると、最後にここで手間代金百文とされている《湯先》が、何を表わしているのかを考えてみなければならないことになる。

そこで見ておきたいことは、新鍬の値段である。それは鍬先の大小によって異なってくるが、普通の手鍬の場合の、平均的な目方は三〇〇匁から四五〇匁位である。ここでは一〇〇匁につき二三〇文と記されているから、一個についてみると、七〇〇文〜一〇〇〇文程度になると考えられる。従って、前述の《本銑》以下の先掛け代金は、新鍬の半分〜四分の一の間におさまることになり、ほぼ近年の場合の直し代金のあり方に見合っている。そこから《湯先》の手間代金の一〇〇文に注目すれば、それは非常に簡単な技法を用いたものであったとみなすことが出来る。

大野における技術伝承によれば、《鍋鉄作り》そのもののことを《湯先》と言ってきたらしいから、この文書の《湯先》も《鍋鉄作り》を指し、その利用法のひとつを表わしているものと考えられる。とすれば、この「覚」の他の部分のあり方から考えて、地金の付け足しを行なわず、古鍬に直接鍋鉄を一回熔かし付けるだけの《先掛け》があって、それを指しているのではないかと思われる。

以上のような考えが成り立つとするならば、《先掛け》の最も簡便な方法は、少し使い減りをした鍬に鍋鉄を熔かし付けてやることであったのではないかと推測される。要するに、私達が今でも見聞きできるよく発達した《先掛け》の技法とは比較にならない、よほど簡便な方法が元はとられてきたのだと想像できるのである。このような非常に簡便な先掛けが毎年毎年繰り返して確実に行なわれていたものとすれば、その背後に何か隠れた理由があるのではないかという考えが浮んで来る。鍬には、少なくとも年に一度は鍛冶屋の手が加わる必要があるという心理的な要求が先ずあって、それがこの形式を生んだのではないかと思われてくるのである。そういう気持の問題を前提にしないと、《先掛け》の慣行の一番根元のところが掴みえないように私には思われる。

以下は私の想像にすぎないが、どんな鍬であれ、一度は必ず鍬鍛冶の手を経てその一年を終えるという発想が、古い時代からあったのではなかろうか。鎌が使い下して消耗されるものであると考えられてきたのに対して、鍬に《先掛け》が付いて回るのは、ここに焦点がありそうに思われる。中世の家産書上げには、鎌は書きあげられてはおらず、これに対して鍬の方は動産の一つとして取り扱われてきた。このことは既に述べたが、これも「鍬の不死」の性格と関係しているものと思われる。煎じつめれば、鍬先は単なる「物」ではなく、生命を持つものであって、そこには「死と再生」の観念が結び付く。そして、その媒介者として鍛冶屋が関わってくるのである。即ち、鍛冶屋は死んだ鍬のケガレを清めて、火と金床と風の力によってそれを蘇らせる秘技を持つものであった。鍬が蘇ることがなければ、その霊力によって生まれ出る作物もまた蘇ることができなかったのではなかろうか。

民俗儀礼にみられる道具の年取りや小正月の物作りの中で、鍬にあたえられている役割は大きい。私の見方では、この儀礼に本来は鍛冶屋が介入をしていたのではないかと思われる。これらの儀礼における鍬のあり方と《先掛け》

とはどこかで結び付いていたのではなかろうか。この問題は今後の課題の一つであるが、いずれにしろ鍛冶屋の手で作り出される鉄打物は、鍛冶屋の力によることなしには再び生命を蘇らすことができなかった。柳田国男先生が『火の昔』の中で語られた、村の火を清めるために鍛冶屋の金床の上にのせられた〝火打ち鉄〟の話と、鍬の《先掛け》とはここで重なってくるのである。

八　古鍋釜の再生

前に詳述してきた三河吉田鍛冶の天保五年（一八三四）の「鉄問屋并万割・鍬下地打立」に関する一札に、次のような件りがある。

万割(軟鉄)ニ而茂打不申、直ニずく(銑)ニ而打立申候而ハ冶ひ方減少ニ候間、へり方早く御座候。譬下直ニ出来仕候而モ農業遣方之為ニ不宜と奉存候。

先に見てきたように、吉田鍬鍛冶は専ら鎌や庖丁の断ち屑やその廃品から鍬下地を作っていた。そして、こうした刃物屑や廃品が払底した時には、その代替として千割・万割鉄(大鍛冶下し鉄)を利用してきたのであった。この販売権が町方の商人に独占されてしまうと、刃物屑が欠乏した時に不自由をきたすという事が主旨であつた。

そして、このほかに考えられる代替材料として銑鉄(古鍋釜)があった。銑から地金材料をどのようにして得るかは、《下し鍛え》の所でもう述べてきたからここでは繰り返さないが、基本的には鎌や庖丁の断ち屑や廃鎌を利用する場合と異ならなかった。しかし、ここでは《ズク(銑)鍛え》は鍛え方が少ないから減り方が早いと述べられている。農鍛冶が自らの手で銑を下して鍬下地を作ると、工程が簡略であったからか、十分に組織の緻密なものがえられない。そのために磨耗しやすいという欠点が生じるというのである。

　このことは別の見方をすると、中国地方の大鍛冶で作られて大阪を経て各地へ流れていく新鉄の流通が十分ではなかった時代には、《古鉄下し》と共に《銑下し》が、かなりの程度行なわれていたことを表わしていると解することができよう。そこから《銑下し》の事を考えると、鋳物師と鍛冶屋を結ぶ鉄材料の流れが重要な意義を持っていた時代のあったことが想定されてくるのである。鍬先に銑鉄を利用する《鍋鉄作り》の方法は既述のとおり広く行なわれてきたが、それとは別に下地(鍬地金)もまた銑鉄から作り出されていたとするならば、鍬はただ古鍋釜さえあれば作り得るものであるということになり、確かにその技術は鍛冶屋に伝承されてきていたのである。ここから、鋳物師の隠された役割の一面を考え得ることになる。

　前出のように吉田鍛冶の成立は、今橋城の築城の際に牛久保村から移住してきたことに始まるといわれているが、その牛久保村は実は早くから鋳物師の栄えてきたところであった。尾張や三河では鋳物師と鍛冶の結び付きが深いようで、この点はこれから研究していかなければならない問題であるが、その前提となる鋳物師と再生との関係を見ておくことにしたい。

　鉄鋳物は新しく作られた新銑のみを熔かして鋳造するのではなく、必ずある割合で古鍋釜を混ぜ合わせて熔かす必要があった。これは現在の技術でも基本的に変らないことであって、それによって材質の改善が計られるのである。従って、鉄を取り扱う鋳物師は必ずなんらかの方法で古銑(古鍋釜)の回収機能を持っていなければならず、この事が鉄流通に鋳物師が関わってくる理由の一つであったと考えられる。

　三州碧海郡松江村(現碧南市)の鋳物師、国松十兵衛家に残る天保十三年(一八四二)の記録の中に鍋釜の売買方法についての記述がある。(8)それによると、鍋釜は〈一枚〉という単位を基準として、「式(弐か)升鍋」を〈一枚〉と記されており、以下に三升鍋は一枚三分、一尺の釜が三枚、一尺一寸の釜が三枚五分と換算されている。ただし、〈枚〉の単位は地方により差があり二升鍋、三升鍋が基準ではなく、二升釜、三升釜と釜を基準にする場合もある。それぞれが一枚、一枚三分等となるのである。

これに関する一例として、鳥取県の倉吉の鋳物師、斎江家について近年なされた調査の報告書[9]に載せられている明治四十一年の「鍋釜鋳物師正価表」をみると、そこでは羽釜二升(六寸五分)が一枚であって、以下、三升(六寸七分)が一枚三〇〇、九升釜(九寸五分)が三枚、一斗釜(一尺五分)が三枚三〇〇、一斗二升釜(一尺一寸)が三枚五〇〇となり、天保十三年の鍋の記録とほぼ等しい値を示しているのである。序でに倉吉の鍋もみておくと、一枚は径一尺一寸と記されたものが多く、他に一尺五分のものもある。これは鍋の胴の中間位置を一尺と取り、それを基準としているために、先の開きが鍋型によって違ってくるからその差が口径に表われているためである。

〈一枚〉という単位表示はかなり普遍的なものであったようにみえる。そして、実はこれは大きさではなく目方を表わしているものらしいのである。例えば、胴の中間位置で一尺の鍋は二升釜(径六寸五分)とほぼ同じ目方になって、出来によって差は生ずるが、ほぼ六百匁〜四百匁の間におさまるのである。そこで、これを平均して一応は五百匁とみなしてよい、と国松家文書には記されている。

さて、この〈枚〉による換算方法に対応して、〈立古鉄〉というものがある。「立古鉄と相唱候ハ鍋釜壱枚之目方、大方五百目附と見立候故、立古鉄と相唱、鍋釜鋳替候地金ニ御座候」というのである。要するに、〈一枚〉の釜(即ち二升釜あるいは二升鍋)を五百匁とみなして、これに対応させて五百匁の地金(古鍋釜)をもってこれにあてる。その地金を「一枚の製品に見立てうる材料鉄」の意味で、〈一枚〉の〈立古鉄〉と表わすのである。

この〈立古鉄〉は鍋釜の購入者が用意しておくべきものであって、〈一枚〉の鍋釜が五百匁の〈立古鉄〉と交換されたのである。もうすこし具体的に言うと、もし一斗釜が入用であるとすると、それは三枚三分であるから、二升釜が三個に、六寸五分の小鍋(四分)があれば十分であって、それだけの廃鉄器があれば、一斗釜と交換ができたということになる。

この交換にはこの他に別種の入用があった。それは〈上打銀〉および〈代銀〉といわれている。〈上打銀〉とは、「鍋釜一枚鋳替候方ヱ、古鍋一枚之目方五百目差出候上」に、「鋳減並炭手間諸入用の銀」を必要としたから、この別建ての分を指していた。だから、一枚の鍋を得るには五百匁の古鍋鉄(立古鉄)と鋳減り（熔解に伴う減少分、一割程度を見込む）分や、燃料代にあたる〈上打銀〉が弐匁六分五厘必要となるのである。その上で、更に〈代銀〉として一匁の加工工賃を取ることになっている。即ち、この計算の基礎になっているのは、新釜(二升釜)を〈一枚〉といい、それに相当する目方の古鍋鉄と交換する。その時に〈上打銀〉として時価換算の諸費用を取り、手間代金は一匁ということになる。要するに、鋳物師の側から見ると、一枚の鍋を鋳て売ると一匁の手間賃が得られ、二枚ならば二匁という単純な関係になっていることが判る。

このように見ていくと、新鍋や新釜は「売られた」のではなく、〈立古鉄〉と「交換をされた」のだということが明らかになる。そして、その元を考えると、もしも新鍋釜を得たいと思う人があるならば、その人は自分の所有する古鉄を鋳物師の所へ持って行き、それを鋳返してもらうものであるという習慣的な考えが働いていると言える。それが便宜的に〈立古鉄〉と変って、諸費用を別建てとした新鍋釜と古鍋釜との交換の形式を生み出したのである。

実はこのような交換による商いは、現在の社会でも様々の分野でみることができる。例えば、自動車の電装品や電気モーターの修理業の仕組みもその一例である。そこでも、取り扱う物が鍋釜ではない事が違う程度で、あとは全く鋳物師の場合と同じ形式をとっている。

簡単にいうと、巻線が焼き切れたり電流もれのあるダイナモをこの種の電装品修理屋へ持ち込むと、すでに巻線を巻き直して更正をした品物（再生品）とその場で取り換えてくれる。その上で一定の手間賃を要求されるのである。修理屋は、交換品として受け取った毀れたダイナモを修理しておき、いずれは、同じように毀れた製品を持ってくる人と、また交換をするのである。

この商いをもう少し詳しく見ていくと、碧南の鋳物師の場合には、この交換商法によって鋳物師が直接に村や町の人々に鍋釜を売っていたのではなく、その下に〈小座方〉という鋳物（鍋釜）販売と古鉄買入れとを兼ねたような者がおり、その者が実際の商いにはあたっていたようである。だから前述の交換は、実は鋳物師とこの〈小座方〉との間に成りたっていた方法であった。

即ち、「鍋釜の類は諸向日用之品ニ御座候間平常仕込置候座方（小座方）ヱ…略…半季仕送り置盆暮両度ニ勘定仕候儀ニ御座候間、右古鉄買方ニ付其者之働キ次第ニテ値段不同」ということになる。だから、この当時はもう末端の売買では、新鍋新釜と古鉄との直接の交換はなされてはいなかったようで、古鍋釜はそれ自体が独自の市場と流通を作っていたのである。

国松家文書の中には、この他にも、天明時代から化政時代にかけての送り状や仕切状の類がかなり残されてきている。それを見ると、大阪から直買で古鉄を買い込んでいる例があり、また〈立古鉄〉として、二千貫以上も取り引きをしていた例もある。この相手はここで〈小座方〉と言っている者にあたると思われるが、この時代には彼ら〈小座方〉が古鍋釜および新鍋釜の流通網を広く作りあげており、鉄材料流通の実権を握っていたものと思われる。いずれにしても、鍋釜の材料は主に古鉄再生によって行なわれていたことが、これによって明らかになるのである。明治時代の村勢調査の中の生業一覧などを見ると、古鉄商いを行なっている者がよく出てくるが、こう見てくるとその背景には長い歴史があり、重要な役割を受け持っていたものと言えるであろう。(10)

さてそこで、更にもう少し古い時代を想定してみたい。そうすると、前述の吉田鍛冶町の例にみた古鍋釜を用いた《銑下し》のための材料供給者としての鋳物師の役割はより一層重要な要素となってくるはずである。〈小座方〉のような形式を持つ流通の組織が整備されてくる以前には、古鍋釜の回収は直接に鋳物師の手で行なわれていたであろうし、その能力なくしては鋳物師は成立をしなかったであろう。それは単に鋳物材料としての古鍋釜にとどまらず、鍛冶材料としての鉄にも関係をしてくるのである。

奈良の五位堂の鋳物師を中心として、南都の同職合せて六名の者が、熟談の上に鋳物売買の値上げを約して村々にふれを出した天保十一年(一八四〇)の一札が残っている。(11) その中には次のような部分がある。

一、鉄壱枚ニ付代銀弐匁七分
一、鋤壱枚ニ付代銀弐匁六分
一、鍬壱枚ニ付代銀弐匁五分
一、古鉄壱貫目ニ付代銀壱匁七分
　但シ、塩古鉄秤玉むし釜風呂古鉄壱割引

五位堂の鋳物師はごく近年まで鍋や釜以外に、鋳物の鋤鍬をさかんに作ってきた。おそらくこの当時においては、むしろ鍋や釜よりも鋤や鍬の方が主な製品を成していたからこのような一札が作られたのだと思われるが、ここで注目したいことは、一番最初に「鉄壱枚」と出てくることである。この〈枚〉が前出の碧南や倉吉の鋳物師と同じような原則に立って用いられているものとするならば、これは即ち二升鍋に換算のできる目方を表わしており、四百目から六百目程度ということになる。そこで、この場合の「鉄」が何を表わすのかということである。もしこの「鉄」が「鍋」等の誤記でないとすれば、これは鋳物師によって加工された「製品としての鉄」であると考えなければならないことになる。

ところで、前出の碧南の記録はこの南都鋳物師の一札よりも二年後のものであるから、基本的な価格にそう違いはないと考えてもよかろう。そうすると碧南の場合には、地金を除いて鍋釜一枚にかかる費用は上打銀と代銀の和であるから、三匁六分五厘となる。南都の〝鉄・鋤・鍬〟の「代銀」は、一枚にかかる総費用であると考えて比較してみると、二匁五〜七分になっているから、価格の上にかなり差のあることが判る。

鍋釜は中子を必要としており工程も鋤鍬とは比較にならないから、手間代銀に違いがあったのは当然である。とすると、南都鋳物師の〝鉄〟はやはり「鋳造された鉄そのもの」と考えざる得ないことになりはしないか。

この一札には〈古鉄〉の価格も書き込まれており、いたみの激しい物（目減りが多い）、や塩をふくむものあるいは塊になっているために熔解しにくい物等は一割安となっている。そこで、この〝古鉄〟を一枚（五百目）あたりに換算してみると、七分〜八分の価格になる。一方、「鉄」の「代銀」の方は手間代銀と考えられる二匁七分と古鉄一枚分（七分とする）の和であるから、結局、「鉄」は「古鉄」の五倍ほどの値に相当するものであることになるのである。

このように色々考えていくと、この「鉄」は打物用の鍛冶材料鉄、即ち〝軟鉄〟であると想定することが、最も合理的な結論ではないかと思われてくる。その他の可能性もあり得るかもしれないし、これ以外の史料は今のところ見当たらないので、既述以上の詳しい事は判らない。だから鋳物師が鍛冶材料鉄を作ったことは今ただちに断定できることではない。しかし、今後、史料を調べていくと案外なにか手掛りが得られるかもしれないので、一応の可能性について道筋だけを参考に示しておくことにする。

近世の〝軟鉄〟の代表的なものが〈大鍛冶〉によって作られた千割鉄・万割鉄と称されたものであったことは既に何度もふれてきた。そしてそれは全く鋳物師が関わるような性質の製法ではなかった。〈大鍛冶〉の名が示しているように、その技法は全く鍛冶屋的なものであった。簡単にいえば、熔解過程を経ずに還元させるものであったからである。従って、もし鋳物師が軟鉄材料の製造に関わってくるとするならば、それは〈大鍛冶〉のあり方とは異なった製法によるものであって、技術系譜の上から固有の伝承を考える必要が生じてくることになる。そして、〈大鍛冶〉とは異質の製造方法が伝承をされてきた可能性は無視できないのである。

鋳物師が軟鉄材料を作るとなると、当然ながら一旦は炉の中で銑鉄を熔解して、鋳物を作るのと同じ工程の中から作られるものでなければならないと推定される。即ち、熔解過程を通して脱炭を行ない軟鉄を得る技法を、鋳物師が所有していたことを前提に考えなければならない。その可能性によって初めて南都鋳物師の〝鉄〟売りが解釈できるようになるのである。

普通はこの形式による軟鉄製法を熔解脱炭法といっており、熔解した銑に空気を吹き込んでその酸化力によって脱炭を行なう。それは現在の平炉と同じ原理である。ヨーロッパの前代のこの形式の炉の中ではパッドル炉が有名であるが、一方中国においても《炒鋼法》もしくは《炒炉法》といって、早くからこの方法が実用にされてきていたのである。

ここで話がすこし飛躍をして更に古い時代のことになるが、諸国の鋳物師を支配してきた直継家に伝わる中世文書の中には、この問題とかかわる記述が幾つか散見される。[12] それは既に網野善彦氏によって指摘されてきたことであるが、暦応五年(一三四二)の「牒」は〈燈炉作手鋳物鉄商人〉に対して「諸国関渡津及淀河関、大津・坂本関所」の自由通行を保証している。その時に彼らは単なる鋳物師であったのではなく、「全鉄器物并熟鉄・打鉄売買業」に従事していたのである。この〝熟鉄・打鉄〟が何を意味するのかはなかなか興味深い問題であるが、それを解釈するためには日本の中から見るだけでは不十分である。既に幾つかの所で糸口だけは論じてみたから、[13] ここでは結論だけを示しておく。中国大陸で〝熟鉄〟といったのは熔解脱炭によって得た軟鉄であって、その製法は『天工開物』[14] に詳しい。そして、少なくとも宋代以後の中国の軟鉄の製法は、炒炉という熔解脱炭用の炉によって作る方法であったから、この技法が古代の末期ないしは中世に入る頃に、日本にももたらされて利用されてきた可能性は大いにあるのである。おそらく、当時の炒炉技術は、その築炉技術や操炉法において鉄鋳造技術と不可分に結び付いていたものと思われる。もちろんそれは『天工開物』にみられる連炉法のように発達したものではなかった。小形の単炉を用いて、熔解した銑鉄が炉底にたまると、羽口から風を吹き込んで、空気の環元力よって脱炭をさせたのだと想像される。であるとすれば、それは鋳造炉をそのまま用いても十分に可能な方法であった。鋳物師が軟鉄を作るということは、このことを指しているのである。これを通して、鉄材料の需給が鋳物師と鍛冶との間に成立をする。それが〈廻船鋳物師―鉄商人〉の生まれる背景であったと思われるのである。

このように、東大寺大仏の再建を一つの頂点とする新しい鋳造技術の導入は、〈大仏方鋳物師〉の集団を形成すると同時に鋳物師の技術全般に大きな影響を及ぼしていく。その結果は、鋳物に止まらず、鍛冶の世界にも大きな変化をもたらしたのだと考えられるのである。

この問題がどのようにして近世に繋がっていくのかはまだ判らない。それは今後、鋳物師と鍛冶の技術的な相互関係をより具体的に見ていくことから、少しずつ明らかに出来るのではないかと私には思われる。

註
1　鍬の輿入れ　香川節子『あるく・みる・きく』一九三号　日本観光文化研究所（一九八三）
2　吉田鍛冶仲間文書　村松政治氏蔵　『豊橋市史』（一九七八）所収
3　『耕稼春秋』　土屋又三郎（一七〇七）。『日本農書全集』4に復刻収録。
4　武蔵野西部台地の踏鍬　小作寿郎　「民具マンスリー」10巻1号（一九七八）
5　『東海の野鍛冶』　東海民具学会編（一九八一）
6　『大野町史』（一九二九）　前出
7　同前
8　『鋳物師・国松十兵衛』　碧南鋳物工業組合（一九七六）
　鍋釜と材料鉄　拙稿　「民具マンスリー」17巻2号（一九八四）
9　『倉吉の鋳物師』一・二　倉吉市教育委員会（一九七九・八〇）
10　名古屋城下、橘町は古鉄商の町であった。寛文四年（一六六四）に同町が開かれると同時に古鉄商いの特権が同町一統にあたえられた。以後、古鉄・古道具業は同町が取締り、町外にて稼業をするものは同町に出銀を納めて鑑札を受けていた。『名古屋市史』産業編および『橘町』　坂倉久蔵編著に詳しい。

11『香芝町史』史料編（一九七六）による。
12『中世鋳物師史料』前出
13 鍛冶材料鉄（軟鉄）の製法と流通―大鍛冶と鋳物師をめぐって―　拙稿　「民具マンスリー」16巻2号（一九八三）
14『天工開物』宋応星（一六三七）

第四章　鉄製農具の変遷と発達

――百姓伝記を中心にして――

近世前期の代表的な農書である『百姓伝記』は、延宝八年(一六八〇)より天和二年(一六八二)までの間に成立をみたもので、様々な点から見て、著者は遠州横須賀藩主、本多家と関わりを持つ人物であろうと、古島敏雄氏は考察をされている。(1)従って、本書は今まで述べてきた豊橋や知多を含む尾張や三河、さらに遠江等の、東海地方の見聞を中心にして、それに伝聞や文献から得た知識も加えて書き上げられたものであると考えられる。

本書の性格からして当然のことであるが、ここで取り扱われている鉄器は農道具に限られており、いわゆる生活用具に属する、鍋釜・金輪・庖丁等については、なんら知ることができない。しかし、当時の生業や生活の状態から考えると、生産に関わるものが特に重要で、かつ主要な部分を占めていたものと考えられるから、ここから鉄器に関する主な問題について一通りは見ていくことができるのである。

そこでまず、本書の「巻五　農具、小荷駄具揃」に記載されている鉄器を拾い出して書きならべてみると、鋤・鍬・からすき・唐鍬・鶴のはし・鎌・まんぐわ・草取熊手・鉄熊手・くつわ、となる。

そして「序」において、「土民常に用る農具の内に、国々里々の者このみあしく拵させ、またうたせ、つかふについゑ多きあまたあり。またその国其村の細工人、かぢにも、品々をこしらゆるに、上手と下手あり。…略…土民のつかう道具に四季共に多く入ものは鍬・鎌の二色なり」と述べられており、多くの鉄製農具の中でも、鍬・鎌が特に重要なものであったことが判る。

最近まで用いられてきた農民的な表現のひとつに、〈鉄物〉という言い方がある。これは即ち、鍬と鎌の二つのことを指していた。そして、これらは、「細工人・かぢ」に「拵させ、又うたせ」て用いるものとあり、どうしても職人の手をわずらわせざるを得ないもののひとつであった。

余談であるが、購入にたよる農具には、この〈鉄物〉に対して木工品がある。おそらく著者の頭の中には、「かぢに打たせる鉄物」に対照して「細工人に拵させる木製農具」、例えば、こゑ桶・稲舟・水かえ桶・水車・龍骨車・すいしやうりん・すんほ廻・つるべ・鍬柄、等々が想定されていたのであろう。

その上で著者は、当時の一般的な観念を援用して、鍬・鎌の二色を、武家の用いる太刀・刀・鑓等にひき比べて論じている。そこから、「遣て損ぜざる事、徳有事を吟味し、かんがえ、直段をたかく、手づまのきゝたる農鍛冶にうたせ、またさいをかけさすべし」と、〈鉄物〉に十分気をつかう必要を説いているのである。この文の後段の「さいをかけさすべし」は、既になんども説明を重ねてきた、《先掛け》を指しており、これによって、当時既に《先掛け》が慣行として完成されたものになっていたことが判る。《先掛け》は、土地によって《サッカケ》《サイガケ》と呼ばれ、地方の資料には《才掛け》もしくは《歳掛け》の字を充てていることもままある。

一　水田鍬と使用方法

はじめに、鍬・鎌のうちの鍬の方から見ていくことにしたいが、鍬に関する記述は「巻五　農具・小荷駄具揃」においてて主として鍛冶の技術的な解説を通して述べられていく部分以外に、「巻九　田耕作集」「巻十　麦作集」等において、その使用法についての様々な記述がみられる。そこで、ここでは後者に現われる用法について一応のまとめをしてから、「巻五　農具・小荷駄具揃」の方に入っていくことにしたい。

そこでまず、「田耕作集」に現われる田作りに用いる鍬について見ていかなければならないが、そのためにはここで考察されている農作業を整理しておく必要があるであろう。

田作りは、「土地の善悪に依て田をかへす事」において詳しく論ぜられており、そこから著者の基本的な考え方がわかる。それをみると、〈田打ち（冬田打ち・春田打ち）〉と、〈小手切（荒ほかし・代まえほかし等）〉の、二種類の作業に鍬が用いられており、前者は田起し(耕起)、後者は整地や土ならしを表わしている。

この二つの鍬仕事の間には、田に水を引き入れて、田土をねかせておく期間が必要になる。この耕起と引水と整地の三者の組合わせは、土質や水掛りの状態、裏作の有無によっても変化を生じてくる。その関係がこの部分の論旨を形作っているのである。

以下に幾つかの場合をあげてみる。

まず、「真性地にして、地ふかなる土おもきこわき田をば、冬より正月に至てうち、寒中の水をつけてこをらせ、土をくさらせねかすべし」とあって、この時の〈小手切〉は、「二月の節に入とひとしくきりかへし、また小草をしたへなすべし」というのである。

次に、「冬田にうつ土のこわき田は、荒ほかし、中小手切、しろまへほかし」と、都合三回に分けて手まめに〈小手切〉を行なうべきであると述べられている。

更に、「地性能白真土の田地は、冬より水をつけ置、正月より二月」に田打ちを行ない、三月に入ってから〈小手切〉を行なうべきであるといい、また、「青真土の…略…土こわき田は、冬より田かへしてよし。ねばりなき田地は、春田にうつべし」となる。この場合は春田打ちをした後の〈小手切〉は遅く行なえといっている。

この他にも様々な状態の田について、〈田打ち〉と〈小手切〉の時季の設定を中心に細かく述べられている。そこで、その内容をもうすこし簡略に整理してみると、ほぼ次の三つになるようである。

14図　遠州鍬と三河鍬
（『農具便利論』より）
柄付け角度の大きな（柄のねている）鍬ほど刃先も長く大きくなる傾向がある。

1. 冬（年越しの前）に〈田打ち〉をする。
水を入れる。
翌春に入ってから〈小手切〉を行なう。
2. 水を入れる。
春（年明け後）に〈田打ち〉をする。
その後に〈小手切〉を行なう。
3. 春遅く表土のみをかえす。
つづけて〈小手切〉に入る。

そこで、鍬の形状とこの農作業との関係であるが、まず〈冬田打ち・春田打ち〉には、「刃さきのながき、おもき鍬」を用いるべきであると記述されている。こうした形式の鍬を用いることで、一鍬ごとの打ち込みの深さが得られるのであった。だから、これは出来るだけ深く土を返すためのものである。「冬田にかへす土地は、二鍬さしといひて、上一鍬を以下一鍬と、両度にふかくうつなり」といい、あるいは、「あげみの田は冬に田かへし、水つきの田地は春田にかへすべし。何れも地深き真性田地は、二鍬さしにうつべし」ともいう。また、裏作に麦を作ったあとの田の場合にも、「地ふかなる田地ならば、なる程ふか鍬に、二鍬さし、三鍬さしに土をすきたて、うち立べし」ということになるのである。

ところで、『百姓伝記』より一四〇年ほどのち、文政五年（一八二二）に発行された、これも有名な『農具便利論』に描れた諸国の鍬の図の中には、東海地方の鍬もかなり収録されており、遠州については「遠州浜松辺に用る鍬」があげられている。図では、全長一尺五寸三分、鉄部の長さ一尺二寸三分、元幅四寸一分、先幅二寸三分と記入されていて、「大小有」の添え書きを持つ。この鍬と同じ形式のものは、ごく近年まで当地で用いられてきていたのである。一例の寸法をあげておくと、刃長一尺六寸、元幅五寸であり、柄長と刃長の比は『農具便利論』の書き込みにほぼ等しい。この鍬の特徴は、元幅よりも鍬先の方がすこし狭くなっていること、〈遠州かなぐり〉といって、刃先の両耳が長くのびて、深く内湾した刃を持っていることである。(2)

ここで、注目しておきたいことは、この遠州鍬は浜名湖周辺から大井川にかけて用いられて来ており、大井川を越えると全く異なるものとなるということである。その場合の鍬型も『農具便利論』には記載されていて、それには「東海道金谷辺より岡部辺に用る鍬」と記されている。

またその一方で浜名湖の西、三河に入ると、ここでは三河型の鍬ということになり、これも『農具便利論』に「三州辺に用る鍬」と出てくる。近年の調査によると、この三河型は天龍川のあたりまで入っているとのことである。これには知多大野鍛冶の出職の発展とその影響が、関わるのではないかと思われる。

要するに、この地域は天龍川や大井川といった大河川によって区切られて、それぞれに鍬の形が異なっているのである。そして、この地域差がごく新しい時代に生じたものではないとすれば、『百姓伝記』の時代には既にこの傾向は発生していたものと考えられる。であるとすれば「刃さきながき、おもき鍬」とは、遠州鍬の原型を指しているものと言うことができるであろう。いずれにしても、平鍬に限っていえば、一地域についてそれぞれ一つずつの鍬の形が形成されていたことを考えに入れておく必要がある。このことは以下の『百姓伝記』の記述の理解にとって、大切な点であると私には思われるのである。

ところで、『百姓伝記』は、〈小手切り・ほかし〉については、田打鍬とは別の性格を持った鍬を要求している。即ち、「土地のねばき真土は…略…水をうすくひた〱とつけ、かろき鍬を以小手切・ほかすべし。…略…ねばり真土は必鍬につきて、水なき田ははかどる事なし」となり、さらに、「土かろき、黒ぶく土をこてぎり、ほかす事、田うえの前に望てくわきうにしてよし。小手切事も田面平にさへなるならば、かろき鍬にて大鍬に小手切・ほかし…略…ならし入べし」等々と述べられている。これは要するに、「小手切・ほかすには、刃うすなる、かろき鍬を用べし」ということであるから、前述の田打鍬が「刃さきながく、おもき鍬」であったのとは、全く異なる対照的なものが要求をされていることになる。

このように〈田打ち〉と〈小手切・ほかし〉の関係は、その季節や作業方法について細部まで色々の工夫が述べられているが、こと〝鍬〟という面から見ていくと案外に単純な分類になっている。即ち、重くて刃先の長い鍬と、軽くて刃の薄いものとの二種類の使い分けが強調をされていると考えてよいのである。そこで、この二種類に使い分けられる鍬が、それぞれにまったく別の形式を持つものであったのかというと、どうもそういうことではなさそうである。

15図　静岡型の鍬の図
（『農具便利論』より）
逆むきに風呂を付けた特異な鍬。春田打ちに専用に用いられたという。

このことは、前述の『農具便利論』から今日まで続いてきた鍬の変換のあり方からも想像できることであるが、それはただ一種類の鍬をどのように使いこなしていくかという点に関わってくるのである。

そこで、更に広く、田鍬の基本的な変遷を見ておくことにしよう。

一般に水田鍬の構成は、化政時代からかなり広く行き渡り、最終的には明治時代の後期までかかった股鍬（三本鍬・四本鍬・備中鍬）の普及と、深耕犂（短床犂）の利用による犂耕の一般化によって、大きな変化を受けてきたことはよく知られている。だから、現在の地域調査からこうした様々の変化をくぐり抜けて、『百姓伝記』の記述に結び付くものを得ることはなかなか困難なのである。聞き取りのとどく範囲は平場では乾田化の実現した後のことが多い。そして、この場合の田打鍬は大方は股鍬に変化をしてしまっていて、時に麦畑を打ちかえて田に作る所で平鍬が用いられる程度に変ってしまっている。麦畑の春田打ちの場合は前述の『百姓伝記』の記述のように、表土返しを目的とするものであったから、〈田起し〉とは作業形態が異なることになる。

静岡県下の鍬で春田打ちの形式を伝承してきているものに、前出の『農具便利論』において「東海道金谷辺より岡部辺に用る鍬」と記されている静岡型といってよいものがある。この鍬型は特徴のある形態を持っている。普通の場合、平鍬の風呂(台)は鍬の腹(柄の付く側)に厚みが付けられて、こちら側に木裏が来ることになるが、この鍬では鍬の腹側が平らに作られて、厚みは背の方に取られている。それに伴って木裏と木表が逆になってくるのである。これを〃平べら〃とよんでいる。

ところで、『農具便利論』においては、「このくわも其所にては利かたよきと思ひ用ゆるとみへたり、物つくりしたる土ぎはをみるに、きれいにはならず不便なるくわなり　利かたよきを見てあらためたきものなり。」と述べて批判的である。

この鍬について、静岡県立登呂博物館の大村和夫氏は、春田打ちに専用のものであったと言っておられる。(3) この地方では裏作を〈もぐり田〉といい、裏作耕起の方には刃幅を広く作った三本股鍬が用いられてきた。この二種類の使い分けの中で、平鍬も残ってきたということなのである。

一般に股鍬を用いて耕起していた水田の場合、それ以外に畔切りや畔塗りに使用するための鍬が別に残っている場合が多い。こちらは窓鍬であったり、改良平鍬であったりするが、時には開墾や土工用の黒鍬の系統を受け継ぐものであることもある。けれどもなかには畔付けだけは古い時代からの平鍬を用いており、そこに以前の名残を見ることができる場合もある。こう見てくると、股鍬や窓鍬の普及してくる以前の状態は、〃田打鍬〃〃小手切鍬〃〃畔付鍬〃のように目的別になんらかのはっきりした分化が見られたわけではなかったと考えられるのである。

こうした実状からすると『百姓伝記』にのべられている田鍬の使い分けの記述は、すこし観念的ではないかとも思われてくる。しかし、それはもうすこし考えてみる余地がありそうである。その結論を急ぐ前に、畑作りのための鍬

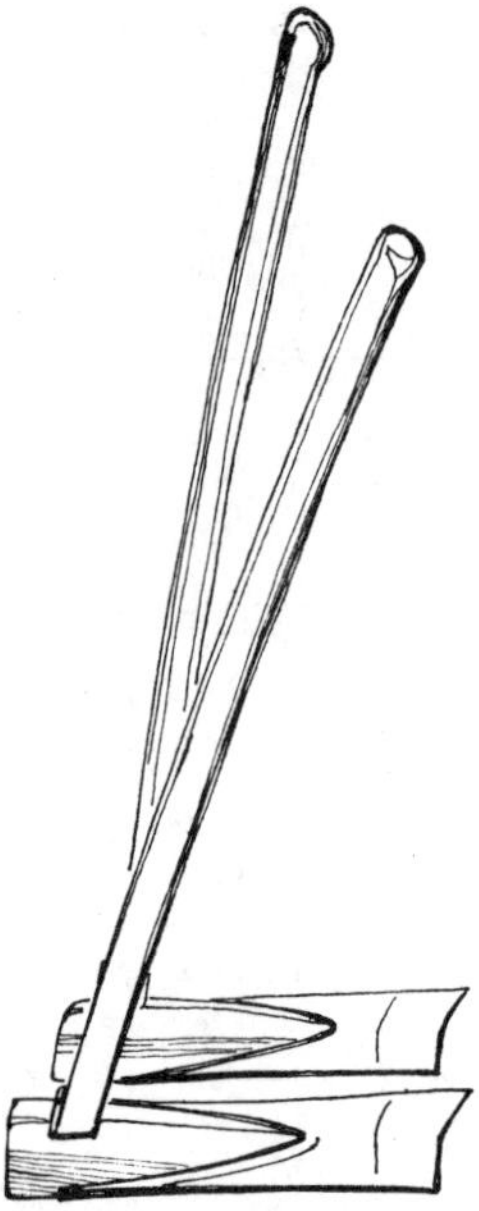

16図　ウナイ鍬とサクリ鍬
（茨城県の例）
手前がウナイ鍬。柄付け角度が大きく（柄がねている），刃先も大きい。後ろはサクリ鍬，柄が立っていて刃先は小さい。

についても見ていくことにしたい。

二　畑作りの鍬

まずはじめに「巻十 麦作集」から見ていくことにするが、そこでも「地ふかなる畑」の場合に、やはり〈二鍬さし〉をすすめている。まず、「上土を一鍬うち、其次をまた一鍬」と打っていくのだが、特に「くわ前をふかく土をくりあげ、其処へまたうつべし」とのことで、二鍬も三鍬も打ち込み、出来るだけ深く耕すことを勧めている。特に夏作に菜・大根・そば等を作った畑は土地が痩せやすく、しかも秋の作物は根入りが深いから、それを十分に返す必要があると述べられている。

「ねばり多くある真土」の場合には、すこしでも「はやく打て雨にあて、日にさらし、土をよくこなしてさくとり、麦蒔事をいそぐべし」とあって、〈耕起〉と〈こなし〉や〈さくとり〉の間にすこし間をあけるが、「土かろき処は、急に打、急に麦をまくべし」ということになる。

ここで〈さくとり〉といっているのは、耕起の後に整地をして畝をたてることを意味しており、現在でも「さくとり」もしくは「さくきり」といわれている。時には少しつまって「さくり」という地域もある。

さて、小麦畑の〈さくとり〉に用いる鍬は、「刃さきひろくしてかろき鍬を以さくとりたるがよし」と述べられている。

関東地方の台地の畑作地帯では、畑の耕起のことを〈うない〉といって、前述の〈さくり〉に対比しており、この地方では、〈うない〉に用いる農具がインガ(踏鋤)から万能鍬(四本股鍬)に変るという大きな変化が、明治時代に起ったことは既述した。そして、ここではインガから四本股鍬へ移行していくその後をたどって、平鍬（さくり鍬）の方も、三本股鍬（さくり万能）へと移行していくことになって、四本股鍬と三本股鍬とはそれぞれに全く機能分化して、個別に発展していったのである。

それ故、荒川流域を中心とするこの地域では、四本股鍬（四本万能）は〈うない〉専用の鍬、三本股鍬（三本万能）は〈さくり〉専用の鍬と決っていて、まず例外はないということになる。この両者は柄付け角度や柄長の上で全く異なる形式になっているのであるが、その上に鉄部の作り方の技術の方も三本鍬と四本鍬では全く違った方法が用いられていて、この点も興味深い。

この地域の〝うない鍬〟と〝さくり鍬〟の区別は股鍬の普及の過程で確立をしてきたのかというとそういうことではないのである。ここでは、〈うない〉のためには〝インガ（踏鋤）〟が用いられていたから〝うない鍬〟は欠けていたが、インガに対応した〈さくり〉用の平鍬があって、これが一つのセットを構成していた。そして、もうすこし東部のインガを用いない茨城県北から北では、平鍬には〝うない鍬〟と〝さくり鍬〟の二種類が残されてきた。

であるから、この地方でも、インガが普及をしてくるまでは鍬による耕起が行なわれていて、そこへインガが入ってきたために、鍬は〈さくり〉専用のものとなってきたのではないかと考えられる。そのインガも、その後に大方は四本万能鍬に置き換えられていき、さくり鍬の方も三本万能鍬に移行をしていったのである。

今日でも〝うない鍬〟と〝さくり鍬〟とが一つのセットを作っている地域はかなりある。この時に、二つの鍬は板厚や重量や形態、柄付け角度ならびに柄長といった点で全く異なってい

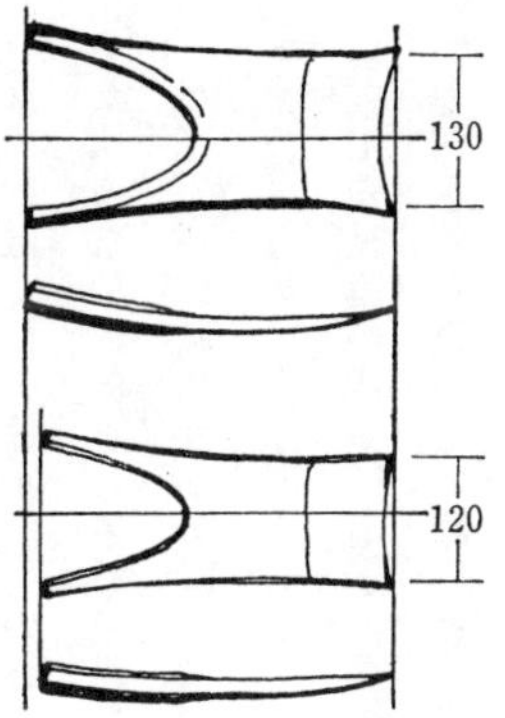

17図　ウナイ鍬とサクイ鍬の鍬先（茨城県の例）
ウナイ鍬は幅が広く、長く厚い。また刃のそりも大きい。サクリ鍬は幅がせまく、刃のそりが小さい。

る。鍛冶屋はこれを違った型の鍬として打ち分けているし、棒屋もはっきり区別をして鍬柄を作ることになる。このような〝うない鍬〟と〝さくり鍬〟との明確な分化が起ったのが、何時のころなのかははっきりはしないが、私の感触ではそう古い時代からのことではないように思われる。その分化が生じる前には、もう一つ前段階といえるものがあったはずなのである。

以前に茨城県の水戸街道筋の農鍛冶を訪ねて廻ったことがあった。その時に、石岡近在のある鍛冶屋から〝うない鍬〟と〝さくり鍬〟との間にどのような関連があるのかということを教えられたのである。この時の話が鍬の分化に対する私の関心のそもそもの、始まりであった。というのも、この鍛冶屋でたまたま使い古した〝うない鍬〟に先掛けをして〝さくり鍬〟に仕立て直していたからであった。

肉厚で重く、形の大きな鍬先は〝うない鍬〟に用いるものである。しかし、この鍬先を使い込んでいくと、それに伴って少しずつ総体が減っていき、目方の方も徐々に軽くなっていく。この変形の過程は既に述べてきた鎌の場合と全く同じ効果をもたらすものである。即ち、使い古して全体の減った鍬に先掛けをほどこして地金を付け足しても、減った長さは補充できるが幅や厚みを元にもどすことは出来ない。だからそのバランスを変えることなく、元の目方と同じものに仕上げることはできないのである。

従って長い年月に亘って、繰り返して先掛けをしながら用いられてきた〝うない鍬〟は、どうしても軽量になり、薄刃のものに変ってくるのである。そうなった鍬は女手に合うから、〈女使い〉として用いられていくこともあったが、更に磨耗が進行していくと、もう〝うない鍬〟としては役立たなくなる。そうなったものが鍛冶屋へ持ち入まれると、〝さくり鍬〟に仕立て直すことになるのであった。

私が行きあたったのは、幸いにこの仕立て直しの先掛けの最中であったということなのである。鍛冶屋の話によると、こうして作り直された〝さくり鍬〟は、それにふさわしい小形の風呂(鍬台)をしつらえて、さくりに適した長い鍬柄に付けかえる。この時に柄付け角度もねせるのである。彼が強調するには、こうして作り直した鍬であっても、はなから〝さくり鍬〟として作ったものとなんら変るところがないということであった。

このように、鍬にも草刈鎌と同じような使い下しによる目的や対象の移動があった。ただ、鍬の場合には《先掛け》がからんできたから、鍛冶屋の果す役割がはるかに大きかったし、また、目的の変更に伴って、台や柄が付け換えられなければならないという所に特徴があったのである。

この鍛冶屋は、〝うない鍬〟を〝さくり鍬〟に打ち直す時の最も大切な点は、身の細りと全体のそり方にあって、ここに用い方の違いが集中的に表われてくるといっていた。それを作りこなせるのも鍛冶屋の技能であった。

ただし実際には、この地域では既にこの二つの鍬型、〝うない鍬〟と〝さくり鍬〟とは全く別のものとして作り分けられている。だから、農民の方もそれぞれに両方を個別に購入して用いるものに変ってきており、前述の〝うない鍬〟の転用は、もう例外に属することになっているのである。にもかかわらず、この時の見聞から鍬の世界にも鎌と全く同じ考え方による使い下しがあり得ることを知ったのであって、使い下しを基にして、そこから〝うない鍬〟と〝さくり鍬〟との分化が生じ発達したのだと実感できるようになったのである。

そこで視点をかえて「巻五　農具・小荷駄具揃」を見てみると、その中には「田をかへし畠をうつ鍬には、おもき新鍬を用べし。…略…耕作鍬にはふるきかろき、刃うすなるを用よ」と記されており、今まで述べてきた分化の過程を裏付けてくれる。田打ちや畑うないには新鍬が勧められ、耕作（小手切・さくり・中耕・除草・畝寄せ等を含む）には古鍬が推奨されていて、この使用法が、当時既にある程度は確立していたのだと考えることができるのである。

耕作に用いる鍬（即ち〝さくり鍬〟）の条件はこの他にもあげられている。『百姓伝記』では、「耕作する鍬には刃さきせまく、角の有レ之、…略…遣て徳多し」という。その訳は、「鍬の刃さき丸きは、作毛の根へおもふやうに鍬不レ入、角の有は小草けづり」によいというのであって、鍬先の左右の両角の状態が大切なのだということである。

中耕に用いる鍬は刃先の角を用いることが多いから、そのために角から減っていく傾向があって、右ききの人は右角が、左ききの人は左角がと、用いる人によって片減りになるのである。そのために先掛けを行なう回数が更に増すということになる。このことを逆に表わすと、先丸のU字形の鍬先では丁寧な中耕は行ない得なかったということになる。だから、私の考えでは鍬先に両角が生まれて、更に両耳がとび出し、内湾を持った逆U字形の刃先を持つものが出来るようになるのは、水田耕作の技術から生じてくるのではなく、常畑や裏作を含めた、いわゆる畑の発達と強く関係していると思われるのである。そして、それは鍛冶屋の《先掛け》の技術とも不可分につながっており、この鍬先の形態の変化が《先掛け》の必要性を増していったのだともいえるが、逆に、《先掛け》の慣行の成立がこの形態を作りあげてきたのだともいえる。

鍬先の両耳は、前述のように消耗が早かったから、近年の農鍛冶はかなり気をつかったところであった。その結果、様々な改良法が生み出されてきた。それが農鍛冶の技量の評価を定めるといったこともあったのである。多くの場合に、この改良の試みは刃先の角に刃金を特別に付加して、ここだけは減り方が遅くなるようにするものであった。その具体的な方法には様々な技法が用いられており、それぞれに固有の流儀が生み出されていた。だから、ここで一つの問題となるのは、近世以来これほど重要視されてきた刃先の両角が、古い時代の鍬には全く認められないということである。改めて出土品の例を引いて見るまでもなく、古代末期、あるいは中世までをふくめて、鍬先の形態はU字形に作られてきたのであった。「鍬形」という形態名称もそこから生じたものである。このU字形の鍬と近世以後の両角を持ったものとの間には、使用方法の範囲にも当然に違いがあったものと考えられる。そこから畑作の拡大を私は考えている訳であるが、この問題はまだ十分に調べたわけではなく、単なる推定の域を出るものではない。そして、U字形の鍬そのものは近年まで西日本の一部の地域で伝承されて来ており、それは犂耕水田の補助農具として用いられていたらしい(4)。しかし、このU字形の鍬と、両角を持った鍬とをつなげる中間領域に属すると思われる例はまったく伝承されてきていないのである。

そこで、絵画資料にも多少あたってみた。そこから知りえた範囲では、『たわらかさね耕作絵巻』の「田打ちの図」に見る鍬が、あるいはこの中間的な性質を持ったものかもしれないと思われた。但し、この絵巻の描写はそう精密なものではないから、細部について確実なことはいえない。しかし、この鍬は一般に中世絵画資料に現われるU字形の鍬とはかなり異なった趣きを持っていて、鍬先が先細になりながら、かなり長く延びている。そしてこの形を技術的な点から見ていくと、《先掛け》を前提としている形態のように思われるのである。鍬先にある程度の長さがないと《先掛け》は難かしい。そして、《先掛け》を施すと必然的に鍬先は長くなるという相互関係があって、U字形の鍬は《先掛け》には見合わないのである。即ち、鍬を胴の中間で接合することが《先掛け》の一つの要点であって、これが用いられるようになると、それが逆に新鍬の製作技法にも適応されていき、新しい鍬形を生み出していく上で力になったものと思われるからである。

ここでU字形の鍬の時代の様子を見るために、もう一度、『延喜式』の「旧鍬返上」を見ておくことにしよう。既述のように『延喜式』においては、鍬が支給される時には古鍬との交換交付が原則であった。それは、一年〜三年位の間隔で行なわれたのである。例えば典薬寮の〈年料雑物〉の中には鍬が二十五口含まれており、そのうちの二十口は薬園用、五口は寮家用とされている。そして、「其鍬砥三年一充。旧鍬返上」と記されている。また、内膳司でも、土器作りに鍬九口をあてているが、ここでも「納ㇾ旧請ㇾ新」ということになっている。

また、園圃を作るためには、「其鍬七十四口。鍬柄四十枝。鋤柄三十四枝。並二年一請。旧鍬返上」となっている。この文については、「鍬柄三十枝」と作る異本もあるようであるが、もしこのままの四十枝とみなしても良いものとすれば、鍬の数の七十四口は、鍬柄と鋤柄の合計数にちょうど一致することになる。そこから、当時はまだ鋤先と鍬先

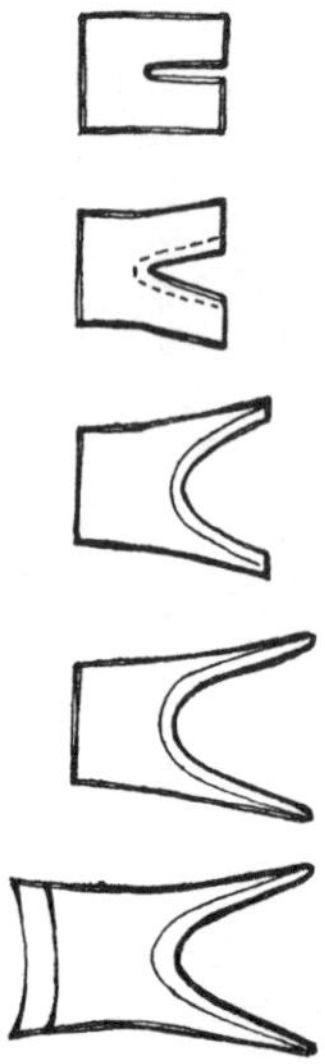
① 割りを入れる
② 風呂(木台)のくわえを切る
③ 両耳を延す
④ 風呂形が完成する
⑤ 刃先に刃金付けをして打ち延すと完成

18図　鍬の火作り―1
現在一般に見られる方法。一枚の地金から作る。

① 風呂形を別のL型材で構成する
② 風呂形をU字形に作り地金をそれに合わせる
③ 両者をワカシ付けする
④ 刃金を付けて，刃先を打ち延して完成

19図　鍬の火作り―2
新潟県三条鍛冶からの聞き取り。

との間には相違が生じておらず、柄だけを差し換えて用いられていたのだと考えられる。それはかなり後代まで続いたようで、鍬先の多様化する時代に、鋤先と鍬先の分化も生じていったのであろう。

三　鍬先作りの鍛冶技術

近年まで伝承されてきた鍬先の製法が、かなり多様な方法を持っていることは既述してきた。最も普通の場合は一枚の長方形の厚板から打ち出して作る。最初に板の片側に切り込みを入れて、そこが風呂(台木)のくわえになるように仕上げる。もう一方の端を打ち延して刃先とするのである。(18図)

この他に、くわえの両方の耳を後から付けるものもあって、この場合には、三つの部品を接合構成して形を得ることになる。風呂(台木)がU字形ではなく台形に作られる形式の鍬では、切り込みを変形させていって台形に整形することは困難であったから、専らこちらの作り方が用いられてきた。ここにも形態と技法との不可分の関係がみえる。そして両耳を接合して形を得る方法は、鋤に多く見られることに注目しておかなければならない。深掘り用の鋤はほとんどがこの方法を用いて作られており、この技法の裏にはなにかありそうに思われる。（20図）

次に初めに述べた一枚の板から作るものと、三つを組み合わせる方法との間には、二つの部品を接合して作り上げるものがある。それは新潟県の三条の鍬鍛冶が用いてきた方法で、L型鋼（アングル）を打ち潰してU形にして台をくわえるスリットにし、これを更に弓張形に変形する。それに鍬身にあたる軟鋼板を鍛接するのである。（19図）

三条で特にこの方法が用いられてきたのには、具体的な要因が幾つか考えられる。但し、古くからそうであったのかどうかは今のところまだ判らない。他の土地でこの技法が用いられてきた例も今のところまだ聞いていないので、あるいは案外に新しい時代に工夫されたものであるのかもしれない。

にもかかわらず、私にはこの方法が実に興味深く思われたのである。なぜならば、単一の母材から作るU字形の製法（詳しくは後述）から、両角を持った鍬を作り出していくのに必要となる、二つの材料を中間で合わせて接合する方法だったからである。三条の鍬作りが風呂をくわえる部分として作るものは、そのままで鍬になるわけではないが、その技法はそのままの状態で古い時代のU字形の鍬の作り方に対応をしているのではなかろうか。

実は、四国の瀬戸内側に残っているU字形の鍬の製作方法を、香川県の観音寺の近くの農鍛冶から聞くことが出来た。この地域の鍬は風呂のくわえが浅いために、両耳に穴をあけて釘で止めて固定している。その製法は三条の鍬のくわえの作り方と同じ方法といってもよいので

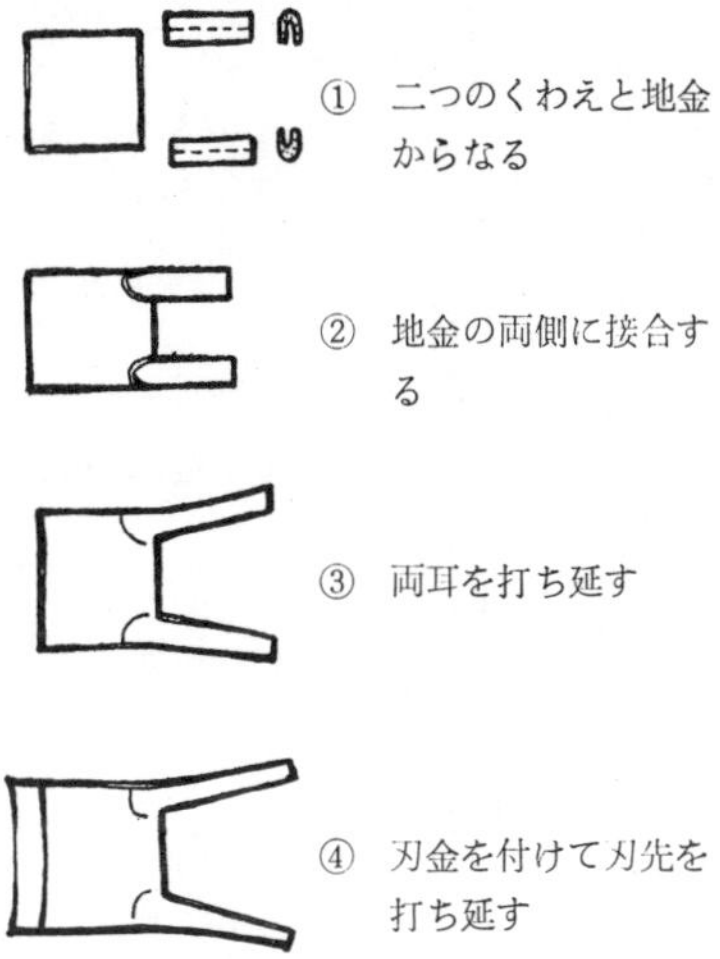
① 二つのくわえと地金からなる
② 地金の両側に接合する
③ 両耳を打ち延す
④ 刃金を付けて刃先を打ち延す

20図　鍬の火作り―3

熊本県に見られる方法。この場合，風呂（木台）は両側面からくわえられている。一般には鋤作りに多いようである。

① くわえの割りを入れる
この時に少し両耳を打ち出しておく
② 両耳を打ち出す
③ 風呂形に曲げていく
④ 形をととのえる
⑤ 刃先を打ち延して完成

21図　鍬の火作り―4
愛媛県に見られる方法に近い。
古代のU字形鍬の製作の推定。

あった。それは、鏨でくわえのスリットを刻んだ鉄片の両側を、上方へ打ち延していって耳の部分とし、真中の肉を下方へ延して打ち出し、刃先に仕立てるのである。この作り方は、現在は他所ではほとんど用いられていないはずである。なぜならば、この方法で先長の鍬先を作ることは出来ない。そして、刃先の両角を直角に仕立てたり、逆U形に打ち出すことも困難だからである。これと同じ方法で風呂鍬を作る例は外国でも見ることができるから、古い時代から受け継いできた基本的な製造方法の一つであって、ここから鍬胴を中間で接合する方法に発展したのだと考えられる。（21図）

この方法の刃先に四角の鉄片を付加するようになってくると、三条の場合と同じことになる。それによって刃先の長短、形状の選択が自由になって、それぞれの機能や目的に合わせたものを作り出し得るようになったのだと私は考えている。U字形の鍬の製法から、その延長線上に長い刃先を持った鍬がおのずから生まれてきたとみることは、製法の原理から考えて無理がある。とすれば、U字形の鍬に四角の鉄片をあらためて付加することが、新しく鍬が発展をしていくための一つの要因となったのではなかろうか。

このように考えてみると、U字形の鍬に別の鉄片を付け足すという考えが生じてきたことは、鍬の発達史の上での重要な画期を作ったものといってよく、それは《先掛け》の発生及び発展と内的に深い関連を持っている。だから、このことと農鍛冶の成立とは切り放して考えることのできないもののように思われるのである。

「旧返上」と『延喜式』に記されているU字形の鍬は、その形態からみて、《先掛け》の技法とは本質的に見合わないものであった。だから、仮に「旧返上」を《先掛け》の先行形態とみなすことはできても、それと《先掛け》との間には相当の開きが存在するのである。古鉄の蓄積と新来の技術による軟鉄の普及を背景として農鍛冶が各地にぞくぞくと生まれていく時に、鍬の形態や製法は発展していったし、それと共に《先掛け》も一般化していったのだと思われる。その時に、農鍛冶技術の上には新しい技法が付け加えられ、その上に、いままでなかった形式の鉄器ももたらされたのだと考えられる。だから《先掛け》という技法そのものも、ある時代の渡来文化の一つが定着した結果ではないかと考えてみる必要が生じる。この点はまだ単なる推測の域をでないが、今後、日本の内外の調査を重ねていくことからおいおいと明らかになっていくのではないかと思われる。

建暦三年(一二一三)の蔵人所牒[5]において、〈燈炉御作手鋳物師〉は諸道細工人等の旧例にならって、五畿七道諸国の往反、鍋釜以下の〝打鉄鋤鍬〟の売買を認められている。だからここでは、〝打鉄鋤鍬〟も鋳物師の取り扱う対象になっている。これは、前述してきた暦応五年(一三四二)の〝熟鉄〟〝打鉄〟を売り歩く「廻船鋳物師・鉄商人」に受け継がれていったものであると考えられる。この時に鋳物師が売り歩いた〝鋤鍬〟が、どんなものであったかは不明である。〝打鉄鋤鍬〟が、〝打鉄〟及び〝鋤鍬〟の二種類の商品を指しているのか、打鉄(鍛造)で作られた〝鋤鍬〟を表わしているのかも判らない。もし前者を意味するとみると、こんどは、〝鋤鍬〟が打物であったのか鋳物であったのかの問題も生じることになる。

ここでは一応鍛造鋤鍬であったものと想定しておくが、その商い方から考えてこれはまだ《先掛け》と結び付いているとは思われないし、当然、地域による差異も生まれてはいなかったものと推定される。即ち、この〈燈炉御作手鋳物師〉の鋤鍬の売買は、「旧鍬返上」の仕来りと同じ形式を取っていたのではないかと考えられる。それは近世の鋳物師の鍋釜の売買の場合と同じように廃品の引き取りと新品販売によっていたと考えることができて、それによって〈廻船鉄物商人〉が成立していったのだと思われるのである。

だから、更に下って宝徳元年(一四四九)から同三年に亘って残されている『関東管領上杉憲忠奉書』の案文、および、それを受けたものとみられる『足利義政教書案』に記されている、和泉と河内の〈鍬鉄鋳物師〉の要求によって野州と上州の鍛冶及び鋳物師らの新業が停止させられた一件は、非常に興味深いことである。

この時代においても、まだかなりの程度の鋤鍬が特権的な下り商いを通して関東へ移出せられていたものとみえる。その一方で、ようやく地付きの鋳物師や鍛冶が競争力を持つようになってきたのである。そして、このような遠隔地間の取り引きが成り立っている以上は、《先掛け》のような方法はまだ未発達であって、「旧鍬返上」による新鍬と旧鍬の交換を通して、鉄は産地と使用地との間を往反していたものと考えられるのである。

野州や上州にみられる新業の者の増加は、結果として鍛冶と鋳物師の間の職分の違いをはっきりさせていったであろう。この時代に鍛冶は相対的に鋳物師から独立し、急速に諸国へ分散していったものと思われる。農鍛冶が固有の存在形態を作りはじめたのだと言えるかもしれない。それが鍛冶集落を形成し、《先掛け》の慣行を普及させ、鍬そのものにも土地それぞれの性格を付与していくことになるのである。

四　鍬鍛冶と〝湯金〟

ここでは、『百姓伝記』に述べられている鍬作りの鍛冶技術をみていくことにしたい。以下に述べることは、「巻五農具小荷駄具揃」に記載されている土質に対応した新鍬の注文方法である。それは三種類に分類されている。

一、砂地・黒ぶく地・真土で、しかも全く小石の混ざっていない上質土の場合には、「地がねもゆがねもうすく、刃さきをひろく、ながくうたせて」、鍬平(木台)や柄を軽く作る。この時には刃先の両角を落として丸形に仕上げる。

一、標準程度の砂地・黒ぶく・真土の場合には、「地がねあつく、ゆがねうすくたのむべし。地がねはへりやすく、ゆがねはへりにくし」としている。この場合は、先の例に比べて刃幅を狭くする。刃幅の狭い鍬は一般に地金を厚く作るのである。

一、石地・粘土質の真土の場合には、「地がね・ゆがね共にあつく、はゞをせまく、刃さきを永く、角をたてゝうたせつかう」ということになる。ゆがねの薄いものは石にあたると刃先が変形してめくれやすく、その逆に、あまりゆがねを厚くしすぎると刃がたたないから土切れが悪くなる。

このように、地金と湯金の比率の変化に加えて、刃幅・刃長・刃先形態の三つの要素が組み合わさっており、それが各々の土壌に対応してくるのである。

次に、〝地がね〟と〝ゆがね〟が何を意味しているのかを見ていくことにする。ここで〝地がね〟といっているものが、即ち軟鉄を指しているものであることはすぐに推測できるが、一方の〝ゆがね〟の方は、いわゆる〝刃金〟とは明確に区別して使い分けられている。後段には次のごとくの説明がされている。

一、鍬のゆがねはなべかまをいる鉄なり。地がねは常の鉄なり。ゆがねには古きなべかまの損ぜるを置たるがよし。新敷なべかねは地がねとわきあひあしく、鍬の刃をれやすし。地がねもいろ〳〵につかひたる古鉄を、きたひなをし、うちたるがよし。千わり万わりの新鉄を地がねにつかひては、わき合あしきなり。

〝地金〟と〝湯金〟を用いて作るものは鍬の他に、「しゝをき、かつかう鍬のごとくなり」と記されている、ほぼ鍬と同様の作りに仕上げる〝鋤〟があり、「土民は定りて御公儀村役の普請を常勤るものなり。その役場につかふ」ための土木工事用のものも含まれているが、その他に唐鍬と鶴のはしにもこれが用いられている。ところが、その後に記述されてくる刃物類には、ことごとく〝刃がね〟が用いられていて、〝湯がね〟は全く出てこないのである。例えば次のような記述がみられる。

一、刀・わきざし・鑓・長刀・おの・まさかり・なた・かま、惣ての刃物うつに、みな地がね・刃がね二色三色にとゞまる。

要するに、『百姓伝記』の記述では「刃がね」と「湯がね」とは厳密に使い分けられており、そこには明確な対比が感じられるほどになっているのである。

結論から先にいってしまうと、この「湯がね」は知多半島の大野の鍛冶が「湯先」といってきた、安永二年の尾張鍛冶仲間文書に現われてくるものと全く同じ技術を指していると考えられる。更にいえば、吉田の鍛冶町の鍬作りに伝承されてきたものでもある。即ち、既に《鍋鉄作り》として紹介をしてきたものを表わしている。

この技法は、今まで調べてきた結果からみると、北は東北地方から南は九州南部までをふくんで分布している。そして、もうすこし具体的には太平洋側に片寄って分布をしているところに特徴があるが、そのあらましは既に技術のところで説明をしてきたからもう一度繰り返すことはしない。ただ、技術のところではあまりふれなかった、鍋釜の材料上の性質について補足的に見ておくことにしよう。

前掲の文中に、「ゆがねには古きなべかまの損ぜるを置たるがよし。新敷なべかねは地がねとわきあひあしく…」とあるのは、一体何を意味しているのであろうか。

私は今までに訪ねた何人かの農鍛冶を通して、《鍋鉄作り》に用いられる銑(ズク)の選別の方法を教えられた。東北地方ではもうかなり以前から〈仙台通宝〉等と称された鉄銭が利用されてきたが、それは久しく廃銭として顧みられなかったものであった。この鉄銭は、大きさといい厚さといい《鍋鉄作り》に用いるのに実に理想的であった。そのためにこの鉄銭が残されてきた地域では、古鍋釜の方はほとんど鍬先作りに利用されることがなかったのである。

この鉄銭は、全く流通をしなくなってから永い間紐に通して農家の大黒柱に下げられて、なにかの覚えに利用されたりしてきていた。だから、これが鍛冶材料に用いられることになると、これを買い集めて歩き、集まったものを鍛冶屋に売り払うといった回収業が成り立つことになったのであった。そして、第二次世界大戦後にはそれもだんだんと底が尽きてきたから、これからは入手が困難になるのではないかという話もあって、鍛冶屋の中にはまとめて俵詰の古鉄銭を何俵も買い込むという者も出てきた。そういう鍛冶屋の中には、今日では、もうとても自分の一生一代では使い尽くせない、と言っているものもいる。

ついでに銅銭の利用についても述べておくと、これも鉄銭に劣らず材料として色々と用いられてきたようである。よく知られているもののひとつに、鐘を鋳る時になにがしかの信仰心をこめて湯（熔けた青銅）の中に、簪や手鏡のような銀や銅で作ったものを投げ入れることがある。その時に、銭もさかんに投げ入れられてきたらしいのである。とすれば、かなりの量の銅銭が鐘や仏像のために鋳返されるということもあったと思われるが、こうした信仰や儀礼に結び付く場合以外にも、同様の例はまだありそうである。例えば、鋳掛け屋の材料もそのひとつである。

鍋釜の鋳掛けというのは小さなルツボで熔かした銅を、鍋底の穴のあいた個所に流し込んで修理をすることを指すが、その職人には、鋳物師の下職のものがあたっていた。

鋳物師の操業は、近世以後は主に冬期に行なわれてきたから、その職人達は休業時には農業に従事する外に、〈鋳掛け出職〉としてさかんに各地へ出掛けていったのである。そのために、〈鋳掛け株仲間〉を構成して、大工鋳物師の下に組織統制されている場合が多い。彼らは鋳掛け鑑札を持ち、二尺の鞴をテンビン棒にかけて、村から村へと廻って歩いた。(6) だから、彼らにとって、銅銭はまことに好都合な材料だったのである。

古銭には古くからこのような利用方法があったから、東北地方の農鍛冶もこれをヒントに応用をしたのではないかと思われる。その結果、この地方では《鍋鉄作り》に最も都合のよい材料は鉄銭ということになって、古鍋釜の方はほとんど顧みられてはこなかったのである。

東海や東日本の《鍋鉄作り》と同じ方法は、遠くはなれた南九州の熊本県の人吉鍛冶や鹿児島県にもあり、ここでは鍋鉄を用いる方法を、《たらしはがね》といっていた。ここでも一部では鉄銭が用いられてきたとのことで、話を聞いてみると、廻漕業者の手を経て長州あたりで作られたものが流れてきたということらしいのである。

先にも述べたように、鍛冶屋の話では鉄銭は大きさや厚さが手ごろで使いやすかったからということなのだが、実はもうすこし深い理由もそこにはあったのである。鍋釜の材料に用いた銑鉄の性質には明治時代以来の変遷があって、すこしずつ《鍋鉄作り》には不向きのものに変ってきたからである。その点で、鉄銭の方はもう新しく作られるということはなかったから、見ただけで材料の性質が保証されており、安心して用いることができたのであった。というのは、明治時代以後の日本の鉄鋳造技術は、急速に洋式の産業に変っていき、銑(ズク)もそれに対応をして材料そのものが変化をしていったからである。

ここで、主題の『百姓伝記』からすこし離れてしまうが、銑鉄(ズク)の選択について述べておくことにする。それによって、『百姓伝記』の中の幾つかの説明の本来の意味が明らかになるからである。

洋式の鉄鋳物の基本は、《ねずみ銑鉄鋳物》といわれるものである。現代技術ではもっと高級な鋳物が作られ、それが様々な分野で用いられているが、明治時代から大正頃まで、ところによっては昭和の初期まで含めて、普通に〝洋ズク〟といわれてきたのはこの《ねずみ銑鉄鋳物》を指していた。〝洋ズク〟即ち〝ねずみ銑鉄〟は、炭素の結晶(黒鉛)が片状になって鉄(フェライト)の結晶界に分散分布をしており、塊を打ち割ってみると、その破断面が灰色にくすんでみえることから、この名称が用いられてきた。この組織を得るためには、鉄の中の炭素含有量を比較的多くして、それに硅素をかなり添加してやる必要があった。これらの含有量と鋳物の冷却速度とは関数関係にあるから、もうすこし具体的には鋳物の肉厚によって加減をするのである。[7] 硅素分は、鉄と炭素とが化合をして硬質の炭化鉄(セメンタイト)の結晶を作るのを妨げるから、こうやって出来た〝ねずみ銑鉄〟は、もろいけれども柔らかな性質を得ることができた。

ここで大切な事は、この〝ねずみ銑鉄〟の利用が可能になって、初めて鉄鋳物は機械的な後加工ができるようになったことである。セメンタイトは非常に硬く、これを削ったり磨いたりすることは全く不可能であった。だから、鉄と炭素の化学的な結合を含まない〝ねずみ銑鉄〟が一般に用いられるようになることは、機械工業にとって革命的なことだったのである。その上に、硅素を加えることで、熔融した鉄の流動性が非常に良好になり、鋳型の砂に水分が含まれていても鋳造が十分に可能になった。こうして、いわゆる《生型鋳物》が用いられるようになってきたわけである。

しかし、この改良によって必然的に失った特徴もあった。即ち〝ねずみ銑鉄〟になるということは、硬さを失うということであって、そのためにかえって犁先などには不向きなものとなり、また鍬先の《鍋鉄作り》の材料としても適したものではなくなっていったのである。

このような鋳造技術の変遷を農鍛冶が具体的にどの程度知っていたかは判然としない。しかし、経験の上から、彼らはいわゆる〝機械鋳物〟と称される〝洋ズク〟が全く使いものにならないことをよく承知していた。そして、鍋釜のなかにも鍋鉄作りの材料には不向きの、〝機械鋳物〟と似た性質を示すものがあることも知っていた。だから、古鍋や古釜の再生利用のためには、たえず選択をしていく必要があったのである。

このような性質の〝洋ズク〟に対して、伝承的な鋳物を〝和ズク〟といっていた。これを技術的な用語で表わすと〝白銑鉄〟ということになり、前出の〝ねずみ銑鉄〟に対比されるのである。打ち割ってみると、その破断面がきらきらした結晶質の白色を呈しており、〝洋ズク〟のように灰色にくすんではいないから、一見して識別できる。それは鉄と炭素との化合物(セメンタイト)の結晶がさかんに成長をしているからである。この結晶は、先にも述べた非常に硬いという性質と共に、鉄が化合状態になっているために錆が出にくいというもう一つの特徴をも併せ持っていた。古い時代に作られた鉄仏や天水鉢がほとんど原形のままで残っているのもこの性質のためである。だから、鍋や釜にとってはまことに適した性質であったということができる。

本来ならば、当然にこの性質を持った〃和ズク〃を用いて作られるべきはずの鍋や釜にも〃洋ズク〃が混ぜられるようになってくる。それは鋳造性を改善して生産性をあげることを目的にして幾らかずつ混入することから始まり、最終的には《生型鋳物》への移行によって、全くこれに置き換えられていったのであった。こうして、鍬鍛冶の側からみると、鍬先に合った銑鉄を見つけ出すことはなかなか難しい状態となっていったのである。先に述べてきたように、鉄銭が好んで鍬先に用いられ、そのためにこれが広く材料鉄として交易されてきたのは、形態や大きさや厚さ等が、鍬先に並べて熔かすのにちょうど適していたという表面的な理由の外に、なんといっても確実に〃和ズク〃ばかりで出来ていたということがあった。石巻の鋳銭場で鋳造された伊達藩の〈仙台通宝〉と称される鉄銭を幾つか手に入れることができたので、これを打ち割って破面を観察してみたことがある。かちかちの白銑で、いずれもかなり多くのスラグ(鉱滓)を含んでおり、なるほどこのスラグも鍬先作りには都合がよかったのかもしれないと思ったものである。

農鍛冶は古鍋や古釜を手に入れると、まずはじめに打ち割ってその破面をよく観察する。これが灰色にくすんでいたら、全く実用にはならない。もし結晶質になって光っていたならば、一応は使用に耐えるものだという。その上で、こんどは結晶の質を見分けることになるのである。素人目には同じように見える破面でも、本当に白く輝いているものからややくすんだものまで様々あって、真白く十分に結晶の成長しているものがよいというのである。慣れてくるとだんだん確かな判断ができるようになるものだという。私も幾つかの鍋の欠けらを分けてもらって、比較をしてみた。そういわれてみると判るようになった気がしないでもない。

そこで、農鍛冶の教えてくれたこの選択方法に、私なりの理屈を付けてみると、要するに、まず硅素の含まれていない和ズクに限ることである。さらにその上で、より炭素分の少ない、十分繰り返して鋳返されたものがよいということであるらしい。

新しくたたらで吹き下された新鉄の場合には、当然のことであるが、炭素分が比較的多く含まれており組織が荒い。これを鋳物にする時には、前述のように何割かの古鋳物を混ぜて熔解し、十分に錬り合わせるのであるが、いずれにしてもこの過程で、鉄の中の炭素の量はかなり低減することになる。このことが「古きなべかまの損ぜたるを置たるがよし。新敷なべかねは地がねとわきあひあしく、鍬の刃をれやすし」と述べられているのである。つまり、あまり炭素量の多い銑鉄は鍬先には不向きであったといえる。ここでも、廃鉄の積極的な再生利用が行なわれていて、昨今にみられる如く新しい材料の方が再生品よりも優良であるとは考えられてはいなかったことが判る。

さて、鍋や釜も長い年月に亘つて火にかけて使用していると、常に加熱されている部分は徐々にセメンタイト（鉄と炭素の化合物）の分解がおきて、炭素は酸化して抜けていく。その次には鉄そのものの酸化も進んで、ついには釜の底が抜けるという事態になる。この炭素が抜けていく過程を人工的に速めて粘りのある鋳物を作る方法が現在では実用化されており、これを一般には白芯可鍛鋳鉄といっている。このように、鍋や釜は長期間に亘って使用され続けている間には、すこしずつ性質が変っていって、これも鍬先にとってはよい方向に作用したのである。脱炭の進んだ破面はもうきらきらと輝く結晶は少なくなり、刃金の地膚に似た白色を呈するようになる。だから、この変化もひとつの選択の要素になっていたものと思われる。使い古すことも材料改善の一要素になっていたのである。

銑（ズク）の選択についての記述に引続き、『百姓伝記』には〝地金〟の場合についても述べられている。即ち、「地がねもいろ〳〵につかひたる古鉄を、きたひなをし、うちたるがよし。千わり万わりの新鉄を地がねにつかひては、わき合あしきなり」ということである。新しく作られた千割鉄等がよろしくないということは、もう吉田の鍬鍛冶の主張のなかで詳しく説明をしてきたが、ここでも古地金を集めて下し鍛えをしたものを用いる方がよいと述べられていて、こうした考え方がかなり一般的であったことを示している。ただ、この場合の理由付けは、強度の問題として語られているのではなく、新しい千割鉄には湯金がうまく接合しないというのである。これにも幾つかの技術的な理由が考えられて納得できるのであるが、ここでは省略したい。

以上のように、材料に古鉄の利用をすすめることを含めて『百姓伝記』の事細かな記述は、とても素人の考えとは思い難い技術的な内容を多く含んでいる。その上に、ここで現われる技術が、〝湯金〟に結び付く地域的にかなり限定されたものであることから考えて、著者は、かなり熱心に近在の鍛冶屋を見て廻りその知識を得て、それを元にして体系化を計ったのだと思われる。たとえば「かぢも其所々にてつかうなり、かつかう斗よくうちて、余国・余村にてつかい徳の有レ之、なり・かつかうにかまはずうち出す」といった批判を行なっているのも、こうした見聞にたった上でのことであると思われる。このように、当時の鍬はかなりの程度の地域差を持ち、《先掛け》も行なわれていて、後に『農具便利論』に記録されて現代にまで受け継がれてきた状況が既に成立をしていたのであった。

五　稲刈鎌と吉田鎌

『百姓伝記』の世界では、〝湯金〟によって農具（鋤・鍬）が作られているが、これに対して〝刃金〟の方はもっぱら「刃物」を作るものとされている。

そこで、ここでは鎌を例として取り上げて「刃物」の方も見ていくことにしたい。『百姓伝記』の鎌はどのように分類区分がなされているであろうか。その書き出しは次のように始まっている。

鎌を用る事、土民の家に多し。先品々道具多き中に、鍬・鎌が土民のうわもりの道具なり。国々里々に用るなり、かつかう小宛のちがひ有。

これに次いで、稲刈鎌・草刈鎌・手鎌・草取鎌の合計で四種類の鎌があげられていて、それを一つ一つ、順をおって論じられている。現在まで伝承されてきた鎌の種類ははるかに多様であるから、ここに示されているものはそのごく一部分にすぎない。だから、この区分には多分に地域的な特色が表われているものと考えられ、そのことと当時の発達の程度との区分けはなかなか難しい。そこで民具として近年まで伝承されてきたものと比較しながら、当時のこの地方の有様を推定していくことにしたい。

まず〝稲刈鎌〟から見ていくことにする。稲刈鎌については「刃うすきを用てよし。はゞひろく、わたりながく打て、其徳すくなし。はゞは刃ぶくらにて二寸程をかぎりにし、渡りは五寸の内外をかぎり」にするという。

ここで稲刈鎌といっているものは、文字通りに稲だけを刈るというものではなく、初夏の麦刈りにも用いるもので、「一年に両度づゝ」使用するという。この目的の鎌は、薄刃に仕立てて柄も桑のように軽くて粘りのある木を用いるという。一日中通して使用するために、重いと手が疲れるからである。

もうすこし具体的には、鎌の刃渡りを五寸内外として刃幅を二寸以下に作れと記されている。これを近年まで用いられてきた、いわゆる稲刈鎌に比較をしてみると、産地で作られて全国的に普及をした越前物や播州物の薄鎌で、最も小形のものが五寸五分を基準としている。関東や東北地方の場合には、刃渡り寸法を用いず、腰から切先までを計る形式が多いので、刃渡りに換算をすると中途半端になるが、最も小形のもので五寸三分程度と考えてよく、『百姓伝記』に述べられている刃渡り五寸というものは、ごく例外的にしか見掛けることはない。もっとも、基準となる「五寸」そのものが同じ単位によっているのかどうかは確かめてはいない。いずれにしてもかなり小形のものを勧めていることは確かであろう。また、刃幅が二寸という点は、後代に産地で新しく改良して生み出された稲刈り専用の鎌に比較してみて、決して細いといえるものではない。

もっとも、ここには柄付け角度等、鎌を使用する上での大切な点についてはなんの記述もなく挿画も付いていないから、これ以上の性格についてはよく判らない。だから当時、このような鎌が特に稲刈りに目的を限って作られており、それが一定程度は普及をみていたのかどうかという問題になると、そう簡単ではなく、後述することにしたい。

続いて著者は、「御当代三州よし田のかまかぢ、なり、かつかうよくうち、よくきるゝ也」として、既になんども述べてきた吉田鍛冶町の〝吉田鎌〟を稲刈鎌に推賞している。

吉田の鎌鍛冶は、現在ではもうすっかり廃業をしてしまっているが、豊橋で聞く話では、大正時代あたりまでは細細と作り継がれてきていたらしい。但し、この時代の吉田鎌は既に播州鎌にならった形式の鎌に変っており、それを大阪の鎌問屋に卸していたということであるから、古来からの吉田鎌の特徴や形式が残っていたということではなかった。その上に、豊橋は戦災によってあらかた焼野原になってしまい、現在の市街は全く新規に作りかえられたものであるから、古いものがほとんど残ってこなかったのである。そういう訳で、「これが伝承的な吉田の鎌」といえる遺品は何一つないように見える。

それでも、かつて鎌を作り、あるいは商ってきた経験者が全くいないわけではないから、それらの方々の記憶と絵画等に残されているものとを比較していくと、なんとか再現してみることができる。

それによると、吉田鎌の定型は刃渡り七寸、刃幅一寸六分（一説に二寸）になっていたという。また、技術的な観点からみると、地金を七分三分に割って刃金を仕込み、裏側をセンですき取ってしまう《片刃作り》であったという。現在、旧鍛冶町で金物店を開いていてただ一軒だけ残っている元鍛冶職「四ツ目屋」の当主、村松政治氏によると、この技法が吉田鎌の特徴であったということで、割込み刃金による《七三の片刃》は土佐よりも早い時期から用いられてきたという。この技法は《割込み刃金両刃》と《付け刃金片刃》を用いるふたつの技術文化の折衷形式である。そこにこの地域の特徴が反映していて興味深いが、この技法それ自体はそう古くから行なわれてきたものではなく、元は《付け刃金片刃》であったと思われるものである。この点は後にふれることになる。

問題はその鎌型であるが、それは太平洋岸を浜伝いに点々と分布している、俗に〝ノタリ型〟もしくは〝ノサ型〟等といわれている、横に長く刃線があまり内湾しない形式に含まれるものであったようだ。記録の上でこれを伝えるものに、明治十三年の調査を基にした、『北設楽郡農具図解』[8]の中に収録されている「五部落内　農具器械図面」の中の〃トヨハシガマ〃がある。この図は必ずしも正確なものではないかもしれないが、これと私が「四ツ目屋」村松氏に描き起してもらったものとの間には強い類似性がある。

要するに、吉田鎌の末期には『百姓伝記』で述べられている稲刈鎌に相当するものは、伝承されて来てはいなかったのである。刃渡り七寸といえば、草刈鎌としても長い方である。この寸法（刃渡り七寸・刃幅二寸）のものは、前書の中の「愛知県北設楽郡農具器機調」にも〃ウスカマ〃として、「草を刈るに使う」と出てくる。では、なぜこの大きさのものが吉田鎌として残ってきたのかというと、それは播州鎌の急速な普及と関係している。

前述してきたように播州鎌は主に海岸線から商圏を作っていき、そこから内陸へと売り進んでいったのであるが、これによって、まず小形の稲刈りに用いるような鎌から地鎌が圧倒されていったのである。

既に幾らかふれてきた鎌の使い下しの方法は、東日本の場合と、西日本の稲作地帯ではかなり違った形式を持っており、太平洋浜通りにも一つの傾向があったように見える。詳しくは後に述べることになるが、簡単には、東日本では草刈りから稲刈りへ、西日本では稲刈りから草刈りへと使い下していくと考えてよい。それが鎌の形態に反映するのであるが、さて、刃渡り七寸の鎌の場合に、稲刈りに用いて、それから草刈りへ移行したのだということはありえない。それは当然に草刈りから稲刈りへの過程をたどったものと言えるのである。

実は、鎌の利用技術の点でも東海地方は文化の接点にあたっており、播州鎌の普及はまずその中の稲刈りから草刈りへと使い下す地域から普及をしていったのだと考えられる。その製品が後に〃稲刈り専用鎌〃になって更に商圏を広く拡大していくのである。

こうみてくると、いまひとつ古い時代の吉田鎌は、幾つかの違った使い方をする地域へ鎌を商っており、その使い方によって大小にも差があったものと考えられる。前述のように吉田鍛冶町は、その創立当初には六斎市がたてられていたということであり、元は地域的な商圏と密着したものであったと考えられるが、その後に街道の大通りに面して店棚を連ねて、行き交う旅人に商う名物となっていくと、その製品も多様化し、地域を越えた普遍的な要素が付加されていったはずである。そうした普遍性を背景としてはじめて、〃吉田鎌〃の名は世に喧伝されていったのだと思われる。

それらの多様な鎌型の中で、まず初めに播州鎌に取って変られたのが『百姓伝記』に述べられている〃稲刈鎌〃であった。私の想像では、吉田鎌は刃幅(一寸)をほとんど変えず、刃渡り寸法だけを変化させて幾つかの大きさのものを作っていた。そして、その短形のものが稲刈鎌から草刈鎌へと使い下される地域のもので、これが播州ものに置き換えられて、結局は刃渡り七寸の草刈鎌から使い始める地域の鎌だけが最後まで残ってきたのであった。

ところで、『百姓伝記』によると、稲と麦の刈り方には土地ごとに差が少なく、草刈鎌の方は地域的な条件によってかなり影響を受けるものであることが述べられている。それはその通りなのであるが、だからといって、どこの農家にも稲刈鎌と草刈鎌とが別々に揃えられるようになるのはごく新しい時代のことである。だから、ここで〃稲刈鎌〃として述べられている鎌は、主に草刈り作業の少ない新田村落で用いるものを指していたもののようで、そういうところでは、新鎌でまず稲や麦を刈り、古くなると草刈りに転用する方法が取られていたのである。そこでは鎌の形式が地域的な差を生み出す必然性が少なく、それだけに一定の量産が成立する余地が大きかったことになる。この鎌は目方も軽く小形で持ち運びに手ごろなものであったから、街道に立地する吉田鎌は、こういう村々への格好の手土産となったのではないかと思われる。

鎌産地の中には、土産の対象として有名になることで大きくなっていったところが幾つか見られる。その時に、その普及の一要素には、〃稲刈鎌〃の普遍性を考えておく必要があると私は思っているのである。

一時期にかなり有名になって、農村工業的な産地化を示してきた伊勢の〃渡会鎌〃の場合にも、この考えがあてはまりそうである。伊勢の場合には、〈火打ち型〉と名付けられた、一風変った三角形の外形を持っていたといわれており、(9)この形はそれほど実用面とは関係がなさそうである。このような特に個性をあたえた物が作られ、売られていたということも、神宮の社前の市の性格を考えに入れておかなければならないと思われる。

その形は、明らかに〝火鑽り鉄(火打ち鎌)〟と共通しているから、元は本物の〝火打ち鎌〟が土産の役割を果しており、そこから〝鎌〟の製作や販売に移っていったということも考えられないことではない。〝火打ち鎌〟は鍛冶の細工としては比較的に簡単なものであって、しかも神宮に結びついて、特に呪術性を持ったことも十分に考えられるからである。それが、少し大形になり、薄く打ちあげられて、刃先が付くことになると、〝鎌〟に仕上がるという訳であるが、これはただ推測だけのことでなんら具体的な根拠があるという訳ではないからこの程度に止めておきたい。いずれにしろこの〈火打ち型〉は実用的な配慮の結果とは考えにくいから、伊勢詣の土産にまつわる特別な事情が働いていて、その気持が形に反映して残されてきたのだと思いたいのである。

以上のように、吉田の鎌のあり方を考えていくと、『百姓伝記』の〝稲刈鎌〟と〝草刈鎌〟の区分は、稲を刈るから稲刈鎌であり、草を刈るから草刈鎌であると、単純に決めてしまう訳にはいかない。むしろ、稲刈りから草刈りへと使い下していく用法と、草刈りから稲刈りへと用いる方法との違いから見ていく必要が生じてくるものと思われるのである。

次に、『百姓伝記』では稲刈鎌の刃付けについて、「やきばかたくては、ひたものかけて、其所に稲・麦かゝり、根こげ、手間をついやす。またやきばやはらかなれば、めりてきれず」という。これはもちろん《焼入れ》について述べている記述である。焼きが強すぎると刃は硬くなるが、その分だけ脆くもなって刃欠けを起しやすい。そこに稲や麦が引掛ると、根こそぎに引き抜くことになってしまうというのである。

前述のように、日本の伝承的な焼入れ技術には、《焼戻し》という刃物に粘りをあたえる技術が意識的には取り入れられていなかった。ごく近年の聞き取りでも、特に新しい理屈を学んだりした鍛冶屋以外は、「焼戻しなどしたら、それだけ切れなくなる。ばかな話だ」といった考えを持っていることが多いのである。

だから鎌のような薄刃刃物の場合には、できるだけ刃金層を薄く仕上げて、強度の方は地金で持たせる。そして、刃金はなるべく高炭素のものを使用して、焼きはできるだけ深く入るようにする。粘りをあたえるのは鍛えの技術にあるというのである。こうした考え方にも利点が多くあって一概にどうと言うことはできないが、下手をすると刃先が必要以上に硬く脆くなる場合が起きたかもしれない。

しかし、もう一つの別の面から見ると、農民の方には、こうした鍛冶屋の技術とはまた別の刃物の使用技術とでもいうべきものが伝承されてきており、その中には現在の考え方でみれば、《焼戻し技術》とみなしてよい内容のものが含まれている。囲炉裏の上方に作った棚の上に、購入してきた新しい鎌をしばらくのせておいたり、あるいは少しあたたまった灰の中に埋めておいて、ゆっくりと加熱してやることがままあった。これによっていわゆる《低温焼戻し》と同じ効果が期待されたからで、刃金にすこし黄味がさすほどの焼色が出れば粘り強いものに変ってくるのである。この処理によって刃欠けや刃こぼれが減るということを、経験の積み重ねによって知り、それがかなり広い範囲で実行されてきたらしい。要するに、今日では製作者の側のものと考えられている技術の一部が、ここでは作り手と使い手にまたがっており、両者の知恵が相補うことで成り立っていたのである。

ただし、『百姓伝記』の記述にはこうした用法は何ら記載されておらず、著者にはまだこの知識はなかったようであるから、当時はまだ普及もみていなかったのかもしれない。この点も、興味の引かれることの一つである。

六　草刈鎌の使用技術

次に、『百姓伝記』の草刈鎌の記述についてみていくことにしよう。

草刈鎌は、「少かさねあつくうたせ、其国々里々のつかひ付たるごとくすべし。処により平地ばかりではなく、砂地・石地・かや原・諸木まじり、村里に色々あれば、はゞもわたりも、つかひぬしこのみあるべし」ということである。

草刈鎌は、ここで述べられている如く、地質や刈り取る対象によって強い影響を受けた。しかし、それ以上に、「其国々里々」にはそれなりの使い慣れた用い方があって、どこでも同じような刈り方をしている訳ではなかったのである。それを、ここでは「つかひぬし」の「このみ」という言葉で表わしている。

だからといって、ここで著者は草刈鎌の選択基準をたてるのをまったく放棄しているかというとそうではない。立地によって、平地の時、石地及び茅原あるいは立木の混った場所、地芝をめくる時、の三例に分類して適当と思われるものを述べて、勧めている。

即ち、「平地の草かるには、はゞひろくわたりながきをこのみ、石地・かやわら并木のまじはりたる草は、はゞせまく、渡りみぢかきがつかひよし」という。次に、「地芝をめくるには、はゞせまき、なる程渡りのながき、あつかまよし」ということになる。前者では刈り上げる時の力がかりを根拠にしているようで、後者では幅狭の方が土面の凹凸に対応しやすいという点と、地面を擦るために磨耗が早いということから厚鎌をすすめるということなのだろう。それがどの程度、現実に則しているのかは若干の疑問が残るところである。

草を刈ると一言にいってもその目的には色々あり、刈り取る草の種類も様々なものがあった。そこで概略を述べてみると、まず、春の三月頃(旧暦)から刈り始めて、苗代田や田植の前に田床に踏み込む、いわゆる〈刈敷〉のためのものが思い付く。次に、田植の時季の前後から始まって、それ以後、九月の末までの間はほとんど毎朝のように続けられる、飼料用の秣刈り(青草刈り)があり、更に八月の末から九月いっぱいまで刈り取られる、冬場のための乾草

（乾燥秣）作りがある。その上に、厩の敷草にしながら堆肥を作る目的の〈ブッコミ〉草も多量に刈り取らなければならない。

『百姓伝記』には、明白なかたちでの〈刈敷〉は出てこないようで、「巻六　不浄集」のなかで、「わか草のうちに、ごぎやう・も草は…略…先苗代の根こゑに右の三色を用て能ものとしれ」と述べられている程度である。ついでに『清良記』(10)も参照してみると、こちらの方は草種が多く、「糞草の事」として「蕨草・小萩・おりと・せんまい・たつ・土たつ・河原杉・蓬・葛葉・青茅・かつら類・うつき・観音草・畑草類」があげられている。そして、それを刈るのは三月の初旬に行なうことになっている。また『耕稼春秋』も、三月下旬より「山方ハ刈草を山より持参して田へ配入」れると述べており、それから以後は旧暦九月までの間、毎朝一人二人宛、草刈りに出ることになっている。後者は、飼料用の朝草刈りである。

この朝草刈りと冬場のための乾燥秣作りについて、昭和初期の秋田県男鹿半島の農家生活を記録した『男鹿寒風山麓農民日録』(11)をみると、著者（吉田三郎）の本家では、馬一頭を飼っており、その様子を知ることができる。

本家の甥の兼造の日課をみると、五月二十一日(新暦)まではほとんど毎日秣切り（乾草切り・藁切り）を行なっており、この地方ではこの時季までは乾草によって飼っていたことが判る。そして、田起し（春田打ち）や水引き、畔塗りが終了して田植の準備が整う頃、五月三十日からは朝の草刈りに出掛けるように変るのである。即ち、田植の時季を境として、馬の飼料も乾草から青草に変るということになる。

これから以後は、秋の稲刈りの直前の十月三日までの間、ほとんど毎日欠かさずに朝草刈りは続けられていく。六月六日を一例としてみると、兼造は「朝に馬草を刈り、午前にも刈、午後には馬屋に入れて肥料にする〝ブッコミ〟草を刈る」と記されている。この例のように、終日を草刈りについやした日がかなり多いのである。

朝の草刈りは田圃で刈るというから、用水路の土手や畔の草を刈るのだと思うが、これは背負って帰ってくる。しかし、日中に刈りに出る方は山の草刈場まで出掛けていくから、この時には馬をひいて行き、半日で一駄刈ることになり、一日あて二駄を刈るという訳である。

ブッコミ草の方はほとんど一日置き位には刈りに行き、ざっと累計してみると、六月から九月までの四ケ月の間に六十五駄ほど刈り入れている。秣刈りの方は、朝草刈り以外に馬をつれて山で刈って来た分が三十五駄ほどになって、両方合わせると百駄、一日あて二駄であるから、五十日分の労働ということになる。

このように、大量の草が刈り取られていたことを念頭において、再び、『百姓伝記』にもどることにしよう。『百姓伝記』では、「巻六　不浄集」のなかで、厩の敷草について、「諸草をかり取、…略…馬屋に入」れて、「麦畑の根こゑになすべし」と述べている。裏作に麦を作ると土が痩せやすいから、特に麦畑を指しているのだと思われる。秣そのものについては、「馬草をかるに、朝露のうちにかり取、馬に飼事徳多し」として朝早くの草刈りを勧めている。

このような草刈りの実際からわかるように、草刈鎌の使用は、なんといっても牛馬の飼料作りと、その敷草作りだったのである。そして、この作業では鎌がたいへんに酷使されてきたものだったことも明らかである。だからこそ、既述のような草刈鎌と稲刈鎌との間に特別な使用技術が生まれてきたのだということもできるであろう。

それではここで草刈鎌と稲刈鎌の間の具体な関係を示す事例をあげていき、それがどのようにして鎌の変遷と関わったかを考えていくことにしよう。

『男鹿寒風山麓農民日録』の中においても、以前には草刈鎌の廃品を用いて稲刈りにあてており、専用の稲刈鎌といったものはなかったことが記されている。それによると、「昔は自家の草刈鎌の廃物を利用して作った」ということで、古い草刈鎌の切先とコミを短く切断して、稲刈鎌に仕立てたものだという。その方法については図解で示されている。

もっとも、男鹿に近い秋田県五城目の鍛冶を訪れた時に、八郎潟一帯では、以前にはごく薄く打ち上げた稲刈り専用の鎌が出回っていたということであった。それは、通称〈秋田型〉と言っているこの地方の草刈鎌（男鹿地方の大形の鎌とは違なる）を極端に薄く作ったもので、あまりに薄刃であるために通常の方法では柄付けが行なえず、また刃先の剛性も不足した。このために、峰まで柄を伸しておさえる特別な柄付け方法が取られていたということであった。もう遺品は残ってはいないかもしれないが、なかなか興味深い稲刈鎌である。しかし、この稲刈鎌は新しい時代に、草刈鎌の鎌形を元にして生まれたものであると考えられる。鎌を極端に薄く作れるようになるのは、二丁鍛えといって、二枚の鎌を合わせて一度に打ち鍛える方法が用いられはじめてからである。そして、この技法は鋸の製造方法として普及していき、それが東日本の鎌には特に影響を与えたのである。したがって、秋田の平野部の鎌も、古くは、男鹿半島の場合と同じように草刈鎌から稲刈鎌へと使い下していたことには変りなかったものと思われる。

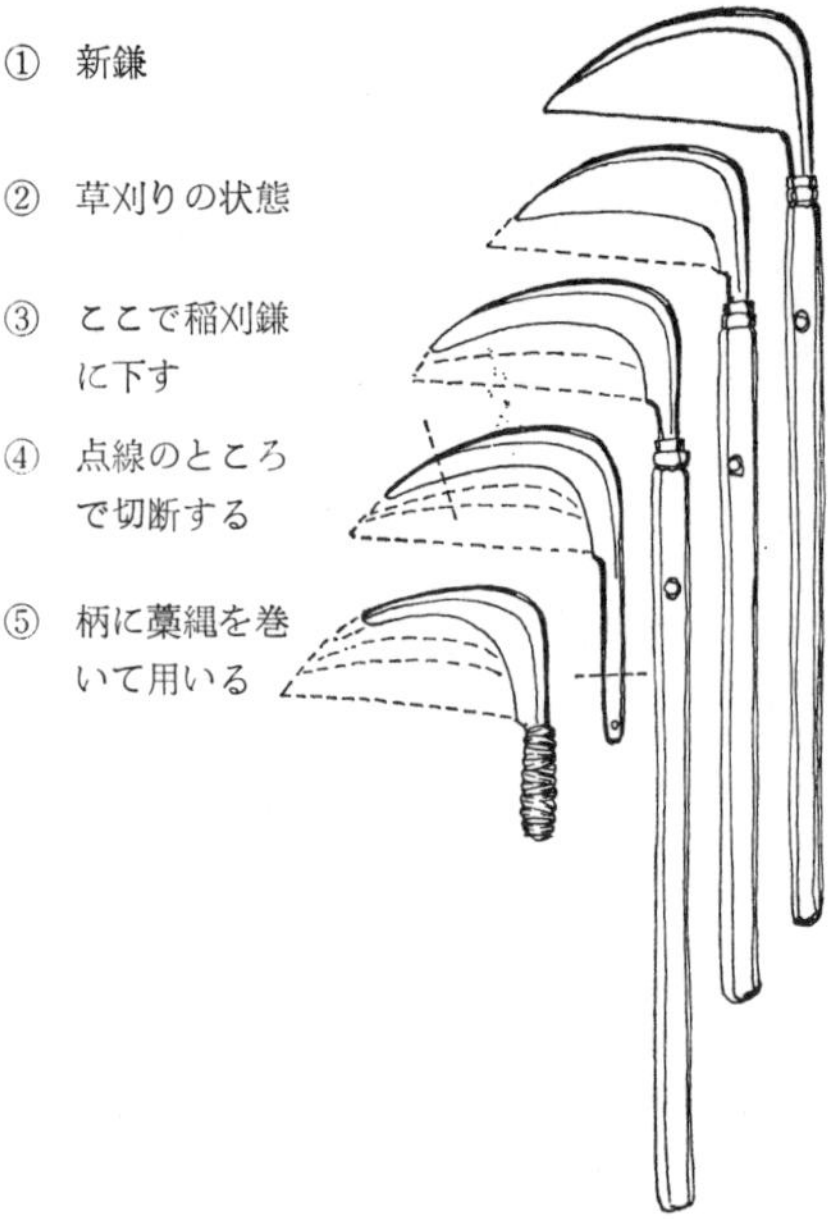

22図　男鹿地方の鎌の使い下し想定図
この地方は両手使いの払い刈りが行なわれていた。

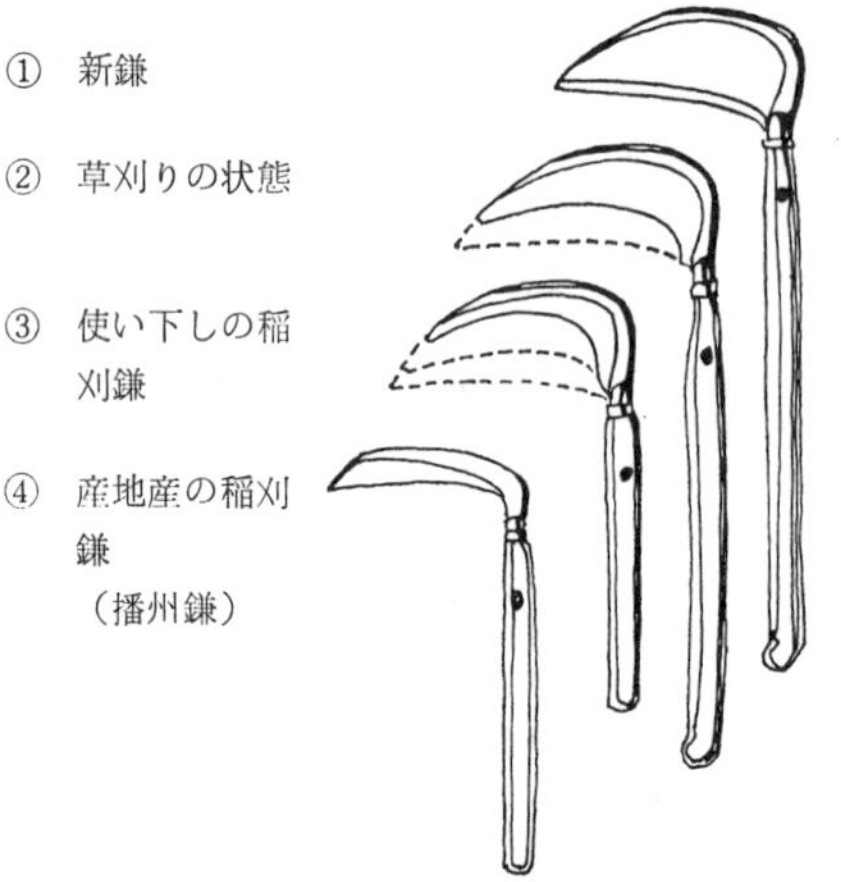

23図　東北地方の中通りの鎌の使い下しと産地産の稲刈り専用鎌
この鎌は片手払いの鎌である。

七　鋸鎌の成立

草刈鎌の使い下しは〝鋸鎌〟の中にも現われてくるようである。『耕稼春秋』の「巻七　農具之図」において、〝鋸鎌(稲刈鋸鎌)〟が登場がしてくる。同書の著者である土屋又三郎は後に『農業図絵』を描いているが、その中にも〝鋸鎌〟の絵が描かれている。

この鋸鎌にはなかなか注目をすべき記述がみられる。『耕稼春秋』には鎌の図と価格とが併せて記載されているが、それは次の通りである。

草刈鎌一丁代銀壱匁三分、或ハ壱匁四分、是第一山方共ハ鎌也。木鎌一丁代銀壱匁五分六分。鋸鎌一丁代銀五六分。但古鎌を鍛冶に遣しても、めやきて切する。

ここでは、草刈り用の刃鎌は第一に山方のものであったということに注目しておきたい。里での使用がそれほど多くなかったということは、刈草(刈敷)が山方のものであったという前出の記述とも見合っており、牛馬の飼育のあり方とも関係してくると思われる。牛馬の飼育が山方によって行なわれていたことが想像されるからである。

次に鋸鎌であるが、ここでは一丁あたりの価格が刃鎌に比べるとかなり安価であることに注意しておかなければならない。その上で、但し書の意味するところを考えてみたいのである。

この但し書は、鋸鎌の製法について述べたものであると考えられる。刃鎌の場合の《はやき(刃焼)》にあたるものが、鋸鎌の場合には《めやき(目焼)》となるのである。既にふれた『百姓伝記』において、「ひとはやき(一刃焼)」の鎌、という用法があったが、このように《はやき》は刃物の焼入れを示す一般的な表現であった。一方、鋸の歯のことは、「め(目)」と言い表わしていたから、《めやき》とは鋸の焼入れのことを示しているのである。古い時代の鋸は焼きの入る幅が狭かったから、目立ての繰り返しには限度があった。そこで、その限度いっぱいまで使い込むと、《めやき》を行なうことで、更に用いられていったのである。

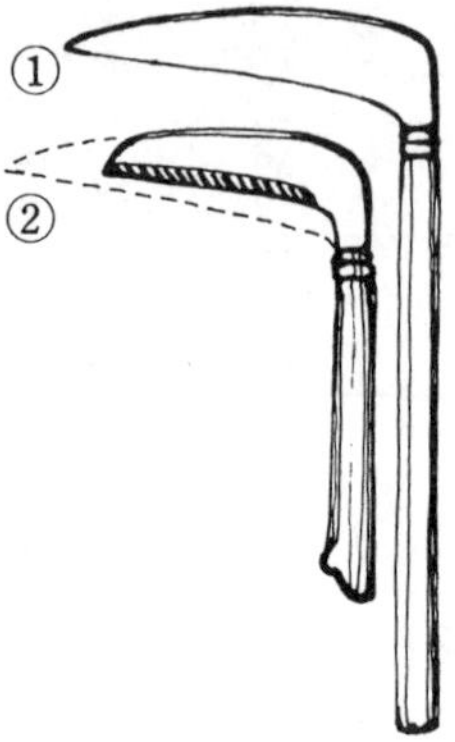

24図　『耕稼春秋』の鎌と鋸鎌
①草刈鎌　②鋸鎌
草刈鎌が図のように鋸鎌に仕立てられたと考えられる。

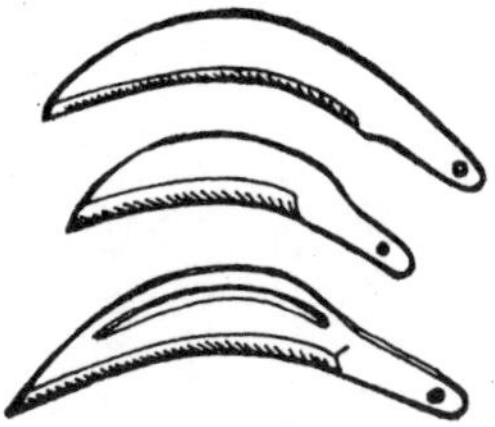

25図　鋸鎌の例
近年の鋸鎌は使い捨てるものとして作られ，目立てはあまり行なわれなかった。

鋸鎌の場合にも、鍛冶屋にたのんで目を立て直すということが行なわれてきた。しかし一般には、鋸鎌は使い捨てる方向へ発達をしていった。この使い捨ての性質のゆえに産地での量産が可能になり、広い範囲への流通が活発になっていったものなのである。そこで但し書の《めやき》は、「目のつぶれた鋸鎌を、もう一度使えるようにするために鍛冶屋へ持って行って、《めやき》をする」という意味なのであろうか。そう考えることも出来る。しかし、私はそういう意味ではなく、この「古鎌」は刃鎌の廃品のことを指していると思うのである。即ち、「刃鎌の廃品を鍛冶屋へ持っていくと、それに《めやき》をほどこして、鋸鎌に仕立ててくれる」という意味に解したい。古刃鎌の刃先を斜めに切断して、それに目を切り、焼入れを施して鋸鎌に作りかえるという訳である。

こう考えていかないと、『耕稼春秋』の「農具の図」の鋸鎌の形態はうまく説明できない。右掲の図で示したように、この刃鎌と鋸鎌の間には明快な図形的な関係が現われており、この関係から、刃鎌の形態によって鋸鎌の形態が左右されたのではないかと推測されてくることになる。

インドやタイや中国などの大陸の鋸鎌の共通の特徴は、三日月型の細刃鎌の刃の部分にそのまま目を刻み付けた形式になっている点で、日本の場合とは異なる。これを用いる時には、手首を回転させて株の周囲をぐるりと半回りしながら切っていく。ところが、この地域の鋸はいずれも押し挽き鋸であって、鋸と鋸鎌との用い方の間には共通性がみられないのである。この系統の鋸鎌は鋸の方ではなく刃鎌の使い方に準じており、刃鎌の一変種として普及をしたものであるようにみえる。ただし中国南部では鋸鎌の三日月型に対して刃鎌の方は直刃となっている。

こうみてくると、日本の近年の鋸鎌が手元方向へひき切るものであるのとは、使い方の上で非常に異なっていることが判る。むしろ日本の鋸鎌は日本鋸の取扱いに準じており、手の動きも鋸とほぼ同様であると考えられるのである。

さて、そこでもう一度「農具の図」の中の鋸鎌にもどると、今まで述べてきた鋸鎌の使い方から考えると、どうもあまり使い勝手のよい形態になっているようには見えない。というのは、柄と歯線の角度があまり開いていないために、手元にひき切る動作に向いていないからである。この点で、『農具便利論』に「畿内にて麦を刈る鋸鎌」と記されているものは、かなり柄角度が開いており、幾らか改善されているようにみえる。そして、この関係こそが明治時代以後に稲刈鎌として全国的に普及をしていった鋸鎌と、文献に現われる古い時代の鋸鎌とが非常に異なるところなのである。

『農具便利論』に見るように、鋸鎌は畿内においても麦刈りの目的で用いられていたが、なんといっても、北陸地方を中心に普及していったもののようである。その一方で『耕稼春秋』の記述のごとく、この地方は早くから馬耕が発達していた地域でもあったから、その飼料のためにも山方では多量の草刈鎌が必要であったと考えられる。そこに越前武生の鍛冶の基礎のひとつがあったのだと思われる。一例としてこれに似た場合を見ると、例えば、信州鎌の産地である古間や柏原などの北国街道に沿った村は、その駅々で用いる馬の飼料のための草刈りの需要を背景にして鎌作りが発展し、それが善光寺土産となって販路を拡大していったものとみられるのである。

だから、この北陸地方の場合にも、馬の飼育がさかんであったとすれば、それだけ草刈鎌の需要も大きかったものと考えられる。そして、もしそうであるならば、そこからなんらかの鎌の使い下しの形式が成立していたと考えるのが自然である。こうした点を前提として前掲の「農具の図」をみると、草刈鎌は第一に山方のものであると述べて、

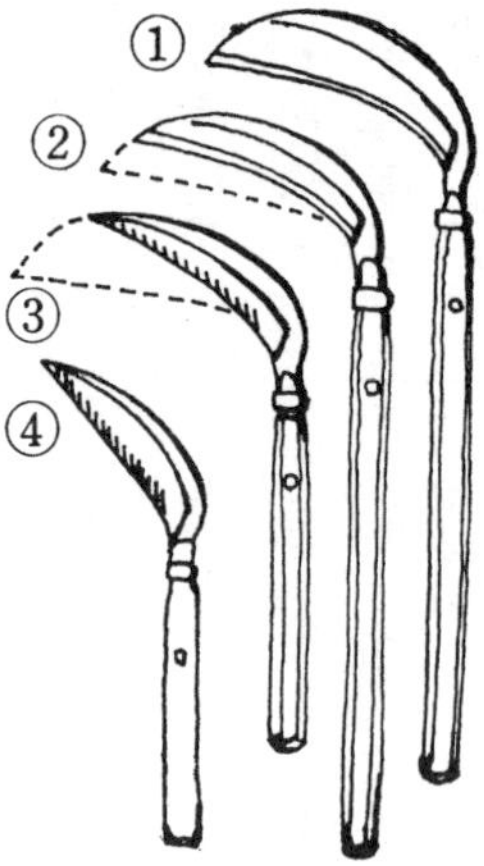

26図　三日月鎌と鎌鋸

①から③へ変化していき，そこで目切りがされる。③の状態では刃鎌としては実用的でないが，目切りをすると使いよいものとなる。④の出来合いの鋸鎌との近似に注目したい。

里での使用が限られていたことを暗示しており、里の鎌としては〝鋸鎌〟のみが記載されている。そこから、幾つかの推測が可能になってくるように思われるのである。

その一つに、馬の飼育に関して、山村と里村との間になんらかの分業関係があったのではないかということがあるが、この点は本題からそれるのでここでは追求しない。しかし、こうした分業に伴う相互交流を設定してみると、そこから鎌の使い下しを考えていくヒントが得られる。

ここには鋸鎌の使用以前の里の鎌（稲刈刃鎌）の問題がある。稲刈刃鎌が里に伝承されてきていたとすれば、すべてが鋸鎌に変ったはずはないから、幾らかはそれも残ってこなければならないわけである。しかし、それは『耕稼春秋』には記述されていないから、元々は稲刈鎌というものは存在せず、山方の草刈鎌と同様のものの使い古しが用いられていたのではなかったかと想像してみたいのである。この想像にはなんの根拠もない。そして古鎌の回収と再利用の仕組みが山と里を結ぶ交易を形作っていたとみることは出来すぎといわれるかもしれない。しかし、そう考えることから、回収した古鎌を打ち直して鋸鎌に仕立て直して商う鋸鎌鍛冶の発生の可能性が生じてくる。こうして里の鎌は徐々に鋸鎌に置き換えられていったのだと想定できるのである。

最後に、明治時代に広く普及をしていた鋸鎌は、越前鎌の使い下しと関係しているのではないかという点にふれておきたい。というのは、深い内湾を持つ〝越前三日月鎌〟や〝越前地鎌〟は、砥ぎ込んでいくに従って必然的に現在の鋸鎌の形態に変化をしていくからである。そして、これをそのまま刃鎌として稲刈りに用いると、柄付け角度が大きく開きすぎているために稲刈りの手さばきに適した形態にはならない。ところが、これに《めやき》をほどこして鋸鎌に仕立て直すと全く新しい用法を持った製品に生まれ変って、能率の高い稲刈りが可能になってくるのである。そこで越前鎌と鋸鎌との関係を図で示しておくことにした。これもつまりは、『男鹿寒風山麓農民日録』の場合の、草刈鎌を切断して稲刈に用いた場合と同様の原理によるのであって、それが産業的な規模で起ったのだと解釈することができるのである。

八　東西の鎌の使い下し

東日本の草刈鎌の一般的な特徴とその利用方法には、既に何回かふれて一通りのことは述べてきた。そこでここでは、農書等に現われてくるものを見ながら、もうすこしその内容を深めていくことにしたい。

まずはじめに、東日本では草刈鎌を使い下していって稲刈りに用いるようになる、という考えを取るにあたり問題となってくるのは、〝稲刈鎌〟という言葉そのものである。例えば、『会津農書』にみられるごとく、草刈りと稲刈りに共用する鎌のことを〝稲刈鎌〟と記述されていることが多いからである。このために、鎌の主たる目的が稲刈りにあったかのように解されていることが多いが、実情はそうではないらしい。むしろ、なぜ〝稲刈鎌〟と称されていたのかということの方が問題になると思われるが、それは別の問題である。

東日本型の幅広の鎌は、まず初めに草刈りに用いられて、それが十分に砥ぎ込まれていくと、刃線が中央からだんだんと内湾していき、ゆるいきれいな曲線を形作っていく。そして、更に峰に向って減っていくと、鎌の形がだんだんと稲刈りに適応するものに変ってくる。これは既に図で示しておいた。そして、刃渡りの長い、両手持ちの大鎌を使用する地域、例えば秋田県の海岸部、宮城県北の山地の場合には、細くなった鎌の先を適当なところで切断して使用するといったことも行なわれてきた。これが、前出の『男鹿寒風山麓農民日録』に記述されているものである。

ところが、こうした東日本の使い下し方に対して、西の方の用法はかなり異なっていた。おそらく、この相違がひとつの理由となって、鎌の使用技術の理解を困難にしている。大蔵永常は東西の鎌型の相違に既に気付いており、「都て江戸より東の鎌は少しくゞみありて畿内・西国辺の鎌より大形なり。さうたいものを刈には手元をいたつて下るに及ばざれば刈よき道理」と『農具便利論』の中で述べているが、その用法の差異にまでは言及していない。また、関東以北にみられる〝大鎌〟については、「塵をはくごとく横へはらいかりに刈て」能率のよいものだとふれているが、この両手持ちの〝払い刈り鎌〟と片手で使う〝払い刈り鎌〟とは、東日本では共存している例が多く、『会津農書』には、平場の片手刈り、山地の両手刈りと記載されていて、二つの払い刈りの間には深い相互関係があると考えられるのである。もっとも『農具便利論』には『百姓伝記』の考えを受け継いでいるところがあり、鎌の場合にも、『百姓伝記』の草刈鎌の記事、「其国々里々のつかひ付たるごとくすべし」を受けて、「鎌は其国所にて異なれば略之」としており、特に〝稲刈鎌〟として言及することはしていない。

さて、瀬戸内地方から近畿地方を含んだ西日本の広い地域で行なわれてきた草の刈り方は、左手で一束ずつ草を摑み、それを右手に持った鎌によって刈り取る方法であった。刈り取った草は丁寧に一箇所に積み上げていくのである。そこで、この方法を仮に〈摑み刈り〉と名付けて、東日本の〈払い刈り〉に対比しておくことにする。〈摑み刈り〉の方法は、稲の刈り方や麦の刈り方と全く同じ方法であるといってよい。東日本と西日本との間には草の刈り方という単純な作業の上にも非常に大きな違いがみられたのであって、それが稲の刈り方との関係の相違を伴うことになる。こうして、稲刈鎌と草刈鎌の分化していない時代には鎌にあたえられた二つの機能（草刈り・稲刈り）の意味が東西では全く異なることになったし、鎌の形態や構造にまでそれが反映をしてきたのである。

東日本の鎌については前章で記述してきたから、ここでは西日本の場合についてすこし農書等を紹介しておくことにする。

『粒々辛苦・流汗一滴』(12)は、島根県邑智郡田所村の農業と農村生活の明治時代の記録である。それによると、「稲ヲ刈ル鎌ト草ヲ刈ル鎌トハ一ツデアツテ薄釼デアル、秋ニナツテ買フテ夫レニテ稲ヲ刈レバ鎌ノ質ガ良クナツテ翌年ノ草刈鎌トスレバ釼ガコボレズニ能ク切レルノデ秋ニ新ニ買フコトニシテイル」というのである。このことに関連する草刈りの実情の方も一応見ておくことにしよう。即ち、「笹刈　春ニナレバヒマサヘアレバ笹刈ヲナシテナルベク多ク田ヘ入レル様ニスル、隣部落ノ馬野原ノ大キナ山林ニ笹ガ一面生ズルノデ往古カラ刈リ来リニナツテ」いた。これは春田の刈敷に用いるのであるが、この他に、秋の稲刈りの時季にも、一日に一駄ずつ刈り取って刈田へ下していたという。

次に夏草刈りであるが、やはり田植が済んだ翌日から始まる。「田植ガ済メバドロオトシノ日ノ朝第一着ニ山ヘ草刈ニ行ク、ソレカラ朝ノ間ハ毎朝男女共行キ男子ハ朝ノ内二荷、ヒルカラ又一荷刈リテ昼寝ヲスル、ハシマカラ又二荷刈、七月始メ頃迄ハ斯ノ如ク草刈ヲ重モニナシ、女子ハ…略…ヒル迄ニ行ク、ヒル迄ハ毎朝牛ヲ曳キテ行キ一駄ツ、刈ルヲ例トシ盆ノ九月二日迄ヲ以テ一応ノ夏草刈ヲヤメル、而シテ其夏草ナルモノハ皆牛ニ食ハセ踏マセテ最初ノ二三駄屋ハ切リ肥用トシ、次ノ一駄屋ヲ大根蒔ノ上ハ肥トシ、次ニ刈ル多量ノ分ヲ翌春ノ本田用ニ積ミ置ク」のである。この地方の中産以上の農家では下男を置いているところが多かったから、彼らが競争をしながらたくさん刈ったものだという。

このように、草刈りの仕組みそのものについては、既に見てきた秋田県の場合とほとんど同じあり方になっている。にもかかわらず、鎌の使い下しが逆になっていることに注目しておく必要がある。

東日本、特に東北地方の場合の鎌の購入の時季は春であった。そして、春に入手した鎌を一年間かけて使い継いでいくことが基本的な利用技術であることは既述した。だから、越後三条の鎌売り商人達の関東売りの場合も、鎌を出荷する時期は春先に集中をしており、草刈りが始まる季節に間に合うようになっていた。ところが、それに対して『粒々辛苦・流汗一滴』の述べるところでは、この地では、秋に鎌を購入して、その新鎌をまず稲刈りに用いるのだという。そして、稲刈りである程度砥ぎ込まれた鎌が、翌年に送られて草刈鎌として使用されていく。こうすることによって、草刈りに際しての、刃こぼれや刃欠けが起らず、具合よく使えるということなのである。

この地方の鎌は、西日本型の鎌の形式である《割込み刃金》を用いた両刃仕立てであった。《両刃割込み刃金》で作られた刃先は、刃金に焼きが入る時に先端と内部とでは強さに差が生じる。新鎌の時には、刃先に露出して強く焼きの入った部分を使用することになるから、刃金は硬く切れ味はよいが、すこし脆いといった面があったのであろう。そのために荒っぽい使い方には向かなかった。そして、これを使い込んでいき、相応に砥石がかかっていくと、今度は焼入れをした時にはまだ地金に挟まれて埋もれていた部分の刃金が砥ぎ出されて、刃先に表われてくることになる。この部分は地金をかぶった状態で焼入れされたのであるから、先端よりも安定した焼きが入り、それだけに刃こぼれも少なく砥石がかかりも良くなる。東日本の鎌に利用されてきた《付け刃金》による刃金に比較すると、この点で使い込みによる刃金の変化が、より強く表われてきたものと考えられるのである。

『粒々辛苦・流汗一滴』の島根県から山を一つ隔てた広島県には、明和二年（一七六五）に丸屋二代目甚七という人の残した『家業考』という一書がある。そこに記されている農事暦の「四月セツ」をみると、「此頃にいなかまを四五枚なりと見合買、麦かりニ遣ひこみてよし。柴草刈るニハふるきかまニてかるがよし」と述べられている。また「八月セツ」をみると、ここでは「くわざき調てよし。麦をまくニよし。いねかりがま四五枚買てよし。すき直してよし、すきざきも買事もあり」と出てくる。

四月に買い入れた〝稲刈鎌〟は、まず新品を麦刈りに用いて使い込むことになる。刈敷を刈るためには、古い鎌を使用した方がよいという。このように、この場合も、『粒々辛苦・流汗一滴』の記述と全く同じ考えに立っているということができる。だから、こうした使用方法が単なる個人的な思い付きや工夫というものではなく、一つの慣行として伝承してきた利用技術であったことがこれらの例から推測されるのである。同様に「八月セツ」においても、彼岸をめどにして農具の手入れを行なうと共に、来たるべき稲刈りのために新しい〝稲刈鎌〟の購入をすすめている。こうして、稲を刈って刃先の十分に熟《な》れてきた鎌を翌春の刈敷刈りに用い、それ以後は草刈りにあてていくことになるのである。

この場合も〝稲刈鎌〟という名が用いられていたからといって、草刈鎌と区別された別種のものがあったのだということではない。薄鎌にはただ一つの種類があるだけである。要するに、東日本では草刈鎌から稲刈鎌へと仕立てられ、用いられていったのに対して、こちらの方は、まず稲刈鎌か麦刈鎌として使用され、それが草刈りへと用途を移行していくという訳である。

とすれば『百姓伝記』において、草刈鎌は「其国々里々のつかひ付たるごとくすべし」と述べられ、『農具便利論』においては「鎌は其国所にて異なれば略之」といわれているのは、こうした地域的な使用方法の差異と深い関係があって、一率に能率的なものを勧めることが出来なかったのである。

東海地方は、稲刈りに専用化した〝稲刈鎌〟が早くから作られ、用いられていたようにみえる。それは『百姓伝記』の記述から既に見てきたところである。しかし、この地域に〝稲刈鎌〟と〝草刈鎌〟との分化がいち早く起ったようにみえる理由は、ここで東西の異なった鎌の用法が接しており、それが、それぞれに、平場、浜地、あるいは山地にと適応して用いられてきた結果であったと考えられるのである。

九　鎌の性格と分布

ごく一般的にいって、西日本の鎌は刃線と峰とが比較的平行に作られている。また、刃の反りが少なく、東日本のように峰が表側に立ち上がって補強をかねた表樋を形作るといったこともなくなる。これが更に九州地方まで西下すると、表裏の違いそのものが希薄になってくる。即ち、東日本の鎌に強くみられ、西へ行くに従って弛くなっていく〈くぐみ〉という、柄に対して付けられる仰角が消えてしまう。『農具便利論』は上方を基準にして、「江戸より東の鎌は少しくゞみあり云々」と述べているが、逆に西へ向うと、全くの「くゞみなし」となってしまうのである。だから、九州地方では、もう右手使いと左手使いの区別が消えてしまうことになる。東日本で鍛冶屋が一言に「鉈の腰折れ、鎌のくぐみ」と言い習わして、地域によって少しずつ変化する使い勝手の上での重要な要素と考えていることが、九州地方ではほとんど通用しなくなるという訳である。

以上のような各要素の変化はかなり微妙な面を含んでおり簡単に決めてしまうわけにはいかないが、ここでは一応の目安として、東日本の鎌を〈広刃型〉とよび、西日本のものを〈細刃型〉と分類しておくことにする。

さてそこで既に見てきたように、三河や尾張等で用いられてきた鎌型は、明らかに西日本につながる〈細刃型〉ということができる。峰と刃線とがほぼ平行に作られて、ゆるい曲線を描く。切先は丸く収まっていて、これを受け継ぐものは東海地方から更に東の方へも伝播をしており、東京湾をとび越えて房総地方の鎌型に相通じているのである。ということは、三河から遠州・駿河、さらに伊豆・相模・房総は西日本型の鎌の普及圏であったと考えることができる。関東地方では、房総半島の付け根にあたる茨城県側も含む利根川の下流域や霞ケ浦地方にもこの系統の影響が及んでおり、このあたりを一つの境として、関東内陸地帯の東日本型に変化をしていくのである。(13)

もっとも、この場合にはかならずしも〈摑み刈り〉を伴っているという訳ではなく、様々な経路で内陸から南下してくる東日本の〈広刃型〉と習合してかなり複雑な分布となり、十分に整理しきれない状況を作りあげている。特に後年には、信州で作られた所謂〝信濃鎌〟が相模や駿河の山間へも及んできたから、両者が入り交っているのである。

このような太平洋沿岸の状態に対して、中部地方の内陸盆地は基本的には〈広刃型〉とみなしてよかった。但し、その境界線上の出入りもなかなか複雑である。例えば、向山雅重氏の御教示によれば、伊那通りでは現在の伊那市の南境近くまで〈細刃型〉が北上をしてきているとのことである。ここではこの鎌型の相違が直接に〈払い刈り〉と〈摑み刈り〉という草刈り方法の違いとなって表われているという。

それならば中央内陸部の西側において、〈広刃型〉を用いているのはどの辺りまでかということも気になる。そこが〈広刃型〉の西限となるからである。そこでまず飛驒の場合について見ておこう。

飛驒については、宝暦二年(一七五二)には既に越前の武生から越前鎌の行商人が高山に入っている記録が残っており、さらに天保二年(一八三一)の日付を持つ『飛驒行鎌仕入元帳』が武生側に残されてきている。[14]それを見ると草刈鎌に相当するものをかなり商っており、この鎌には《黒打ち》と《形磨き》または《片磨き》と称する二つの種類があった。《黒打ち》とは打ち放しのままで表側に黒皮(黒錆)のついたままの製品を指し、《形(片)磨き》とは鎌表(地金側)にセンをかけて削り出したものを言ったのであろう。《片刃付け刃金》の場合に、鎌裏(刃金側)は砥石をかけるから必然的に鉄肌が表われる。この点は、《黒打ち》も《片磨き》も変りはない。

ところで鎌表(地金側)にセンをかけることが出来るのは、片刃の〈細刃型〉の一つの特徴であった。だから、この技術は越前鎌や播州鎌に取り入れられて、その商品的な特徴を表わすものとして用いられてきたのである。

その方法は金床の角を利用して樋を打ち出し、その上でセンの角を用いて峰側には黒皮を残して樋から刃部にかけての地金を削り取るのである。しかし、〈広刃型〉の場合には、表側全体が凹曲面を作っているからセンをかけるのには不向きであった。このために関東や東北地方の鎌は原則的に現在でも《表磨き》は作られていない。ちなみに、茨城県の一部や宮城県の古川盆地を中心に東北地方太平洋側で用いられてきている表側に刃金を付けた通称〈表刃金型〉と称する鎌の場合には、表が刃金面であるから、これを磨き出して砥がないわけにいかない。そのために、砥石を用いて砥ぎおろす方法がとられていて、仕上げに非常に手間がかかったのである。

であるから、前述の『飛驒行鎌仕入元帳』の鎌は、越前在来の〈細刃型〉の鎌を表わしているものと思われる。ところがその一方で、『日本鎌に関する研究』にみられる昭和十年代後期の調査結果によると、岐阜県は〈広刃型〉の分布圏と考えられている。もっとも、この『日本鎌に関する研究』の分布図は、一県あたり一箇所か二箇所程度のサンプルによって作成されているようで、かなり大雑把なものである。この地域の実際はかなり複雑なのである。

現在の状況から考えると、美濃の西部は近江地方にむすびつく〈細刃型〉の地域で、その東南部は東海につながる〈細刃型〉の地域、そして、飛驒北部は越中方面につながる〈細刃型〉ということになり、その中間に〈広刃型〉の分布地があるということのようである。これもまだ多分に推測的なものであるから、今後の調査を必要とする。

問題はもう一つあって、同じ《片刃付け刃金》の〈細刃型〉といっても、越前鎌に代表される北陸地方から近畿地方の内陸部へと普及をしていくタイプと、太平洋沿岸に沿って東へと伸びていくタイプとではかなり様子が異なるのである。後者は畿内では〝播州鎌〟として完成し、東海地方にあっては四国南岸や南九州の鎌の影響を強く受けて南方的な色を濃く持っていた。後に、その上に播州鎌が重なって普及していったのである。

こうした複雑な系統の上に、『百姓伝記』の草刈鎌は考えられなければならない。

十　鉈と手鎌

『百姓伝記』で、刃金を用いて作る〝刃物〟に分類をされているものの中に、「おの・まさかり・なた・かま」がある。しかし、その後段で展開されている解説においては、〝かま〟以外のものについてはなんら触れるところがない。〝おの・まさかり・なた〟は農具の中には入らないものと考えられていたのかもしれない。

もっとも『百姓伝記』の内容は、平場の農業に中心を据えて、そこでの合理的な農家経営を可能にする農法の追求を目的としているから、そうした条件に合わない場合については、伝聞的な内容を付加するといった形式を持っているようである。そのために、著者にとっては、伐採・製材・薪炭刈りの刃物などはやや関心の薄いものであったと考えられる。

例えば、薬を燃料にする事がたびたび言及されており、「薪ともしき村里にては、わら其外作毛のからを其儘こやしに用いる事ならず。薪の料となす」と述べられている。従って、薪炭林を持たない新田の村里が多く、そういう平場での農業が主に考えられていたのである。

ところで、〝なた〟は広く標準語として現在も通用しているにかかわらず、その実態が摑みにくい複雑な性質を持つ刃物である。だれもが勝手なイメージをもってこの刃物をとらえており、しかも、要するに木を刈るものであるという程度に考えている。しかし、実際には、全く系統を異にすると考えられるものがそれぞれの地域に分布をしており、様々な形態と用法がみられる。であるから、ここから〝なた〟一般に共通する要素や性格を見出していくことはなかなか難しいことなのである。

私は以前からこの〝なた〟に関心を持っていて、折にふれて、その用法や形態あるいは製法等について、系統と分布状態とを見てきた。その結果については詳しく後述するとして、ここでは『百姓伝記』を念頭において、三河や遠州を取りまく地域の近年の状態を見ていくことにする。そこから『百姓伝記』の〝なた〟がどんなものであって、〝手鎌〟とどのように関わってくるかを考えてみることができるであろう。

そこで、この近辺の〝なた〟の昨今の様子をざっと見回しておくことにしたい。

まず美濃の西部の方から見ていくと、このあたりは越前からの行商によって売り拡められてきた〝越前鉈〟がもっぱら普及している。(15)この系統は、近江から大和盆地を含むかなり広い地域に分布をしており、その流れの最も東の端がここまで進出しているのだと解することが出来る。この形式の鉈は、切先に鼻のような突起を持ち、《付け刃金》による片刃作りである。多くの場合に、刃裏には深くえぐり込んだ裏樋が付けられている。即ち、いわゆる〝ハナ付鉈(トビ付鉈)〟に分類することができるものである。

ところが、同じ美濃でも飛驒よりの地方では、〝腰鉈〟等と通称されている、形態の上で全く別種のものが普及をしている。こちらは、時に〝ハナナシ〟ないしは〝トビナシ〟と呼ばれているように、切先にまったく突起の付かない形式になっていて、腰刀のように、常時、鉈鞘に入れて腰に下げて持ち歩くのである。これは主に山仕事に従事する人々に用いられてきた。土地によって形態の細部に多少の相違がみられないわけではないが、一応は飛驒から信州あるいは甲州にかけて、中部地方の山間の地に共通して使用されてきたものである。信州や甲州でただ〝なた〟といえばこの形式を指すことになり、〝トビナシ〟と言う地方とは認識の上で差がある。そして、前述の〝ハナ付鉈〟の方は、この地域ではほとんど使用されてはこなかったのである。

こうした内陸の山地の状況に対して、その南側に拡がる太平洋沿岸地域では、これとはまた違った系統の鉈が普及をしており、ここでは、〝直鉈(ハナナシ)〟と〝ハナ付鉈〟の両方が用いられている場合も少なくない。その形態と製法には西方の影響が強く、刃先作りには《割込み刃金》による両刃が用いられることが多い。

〝直鉈〟の違いから見ていくと、同じ直鉈とはいっても、中央山地で用いる片刃の腰鉈の類は鋭利な薄刃仕立てになっていて、どちらかといえば針葉樹の枝打ち作業などに適応をしている。これに対して、その南の浜側のものは粗朶刈りに用いるばかりではなく、いや、それよりも、斧と同じように薪割りや木割り作業により多く使われている。刃先そのものも後者はどちらかといえば鈍重で、小形のものは町の家庭の炭割鉈として用いられていた。

後者の〝両刃直鉈〟の系統は、相模から房総さらに常陸にも浜伝いに及んでいて、その流れは前出の鎌の流れともほぼ見合っている。そして、沿岸地方から関東平野の内陸へ伝播をしていったようにみえる。埼玉県の場合には荒川流域から比企丘陵までは〝両刃直鉈〟の形式をそのまま残しており、ようやく秩父山地に入ってくずれてくる。秩父には、甲州や信州側の影響が峠を越えてもたらされたからであると考えられるが、ここでは《両刃割込み刃金》でありながら腰鉈の形式を取るものに変るのである。また、この地域には越前刃物売りが片刃の腰鉈を商っていて、こちらも普及をみている。

私が相模のある鍛冶屋で見せてもらった直鉈もこの系統のものであったが、共柄作り（コミを太く長く作り、それをそのまま柄として用いる。掌の保護のために古木綿や藁縄を巻き付けて使用する）になっていた。

『分類山村語彙』(16)をひいてみると、「エナタ」という項目があって、そこには「三河などで特に木の柄を附けた鉈をエナタといふ。只ナタと謂ふのは手元の部分に縄を巻いたものである」と出てくる。この「只ナタと謂ふ」ものによく符合をするのである。三河で私の聞いた話にも、ひと昔前までは共柄作りのものがあったということで、三河から相模までの間でこの形式のものが用いられていたと考えられるのである。

『百姓伝記』の「巻六　不浄集」の中には、同書の中のほとんど唯一の鉈の使用例が記されている。

それによれば、「生松葉を取て、鎌にて切、またなたにてこまかにたゝき、寒中に至て茶の木の根をほりてうづみ、……」ということで、松葉を集めて茶畑の肥料として用いるものであった。「なたにてこまかにたゝき」とあるのは、集めて鎌で荒切りにした松葉を木台かなにかの上で細かく刻み切りにするのに鉈を用いるという意味であると思う。だとすれば、この用法は菜切庖丁や桑切庖丁などと同じような使い方と考えてよく、この刻み切りの作業からみて、この鉈にハナ（トビ）が付いていたということは考え難いことになる。従って、ここに登場する鉈も近年の例と変らず

〝両刃直鉈〟であったものと思われるのである。こうして、『百姓伝記』の鉈と、近年まで東海地方から関東地方へかけて平場で用いられてきた《割込み刃金》の両刃の直鉈とは一致することになる。

もっとも、この地域でも〝ハナ付鉈〟は用いられてきており、すこし山に入ってみると、かえって直鉈はみかけられないで、粗朶刈りや薪炭刈りに〝両刃ハナ付鉈〟が使用されている。これは西の方から海を渡って入ってきたものが、山で定着をみたもののようで、その上に土地によっては、行商によって売り拡められてきた越前鉈（片刃ハナ付鉈）と複合をして複雑な状態を作り出してきたのだと思われる。例えば、奥三河では越前鉈に類似の形式が普及していて、その影響は相模山地や駿河や伊豆にも及んでおり、そうした地域では《付け刃金片刃》の形式をとっているのである。

一方〝両刃のハナ付鉈〟は伊豆の七島でも用いられており、その形態は九州地方から瀬戸内海に拡がる西国のものと形態的に類似しており、海民の動きに伴って伝来してきたものと考えられる。そこからこの系統を〈南方型〉とみなせるのである。ここで興味深いことは、この形式は三河や遠州あたりを飛び越えて、むしろ伊豆や相模の方に影響を持っていたようにみえることである。であるならば、東海地方の〝ハナ付鉈〟には、南方系のものが伊豆半島あたりから西へ向けて普及をしてきた場合と、越前行商の影響が三河や駿河の山地に及び、それが海側にも拡がってきた場合との二つの流れが考えられることになる。このように見ていくと、東海地方はこと鉈に関しては後進地域であったと言うことができる。そして『百姓伝記』に記述されている鉈は、《割込み刃金》による共柄直鉈であって、藁切りや割り木などに使用されてきたものであると推定されるのである。

現在でも東海地方の平場では地元の鍛冶は鉈をあまり作っておらず、用い方も薪割りや炭割りなどに限られているから、需要も限定されている。だから、土佐からこの地向けに送られてくる出来合いの量産品がもっぱら用いられているのである。

豊橋の金物屋で私の見たものも、土佐物であった。かなり当世風に仕上げられていて、直鉈とハナ付鉈との両方がならべて販売されていた。店で聞いたところでは、ここでは今でも直鉈（両刃割込み刃金）が全体の売り上げの九割以上を占めているとのことで、このこともまたこの地域の鉈の性格をよく表わしているのである。現在販売されているものは木柄をすげたもので、言ってみれば〝エナタ〟ということになり、時には片刃のものが用いられることもあるという。鉈とよばれている刃物としてはどちらかというと小形のものに属し、これならば炭割りにも松葉を刻むのにも手頃なものだったであろう。この鉈は腰にさげて山行きに持ち歩き、枝打ちなどに使うというものではなく、むしろ刻み仕事や割り木に向いたものなのである。私の考えでは、専用の秣切り刃物が普及をする以前にはこうした仕事にも使われてきたのではなかったかと思われる。

以上のように、東海地方を取り巻く地域の鉈の状態を概観してその中に『百姓伝記』の記述を位置付けてみると、雑木を切り、茅を刈り、粗朶を取るといった山での用途をこの鉈から想像してみる訳にはいかなくなり、それには別の種類の刃物が必要になってきて、それが〝手鎌〟だったということになる。同書はその〝手鎌〟について、「竹木をも切り、用心むき」に用いるもので、農民にとってはこれ以外に田畠へ持ち歩く護身の刃物はないから、「田まはり・畠まはりをするに腰にさし…略…木・かやをきりて、田地のかこひとすべし」というのである。特に山方の農民の場合には、「猪・猿・諸鳥を追ふものなれば、不慮なる生類にあふこと度々」であるから、この時に備えて上手な鍛冶に念を入れて作らせることを勧めている。とすれば、そこには中部地方の山間の地域で〝腰鉈〟が用いられているのとほぼ似たような動機と目的とが想定されているといってもよいであろう。ここでは山行きに〝鉈〟ではなく〝鎌〟を持ち歩く習慣が伝承されてきたものと考えられる。それは古い時代のあり方を受け継いできていると考えられ、この点は後に論じる。この目的の〝鎌〟が用いられていた地域では、〝鉈〟の普及の方は相対的に遅れることになった。そして、この地域で〝手鎌〟から〝鉈〟に変っていくのは割合に新しい時代に属することが、『百姓伝記』の記述から明らかになってくるのである。

〝手鎌〟は、「はばをせまく、少渡りを長く、かさねをあつく、わりはがねにしてこみをながくうたせ、柄をも樫の木を以、丈夫にすげ」て作るべきであるといわれている。この記述の中には注意しておかなければならない点が幾つか含まれている。

そこで、その中の「わりはがね」という表現からまず見ていくことにしたい。この語に限るものではないが、『百姓伝記』に登場する鉄器に関する技術用語は、今日まであまり正しく理解されてきていたとは言えない。例えば、これまで繰り返して説明をしてきた《湯金》についても、今までの多くの解説や解題は全く誤解をしてきた。そして、この「わりはがね」についても、岩波文庫本の古島敏雄氏の脚注は、「玉鋼を割ったもの」と説明しているが、そういうことではないのである。これは、地金に鏨を使って割りを刻み込み、そこに刃金をはさんでから鍛接する刃先作りの方法、即ち、ここで《割込み刃金》として何度も紹介をしてきた技法を指している。従って、その文意は《付け刃金》による片刃鎌ではなくて、特に《割込み刃金》を用いて丈夫なものを作りなさいと言っていることになるのである。このことは、この地域の鉈が主として《割込み刃金》による両刃直鉈であったこととも関わって、東海地方の鍛冶の特異さを表わしているのである。

近年の草刈鎌の刃先作りは、既述のごとく、基本的には兵庫県あたりを境界としてそれよりも西は《割込み刃金—両刃作り》、東日本は《付け刃金—片刃作り》と、割合にはっきりと分布が別れていた。だからこの面から見れば、東海地方は《付け刃金—片刃作り》の分布している地域ということになる。にもかかわらず、ここで特に〝手鎌〟に限って、「わりはがね」が要求されているのである。ここでは草刈鎌は《付け刃金—片刃作り》、手鎌は《割込み刃金—両刃作り》と使い分けられている。

こう見てくると、吉田鎌鍛冶に伝承されてきた前述の鎌の刃金入れがここで改めて注目されてくるのである。それは《付け刃金―片刃》に《割込み刃金―両刃》の技法が習合し、改良されたものであることが判るからである。その技法をもう一度、簡単に述べておくことにする。

初めに地金に割りを入れるが、この時に中心に割り込むのではなく、七分三分か八分二分くらいに片側に寄せるのである。このように中心をはずす方法を、所によっては《半もろ》（半分両刃の意）といい、「七・三の半もろ」、「六・四の半もろ」などがある。これに刃金を挾み込んで鍛接をして鍛えあげる。だから、鎌の形に打ちあがるまではほぼ《割込み刃金》の技法そのものと考えてよい。しかし、吉田鎌の特徴は、最終の段階で鎌の裏側の刃金の上に薄く被っている地金の層を、センをかけて削り取って刃金を露出させることにある。こうして、出来上がった鎌はほとんど《付け刃金》による片刃鎌と変らないものに仕上がるのである。

こうした作り方の利点は、接合や鍛えの時、あるいは焼入れに際して刃金に疵をつける心配の少ないこと、地金と刃金の接合が確実であることなど幾つか考えられるが、その一方では、必要以上に手間がかかることや材料利用の面で無駄が多いこと等の欠点もあったのである。先に鍬の材料についてみた時に、吉田鍛冶町では、鎌・庖丁の切屑が鍬下地に用いられてきたことを述べてきたが、当時この鎌作りの技法がすでに利用されていたのであれば、セン屑が多量に生じたはずであるから、こうした廃材が用いられたことはまことに理に適ったことであったといえる。

要するに吉田鎌に伝承されている製法は、本来は《付け刃金》による片刃作りを用いる鍛冶へ《割込み刃金》の技法が移入され複合をしたものであるのか、あるいは、《割込み刃金》の技法しか持たない鎌鍛冶が片刃鎌を用いている地域へ移動してきて、その技法によって〝片刃鎌〟を作ろうとすることから生み出した方法であった、と考えることができる。

鹿児島県の加世田の町の鍛冶は、専ら《割込み刃金》によるベタ打（樋を持たない形式）の両刃鎌を作っていた。ところが、一時期、産業振興ということで先進地の播州からはるばる鎌鍛冶を呼んできて、《付け刃金―片刃作り》の技法を学んだことがあるというのである。結局、この試みは定着することがなく、ここでは今日でも両刃鎌が主に使用されているが、土地の鎌鍛冶で《付け刃金—片刃》を習った者の話によると、この二つの技法の間には道具を含めて微妙な相違があって、新たに《付け刃金》の技術を身に付けるにはなかなか困難を伴ったということである。

吉田鎌の例に止まらず、《割込み刃金》と《付け刃金》とが境界を接している地域では両者が様々な方法で複合をしているが、こうした例が特に多いのも中部地方の太平洋側の特徴のひとつである。

『百姓伝記』において〝手鎌〟と名付けられたものに類似した鎌を、近年では〝鉈鎌〟と呼んでいることが多い。しかしこの〝鉈鎌〟は、東海地方には現在はあまり残されてはきていないようである。〝鉈鎌〟は主に粗朶刈りや枝払いに用いられてきたものであるが、『北設楽郡農具図解』には厚鎌を〝ツル鎌〟といって、柴草や小さな木を刈るのに使うとでている。この種の厚鎌は東日本では広く見られるもので、鉈と草刈鎌の中間の役割を果す。東日本の鎌は厚薄二種に作り分けられていることが多いが、しかし、これを〝手鎌〟とみることはできない。この鎌の他に、〝鉈(直鉈・ハナ付鉈)〟もしくは〝鉈鎌〟が用いられるのが通例だからである。

〝鉈鎌〟は、鉈と似た機能を持っており、鉈と共に使用されている地域もあるが、ほとんどこちらだけが用いられている地域もあり、独自の分布を持っている。それがあまり明瞭でなくなったのは、林業の普及に伴って各地で同じような形式の鎌が林業用として用いられるようになってきたからである。

林業で用いる鎌は、大別して〝地刈り鎌〟〝下草刈り鎌〟〝枝払い鎌〟となり、この中の〝枝払い鎌〟が〝鉈鎌〟の発展したものと考えられるのである。一般に林業従事者は自分の使用する鎌にうるさく、好みの形を指定して作らせるから、〝地刈り鎌〟や〝下草刈り鎌〟には幾つかの違った形式がある。しかし、〝枝払い鎌〟の方にはそう変った様式のものはないのである。

〝枝払い鎌〟の代表的なものに、越前で〈勝山型〉と名付けられてきたものがあり、その系統が現在は広く普及をみている。越前勝山は白山山麓に入る道筋にあたり、その近辺の山地で用いられてきたことから、この名称が起ったのではないかと思われる。鍛冶の町の武生で作られたこの鎌が、勝山を中継地として更に奥地の山村へと売られていったのである。この考えが成り立つのならば、勝山の奥地といえば焼畑の村々を想定することができることから、〈勝山型〉の成立の背景には、焼畑のための枝落しや木刈りがあったとのだ考えられるのである。

焼畑に結び付いた鎌についてはまだ推測の域を出ない。しかし、それが元になって育成林業の刃物が生まれてきたと見ることはしごく自然な考えであると思われる。今後、実態的に調べてみたい事の一つである。

そこで〝手鎌〟にもどってみると、大井川や天龍川の上流地帯にも焼畑の村々が散在していたことが知られている。そうした所で〝手鎌〟が〝枝払い鎌〟として用いられていたのだとすれば、『百姓伝記』の記述に猪垣作り等に必要な刃物であると述べられていることとよく見合っていると言うことが出来るのである。

ところで、〝鉈鎌〟が広く用いられており、〝鉈〟の利用が比較的少なかった地域はある程度特定することができる。〝鉈鎌〟の利用の目立つ地域は中国地方の瀬戸内海側、岡山県から山口県へかけて、さらに東に向っては兵庫県の内陸地方から但馬方面ということになるのである。なぜそうなのかはまだよく判らないが、この他の地域では〝鉈〟が普及することによって、〝鉈鎌〟に取り替わっていったのではないかと考えられ、それを逆に言えば、〝鉈〟の普及は案外に新しいことを示しているのだということになる。それ以前に於てはもっぱら〝手鎌〟がその役割をはたしてきたのだと思われるのである。

註1『百姓伝記』岩波文庫版　古島敏雄氏の解説
2『農具便利論』大蔵永常（一八二二）
『静岡の鍬』静岡市立登呂博物館特別展図録（一九八三）
3　前出特別展の担当者

4『愛媛県農具図譜』 桂真幸編　四国民家博物館（一九八三）
5『中世鋳物師史料』 前出 網野善彦氏の解説
『日本中世の非農業民と天皇』 網野善彦　岩波書店（一九八四）
6『近世の鋳物師』 中川泰弘　近藤書店（一九七七）
7 炭素・硅素と冷却速度との関係はマウラーの組織図によって表現される。詳しくは技術書を参照されたい。
8『北設楽郡農具図解』 夏目一平記録　東海民具学会（一九七九）
9『東海の野鍛冶』 前出
10『清良記』 土居水也（一七世紀）。『日本農書全集』 農文協 に収録。以下の『耕稼春秋』 土屋又三郎（一七〇七）、『家業考』 丸屋甚七　明和年間（一七六四〜七一）、『会津農書』 佐瀬与次右衛門 （一六八四）も同全集本による。
11『男鹿寒風山麓農民日録』 吉田三郎　アチックミューゼアム（一九三五）。『日本常民生活資料叢書』九巻　三一書房に収録。
12『粒々辛苦・流汗一滴』 田中梅治　アチックミューゼアム（一九三一）。『日本常民生活資料叢書』二〇巻　三一書房に収録。
13 関東地方における鎌の形態と分布　前出
14『越前鎌行商物語』 前出
15 脇田雅彦氏の調査による。
16『分類山村語彙』 柳田国男・倉田一郎編（一九四一）。一九七五年に図書刊行会により復刻される。

第五章　中国鍛冶技術の伝来

——天工開物と湯金技術——

日本列島を太平洋に沿って北上していく一筋の鍛冶と鉄器文化の流れがある。それは南は九州の西岸から始まって、北は陸中浜に至るまで、途中の幾つかの地域で途切れてはまた現われる断続を繰り返しながら、延々と伝播の跡を残してきている。中世末期の政治や社会状況に決定的な役割を果したポルトガル伝来の鉄砲も、この流れの上に乗って伝播されたのであろう。

この鍛冶文化の流れは、幾つかの地点から内陸へも拡がっていき、総体として、表日本側の特色を形作っているのであるが、地域によっては、技術の断片的な要素や特定の製品にのみ限って認められる場合もある。こうした場合には往々にしてその土地に固有の特色であると思われており、時にはその地での発明の如くに考えられてきていることも多い。しかし、もうすこし広くこれを見ていくと、東アジアの全体に繋がる鍛冶技術の伝播あるいはその定着と適応を考える観点で見直していくことが出来るものと思われるのである。

この一連の鍛冶と鉄器の技術は、技術や形態や目的といったそれぞれの個別の要素の複合によって成り立っていたものであると考えられる。それが伝播の過程で、それぞれ土地土地の事情にあわせて取捨選択されて、現在では一見なんの脈絡もない、ばらばらのものに分解されながら残ってきているのである。そして時には、これと全く別の系統や系譜に属する技術あるいは形態と部分的に習合してしまっている場合もあり、そうした場合には、それに伴う新しい個性と特徴とを生み出していった。だから、この技術文化に属する個々の要素は分散的に表われてくるところに特徴があって、一つのまとまった周域としてはそうは明瞭にとらえがたい点を持っている。したがって、その本質は、幾つかの徴候や指標を縒り合わせていくことから、ようやくぼんやりと全体像が浮かびあがってくるといった性質のものである。

日本列島に影響を及ぼした鍛冶の流れには、この他にも幾つかの潮流が考えられる。南から北へと伝播していった系譜の中にも、今述べた太平洋に沿って海伝いに北上していったものとはすこし異なった、別の流れをみることができるのである。

それは九州の西岸から瀬戸内海に入っていったもので、さらに畿内をも含んだ広い地域に独特の世界を生み出していった。こちらの流れは、有力な産鉄地帯である中国山地と隣接していたから、それとも関わりが生まれたし、また畿内を中心とする成熟した在来文化とも融合をしていった。だから、その影響の結果はさらに一段と複雑な過程を辿ったものであると想像される。

このような南から北へと伝播していった二つの比較的に新しい鍛冶文化の流れは、まだ十分に明らかにしえない。具体的な事になると全く乏しい資料しか残ってはいないのである。しかし、この文化は物と技術との複合体なのであるから、今後、個々の要素（技術・形態・機能）の特徴を収集し分析して、整理を重ねていくことで、徐々に伝播の実態と意義が明らかになってくるのではないかと私は考えている。

こうした作業をする上で最も力になりうるのは、案外に技術や形態の一部に埋もれている細部の特徴である。普段はあまり気付かない所に、原型が無意識の内に伝承されて隠れて保存されていることが考えられるのである。先に見てきた《湯金》も、今日までほとんど気付かれることなく保存されてきた伝来技術の一つであり、また、《付け刃金》や《割込み刃金》のような刃金付けの技法も見落とすことはできない。さらに、鉈の先に付いたハナ（トビ）や、柄付けの方法（ヒツ作り・ナカゴ作り等）も、その土地土地で自然に発明されて普及していったものと考える訳にはいかないのである。

周知のように、唐鍬のごとくヒツを持つ鍬は、古い時代、少なくとも中世前期までの日本では全く見られなかったものである。この様式の鍬をめぐっては後にもう一度ふれることになるが、改めてヴェルトの『農耕文化の起源』を持ち出すまでもなく、風呂鍬と唐鍬の出自は全く異なった系統に属するものであって、その発展の道筋はそれぞれに固有の意味をもっていたものと考えられる。

ところで、伝播や伝来を考えてみようとする以上は、当然に流れの源を考えておく必要がある。日本の鉄器や鉄工の技術が、古代以来この島で独自に発展してきたものばかりとは考えられないならば、どこかでかならず世界文明に接続されているものと見なければならない。そうであるとすれば、一本の鍬の歴史を考えようとする場合にしても、もうすこし大きな視野を必要とするのである。出来れば東アジアの全域に及ぶ鍛冶や鉄器の分布や系統、あるいはその伝播のあり方を考えに入れておく必要があるであろう。

それは即ち、隣国である中国や朝鮮半島の鉄鋼技術への関心を引き起す。そして更にそこから、より西方に位置するインドやイスラムとの交流、東南アジアの実状との比較、といった様々の問題に及んでいくが、そこまで行くと、これはもう当然に私の能力をはるかに越えることになってしまう。

しかし、そうだからと言って、この島の中にのみ目を向けて、ただ漠然と朝鮮半島から来たのだろうといい、東シナ海を黒潮にのって流れ着いたのだろうと推測することで済ましてしまう訳にもいかないように思われる。そこで、糸口の一つくらいは探っておきたいという考えから、以下に『天工開物』を中心にして中国の鉄器文化の一端をみていくことにしよう。

一　鋤と钁と鎛

明代の末期、崇禎十年(一六三七)の頃に作られた『天工開物』(1)は、中国前代の代表的な技術書として既に有名である。著者の宋応星は江西省奉新県の出身で、崇禎七年(一六三四)には、同省の分宜県教諭であったとされている。それまでに安徽省等で任にあたっていたということであるから、江南各地にも通じていたものと考えられ、『天工開物』はその体験を基にしてこの時期に著述されたものと推定されている。

その「第十巻　錘鍛」の章には「鋤鎛」の項目が設けられている。この「鋤鎛」は、明和八年(一七七一)に飜刻をされた和本では「クハ・イモジクハ」と訓ぜられている。

中国における〝鋤〟が、日本の〝鍬(くわ)〟に相当するものであるという考えは、『和漢三才図会』の「按鍬ハ須木　鋤ハ久波　二物の和名相反ヲ於今ニ謬リ伝也」という記述でよく知られているが、中国では日本の鍬にあたるものを表わす言葉は沢山あって、実態はあまり定かではない。そのなかに「鋤」と「鎛」と「钁」とがある。

まず問題の〝鋤鎛〟であるが、「鋤(chú)」は「鉏」の異字であって「耨」に通じている。即ち、これは〈草削り(中耕)〉の機能から来た名称であると考えられ、それに用いる農具の形態や用法とは直接に関わらない総称となっているのである。だから、かならずしも鉄先と柄との間に角度の深く付いた日本の〝鍬〟に類するものばかりを指すということではないらしい。

次の〝鎛〟については、『釈名』(2)によると「鎛、迫也、迫地去草也」とあって、以下、『爾雅』(3)には「鎛、鋤一器」と出てくるという。とすれば、〝鋤〟と〝鎛〟との間にはなんら相違がないことになる。この点はもうすこし詳しく考えてみたいが、その前に、鎛(hák)と钁(quák)を考えておこう。

私には、〝鎛〟と〝钁〟とは音の上で通じているように思われるのである。元の音は同じ意味内容を指すものであったが、それが後に分化をして、徐々に違ったものを示すようになった。そこには地域差といったことも関係しているのではないかと考えられる。

そこでまず〝鎛〟から見ていくと、この旁は形声であるが、それだけではなく意味も含まれていて、拡がる・広い・薄い・多い、といった状態を表わしている。即ち、薄や博に通じる意味を持っているのであるから、この字が作られた時には、そういう状態のものとして〝鍬〟が認識されていたのだと考えることができるのであろう。私はそこから初めは薄くて平らな面を持った鍬先を連想したのである。この形成文字の成立当時の鍬の形態を反映しているものと考えたからである。というのは、非常に古い時代の鍬はかならずしも広くなく、薄くもなかったと言えるからである。しかし、もう少し考えを深めてみるとそれだけのことではないようである。

「博（おびただしい、多量の）」の元の意味は、数を表わす「百(hák)」から来ていると考えることができる。「百」は即ち「多量」を表わす数字で、そこから、拡がる、薄く伸びる、といった状態を示すものに変化をしてきた結果が「博」であると考えられるが、一方「百」の字は「白(hák)が一つある」という意味を示す表意文字である。すなわち、古代に「百」の数字を表わすために（もしくは、多量であることを表わすために）、親指を一本立てて表現をしたから、それがそのまま文字になったのである。象形文字の「白」の古義は親指とその爪の形を表わしており、それを「白（後に転じて擘となる）」とした。

とすれば、金鍬を表わす最も良い表現は「鉑」であるはずだが、この字は金箔を意味しており、刃物の意味はない。いずれにしても、鎛と白とは一続きの観念の所産と考えることができるのである。要するに鍬を「鎛」と名付けたのは、親指の形態と働きになぞらえたからであって、柄に硬質の刃が組み付けられているその構造に由来したのである。

そう見てくると、すこし飛躍しすぎるかもしれないが、「鎛」は日本語の「ハ（ha 歯、刃）」につながるのではないかとも思われてくる。整地を表わすものに「耙(hā)」があり、これには爪のたくさん付いたものが用いられていた。古くはこれも鍬に類似のものであったようであるから、それとも関係があるかもしれない。

次に、「鎛」に近い表現に「钁」がある。钁は後述するように日本の唐鍬にあたるものであるが、『爾雅』には「斫也」とあって、古くは切断用具を指していたようである。だから、『和漢三才図会』はこれに「チョウナグワ」と訓じたのであった。それはともかく、私はこの語は日本の鍬の呼称である「クハ(qua)」につながるものと考えている。钁と鎛はどこかで通じている面があって、それが日本に持ち込まれたとすると、quákの終音が欠落して、日本の「クハ(qua)」となったのだと考えられないであろうか。

これに関連して言えば、沖縄本島では平鍬を「ファーグェー」といい、そして鍬を「グェー」または「クェー」と発音する。それが宮古諸島に行くと、「ファツ」あるいは「ファッツ」という。これなど鎛そのもののようであるが、八重山諸島ではさらに「パイペー」になるというのである。(4)パイは「白」の南方中国のなまりであるから、ここからもなにか判ってくるかもしれないと思われる。しかし、私はこの地域の音声言語については全く無知であるからこれ以上は止めておくが、これらの相互関係はもっと調べてみたいことである。

ところで、前述のように『釈名』では「鎛、迫也」と出てくる。しかし、「迫」は「逼(hiyók)」に通じる形声文字で本来は異なった発音であったと考えられる。とすれば、『釈名』は後漢にまとめられたものであるから、この時代には既に「鎛」の原義は薄れていたものとも思われる。

以上のように、「鋤」は機能や作業内容から来た命名であったのに対して、「鎛」は柄に硬い刃が付くという構造から来ており、より古い時代の名であったものと推定されるのである。これに関連して言えば、『王禎農書』の中の「農桑通訳集之三」の「鋤治篇第七」に「鎛、芸田器、古之鎛、其今之鋤歟」と考察されていることに注目したい。

古く『呂氏春秋』の「仕地篇」の中に「是以六尺耜所以成亩也、其博八寸所以成甽也、耨柄尺、此其度也」という記述があって、その大意は、「六尺の耜(犁)で耕地・畝起しを行ない、その後に八寸の刃幅の鎛を用いて溝を切り、畝間とする。そして、一尺の長さの耨柄（エブリか）で畝の幅を整える」ということであろう。(5) ここでは鎛の機能と耨とが区別されているようにみえ、この耕作方法を象徴して〈耕・耰・耨〉と表わすことが出来るという。とすると、ここで鎛は〈耰〉に用いられていることになる。この〈耕・耰・耨〉に対して、後代の耕作方法を〈耕・耙・労〉、水田耕作を〈耕・耙・耖〉と位置付けることができると言われているが、これについては専門書にゆだねたい。(6)

話はもう一度〝鎛〟に戻ることになるが、形声文字としての「鎛」はどのような形態を持ちうるのであろうか。そこで「鎛」の字を辞典でひいてみると、農具の他に楽器(鐘の一種)をも表わしていることが判る。即ち、「鎛、大鐘、淳子之属」と『説文』にあって、その意味するところは、古い鐘は楕円形であったが、これは錞子（矛戟の石ずき）のように正円に作るものであるという。(7) そうであるとすると、楽器の鎛と農具の鎛の繋がりを柄付け方法から考えてみることが出来そうである。なぜなら、農具の鎛と錞子との間には共通の要素を考えることができるからである。錞子は円形にくりぬかれてそこに柄が差し込まれているが、その構造はそのまま上向きのヒツを持つ農具と同じことになる。とすれば、楽器の鎛は農具の鎛から来たのだと説明してもよかったのであろう。しかし、もうこの時代には両者は似ても似つかないものに変化をしてしまっていたから、そこで錞子が登場してきたのではないかと思われる。たしかに、初期の鋳造青銅の鍬先とみなされているものは、円形ではないが中空に作られていて、これをひっくりかえせば鐘となったのである。それが発展した結果、後述する〝鏟〟と〝U字形鋤先〟とに分れていったのだと思われるのである。

二　鍬の柄付けの形式

ここで柄付け法の形式による種類をみておきたい。鍬や鋤のような形態を得るには、都合、三種類あったもののようである。ひとつは〝钁〟や〝鉄搭〟(後述)にみられる、鍬先にほぼ直角の柄が付くもので、横向きのヒツを穿ち、それに柄を差し入れる。この場合には柄と鍬先とは直角もしくはそれ以上の鋭角度になるから、押して用いる鋤には見合わず、打ち振って使う鍬に限られることになる。ヴェルトの分類によると、ハチェットの類とされるものである。[8]

次に、日本の手斧(ちょうな)のように、鍬先の上部に刃面に平行の袋状の〈上向きヒツ〉を作り、それに柄を差し込む方法がある。この時に柄が直柄であると〝鏟(スコップの形をした草取り・中耕用具、日本の鋤とほぼ同形)〟となる。これを両手に持って前方へ押し出しながら草削りあるいは中耕を行なう。しかし、鉄刃にすげる柄として直柄のかわりに曲ったものを差し込むと、今度は手前の方に打ち引いて草削りや中耕が行なえるものに変り、今度は鍬といってよいものになる。現在の中国考古学では、〈上向きヒツ〉を持つ鉄先の出土品は全て〝鏟〟とみなしているようであるが、柄の形状の選択によって二つの用法がありえたと考えることができる。

最後に、日本の風呂鍬と同じように木台にU字形の鉄刃を組み付けるものがあって、これも木台と柄の接合の仕方によって、〝鍬(臿、日本の鋤)〟とも、〝鋤(耨、日本の鍬)〟ともなりうる。日本ではこの形式が鋤と鍬の双方に用いられてきて、在来の鍬のほとんどはこれによって作られていた。しかし中国では、これは主として〝鍬(臿)〟として用いていたようで〝鋤(耨)〟にはほとんど見受けられない。中国の鋤には色々の言い方があって、地域によっても違っていて、『方言』には様々の例が出てくる。[9]しかし、要するに〝鍬(臿、日本の鋤)〟は地面に穴を掘るための道具であるから、土を起し、掘りかえす機能に着目すれば、日本の〝鍬〟も中国の〝鍬(日本の鋤)〟もその目的の上にはなんら相違があるわけではなく、むしろ草削りや中耕用具である中国の〃鋤〃とは異なるものなのである。こう考えると、「くわ」に「鍬」の字があてられてきたのは案外に間違いであるとは言いきれず、むしろ「すき」に「鋤」の字があてられてきたことの方に注意がいく。しかし〃鋤(耨)〃の方も、かならずしも日本の〃鍬〃と同じように、柄と鉄先との間に角度が付くものばかりを指すと限られていた訳ではなく、前述のように、機能や作業形態の方に力点がおかれた命名と言えるのである。

中国のU字形の鉄刃を持つ鍬は、出土品には幾らか見られると言うが、この形式は後代には受け継がれては行かなかったもののようである。出土品の場合には斧や手斧(ちょうな)と鋤鍬との境が明確ではないが、明らかに鍬とみられているものは戦国時代晩期の湖北省黄石市の近くから出土しているという。この他に、広西壮族自治区の平楽から出土したものも鍬と想定されている。[10] しかし、南北朝時代以後に鍬として用いられた例はほとんど見掛けられないから、専ら鋤先(臿)として使用されてきたものであると考えられる。鋤先としては、後に鋳造製品から鍛造製品に変化して、ごく新しい時代まで用いられてきたのである。『天工開物』の中の「焼犡房法」には鋤(臿)を持った人物が描かれていて、その鋤(臿)はU字形の鉄刃を木台に嵌めたもののようにみえる。また『チャイナ・アット・ワーク』[11]を見ると、こちらの鋤(臿)は鉄で全部の刃部を作り、〈上向きのヒツ〉に竹柄を嵌めたものが載っており、その構造は『王禎農書』の図に近い。

U字形鉄刃を持った鋤(臿)の分布は世界的に広く、これに対して、この構造を取る鍬の分布の方はかなり限られている。私の知っている近年までの使用例には日本(沖縄を含む)と東南アジアのジャワ島やバリ島の場合があるが、それがどの程度の拡がりを持っているかは判らない。そして、この事に関係して中国のU字形の鋤先と鍬先は、古くから華北や山東にみられず、湖北省の南部以南に多く出土しているように見えることに注目しておきたい。今後の出土情況を見守りたいと思っている興味深い問題である。

さて、以上の三種類の柄付け方法の中の、〈横向きヒツ〉の鍬と〈上向きヒツ〉の鍬の中味をもうすこし詳しく見ていくことにしよう。

钁と六角鍬

まず、鍬先に直角に柄が付く〈横向きのヒツ〉を持った鍬には〝钁〟がある。この形式は非常に古い時代から用いられており、例えば、戦国時代の晩期の遺跡からは山東省や河南省をはじめ、華北各地で出土しており、また、朝鮮半島においてもごく早い時代にほぼ同じ形態のものを出土している。[12] これらのヒツ鍬はいずれも鋳造製のものであって、製作技術や鉄の性質という点から考えると後代の鍛造によるものとは全く異なることになる。しかし、形態とそこから想定される機能を考えると、明らかに後代の〝钁〟につながり、中国の考古学文献でもこの字があてられている。そして、宋代には形態はそのままで既に鍛造製に変っており、鉄片の上辺に逆U字形のヒツを左右から挟み付けてワカシ付けをする現代と全く同じ方法が用いられてくる。この形式の出土品としては、北宋の河南省から出土したものがまず考えられ、次に金(南宋時代)には黒龍江方面にまで行き渡っていたらしい。[13] この鍛造による〝钁〟が日本にももたらされて、日本では〝唐鍬〟として受け継がれていったのである。実際、二十世紀初期の上海周辺の農具に詳しい『チャイナ・アット・ワーク』には〝钁〟とその変形種が数種類あげられているが、日本の唐鍬や開墾鍬と全く異ならないものばかりなのである。〝钁〟は、『王禎農書』には「根株を取りのぞくもので、農家が開墾するのに用いる。大小広狭があって、その総称である」との意味が記されている。

ヒツを持つ鍬の出土品には、この他に〝股鍬〟及び考古学上で〝六角鍬〟と名付けられている、やや横に広いもの

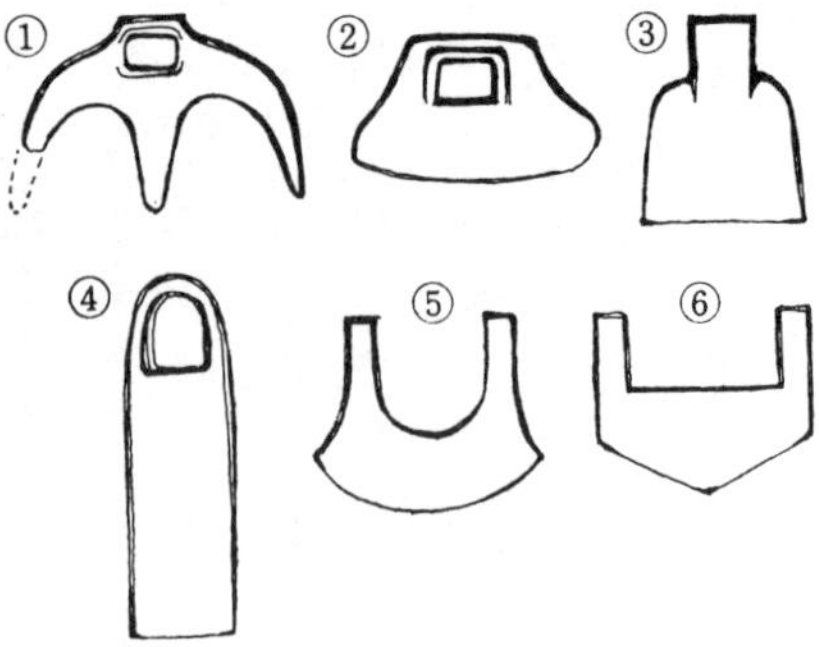

27図　中国古代の代表的な鋳造製農具
①股鍬　②六角鍬　③鏟　④钁　⑤鋤　⑥鍬

がある。〃六角鍬〃は河南省を中心にして南は湖南省の長沙付近、北は河北省から出土しており、内陸を南北に分布していたのではないかと考えられる。私の判断では、この鍬は草削りとしてよりも畝立てを目的としたもので、後述する〃钁〃と関係があると思われる。いずれにしても、後代にはこのままの形式では受け継がれてはいかなかったようにみえ、これを直接に受け継いだと思われる鍛造品はないのである。そこには農法の変化も関係しているかもしれないが、それよりも、この目的に対して〃钁〃や〃鏟〃が利用されていき、それが普及していったからではなかったかと思われる。

鉄搭

戦国時代以来の鋳造製の股鍬には幾つかの種類のものが出土している。たとえば、山東省の臨淄からは三本刃を持つものが出ており、河北省の易県からは五本刃のものが出土している。(14) しかしこれらは、形態から見て耕起用具であるというよりも整地用具として用いられたもののように見える。そして、これを受け継ぐと思われるものに、朝鮮で使用されてきた〃ソシラン〃がある。〃ソシラン〃は鍛造製の〈上向きヒツ〉を持つ三本刃の股鍬で、『朝鮮ノ在来農具』(15)には「内地ノ三本鍬ニ類似シ、爪ハ三本ヲ普通トスルモ、又二本ノモノモアリ。…略…柄以外ハ全部錬鉄製ナリ。…略…主トシテ厩肥ノ引出シ、堆肥ノ積換等ニ使用セラルモ、稀ニ耕起等ニモ使用セラル」とある。日本ではこの種のものは股鍬と区別されて〃手マンガ〃〃鉄熊手〃等と称されており、これには刃金が仕込まれていない。前文の中の「錬鉄」が具体的に何を指しているのかはいまひとつ判らない点があるが、刃金を仕込んで焼入れをしたといったも

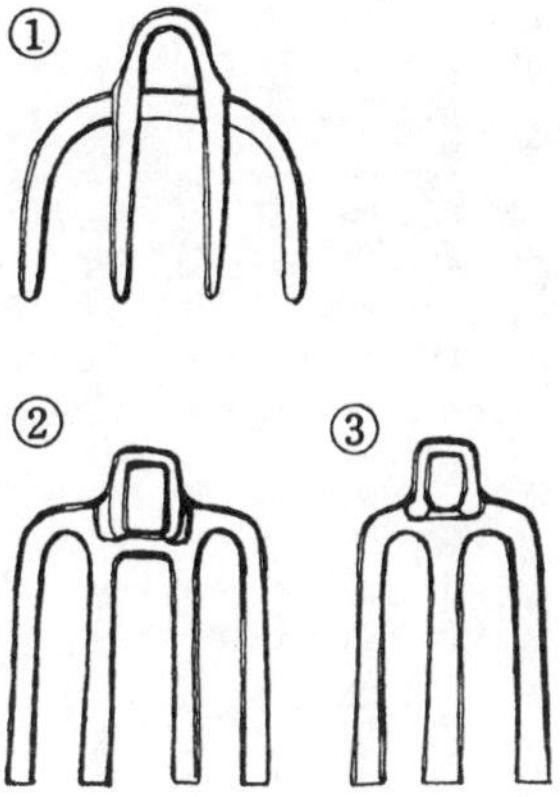

28図　鉄搭と備中鍬
①鉄搭　②四本備中鍬
③三本備中鍬

のではないと解すると、〃手マンガ〃に類するものであると思われる。

一方、中国の鍛造の股鍬には北宋時代の出土品があるが、前述の鋳造製のものが河北省や山東省から出ているのに対して、江蘇省の最南部、揚子江の下流の揚州からである。その形態は現在も使用されているものと全く等しく、製作技術の面から見ても些かも変るところがない。これには〃鉄搭〃と名付けられており、六本刃のものと四本刃のものとがあったという。前述の鋳造製品が奇数の刃数を持ち、朝鮮のソシランが三本刃である事に対して偶数刃であることが異なる。日本の〃備中鍬〃には三本備中と四本備中とがあり、その相違は現在ではかなりあいまいになっているが、その用法の基本にははっきりした違いがあったものと思われる。それが最もよく表われているのは関東地方の畑作に用いた〃万能鍬〃で、ここでは四本万能は耕起用(うない万能)、三本万能は中耕・畝立て用(サクリ万能)と明確に分れている。偶数刃の方が打ち鍬として安定していることの外に作り方も関係があると思われるのである。

『王禎農書』によると、北方の山田（この「北方」が黄河以南、淮河以北を意味するのか、さらに北まで含むのかは判らない）では〃钁〃が用いられているのに対して、南方では専ら〃鉄搭〃が用いられているという。即ち「南方農家或乏牛犁、挙此斸地、以代耕墾、取其疏利…」とあって、耕転を行ない土塊を返すと共に地ならしも兼ねるものであったらしい。私の見るところ、〃鉄搭〃もなんらかの経路で日本にもたらされたものと考えられる。それが日本型の股鍬を生み出す基となり、裏作の畑の耕起に用いられるに及んで定型化し、さらに東日本に乾田化が進むに伴って広く田鍬として用いられるようになっていったのである。

鐴・鑄

次に、考古学で〃鐴〃とみなされている、鉄刃の上辺に刃面と平行に〈受けビツ〉を作って、そこに柄を入れる形式のものを考えたい。実は『王禎農書』に付されている、〃錢・鎛・鑄・鎒・耰鉏・耬鋤〃には、ほぼ類似の柄付けを想起させる図が掲げられていて、いずれも〈差し柄式〉（すなわち、〈上向きの受けヒツ〉を持つ）ものとみられるのである。そこで、このうちの〝鐴〟と〝耰〟と〝鎛鉏〟とを比較してみることにする。

まず〝鐴〟であるが、これは既に述べたごとく、〈上向きのヒツ〉に直柄を差し込んで、前方に押して作業を行なうものである。中国の考古学では、上部に形態的にみて独立した〈上向きヒツ〉を持つ鋳造鉄器を〝鐴〟とみなし、刃部とヒツ部が形態上で分離していない袋状鉄器、U字形鉄器のことは〝鋤〟としているようである。しかし、鋳造製の鐴が全ての場合に直柄を付けていたかどうかは判らない。これに曲柄を用いると容易に鍬に類する形態が得られるし、実際に日本の手斧(ちょうな)にその例がみられる。

例えば、畝間削りの仲間の一つに〝耬鋤〟と称されるものがある。これは〝鐴〟と同じ柄付け形式を持った鉄刃（銀杏の葉の形をしている）に、すこし首の曲った鉄柄を付けて、それをさらに方形の木枠に組み付けたものである。木枠の下端の両側に紐を付けて、一人が挽き一人が木枠を持って押すというもので、慣れてしまえば一人で押すだけでも使えるという。王禎によれば、これとすこし異なった形式の〝耰子〟というものが燕趙（長城南部）の地でも用いられているという。こちらの方は朝鮮半島でみられる〝カレー〟の類ではないかと推測される(16)。〝カレー〟は、日本でいう鋤（U字形鉄先を持つ）の風呂(木台)の両側に紐を付けて二人で挽き、一人が押すという形式である。

ここで〝耬鋤〟をもち出してきたのは、鉄先に鍛造鉄柄を接続する事で柄付けの角度に自由を得る仕組みが生かされているからである。そこで次に、これと同じように鉄柄を用いることで柄付けの角度が自由に選べることを利用した鍬の例として〝耰鉏〟についてみることにする。それは「上有短銎、以受鋤鉤、鉤如鵝項、下帯深袴、皆以鉄為之、以受木柄」（鉄刃の上に短い受けヒツを作り、それに鉄柄をうける。鉄柄は鵝鳥の首のように曲っていて、もう一方の端は筒状に巻き

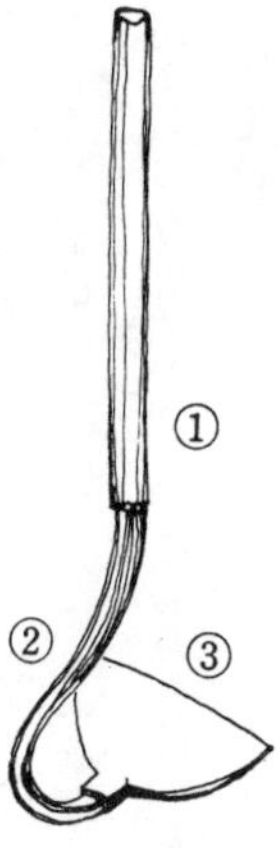

29図　耰鉏
（『王禎農書』）
①木柄　②鉄柄
③鍬先

込んである。それに木柄を差し込む）という複雑な形式に作られているのである。

〝耰鉏〟はその名称から後述の〈耰（畝あげ）〉に用いるものであったと考えられるが、北宋時代に河南省の禹県より出土したものがあって、その鍬先は写真で見る限り、鋳造製である。即ち、〝鏟〟と変らない鋳物の鉄先に、鍛造品の鉄柄を差して、これに更に木柄をすげている。こうすることでスコップのように押して使うものから、鍬のように引いて用いるものに変えることができたのである。

鋳造鉄先・鍛造鉄柄・木柄を組み合わせて作られた〝耰鉏〟は、主に秦（陝西省）地方を中心に用いられていたらしい。黄河の中流域、鄭州から西安あたりの農具らしいのである。王荆公の詩に、「煆金以為曲　揉木以直　直曲相後先　心手始両得　秦人望屋食……」とある。これを受けて王禎は、大意、北方の陸田（畑）ではことごとくこれを用いるが、揚子江と淮河の間では陸田があるにもかかわらず水田耕作の方法を用いて雑穀栽培にあたり、耰鉏を用いることを知らないという。そして、「但用直頂鋤頭、雖刃鋤也。其用如劚、是名钁鋤、故陸田多不豊収」（ただし鍬の頭が直角のものは用いる。刃物といっても鍬である。それは劚〔木切り〕のように〔打ちふって〕使用する。その名は钁鋤である。だから畑が多いわりに収穫があがらない）と述べている。

だから、〝耰鉏〟の使用地域は北方の黄河中流域から陝西省あたりにあって、淮河以南の畑作は主に〝钁鋤〟を用いてきたということになる。この点はまたふれる。

一方、〝鏟〟そのものは『王禎農書』の時代には古代のものとはかなり変化をしていたようである。古代の鏟は、「柄長二尺、刃広二寸、以剗地除草」（柄の長さが二尺、刃幅が二寸で、これを地ならし草削りに用いた）ものであったが、「今鏟与古制不同、柄長数尺、首広四寸許、両手持之」（今の鏟は昔のものとは異なって、柄の長さは数尺、鉄刃の幅も四寸あまり、両手で持って扱う）のである。私は古代の鋳造製の鏟が鍛造に変ることによって大形化したのだと考えているが、これには畝幅の取り方の変化も関係していたであろう。そして、この大形化した鏟は「今営州之東、燕薊以北、農家種溝田者皆用之」というのであるから、遼寧省朝陽あたりから北京にかけて用いられていたことを指している。もっとも別記に「嘗見燕趙北、亦伝遼池東」ともあるから、遼東半島でも使用されていたのかもしれない。そして、この地以外ではまだ見ていないというのである。但し、これによく似たものに〃鐙鋤〃というものがあって、江東の地(江蘇省)で用いられていた。〃鐙鋤〃については『和漢三才図会』には誤解があって、「今云唐鍬」となっているが、そうではないらしい。これも〈上向きヒツ〉に直柄を差したスコップ様のものを表わしている。刃部以外には縁が取ってあるためにこの名が用いられてきたという。これは完全な草削り用具で鋭い刃を持っており、土の表面をなぜるように草を削り取る、乾燥高温の南方畑作の土壌保水に適応したものであった。その用い方は『農具便利論』に「草削り、名むかふづき」と出てくるものとほとんど異ならない。

最後に再び〃鎛〃であるが、宋代には鎛はすでに〃耨〃の別名となっていたようである。銀杏の葉の形をした鉄刃に作り、共作りの鉄柄が曲り込んで、その端がヒツになっており、それに木柄が付けられる。形の上では前出の〃钁鉏〃と変らないが、前者が土ごなしを目的とするために丈夫な作りであるのに対して、これは草削りが目的であるから鋭利で軽量でなければならない。そのために鉄先は薄く作られ、鉄柄も共作りになっているのである。この考え方のものは日本にもあり、『農具便利論』に〃油揚万能〃や〃杏葉万能〃と出てくる。このうちの〃杏葉万能〃は単に形態や用法の類似だけではなく、鉄刃の形容に〃杏葉(イチョウ)〃が出てくるところも面白い。中国においても、この種の形は蛤や銀杏になぞらえることが多かったからである。なお、このような草削りに専用化した鎛は相当に古くから作られていたようで、前漢時代の湖北省棗陽からは『王禎農書』の挿図と全く変らない

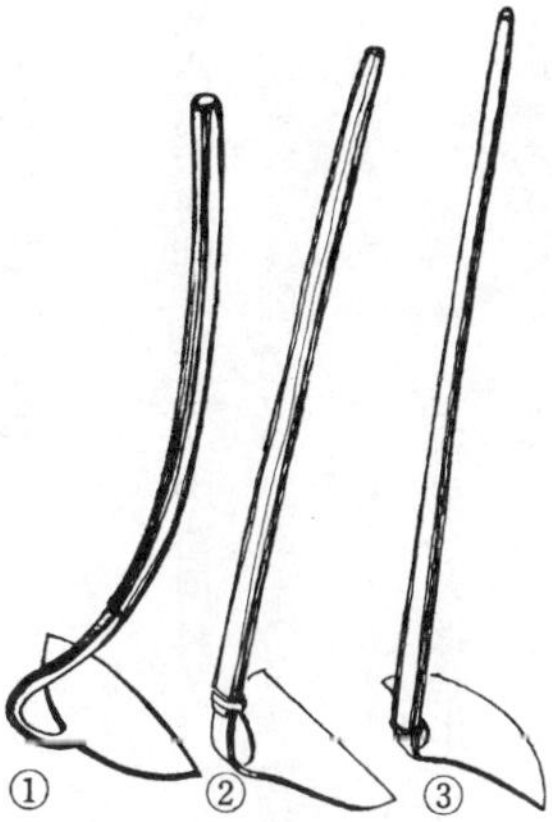

30図　鎛と万能
①鎛(『王禎農書』挿図)
②油揚万能(『農具便利論』)
③銀杏万能(同上)

ものが出土している。(17)

水田の耕起・除草・中耕用具

江東および広州の水田地帯の田草取りには、鍬に類するものは全く用いられてこなかった。指に竹管・鉄管を付けた手作業である。いわゆる〝鳥耘〟といわれる方法で雁爪(ガンヅメ)が普及する以前の日本と同じ方法であった。

しかし〝鳥耘〟を行なうのは日本でいう二番草取り以後のことで、一番草取りは〈足耘(あるいは耔)〉といって足で田泥をかきまぜる方法が取られていた。『天工開物』によれば、「植杖于手、以足扶泥」ということになる。そして、この作業を足に頼らないために〝耘盪〟という用具が宋元代から用いられるようになってきたのである。これは『王禎農書』に既に見えて、「江浙之間新制也。形如木屐、而実長尺余、闊約三寸、底列短釘二十余、簨其上、以貫竹柄」とある。この〝耘盪〟は明代の蘇州付近の農業を述べた『便民図纂』の「農務女紅之図」にも描かれており、そこでは〝搗杷〟といっている。(18)さらに『チャイナ・アット・ワーク』にも写真があげられていて、ホーメルの記述によると耘盪(Chinese Hand Harrow)は江南のどこでも用いられている訳ではなく、使う所と使わない所とがあるという。このことは『便民図纂』に記録されている一方で『天工開物』にみられないことと見合っており、『王禎農書』に耘盪は「既勝耙鋤、又代手足、水田有手耘、足耘」とあることにも符合する。しかし、その後に田草取りには鍬が用いられるようになってきたのである。そうなるのは稲麦二種制等の、田畑交互作が行なわれるようになるからである。

水稲栽培でもう一つ述べておきたいことは、鍬耕起である。前述のように『王禎農書』では、「南方農家或乏牛犂、挙此斸地、以代耕墾…略…兼有耙钁之效」とある。これを受けるように『天工開物』においても、「呉郡力田者以鋤代耜」と言い、貧農の家では牛の掛りがなく、秣の必要がない上に稲刈りの後に雑穀を作れるから、苦労して鍬耕をするだけのことがあるのではないかと述べている。『王禎農書』においては、ここでは钁と書かれているが実際に用いられてきたのが〝鉄搭〟であることは既述した。また、顧炎武の『天下郡国利病書』には、「上農多以牛耕、無犂刀耕、其制如鋤而四歯、謂之鉄搭…」と記されているという。(19) 〝鉄搭〟は『チャイナ・アット・ワーク』にも記述されており、その解説によると、二度の犁耕の後に表面を整地するのに用いているとある。

以上の事を背景として楊寛は、『天工開物』の〝鋤〟は即ち〝鉄搭〟を意味するものであると解釈している。(20) 氏によれば明時代末の『沈氏農書』(21)にある「倒田、墾田」という表現は秋耕および春耕を鍬によって行なっていることを表わしているのだという。そして『沈氏農書』に「古称深耕易耨、以知田地全要墾深」とあるのをあげて、深耕の意義を説き、深耕農法には鉄搭の使用が犁に劣らず有効であったのだと述べている。この説の背後には日本の水田鍬耕起のあり方を参考にした点があるのではないかと思われる。いずれにしても、日本の〝備中鍬〟の普及と直接につながる問題であると考えられ、今後、もっと詳しく調べていきたい事である。

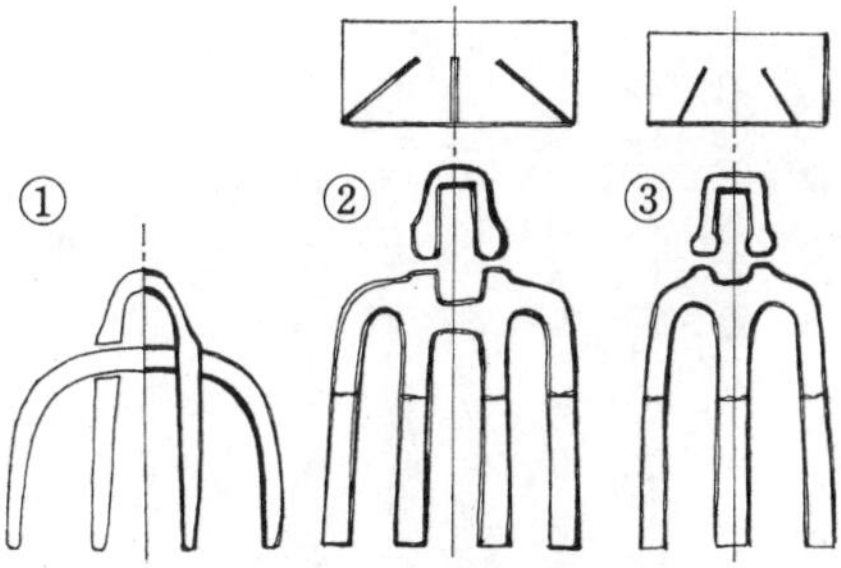

31図　鉄搭と備中鍬の火作り

①鉄搭。ワカシ付けでなくカシメで外刃を固定している。この方法に似たものは日本では三本備中鍬にみられるが，この場合は中心刃に外刃をワカシ付ける。
②代表的な四本備中鍬の作り方。
③代表的な三本備中鍬の作り方。

〝鉄搭〟と日本の〝備中鍬〟系統の股鍬との最も大きな相違はその製作方法にある。即ち、鉄搭は鍛接部分を全く含まず、二本の帯鋼鉄をホゾに組んで、カシメで固定し、同時にヒツも形作るという巧みな方法が取られている。だから、この方法で作る股鍬は必然的に偶数刃となり、基本的には四本刃なのである。『王禎農書』には他に六本刃のものがあったと記されているが、その作り方を想像してみると、四本股鍬の両端の刃をさらに割り裂いて刃数を増したものではなかったかと考えられる。

この外に二本刃のものがある。二本刃の股鍬は鍬の発生に特殊な意義を持つもので、古くは鹿の股角に穴を穿ち柄を付けたものであった。

この股鍬はヨーロッパ各地の新石器時代の遺跡から出土しており、[22]ヴェルトによると、鹿角を用いた二股のヒッツ鍬はカンピニー文化に属するもので、これがヒッツ鍬の出発点になったのだという。

『チャイナ・アット・ワーク』にはこの二本股鍬も記載されていて、それは山地で用いるものであるという。そこではこの鍬は硬い土を深く掘るのに向いているとあって、〝钁〟と同じような用法であったものと思われる。この二本股鍬の製作方法は、逆U字形に曲げた帯鉄の上部に横に丸棒鉄を貫き渡して、両端をリベットで接合する。逆U字形の部分と丸棒とでヒッツを構成するという訳である。即ち、前出の四本股鍬の二つの外側の刃を切り落とした状態と同じことで、中国の鍛造股鍬は総てが同一の考え方から生まれた製法によって作られていたことが判るのである。

これに対して、日本の股鍬には二本股鍬(たこ備中)・三本股鍬・四本股鍬とあったが、いずれもヒッツを別に作ってそれを鍛接する方法がとられており、それが製法や形態の展開に大きく影響している（ただし関東地方で〝万能鍬〟といわれているものは柄付け構造が異なる)。日本の股鍬が多様な様式を作り出しえたのは、ヒッツを鍛接することによってより自由な変化を生み出すことが可能になったからであった。即ち日本では〝唐鍬(钁)〟を作る技術を用いて股鍬を作るようになったからで、この点が〝鉄搭〟の系統と決定的に異なっていたのである。

以上のように、現在まで用いられてきた〝鉄搭〟の系譜にはヒッツ鍬の仲間とは異なる点があって、その意味でもヒッツ鍬である〝钁〟のあり方について、もうすこし考えていかなければならない。

中国のヒッツ鍬

これまで、やや寄り道をしながら『王禎農書』を中心として中国の鍬類を一渡り見てきたのは、〝钁〟についてその位置付けを明らかにしたいと思っていたからである。そこで今まで述べてきた事を整理をしてから、钁の問題に移っていくことにしたい。

前述のように『王禎農書』によると、北方の畑作地帯の場合には、畝あげ・中耕・草取り用具には二つの地域的な傾向といえるものがあった。その一つは河北省から遼寧省を含む〝鏟〟を用いている地域で、伝聞によると遼東半島もこの中に入っている。もう一つは黄河の中流域、陝西省、河南省の中原の地で、ここでは〝耰鉏〟を主に使用していた。共に鉄先だけに着目すれば、〈上向きヒツ〉を持つもので、相違は柄の付け方にあったものと考えられる。

さてそこで、今見てきた華北の状況に対して、淮河以南の様子はまた違うことに注目しておきたい。即ち、江淮の間（安徽省・湖北省を指すか）では畑地で〝钁鋤〟が使用されていて、淮河が境界を作っていたらしいのである。本来は開墾鍬である〈横向きヒツ〉を持つ〝钁〟が、この地域では（あるいはもっと南方内陸地域でも）、耕地作業用として使用され、更にこれによって中耕も行なわれていたものと見えるのである。

『王禎農書』の書かれた元代に既にこのような農耕用具の差があって、淮河以南で〝钁鋤〟が行なわれていたことは、後代の中国の鍬の発達に影響を持ったもののようである。そして、その境界が金と南宋との国境にあるように見えることも非常に興味深い。というのは、北宋時代には女真（後の金）の南侵に伴って、中原から多数の北方華人が南下、移住をしてきて、その結果、華北の畑作技術が南方の水稲栽培に重層していくことになり、これが南方農業を大きく発展させていったと考えられているからである。

江南の稲麦二熟制は隋唐時代から徐々に発展してきたが、最も大きな展開を示したのは南宋時代であったという。それは南宋の『陳旉農書』によく表現されており、(23)それを受け継ぐように『王禎農書』では、南方稲作技術を三種類に分けて記述している。その中には前述の鍬（鉄搭）耕起と関係する記述があり、泥田で犂が使えない場合には田に板を渡して、その上に乗って鍬耕を行なうというのである。このことは、中国南方稲作においては犂耕以外に湿田や山田では鍬耕起がかなり行なわれており、犂の利用以前には鍬が用いられていたことを暗示している。この他に、冬閑田耕作と稲麦輪作に関するものとがあり、その輪作についても少し見ておきたい。それは次の如くに行なわれていた。

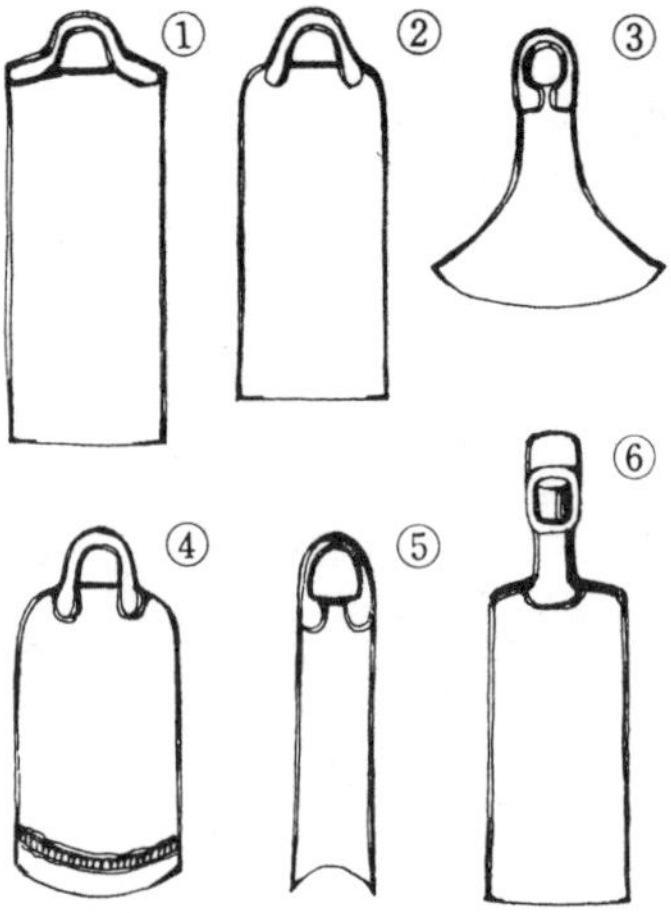

32図　钁（カク）とヒツ鍬
①②中国のヒツ鍬の例（付けヒツ）
③畑の除耕鍬（中国）
④ジャワ島のヒツ鍬の例
⑤钁の一例
⑥インド系のヒツ鍬の例（打ち抜きヒツ）

「高田早熟、八月燥耕而熯之、以種二麦、其法、起墢為疄、両疄之間自成一畎、一段耕畢、以鋤横截其疄、洩利其水、謂之腰溝、二麦既収、然後平溝畎、蓄水深耕、俗謂之再熟田也」

（早稲田は早熟するから、八月の乾燥している時に耕して土をかわかす。そこへ裏作の麦を蒔く。その方法は、まず土を掘り上げて高い畝を作る。すると畝と畝の間に自然に溝が出来ることになる。これで一回目の耕起はおわったわけである。そこで、その畝の両側を鍬で切り落としておくと、畝の水はすっかり抜けて溝にたまる。これを〈腰溝〉という。麦の収穫がおわると、今度は溝をうずめて平らに作りかえ、水を満して深く耕す。これを俗に〈再熟田〉という。）

この方法は更に発達して、明代の『便民図纂』にも記されている。即ち、「早稲収割畢、将田鋤成行壠、令四畔溝洫通水」（早稲米を収穫すると、鍬で畝立てを行なう。四方の畔溝に水をひき入れておく）というのである。

この畑作法は現在でも中国南方の稲と麦（もしくは稲・蔬菜）の輪作で盛んに行なわれており、広く東南アジア各地にも普及をみているものである。ここで注目しておかなければならないことは、この農法では大量の土あげを行なう必要があって、それに鋤鍬が用いられていたということである。この事と、後述する〝钁〟の汎用化とは深く関わっているものと思われる。

ここで鉄のありかたの方に目を転ずると、唐末より始まった民営鉄山は、宋時代に入ってからますます盛んになっていったようである。北宋時代の代表的な例として、江蘇省の利国監(徐州近郊)、山東省の萊蕪監(萊蕪県東南)が有名であるが、前者は三十六箇所の製鉄場(冶)を数え、一箇所ごとに百余人が働いていたといい、後者の場合にも十八箇所を数え、「戸主五百六十二、客一千八百八十九」と記録されている。この民営製鉄業の興隆は、その拡散を急速にもたらしたようで、北宋時代の初期には、四監、一二冶、二〇務、二五場といわれたものが、南宋では六三八冶にまでなったという。(24)

こうした状況の中で、犁以外の鉄製農具は急速に鍛造製に変化をしていったのだと考えられる。例えばここで取りあげている〝钁〟についても、『王禎農書』では、「当使熟鉄鍛成鑱尖、套於退旧生鉄鑱上」(熟鉄を鍛えて作った鍬先を使う。長い間に昔の鋳物の鍬先は使われなくなった)と出て来るのである。

このような鋭利な鍛造の钁は揚子江流域の新たな耕地開墾に重要な働きをしたものと推測される。即ち、開墾に際して「沿山或老荒地内、樹木多者、必須用钁劚去」(山沿いや荒地の中で樹木が多い時には、必ず钁を用いて切り拓かなければならない)とあり、さらに詩云として、「銎柄為身首半圭、非鋒非刃截然斉」(ヒツと柄とが全体を形づくり、鉄刃の形は圭〔角錐台形の玉〕の如くである。鋒〔ほこ〕ではなく、刃物でもない。しかし切れば同じようによく切れる)と出てくるのである。こうした開墾鍬の普及は、〝钁〟の用途を徐々に拡大していったのではないかと思われる。その結果、単に荒地の切り拓きに用いるばかりではなく、畑の草取りや中耕にも使用されるようになっていくのである。

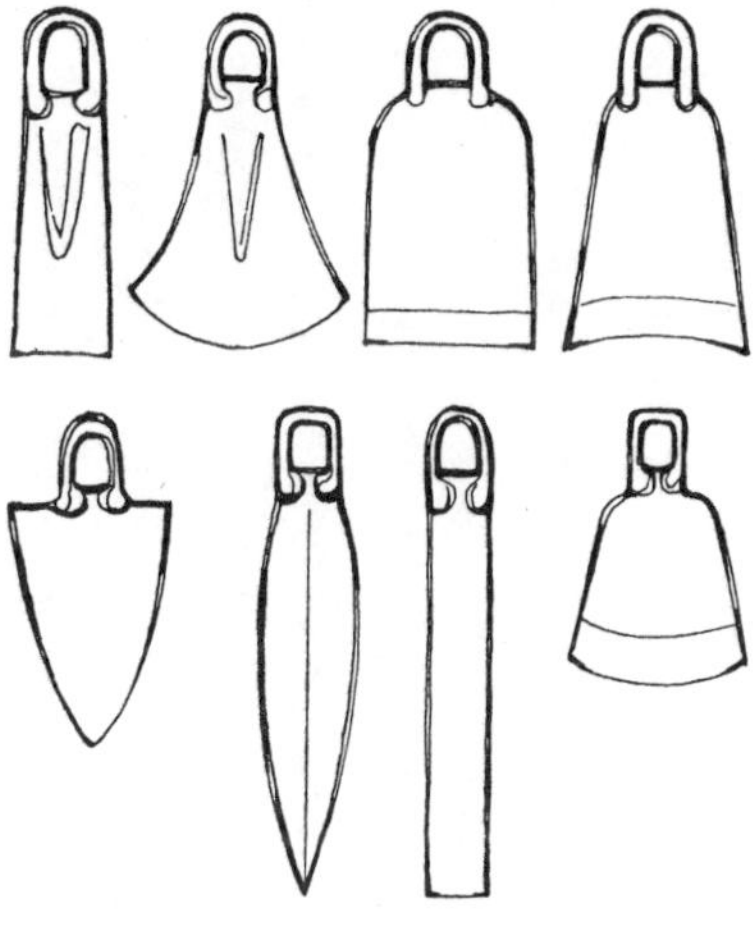

33図　日本の唐鍬

唐鍬は様々の刃先の形を作り得る点に特徴がある。そのために開墾や土木に限らず，鉱山や山畑等で用いられた。

時代が下るが、『天工開物』の「麦工」を見ていくことにしょう。その記述によると、麦作りも北方と南方とではかなり異なっていたことが判る。北については省略するが、南では「多耕多耙」（犁でよく耕し、馬鍬で十分に整地をする）の後に灰をまぶした種を蒔き、足で踏みかためていく。その後は努めて鋤（日本の鍬）で、中耕と草取りを行なうようにする。そして、「凡耨草用濶面大鎛」（草取りには広い面を持った〃大鎛〃を用いる）と記載されている。

この〃大鎛〃が具体的にどんなものであったのかは「耨」の図に描かれていて、それが〈横向きヒツ〉を持つ〃钁〃に似たものであることが判る。この形式のヒツ鍬について『チャイナ・アット・ワーク』の記載をみると、これは中国のごく一般的な鍬であるという。そして刃面が平らなものの外に、山地では凹面を持ったものも用いられていたとある。要するに、少なくとも明代以後の南方の地では、鍬の代表的な形式といえば、この〈横向きヒツ〉を持つものを指すようになっていたのである。

『天工開物』の挿画に描れている鍬の類はすべてこの〈横向きヒツ〉の形式になっている。例えば、「銅鉛を取る図」にこれが出てきて、「錫を取る図」の場合も、石炭を掘っているのも、銀鉱で用いているものも、この形態であるようにみえる。ただし、以上の鉱山で使用されているものには、〃钁〃の字があてられていて、この点が農業用の場合とは違うようである。例えば銀山の場合には、「採鉱篝燈、逐径施钁、得礦方止」（鉱夫はかがり火を持って、鉱塊をみつけるまで钁で掘り進む）となる。また、石炭の場合には、「施钁拾取」（钁で拾い集める）というのである。

このように『天工開物』にみられる鍬は〃ヒツ鍬〃であって、ここでは農家で用いる〃鎛〃と鉱山等で用いる〃钁〃とに区別されていると推定することが出来る。こうして何時の間にか、〈上向きヒツ〉を持つ草取り鍬の〃鎛〃は、〈横向きヒツ〉を持つ〃钁〃の仲間に変ってしまっているのであった。

私が『天工開物』の書かれた江西省の南昌を訪れたのは、江南の杭州から杭広快急を利用した長い汽車の旅によってのことであった。その汽車の窓から見る農村の風景は、内陸に入っていくとそれに従って少しずつ変化していき、江西省に入ると赤土の未墾地が延々と続く景色をみることができる。その間にぽつりぽつりと人民公社の集落が点在しており、その周辺に水田が開かれているのであった。そして、そこでも江南や珠江デルタの水田地帯と同じように、長い柄をすげた〝ヒツ鍬〟を担いだ農民達が畔道を行き来していた。季節は夏であって、もう早稲の収穫も一部で行なわれていた。（広州付近は、水田二作の間に畑作りが一回入るという。）

農民の担いでいる鍬の柄は、肩の高さくらいの長さがあった。『チャイナ・アット・ワーク』には五フィートと出てくるから、ほぼ一・五メートルということになる。それを専ら田畑の草取りに用いているのであった。『天工開物』に記述されている麦畑の草取りが、そのまま田でも行なわれていることになる。前に見てきた〝耘盪〟の役割をここでは鍬が果しているという訳である。

南昌の町のはずれには、街道に面して両側に十軒ほどの鍛冶屋が集まって営業をしていた。その状態は、炉の構造や鞴あるいは金床などの道具類に中国鍛冶技術の特徴をよく保存しており、鍛冶の技術と鉄器文化を考える上でなかなか興味深いものであった。それを詳しく見ていくことから日本の農鍛冶との比較研究も可能であると思われるが、これは別の機会にしたい。いずれにしても、鍛冶屋の社会的なあり方は日本の場合とそう基本的には違わないように見受けられたのである。ただ中国の鍛冶屋は今日も若者が従事しており、それだけに活気があって、今日も「生きている」といった印象を受けた。この点だけは日本の実状とは比較にならない。

こうした鍛冶屋は、現在は公営と私営の二通りの営業方法があるとのことであったが、南昌の場合にどのような歴史を持ち、現在どんな形式で運営されているのかは全く知ることが出来なかった。ただ、この町の一角の様子からみるとかなり古くから伝承されてきたのではないかと想像されたのである。そしてここでは、鉈や木割り刃物と一緒に数種類の〝ヒツ鍬〟が作られており、売られていた。そのヒツの接合形式や形態は、沖縄や南西諸島でみられるヒツ鍬と非常に似ており、両者の間に親密な関係のあることを示していたが、このほかに〝鉄搭〟もみられたから、ここでは二種類の鍬が並用されているらしいのである。

残念なことに、珍しい外国人の見物に人だかりが激しくなって、案内に立ってくれた旅行公社の係からも先を促され、十分に話を聞くことも記録を取ることも出来なかった。一日か二日でも一人で勝手に町をふらつくことが出来て、鍛冶場を見物する機会があったならば、もうすこし具体的に江西の農具の性格を知ることが出来たと思われる。

このヒツ鍬は更に南方へも普及をしているもののようである。帰路に湘潭から衡陽・韶関、そして広州までこれも汽車で南下した。古くから客家の居住地であった南嶺を越えて広東の地に入り、北江に沿って広州平野に入って行くのであるが、水田地帯に入ると、それにまざって畑が作られている。水田二作に畑一作の輪作を組んでいるのである。その畑はきちんと短冊形にあげ土をして、周囲に溝を深く掘って水を湛えている。全く『便民図纂』の記述のままである。ここでも、溝の水を汲みあげて蔬菜に撒いていたり、水田の草を取っている風景が車窓から見られたが、農民が担いでいる鍬はやはりヒツ鍬で長い柄が付いている。何人か並んで田に入り、これで泥をかきまわし、雑草を埋め込んでいく。要するに、『天工開物』で麦の草取りとして描かれている様子はそっくり田にもあてはまるということが確認できたのである。

唐鍬・山鍬

ここで話を日本の方に戻してみたい。日本のヒツ鍬は〝唐鍬〟によって代表されているが、その〝唐鍬〟はかなり複雑な性格を持っていて、なかなか見極めがたい所があるのである。その使用方法や製法は東日本と西日本とでは微妙な差を持っており、そこには普及の時代差が反映しているようにみえ、普及に際しての目的にも違いがあったように思われる。そして、唐鍬と風呂鍬の間にはなんらかの使い分けがあったのである。

東日本の場合には、これを鍬の一種と考えるよりもむしろ根切り用の刃物とみなして、意図的に刃物の作りに仕上げている鍛冶屋が多い。このことは『王禎農書』の中の、「非鋒非刃截然斉」の気持に通じている。その利用方法は荒地の開墾に用いることが第一の目的であるが、その他に現在では果樹栽培の植替えの際の株起しなどにも使用されているから、特に刃先の切れ味が大切になってくるのである。一例として秋田県の例をみると、いわゆる秋田杉の植林地では、下刈りの後に苗木を植え付ける際に根穴を掘るのに専用化した唐鍬がある。山地には雑木の根が多いから切れない唐鍬では役に立たず、また使いも激しいからいい加減な作りでは間に合わなかった。そのために現在では全鋼の角材から鍛えて、《抜きビツ》（ヒツ穴を打ち抜いて拡げる方法、鍛接して作る《付けヒツ》に対して言う）にして丈夫で鋭利なものに作っている。一昔前まではその材料に林業用の軌道トロッコのレールの廃材を用いていたという。

東北地方では太平洋側から内陸部へかけて、平鍬(風呂鍬)を作る場合には湯金を使用してきたところが多い。以前には特に〝刃金〟を付けた鍬を希望するものがある時に限って、たまに玉鋼を鍬先に付けるということがあったが、それは例外的なことであった。そして、この例外的な刃金付けの鍬の場合に、それに用いる刃金(玉鋼・分銑)の精錬は《一回ワカシ》といった。刃金を鍛える際に、火に入れてワカシ合わせをする回数を一回だけに限ったのである。その理由には手間を惜んだのだということもあろうが、もうひとつは鋼の中の炭素量の低下をきらったからでもあった。従って、平鍬に使用する刃金はかなり粗製のものということになり、硬度があり磨耗しにくい点に特徴があったが、これでは切れる刃物にはならなかったのである。要するに、平鍬先は切れ味ではなく耐磨耗性の方を意識して、ワカシ合わせの回数を一回に限っていたのである。

これに対して通常の薄刃刃物を作る時には三回程度のワカシ合わせ、すなわち折り返し鍛造を行なっていた。ワカシ合わせを三回繰り返すとそれだけ十分に精錬されてむらが少なくなるが、それと同時にある程度は炭素量も低減することになる。そして、強度を要求される厚刃刃物を作る場合にはワカシ合わせの回数を更に増して、《五回ワカシ》

といわれてきた。厚刃刃物は刃金層も厚いから、十分に錬り合わせてむらのないものにすると共に、炭素量の方もかなり低いものを用いるのである。水焼入れの際の変形は炭素量が多ければそれだけ激しいから、厚物にはやや甘い刃金を用いるのが常法ということになる。

このように、鍬には粗製ではあっても高炭素のものを利用してきた。同じ理由から湯金には刃金とは違った磨耗しにくいという利点があったのである。

ところが、唐鍬は厚刃刃物と同じ扱いで、《五回ワカシ》によって仕上げた刃金を使用するという話であった。このことから、唐鍬と平鍬との間にある本質的な性質の差が明らかになる。唐鍬はヨキやマサカリなどと同じ性質を持った刃物と考えることができ、その用法も刃物の方に近かったのである。

以上の事を要約すれば、東日本、特に東北地方に普及していった唐鍬は木の根などを剪断するものとしてであって、だからこそ開墾のためには重要な欠くべからざる用具となったのである。開拓時代の北海道には様々の形態の唐鍬が流れ込んで用いられていたが、それは今述べてきた系統に属するもので、そこでも大きな役割を果してきたのである。これをもう一度別の鍛冶屋の話で表わせば、唐鍬はウケホリ(ウケホリヨキ・キリヨキ)との組合わせで用いるものである、ということになる。この考えからは、唐鍬とウケホリとの相違は刃先の向きが柄に対して平行になるか直角になるかの違いにすぎないことになる。だから、この場合の唐鍬は手斧とほぼ同じ機能を持つものであるということになり、そこから〝チョウナ鍬〟の別名も生じてきたのだと思われる。

以上のように、東日本の〝唐鍬〟と湯金を用いる〝平鍬〟との間には基本的な性質の違いがあったことが判るのであるが、しかしその一方で、東海地方の山間や瀬戸内海の島々あるいは南九州にみられる唐鍬のあり方は、これとはかなり異なっているようである。そちらの方も見ておくことにしたい。

一般に西日本では、唐鍬は傾斜畑で用いられていることが多いようで、東海地方の山間での利用は明らかに焼畑の鍬と考えてよいものである。

焼畑の場合には農耕具が元々あまり発達しておらず、またその必要も少なかったようにみえる。股木を利用した一木作りの木鍬一丁でも十分に間に合ったのではないかと思われるのである。実際に大井川流域の焼畑では〝キッカ〟という木鍬が近年まで用いられてきている。(25) 一木作りの鍬台に鉄刃をはめた鍬が信州や越後山間、東北地方で用いられていたことはよく知られているが、これと、いわゆる平鍬(風呂鍬)とはどうも系統に違いがあるように思われる。私の考えでは前者は〝キッカ〟の流れを汲むもので、焼畑が常畑に変っていくことと、里から鉄刃を作る鍛冶職人が山村にまで入ってくるに及んで生み出された様式ではないかと思っているのである。

立木を一木作りの鍬台に向くような枝ぶりに仕立てあげるためには、それ相当の手間と技巧を必要としたもののようである。にもかかわらず、木表と木裏の伸縮の差のはげしい日本の木の性質から言うと、一本作りの鍬台は鉄刃には馴染まないものだったのである。だから、時にはがたがたになった鍬先のV形のみぞに古布などを詰めて、抜け落ちないようにしながら用いていた。なぜならば、一木作りは木表側が収縮するために、鉄刃を内側から突っ張って保持出来ないからであった。この点が柄と風呂(鍬台)とを別に作る場合と決定的に異なるところである。

柄と風呂とを別に作って組み立てる平場の鍬の場合には、風呂は木表を外に向けて、木裏の方に柄を付けるのが原則であった。こうして風呂の向きが一木作りの場合とちょうど逆になる。そのために、柄と風呂のホゾはしっかりと組み付き、鉄刃の方も風呂の変形が少ないから抜け落ちないのである。もっともこれにも例外はある。『農具便利論』に「金谷付近の鍬」と出てくるものも例外の一つであるが、これは鍬裏を平らにして、風呂の厚みを鍬表(外側)の方に取っているから、通常の鍬とは反対の木裏側に柄を付けている。この鍬については既に述べた。

私は、木鍬(キッカ)の流れを汲む一木作りの鍬と、柄と風呂とを特殊な構造を持つホゾで組み付けて作る平鍬とは系統的に異なるのだと考えるのである。即ち、前者が古い形態であって、そこから徐々に後者が生じてきたというものではなく、それぞれ固有の性格と歴史を受け継いできたものとみたいのである。

『百姓伝記』には鍬柄の選択に関する記述があって、「おし取りの木ハゆかむことはやく、またしらた多くて、くさる事はやし」として一木作りの鍬柄に否定的である。これと同様の考えは他にもみられるから、山地と平場では鍬柄に対する考え方が違っていたのだとみることが出来る。

一木作りの木鍬の流れは焼畑につながるもので、それに鉄刃が付くのは常畑化して耕起を必要とするようになるからである。この過程で、木鍬に鉄刃が付くのではなく、〝唐鍬〟ないしは〝ヒツを持つ鍬〟が山畑に入っていったところも西国では多かったようにみえるのである。

四国の観音寺近郊の鍛冶屋を訪ねた時に、ここではただ〝唐鍬〟という単一の名称で、十種類近くの色々の形の製品を作り分けて商っているのを見せてもらった。この時に聞いた話によると、この地方の平野部は以前から犁耕が行なわれて来たから、風呂鍬は補助農具として畔まわりの耕起や、畔塗りなどに用いられてきたという。これに対して山畑では、様々の形態の唐鍬や股鍬が、それぞれの状況に合わせて使い分けられていたというのである。周知のように瀬戸内の沿岸の半島部や島々には急な傾斜畑が多く、そういう所では一般に風呂鍬は使用されてこなかったようにみえる。そして、このような〝ヒツを持つ鍬〟の利用は唐鍬や股鍬に限られている訳ではなく、西日本では東日本には全くみられない〈ヒツ作り〉による平鍬がかなりあったらしいのである。それを土地によっては〝山鍬〟とも呼んでおり、もっぱら畑作りの鍬であったことは明らかである。

『愛媛県農具図譜』(25)を見ると、風呂鍬としては〝丸先鍬〟と〝角先鍬〟があり、これらの鍬先は短く、古い時代の様式を残している。このことは既述した。その外に鋳物の刃を持った犁先鍬もあって、これは開墾や土工用の土起しの鍬であるらしい。そして、それと全く別に「平鍬」として〝ヒツ鍬〟が描かれているのである。

同様の例は熊本県の台地部や天草などにもみられ、やはり〈ヒツ作り〉の鍬がかなり用いられている。どうやら西九州では風呂鍬とヒツ鍬とが共存をしているようにみえ、沖縄や南西諸島に繋がっているのである。[26]

ヒツ鍬と《湯金作り》

ここで話がまた飛ぶが、東南アジアの水田でも日本と同じような風呂鍬が用いられてきた所がある。私の実際に見聞きしてきた地域は、マレー半島やジャワ島やバリ島に限られるが、古くはマレー稲作は風呂鍬一本で行なわれていたようなのである。そこに水牛にひかせる犁や馬鍬が入ってきたのであるが、それでも中部ジャワのテラス水田のように、鍬一本の稲作は今日もかなり行なわれており、現在でも風呂鍬の名残を見ることができる。

例えば、西部ジャワのバンドンに近いチアンジュール盆地の水田では、鉄の風呂に鉄刃を組み付けた〝改良風呂鍬〟とでも言うべきものが用いられている。木柄と鉄の風呂と鍬先の、三つの部分を組み合わせたものなのだが、〈ヒツ作り〉の唐鍬や鋳もしくは钁とは全く異なるのである。[27]

しかし、現在ではジャワ島やバリ島でも大勢は〝ヒツ鍬〟へと移行をして、ほとんどのところではもう風呂鍬を見掛けることはないであろう。これほど〝ヒツ鍬〟が一般化しているのに、興味深いことは、いわゆる〝唐鍬〟の類はこれとは少し異なる作りで出来ており、それにはインド方面からの影響を感じさせる。

いずれにしても、ジャワ島に〝ヒツ鍬〟が普及をしていく背景には、華僑の影響が大きかったものと思われる。十五世紀、鄭和が東南アジア大遠洋航海を行なった時代に既にジャワには一千余家の中国人がまとまって居住をしていたという。[28]その後に多くの広東人と漳州人がジャワに渡ったといわれているが、この内の広東人は鍛冶屋の親方としても知られ、小工場の経営にあたっている者も多いという。[29]更にオランダ植民地時代のエステイト農業(大規模農業)が関わってくる。オランダはエステイトの開発、維持のために多量の中国人移民を受け入れていったからである。

その結果、ジャワ島においては中国の鍛冶技術の影響を色々の面にみることができる。例えば、ジャワのヒツ鍬は、基本的には日本の《割込み刃金》と同じ方法で作られており、これが中国からもたらされたものであることは明らかである。そして、中部ジャワのジャワ海側の小さな町、ブレベスで売られていたヒツ鍬には〝鋳物鉄〟が熔かし付けてあった。この〝鋳物鉄〟は《湯金作り》を意味するのである。

ジャワの《湯金作り》の実際を見ることは出来なかった。だから、出来上がった製品から推測する以外に方法はないが、その目的や技法は日本の鍬の場合とは多少異なるようである。むしろ日本の場合でいえば、鋤先に用いた例に近いのである。古い〝江州鋤〟や〝京鋤〟には銑をたらすことが行なわれていた。基本的な点では《湯金作り》と変らないが、工程を細かく見ると鍬の場合と違いがない訳ではない。

ジャワ島のヒツ鍬も日本の鋤先の場合にも、完成した形に打ち上げておいてから、その片面に銑鉄を流すのである。だから、地金の上に固着した銑鉄をその後に更に打ち延すということは行なわれない。熔かし付けた後から打ち延しを行なわないということは、流し付ける銑鉄の量に制限がないということになり、たっぷりと盛り上げることが出来る。鋤先は鍬先と違って打力で用いるものではないから、銑鉄を多量に盛ったからといって割れたり欠けたりする心配は少なかった。そして、熔かした銑鉄が凝固しかかった時に鉄で作った櫛ベラでならして櫛目を付ける。これは土放れをよくするための工夫である。あまり平らな鉄面では、粘質土の場合にへばり付いて作業が困難になるからである。これと同じことがジャワのヒツ鍬にも行なわれていたということなのである。このヒツ鍬にも、帯状に盛り上げた銑鉄に土放れをよくするための細かな凹凸がきざみ付けられていた。

三　『天工開物』の鍛冶技術

『天工開物』の淋口法

『天工開物』の「鋤鋳」の項には次のごとくにその製法を記してある。
「熟鉄鍛成、鎔化生鉄淋口、入水淬健、即成剛勁、毎鍬鋤重一斤者、淋生鉄三銭、為率小則不堅、多則過剛而折」
（熟鉄〔地金〕を打ち鍛えて、生鉄〔銑鉄〕を熔かして口にそそぎ、それを水に入れて焼きを入れると硬化する。一斤の鋤鍬ごとにそそぐ生鉄は三銭である。少ないと堅くならず、多いと折れやすくなる。）

ここで〝熟鉄〟といっているものは、日本の〝地金〟に相当する。但しその製法には大きな相違があって、日本の近世に一般的であった千割鉄・万割鉄のように、大鍛冶による鍛造脱炭から得るのではなく、炒炉を築いてその中で銑鉄を熔解させた上で、攪拌して空気の還元力によって脱炭する、いわゆる液体脱炭によるものであった。〝生鉄〟の方は鋳造に用いる〝銑鉄(ズク)〟のことを指している。

この技法をここでは仮に《淋口法》と名付けておくが、一見しただけでこれが銑鉄を地金の上に熔かし付けて刃先を硬化させる《湯金》の技術と非常に近いものであることは明らかである。この記述はあまりに簡潔なために技術の細部まで詳しく知ることができないが、もうすこし理解しやすく補足を加えて述べると、それは次のような工程になるものと思われる。

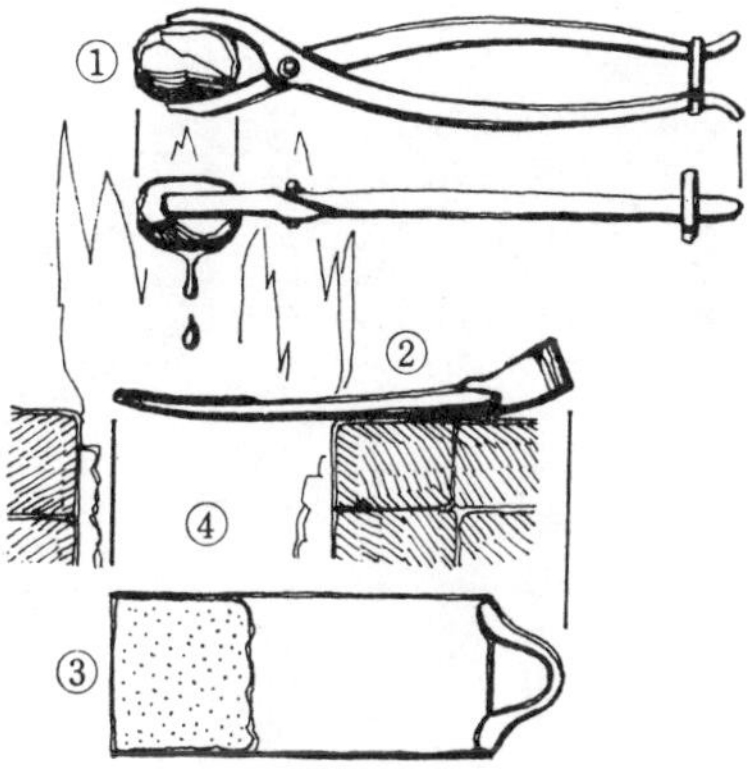

34図　淋口法想定図
（『天工開物』による）
①銑鉄塊　②鍬先　③銑鉄を流した刃先　④炉口　十分に加熱した熟鉄に銑鉄を滴下させる。

初めに、地金（この場合には熟鉄）を十分に鍛えて鍬の基本形を作りあげる。これは吉田の鍛冶町の所で、「鍬下地」と述べられているものに相当する。日本に現在まで伝承されている《湯金》の技法は、前述のようにこの上に銑鉄を流した後に改めて刃先だけを打ち延すことになる。しかし、この場合には打ち延しは行なわれていないようである。

鍬先には泥か藁灰を塗付しておいて、これを炉にかざして加熱す炉の上にかざす。

る。その一方、別に適当な大きさの銑鉄のかけらを用意しておき、地金の加熱具合を見計って銑鉄片をハシでもって炉の上にかざす。

中国の鍛冶屋の炉の形式には幾つか種類がある。しかし、いずれも立って作業をしたから、日本のように土間を木炭粉で打ち固めて、その窪みの横に羽口(風口)を据置いて風を送るという形式ではなく、独立した炉が築かれている。『天工開物』にみられる鍛冶炉はいずれも方形にレンガを積んであり、その中心に円形の炉口がみえる。この形式は今日も見ることが出来るもので、炉底に風だまりがあり、鞴から送られてきた風はそこに溜まり、下方から吹き上がるように作られている。もっとも、こうした構造の炉が築かれるのは、単に作業上の問題ばかりではなく燃料の種類も関係してくる。中国南方では森林が少なく、山といえば禿山と考えてよいほどであるから、古くから燃料には石炭粒や石炭粉を固めたものが用いられてきた。鍛冶屋では石炭粒を使うことになるが、そのまま炉に入れると風の勢いで飛ばされてしまう。そこで石炭粒に水を打っておき、それを炉壁にはり付けて用いるのである。だから、中国の鍛冶炉の特徴は風が下から上へ垂直に吹き上がることと、風力が強いことである。その炉口の周囲にはかなり幅の広いフランジが設けられている。袖にはハシや金鎚などの道具を乗せることができ、また、半製品に余熱をあたえるのにも利用される。

さて、炉口に置いた地金が白熱してくる頃には、もう一方の銑鉄の方も表面が汗ばんだように熔けはじめる。そして次にぽたりぽたりと滴下して、激しい火花を出しながら地金の刃先に浸透していくのである。こうして十分に生鉄を吸わせた後に焼きを入れることになる。

擦生法と蘇鋼技術

中国各地には、『天工開物』の《淋口法》とほぼ似た方法で《擦生》という技術が伝承されてきていたという。それについては、淩業勤が各地の実地調査を行なって発表をしている。(30) その報告によると、鋤・鍬・つるはしなどに用いて評判のよいものであったという。また、この技法はそれぞれ地域で個々の伝承的な方法が用いられてきたから、土地によって多少の差があったし、用いる銑鉄の質にかなり影響されたと言われている。山西省の例では、専ら山西省の陽泉で作られた《ルツボ法》による〃ねずみ銑鉄〃が使用されていたらしい。そして、これも日本の場合と同じく古銑鉄の再生利用であって、犂・鏡・鐘・鉄柱・鉄瓦などの廃品を使用していたという。この場合に硅素分の少ないものが要求されるのは《湯金作り》の場合と同じである。また、陽泉の銑鉄は炭素量が三・五～四%と高いことが利点の一つにあげられているが、それは《擦生法》には低温で熔解する方が都合がよかったからである。

それでは《擦生法》とはどのような方法であろうか。これは文字通りに生鉄を擦り付けることなのである。簡単にいえば、地金(中国では熟鉄)で器物の形態をそっくり作りあげ、これを十分に加熱してから銑鉄を擦り付けるとそれがメッキされるというわけである。これを焼入れ温度まで下げてから水焼きを施すと表面が硬化する。淩業勤によると、擦生によって生ずる硬化層を適当な厚さにすれば、刃先は使用に伴って自動的に鋭利になっているという。ということは、鍬や鋤の裏刃だけに擦生されたということになり、この点も日本に一般にみられる湯金の方法と同じ原理である。

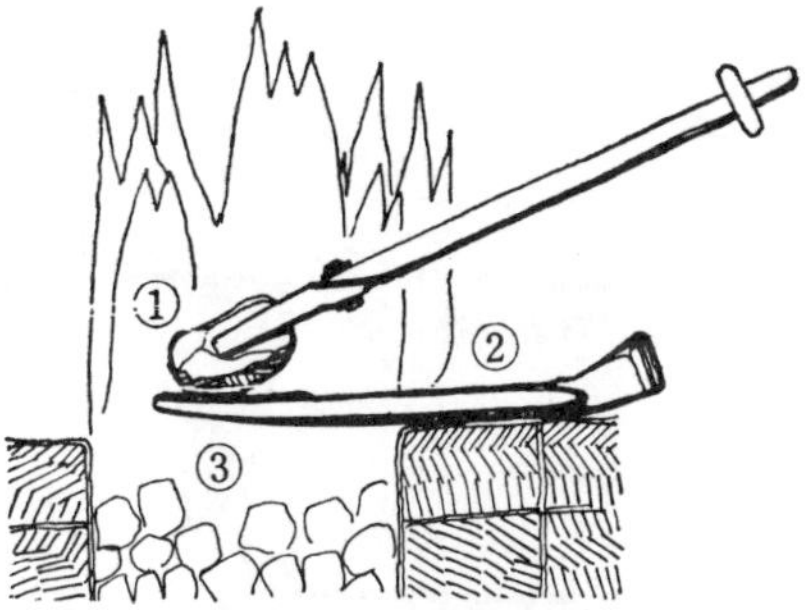

35図　擦生法想定

①銑鉄塊　②鍬先　③炉口

加熱した熟鉄に銑鉄をすり付ける。銑鉄は熟鉄の温度で熔け，ロウのように熟鉄上にのびる。

このような銑鉄利用技術は、中国ではこれだけに止まらず〃刃金〃そのものを作る方法としても大規模に利用されてきた。その鋼が〃灌鋼〃なのである。その代表的なものは〃蘇鋼〃と名付けられて、洋式精錬による鋼が普及をする以前には主要な刃金として大きな役割を果してきた。

〃蘇鋼〃は、明から清代を通して安徽省の蕪湖がその中心であったといわれており、そこからこの名を得たのである。

蕪湖の錬鋼業については、張九皐によると次のような歴史があるという[31]。北宋時代の末期に山東省の曲阜の七名の兄弟の技術者が金の南侵があった時に、宋軍に従って武器の製作にあたった。そして、七名の兄弟はそれぞれ別れて宋軍と共に転戦して南下していき、南宋の初期には安徽省の蕪湖・風陽・和州・当涂・江蘇省の溧水・蘇州・常州、浙江省の嘉興とそれぞれに落着いて、そこで家業にあたったのだという。その中で蕪湖に住んだものの子孫が以後発展をして、その刃金は南宋時代には〝听鋼〟として名高かったという。以後、蕪湖には八箇所の工房が発展して、清代の乾隆時代から嘉慶時代(一七三六〜一八二〇)までの間が最も盛んであったという。その製品は最も遠方では山西省にまで及んでいたと言われている。

その後、清代中期には湖南省の湘潭の蘇鋼が有名であったという。一九三九年に、周志宏は重慶の付近でこの製法を実見して記録している。それを紹介すると大要次のごとくになる[32]。

炉の高さは約七〇センチ位で、炉の中の形は釣鐘形になっている。炉の底は長方形で下にロストルが付き、更にそ

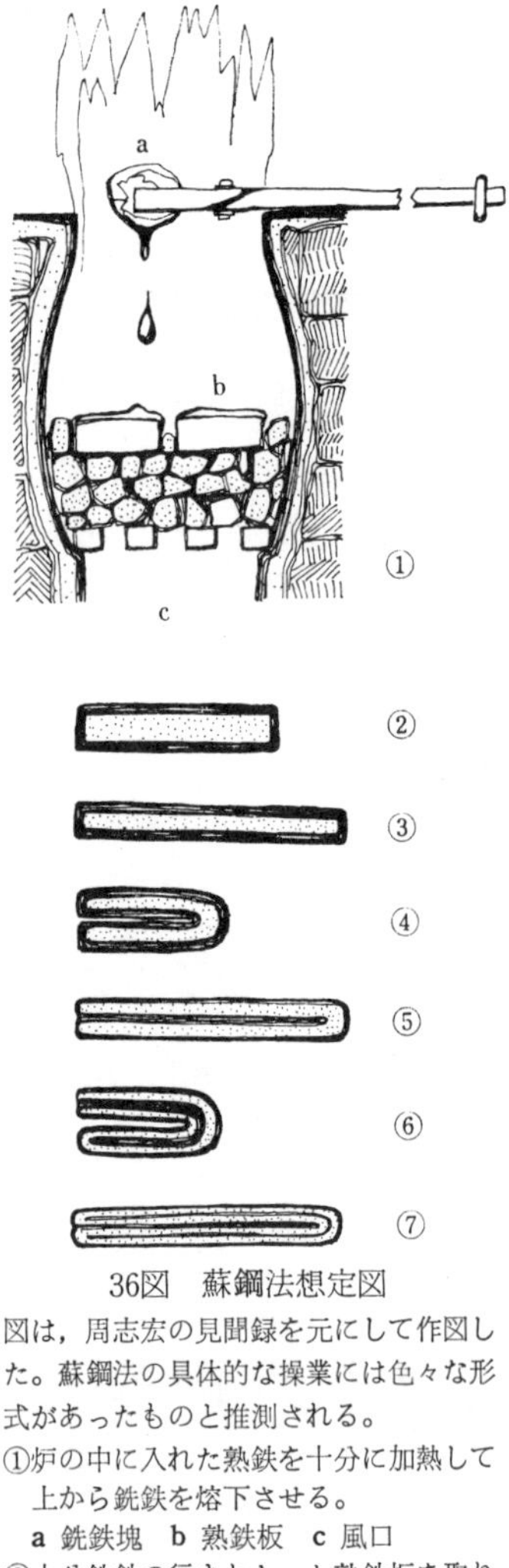

36図　蘇鋼法想定図

図は，周志宏の見聞録を元にして作図した。蘇鋼法の具体的な操業には色々な形式があったものと推測される。

①炉の中に入れた熟鉄を十分に加熱して上から銑鉄を熔下させる。
a 銑鉄塊　**b** 熟鉄板　**c** 風口

②十分銑鉄の行きわたった熟鉄板を取り出し，金床で打ち延す。

③二つに折り合わせて別の鍛冶炉でワカシ温度まで加熱，鍛錬を行なう。

④折り返し鍛錬をくり返すことで銑鉄層（セメンタイト・パーライト層）の炭素はすこしずつ熟鉄の内部に拡散してゆく。一方，銑鉄層と熟鉄層は薄く重なり合うから，一層むらがなくなる。

の下に風だまりがある。炉の上には泥で作った蓋が付いて、炉の横には並んで二連の扇鞴が備えられる。まず、熟鉄（炒炉によって作られたままのもの）を二個ならべて炉の木炭の中に入れ、風を送ってこれを加熱する。二分間後に蓋をはずして、鉄箸でつかんだ長方形の銑鉄のかけらを炉の上にかざす。さらに風を送って炉の温度を一三〇〇度程度に高めると、銑鉄は熔けはじめて火花がとぶ。そこで直ちに左手の鉄箸を前後に操りながら、滴下していく銑鉄を熟鉄の上に平均にそそぐのである。一方、右手には手鉤を持って炉の中の熟鉄をひっくり返して、表裏全面に銑鉄を受けるようにする。銑鉄片を二箇分そそぐとこれを取り出して金床の上でまるめて、一塊に鍛え上げる。更に別の加熱炉で加熱、再度打ち鍛えてより均質なものに仕上げると、最後に紅色を呈しているものを水に入れて急冷し焼きを入れる。こうして製品としての鋼が出来上がるのである。

以上のように、《蘇鋼法》は『天工開物』に述べられている劃鋳の硬化法と非常に近い技術なのである。そこには銑鉄滴下という共通の技法があって、《蘇鋼法》とは本来は一般の鍛冶技術のひとつに含まれていた淋口法が徐々に専業化して製鋼業に成っていったものであると考えることができる。

先に《淋口法》について述べた時に、《淋口法》も《擦生法》も直ちに焼入れを行なっており、日本の湯金のように熔かし付けた後に打ち延しを行なっていないらしいと述べてきたが、この《蘇鋼法》のあり方から考えると、日本の例と同様に打ち延しを行う場合もあり得ると思われるのである。

以上に述べて来た中国の《蘇鋼法》や《淋口法》の技術は、日本の《湯金技術》に引きくらべると、技術的にかなり発達した高度な内容を持っている。そして、そこでは中国鍛冶技術の特徴である火炉が巧みに生かされているものといえる。しかし、元々このように完成された方法があったわけではないであろうから、であるとすればそれ以前の《灌鋼法》を見て行くことで、《湯金技術》との間にもう少し深い接点を見出すことが出来るかもしれない。

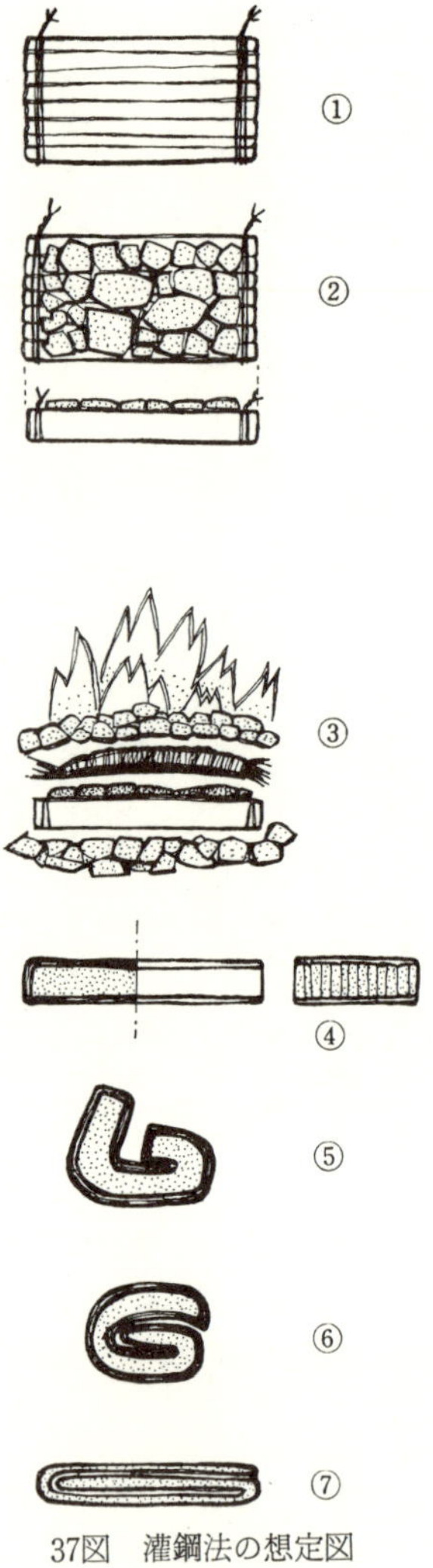

37図　灌鋼法の想定図
（『天工開物』の場合）
①熟鉄棒を寄せ集めてまとめる
②その上に銑鉄片をのせる
③火に入れて銑鉄を熔かす
④取り出して打ち延す
⑤〜⑦ワカシ付け。折り返し打ち延しを数回繰り返す

実は『天工開物』の中にも《灌鋼法》に関する有名な一節がある。

「凡鋼鉄煉法、用熟鉄打成、薄片如指頭濶、長寸半許、以鉄片束包尖緊、生鉄安置基上（広南生鉄、名堕子生鋼者妙甚）、又用破草履盖其上（粘帯泥土者、故不速化）、泥涂基底下、洪炉鼓鞴、火力到時、生鋼先滲、滲淋熟鉄之中、両情投合、取出加錘、再煉再錘、不一而足、俗名団鋼、亦日灌鋼」

（鋼を作るには、まず熟鉄を打って指の幅くらいで長さが一寸半ほどの鉄片を作り、これを寄せ集め束ねて縛りあげる。その上に銑鉄を乗せる（広南の銑鉄で堕子生鋼というものがはなはだ具合がよい）。その上に古草鞋で蓋をする（泥が付いていると長持ちがする）。その下には泥を塗っておく。これを炉に入れて鞴で風を送って、火力が十分になってくると、銑鉄が熔けはじめて、熟鉄の間にそそぎこんで両者が合わさって一体となる。これを取り出して鍛え上げる。再三加熱して打ち鍛える。一回では不十分である。俗に団鋼、又は灌鋼という。）

以上のようにして熟鉄に銑鉄を熔かし合わせて刃金に仕立てたのである。この《団鋼》の製作方法は明らかに前述の《蘇鋼》の製作技術の前段階に位置するべきものであるといえる。そして、この方法はより日本の鍬作りの《湯金》の技法に近いものであることもまた明白である。

そこで次に、北宋時代の有名な科学技術書、『夢溪筆談』[33]において取り上げられている技法について見ておくことにする。それには次のごとくに記述されている。

「世間鍛鉄所謂鋼鉄者、用柔鉄屈盤之、及以生鉄陥其間、泥封煉之、鍛令相入、謂之団鋼、亦謂之灌鋼、此乃偽鋼耳」

（世間で鉄を鍛えて鋼を作るといっているのは　柔鉄〔熟鉄〕をへこませて皿の形に作り、これに生鉄を乗せてから、泥で封じて火に入れて加熱し、それを鍛え上げる。これを〝団鋼〟あるいは〝灌鋼〟という。即ちこれは〝偽鋼〟にすぎない。）

ここまで見てくると、もうそう説明はいらないものと思われる。ここで述べられている製鋼法は、そのままそっくり、日本の《湯金作り》と同じものであると言える。そして、日本ではこの技法を用いて鍬を作っていたのであるから、中国でも鋤鋳にこれが用いられていたはずであると考えても不自然なことではない。そこから、一つの民俗技術がある時代に大陸からもたらされたものであったことだけは間違いないと私は考えているのである。それが村々の農鍛冶に今日まで伝承されてきていたのである。

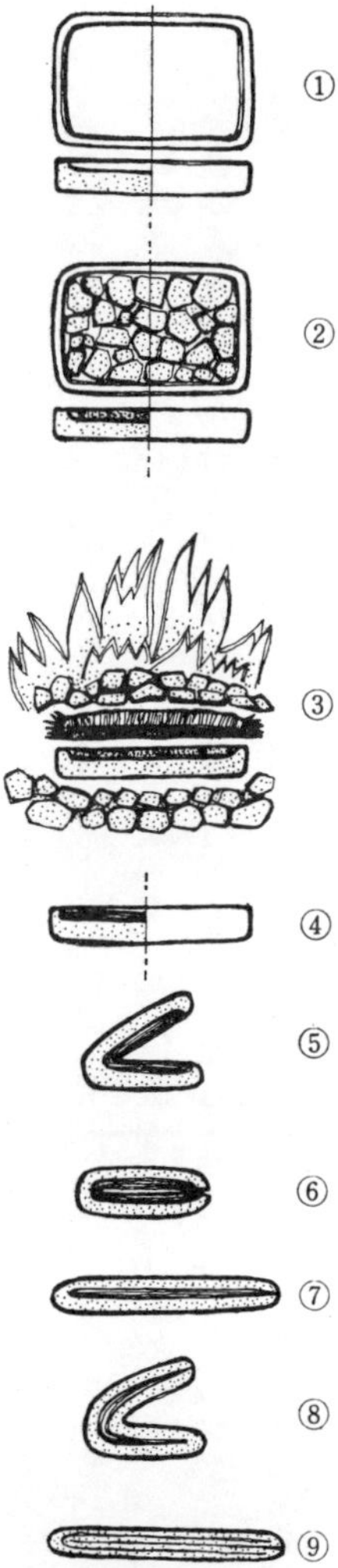

38図　灌鋼法想定図
（『夢渓筆談』の場合）
①凹型の熟鉄板
②銑鉄片を入れる
③火に入れて銑鉄を熔かす
④取り出して打ち延す
⑤〜⑨折り返し打ち延しを繰り返す

《割込み刃金》と真鋼

私はインドネシアの西ジャワのスカブミという鍛冶の盛んな町で、その地の技術や製品を見てきた。ジャワ島には古い形式の風呂鍬に替って、現在ではヒツ鍬が普及していることは既述した。そして、ジャワ島の鍛冶技術も広州人が新しくもたらしたものによって、かなり塗り変えられていることも述べてきた。その一つに、この地の《割込み刃金》の技法がある。ここではヒツ鍬に限らず様々な刃物類の大半は《割込み刃金》によって作られているのである。この《割込み刃金》の技術は日本でみる技術に比較するとかなり単純であるが、方法そのものは全く変りない。

そこで、『天工開物』の「錘鍛　第十巻」をみると、「刀剣絶美者、以百錬鋼包裏其外、其中仍用無鋼鉄為骨」とあって、高級刀剣は外側に包鋼（きせがね）をすることを述べている。この方法は、周知のごとく日本では近世の新刀に一般的な技法であった。それに続いて、「尋常刃斧止、嵌鋼于其面」とあり、このことから、通常の刃物は《割込み刃金》によって作られていたことが判るのである。また、鉋の刃と鑿先についても同じ《割込み刃金》が用いられている。このように、西南日本でもっぱら利用されている《割込み刃金》はここでも用いられていたのであって、ジャワ島の鍬や刃物の刃金入れもこの伝播の結果であったと考えられる。そこでこの伝播には、ヒツ鍬とこの技法とが結び付いていたのだ、と推測できないであろうか、中国のヒツ鍬の原型が〝钁〟であって刃物としての性格を強く持っていたことは既に述べてきた。とすれば《割込み刃金》の技法も、こうしたものと結び付けて考えざるを得ないであろう。

しかし、今まで見てきた《灌鋼法》によって作られた刃金は、その製法から見てそれほど高炭素鋼であったとは考えられない。従って、刃物を作るに際してわざわざ《割込み刃金》の技法を用いる必要はなく、《総鍛え》でも十分に焼入れが出来たはずである。例えば、十九世紀の末に中国に洋鋼が入ってきた頃の話に、「当時、山西省で用いていた鋼は、一部分は中国のもので、一部分は欧州のものであり、それを漢口と蕪湖を経て購入していた。ただし、欧州の鋼は脆かったから軟鉄と合わせて用いる必要があった」とある。[34]このことは、逆に蕪湖の〝蘇鋼〟は軟鉄と合わせることなく刃物に作られていたことを意味している。そうであるならば、〃洋鋼〃の渡来以前に《割込み刃金》に用いられていた鋼とは、一体どんなものであったのであろうか。

『天工開物』には〃百錬鋼〃と〃純鋼〃の記述がみえる。特に鑪作りに〃純鋼〃と出てくる以上、この刃金はかなりの高炭素鋼でなければならないことになる。

《割込み刃金》の技法そのものについては、『夢溪筆談』の「巻十九　器用」に「古人以剤鋼為刃、柔鉄為茎幹、不爾則多断折」とあって、既に《割込み刃金》が用いられていることが判る。実はこの記述の時代からそう下らない十三世紀の初頭には日本にも既に伝来していたらしいことが西国の刀匠についての記録から推測できるのである。だから、明代末期の『天工開物』の時代には既に並製の刃物に用いるものとされ、日本においてもほぼ同時代に『百姓伝記』で〃手鎌〃に用いるべしと記されている技法が、この当時（北宋末）にはまだ日本では普及しておらず、中国においても刀剣に限られていたらしい。そして『夢溪筆談』には、「剣之鋼者、刃多毀欠、巨闕是也、故不可純用剤鋼」と説明されている。即ち、全鋼作りの剣は刃こぼれが生じやすい。大きく欠けるのはそのためである。だから、〃剤鋼〃だけを用いては不都合であると言う。とすれば、この〃剤鋼〃はかなりの硬鋼だったのである。

そこで、この〃剤鋼〃がどのような製法によって作られていたのかということになるが、楊寛はこれを〃百煉鋼〃であると言い、その原鋼材は銑鉄を炒炉によって脱炭して得たものだと推定している。(35)

このことは、同じく『夢溪筆談』の「巻三　弁証一」の製鋼に関する記述と関わってくる。ここでは〃灌鋼〃の製法と共に〃真鋼〃のことが述べられている。

「予出使、至磁州鍛坊、観煉鉄、方識真鋼、凡鉄之有鋼者、如麪中有筋、濯尽柔麪、則麪筋乃見、煉鋼亦然、但取精鉄、鍛之百余火、毎鍛称之、一鍛一軽、至累鍛而斤両不減、則純鋼也、雖百錬不耗矣、此乃鉄之精純者」

（自分は磁州に出かけた時に鍛冶工房を訪れて、鉄を鍛えているのを見た。そこで〃真鋼〃というものを知ったのである。およそ鉄の中に鋼があるのは生麩の中に筋があるようなものである。柔らかい生麩の中には筋が入っていて、よく洗うとそれが残る。鋼を鍛えるのも同じである。ただし〝精鉄〟を選び、それを何回も鍛える。計量すると、鍛えるたびに減量していくが、ある程度までくると変らなくなる。こうなったものが〝純鋼〟である。だから、何回鍛えても消耗しなくなれば、これが純粋の鉄である。）

前述の《割込み刃金》に用いた鋼はこのようにして作られたのだと考えてよいが、さてその解釈になると定説はないようである。楊寛説では〝精鉄〟を炒鋼《しょう》（液体脱炭）法によって得た高炭素鋼と解し、この記述をその精錬工程とみる。『中国冶金簡史』では、〝精鉄〟を「熟鉄あるいは生鉄」と記し、結論を保留している。また、平凡社版の訳書『夢溪筆談』の訳注によると、「酸化精錬の反覆によって、銑鉄から直接炭素を除去する製鋼法である」とあって、ベッセマー鋼の先駆的位置にあると記されている。ここでこの問題にあまり立入る必要はないが、参考までに私見を述べておく。

まず『中国冶金簡史』の説明によれば、『夢溪筆談』の記述からは明確な百錬鋼の実体を知ることが出来ないとする。なぜならば、加熱時の浸炭反応や脱炭反応は鍛造時の雰囲気に関わることであるが、それが表現されていないからであるといっている。しかし、仮に熟鉄の浸炭工程を示すとするならば、その材料が特に〝精鉄〟と称される必要はなかったし、ましてその結果出来上がった浸炭鋼が〝純鋼〟と称されて、〝灌鋼〟と対比されることはなかったはずであると考えなければならない。

次に〝生鉄（銑鉄）〟を材料とみなし、〝精鉄〟がそれを固体脱炭したものであると考えるならば、その発想は平凡社版の訳注と同じ趣旨となる。もっとも平凡社版の訳注ではベッセマー転炉法を引き合いに出しているが、これは誤解であると思う。ベッセマー転炉は熔銑に空気を吹き込んで脱炭させるもので、中国流にいえば炒炉法（炒鋼法）ということになるからである。

さて、問題は銑鉄から固体状態のままで鍛造脱炭が可能かどうかということである。中国の銑鉄は比較的高炭素のようであるから、直接に加熱鍛造したのではまず塊を作ることは不可能である。そのために日本では《銑下し》の工程が必要だったのである。これについては既述した。従って、〃精鉄〃が銑鉄につながるものであると考えるならば、その前段階にもう一つの加工工程を考えなければならない。とすれば、〃精鉄〃は《銑下し法》によって得られた塊か、楊寛説のように《炒鋼法》によるものかということになるはずである。

そこで、仮に《炒鋼法》を想定すると、空気を吹き込んでその酸化力を利用する方法によって、鋼の中の炭素量をうまくコントロールできるかどうかという問題が残る。この点は私にはよく判らないから結論を出すことは出来ない。ただそう易しくはないように思われる。

この他に、日本の〃玉鋼〃のような直接製鋼法によって得られたと考えることも出来なくない。しかし、私なりに考えてみると、この〃精鉄〃として最も可能性が高いのは『天工開物』の製鉄の記事に現われる〃堕子生鋼（または堕子鋼）〃である。『天工開物』には、製銑製鋼の一貫製法の有名な図が描かれていて、製銑炉と炒炉の中間に銑鉄のプールが作られている。そこから〃板生鉄（銑鉄インゴット）〃と〃堕子生鋼〃とが得られるようになっている。プールの中の銑鉄の液温が少しずつ低下していくと、それに伴って晶出してくるオーステナイト結晶を集めたものを〃堕子生鋼〃といったのだと考えられるのである。これにセメンタイト球状

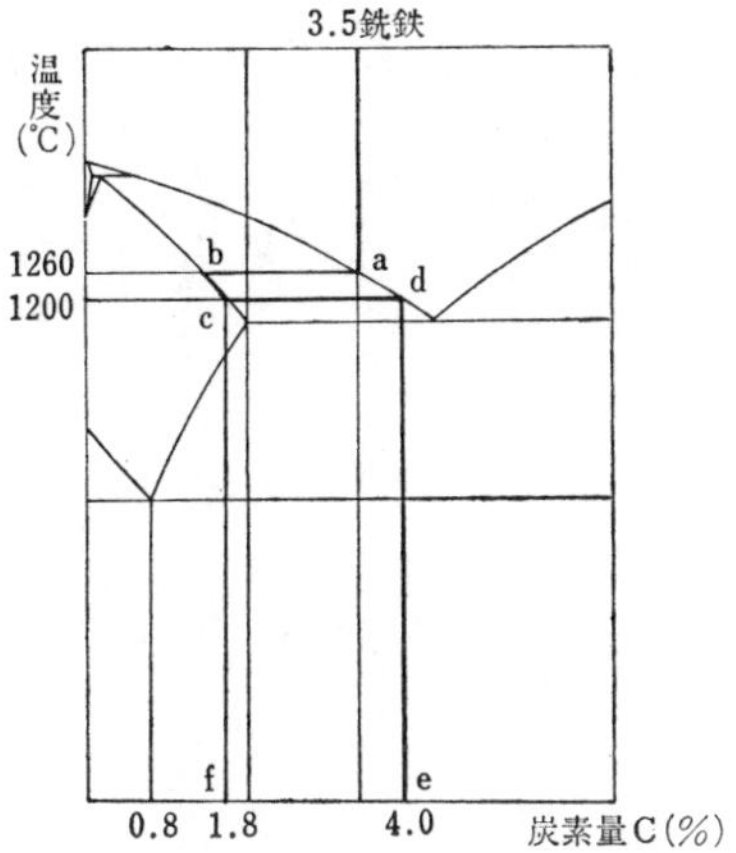

39図　堕子生鋼の原理

3.0% の銑鉄は a 点（1260°c）で凝固に入り，その結晶は b 点（C量約 1.5%）からはじまる。そのまま低下させると 1145°C の共晶点に至る。そこで 1200°c で温度を固定すると，結晶の炭素量は c 点（C量 1.8%）に固定され，熔液の方は濃縮され d 点（C量 4.0%）となる。こうして1.8%程度の鋼と4.0%の銑鉄とに分離できることになる。

化処理を施せば可鍛鉄にすることは可能である。だからこの方法が最も確実に高炭素鋼を得ることの出来る方法だったのだと思われるのである。(36)

以上の問題は日本の場合にも考えてみる必要があるかもしれない。なぜならば、鋳物師が材料鉄の製造に関わったとしたならば、その鋼の製法としてもっとも考え得る技法だからである。残念ながら今のところ、この方法について述べた文献は『天工開物』以外には見当たらないようである。しかし、私は炒炉による低炭素鋼ないしは熟鉄の製造に対して、高炭素鋼を得る方法として《堕子生鋼法》が行なわれていたものと推測している。そして、これが広南（広東省）の技術と考えられている点にも興味を持つものである。〝ヒツ鍬〟などの《割込み刃金》の技術と深く関わるのは西南中国ではなかったかと考えられるからである。

註1『天工開物』　宋応星—（明・崇禎一〇年・一六三七）　三枝博音解説による管生堂本（十一組出版部　一九四三）、鍾広言注釈による崇禎本（中華書局　一九七八）がある。また、和訳本に藪内清訳注による『天工開物』　平凡社（一九六九）がある。

2『釈名』　劉熙撰（後漢時代）

3『王禎農書』　王禎（元・皇慶二年・一三一三）　王毓瑚校訂　農業出版社（一九八一）によった。

『爾雅』（秦漢時代から作り継がれて後漢時代に完成した）

4『琉球諸島の民具』　上江洲均・神崎宣武・工藤員功　未来社（一九八三）

5『中国農業技術発展簡史』　閔宗殿・董凱忱・陳文華編著　農業出版社（一九八三）

6『中国古代的農作制和耕作法』　郭文韜編著　農業出版社（一九八一）

7『説文解字』　許慎撰（後漢時代）

8『農業文化の起源』　エミール・ヴェルト　藪内芳彦・飯沼二郎訳　岩波書店（一九六八）
Grabstock, Hacke und Pflug; Emil Werth, 1954, Eugen Ulmer KG, Ludwigsburg, Deutschland.

9『方言』　揚雄撰（前漢時代）によると、宋・魏の間（陝西省・河南省あたり）は「鏵」または「鍏」。江淮南楚（安徽省・浙江省・広東省等）では「臿」、趙魏の間（山西省）では「喿」などがある。

10『東アジアの初期鉄器文化』 潮見浩 吉川弘文館（一九八三）
11『China at Work』 前出
12『東アジアの初期鉄器文化』 前出
13『中国古代農業科技史簡明図表』 陳文華編絵 農業出版社（一九七八）
14『東アジアの初期鉄器文化』 前出
15『朝鮮ノ在来農具』 朝鮮総督府（一九二四）。農耕具に関する箇所は『農具の歴史』 鋳方貞亮 至文堂（一九六五）に転載されている。
16 同前
17『中国古代農業科技史簡明図表』 前出
18『便民図纂』 鄺璠（明・弘治年間 一四八九〜一五〇五）。石声漢・康成懿校注 農業出版社（一九五九）による。
19『中国農業技術史研究』 天野元之助 御茶の水書房（一九六二）
20『中国古代冶鉄技術発展史』 楊寛 上海人民出版社（一九八二）
21『沈氏農書』（明代） 農業出版社
22『農業文化の起源』 前出
23『陳旉農書』陳旉撰（南宋時代）、『中国古代農作和耕作法』 前出による。
24『中国冶金簡史』 北京鋼鉄学院編 前出
25『静岡の鍬』 前出
『愛媛県農具図譜』 前出
26 西南諸島の鍬を訪ねて 下野敏見 「民具マンスリー」一四巻三・五・八号、一五巻七・八・九号（一九八二）
伊豆諸島の手鍬について 胡桃沢勘司・大久根茂 「民具マンスリー」八巻十二号（一九七六）
『琉球諸島の民具』 前出 に報告されている。
27 ジャワ島の鍛冶の村を訪ねて 前出
28『華僑経済史』 須山卓 近藤出版社（一九七二）
29 インドネシアの華人文化 プスパ・ヴァサンティ 『インドネシアの諸民族と文化』 クンチャラングラット編 加藤剛・土屋

健治・白石隆訳　めこん社（一九八〇）
Manusia dan Kebudayaan di Indonesia; Koentjaraningrat, Djambatan (1971)

30 《生鉄淋口》技術的起源・流伝和作用　凌業勤『科学史集刊』第九期。『中国古代冶鉄技術発展史』に転載引用されている。

31 濮家与蕪鋼　張九皐『安徽史学通訊』（一九五九　第三期）。『中国古代冶鉄技術発展史』に転載引用されている。

32 中国早期鋼鉄冶煉技術上創造性的成就　周志宏『科学通報』（一九五六　第二期）。『中国古代冶鉄技術発展史』に転載引用されている。

33 『夢渓筆談』沈括撰（北宋時代末〜南宋初期）。『新校正夢渓筆談』胡道静校注　中華書局版（一九七五）の他に、和訳本として『夢渓筆談』梅原郁訳注　平凡社（一九七九）がある。

34 『中国古代冶鉄技術発展史』前出

35 同前

36 例えば、三・五%の銑鉄をその凝固途中で温度を一二〇〇度（C）に固定すると、理屈の上では一・七%程度の炭素を含む過共析鋼が全体の二割程度得られることになる。但し、『中国古代冶鉄技術発展史』はこの見解に否定的で一種の良質の銑鉄とみなしている。その根拠に明代の唐順之の〝広鉄(広南堕子生鋼)〟に関する次の説をもってしている。「生鋼出処州、其性脆、拙工煉之為難、蓋其出炉冶者、多雑糞炭灰土、惟巧工能看火候、不疾不徐、搥撃中節、若火候過、則與糞滓倶流、火候少、則本体未熔、而不相合。しかし、これは明らかに鍛造精錬工程と言えるものであって、その材料は鋼と銑の中間領域に属するものであったと考えられる。いずれにしても、鍛造脱炭によって高炭素鋼を得ていたのである。

第六章　鉈と木刈り刃物

一　鉈と木鎌

農山林で用いられてきた代表的な刃物のひとつに〝鉈〟がある。ところが、この刃物の基本的な性格や出自について現在までのところあまりまとまった研究や報告はない。私はこれについて以前から少しずつ調べてはきたが、なかなか複雑な性質を持っているのである。十分に整理がついたという訳ではないし、よく判らないことも多いが、取り敢えずここでは現在まで見てきたものを紹介しながら、この刃物の普及と変遷とを探ってみることにしたい。

ここで〝鉈〟と称しているものが、どんな範囲を指しているのかということはこれから徐々に詳しく述べていくことにするが、どうも〝鉈〟はあまり明白な概念ではなさそうである。時には〝鎌〟との違いが不明確になり、時には〝小刀〟とも紛らわしくなる。それには歴史的な要因があるものと思われるのである。一般的に言えば、刃物には物そのものの製作技術や形態の変遷と使用目的の方の変化とがある。その上で名称も移り変っていくから、なかなか複雑な結果になっている。一面からだけでは理解しがたいのである。文献に現われる場合には、漢語の知識が普及してくるとそれを反映して、訓で表示する内容と、それに漢字を充てた場合とでは自ずから差が生じてくることになる。その結果がそのまま民俗的な世界に受け継がれていくことになるから、混乱はますます深くなっていく。こうして各人各様のイメージが出来上がり、それぞれが勝手に理解し、あるいは認識し、かつ伝承していくことになるのである。

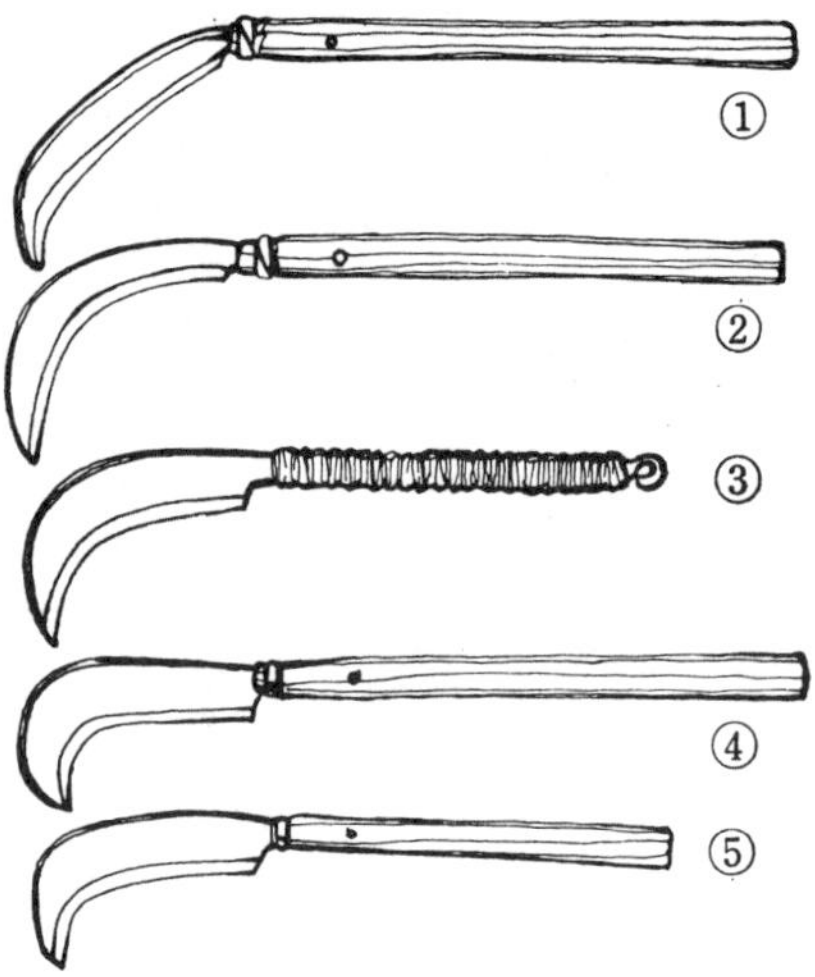

40図　色々の木刈鎌（鉈鎌）

木刈鎌には粗朶刈りに用いるものと枝落しに使うものがあり，形態の上でも色々のものが含まれる。
①粗朶刈鎌（西九州）　②粗朶刈鎌（山陽地方）
③粗朶刈鎌〈鉄柄〉（兵庫県）　④下枝落し鎌（各地）
⑤下落し鎌（各地）

現在、私達がほぼ共通して〃鉈〃と考えている物には、実は様々な種類があって、一通りの分類基準では上手に整理しきれないほどである。そこで手始めに、ごく簡単に使用方法の上から、燃料採集や焼畑や造林に伴う木刈りや枝落しの刃物と、木材の加工や細工を目的とするものに分けて考えていくことにする。そう見ていくと、前者の木刈りや枝落しの刃物は、炭焼きも含めて、一応は山村の人々が日常的に用いてきた刃物であるということができる。それは誰もが必要とし、また使用してきた民具なのである。

ところが後者の加工や細工用の場合は、榑《くれ》割り・柿《こけら》割り・下駄作り・剝《へ》ぎ板職人・桶屋などの、割り木や剝ぎの職人が使う刃物であるということになる。そこから両者の間には自然に違った側面が生じてくるのである。後者の職人の用いる〃鉈〃のことを、西日本では〃ホウチョウ〃とよんでいることがある。そういう地域では、〃鉈〃と〃ホウチョウ〃とは別のものであるということになる。ここで興味深いことは、この場合には単に名称が違うだけのことではなく、形態や製作技術の面にも明らかな相違が見えて、刃物の系統と系譜の違いも推測させることである。使い方から見ても、前者が割合に漠然とした目的で、木を刈る、枝を落とす、といった自然木をそのままの状態で対象にしているのに対して、後者は、一つ一つの作業の内容や目的と具体的に関わっていて、形態もそれぞれに特殊な目的に沿うように発達している。後者は、〃榑割り鉈〃〃削り鉈〃〃剝ぎ庖丁〃等々と仕事との関わりを名称に残している場合が多い。

さて、ここで紹介をし、また考えてもみたいのは、職人の刃物としての〝鉈〟ではなく、一般の農山林でごく日常的に用いられてきたものの方である。しかし、実際にこの刃物を歴史的に考えていこうとすると、両者の間には相当に深い相互関係があることが判る。それは後に述べることになるであろう。

ここではまず前者の農山村の鉈に焦点をしぼってみるが、それは更に幾つかの系統に分類していくことが可能になる。その分類の基準には、形態に着目する方法、鍛冶の技術上の形式（例えば、刃金入れの方法、柄の付け方等）からの区分け、あるいは、使用の実態から見ていく方法などが考えられる。私の場合、鉈を特に取りあげてみたいのは、あくまでも鉄器の普及と鍛冶技術のあり方に関心を持っているからである。したがって、ここでは形態と技術とが主な関心事となってくる。

41図　鉈の利用の少ない地域
この中の南九州では，近年までほとんど用いられていなかった。

そこで、以下ではこの二つの面を中心にして鉈について考えていくことになるが、その前に一つ考慮しておきたいことがある。それは既に『百姓伝記』との関わりで若干ふれてきた〝鎌〟との関係である。近世の農書等においては、ほとんど常に「鉈・鎌」と並記されて、両者は対照的に取り扱われている。鉈は木を刈るもの、鎌は草を刈るものという風にである。しかし、この両者の相違は実はあまり定かではない。

既に見てきたように、中国地方の瀬戸内海側には、〝鉈鎌〟と通称されている、木刈りや枝落しを目的とした刃物が残っている。そして鎌(木鎌という所も多い)を粗朶刈りに用いて

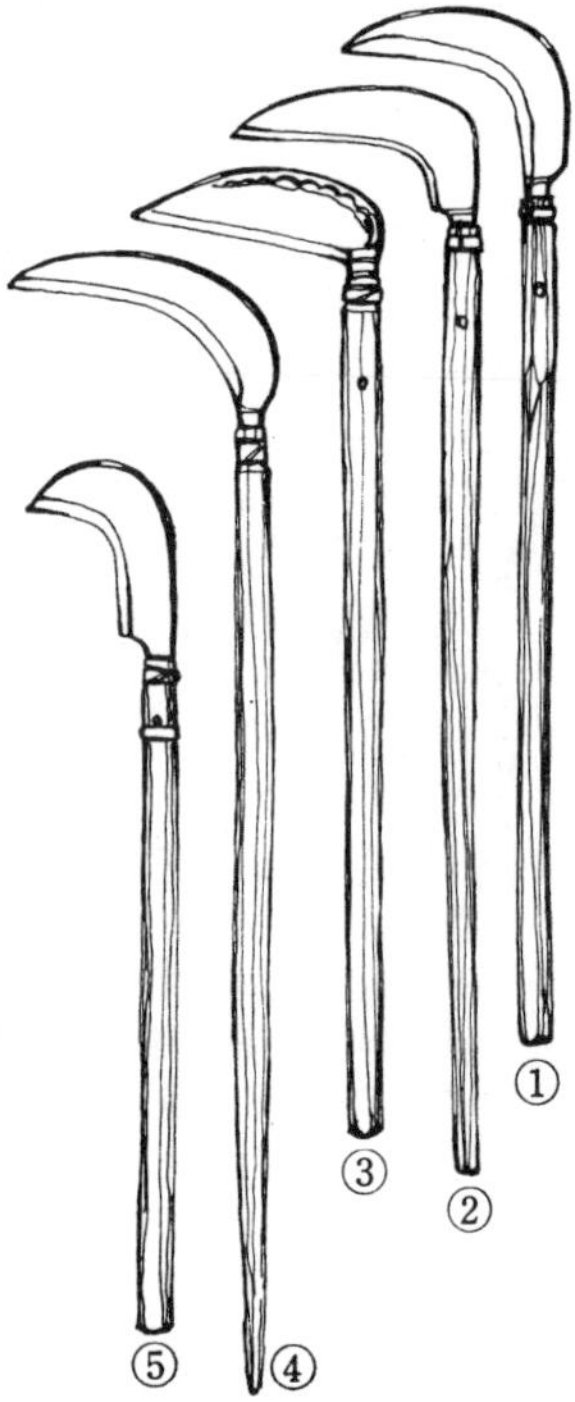

42図　造林用の鎌
①地刈鎌。植林前の地払いに用いる厚鎌。
②③④下草刈払い鎌。一番草〜三番草刈りまで鎌も使い分けられた。鎌の形は様々であったが，木が育つに従い丈夫な鎌にかわる。
⑤下枝落し鎌。

きた地域は他にも多いのである。

宮本常一氏は、〃鉈鎌〃が中国地方で広く用いられてきて、〃鉈〃の使用が比較的少なかったことについて、「西日本では山林を持たない農民は他人の山の枯枝、下木は伐ることをゆるされている所が多く、…略…その場合、木鎌で伐りとり得る大きさというのが一つの条件になっていた(1)」と述べておられる。

この指摘は大変に示唆的である。このような薪刈りのあり方は古い歴史を持っているものと思われ、それが鉈の普及と深く関わってくることは明らかである。とすれば、このような山林の慣行について調査をしておく必要があるが、私にとっては今後の課題である。

九州の宮崎県の山地で焼畑の木おろしを行なっている映画を見せてもらったことがある(2)。夫婦二人の木おろし作業で、男は〃鉈〃をふるい、女は〃鉈鎌〃を使用していた。この映画の焼畑の木おろしは実に見事なもので、大木に攀じ登り、木から木へと移っていき、次々と枝を刈り落としていく。一日中、樹の上で過ごすこともあると言う。この焼畑の枝落しの技術は、そのままそっくり比較的新しい時代の育成林業の枝打ち技術に受け継がれてきたものである。針葉樹の育成の場合には、枝打ちは必要欠くべからざるもので、彼らの場合も、一旦樹に登ると一日中その上で過ごしたものであるという。

このために、林業の振興に伴って〃枝打ち鎌〃として改めて広く普及をしていった木鎌がある。これが、今日、各地の林業地の付近でよく見られるのである。この〃枝打ち鎌〃と共に〃下刈鎌〃や〃刈払い鎌〃などもあって、これらの〃造林鎌〃は一つのセットとして広く用いられてきた。

私は造林に用いる刃物を作る鍛冶屋を幾つか見て歩いたが、その多くは古くからこの仕事に従事していた者ではなかった。戦後の植林ブームの時代に手掛けるようになったという者が多いのである。このことも一つの理由になってか、林業刃物は全国的に画一的な面が多くみられる。しかしそれでも、更によく観察をしてみると形態の細部は微妙に違いがあり、その意味ではまことに多彩である。鍛冶屋の話によると、山仕事に従事する人達は出来合いのものを買い入れて用いるということは少なく、皆、それぞれに自分に向いたものを図に起して注文をしてくるという。彼らはごく細かい所まで指定して、なかなか小うるさいことを言う、とのことであった。だから、一つとして同じ形のものはないともいえる。使い手に最も密着した刃物の姿をここに見ることができるのである。

〃枝打ち鎌〃は木に登って使うから、遠くまでとどく必要があって、三尺〜四尺程の長柄を付けていることが多く、この〃鎌〃の代表的なものに〃勝山型〃と名付けられているものがある。〃勝山型〃は越前の刃物行商人によって売り拡められていったものであるから、私は、その元に越前勝山の奥地の白山の焼畑の村々を想定している。〃枝打ち鎌〃の元が焼畑の〃木おろし鎌〃にあって、この〃勝山型〃もそうであるといえるならば、越前鎌行商の始まりを焼畑の村々への刃物売りに求めることも可能になる。そこから刃物の流通の始まりに新しい視点を開くことが出来ると考えているのである。

吉野の奥山には、昭和に入るまで紀州熊野の鍛冶屋の作った刃物を持って、山の村々を廻って歩いた刃物行商人がいたそうである。熊の足跡に脅えながら、肩に食い込む金物の重みに耐えて峠を越えてきたのだという。[3]

〃木鎌〃は古くから伝承されてきたものであったが、新しい時代の必要に応じて改良されて広く普及をしていくことになった。それが〃枝打ち鎌〃あるいは〃鉈鎌〃であったのだと言える。

二　鉈と鎌の形態と名称

さて、〝木鎌〟が非常に古くから用いられてきたことは、平城宮址からの出土品に含まれており、法隆寺献納宝物に鋸と共にみられ、また奈良時代の発掘品に数多く発見されていることからも明らかである。しかし、これらは「カマ」といわれたものではないようで、これに対応する名称を探すとなると、古くは「ナジ」または「ナタ」ではなかったかと推定される。

この種のものの最も古い文献記録は、『皇太神宮儀式帳』(4)（八世紀末）で、その中には「奈太」と「奈岐鎌」とが出てくる。この両者の関わりはあまり明確ではないが、いずれも木刈りや木割り等に用いられたものだと想像されるのである。「ナタ」と「ナギ」の混同は後述するが、南島で〝山ナジ〟というものが鉈に近い刃物であって、鎌ではないことに注意しておきたい。実は「ナタ」も「ナギ」もかなり広い範囲にわたる輪郭のぼんやりとした名称であって、刃物の変遷と共にその適応は変化をしてきたらしいからである。そこで、名称の問題をすこし考えておくことにする。

例えばノコギリ（古くはノボキリであったという）の場合、中国語では鋸（jù. jü）であるが、その音は全く日本では用いられてはいない。ところが朝鮮語では鋸を tob と発音しており、これと日本の nob とはつながることが考えられる。それを基して後代に「キリ」が付け加わって、「ノボキリ」が生まれたのだと思われるのである。なぜ t 音が n 音に変ったのかはよく判らないが、後述のように、日本語の n 音は刃物を表わす音であったから、その事と関係があるのではないかと思われる。

ノボキリの例をはじめとして、「キリ」や「カリ」の付く刃物の名は今でも盛んに用いられているが、これも元来は、朝鮮語の kal（刀の意）と同じものであったと考えることが出来る。kal は刀の意味の他に刃物一般を指し、更に

「刃」そのものを表わす場合もある。日本ではこの言葉に「切」や「刈」の漢字を充ててきたのであった。

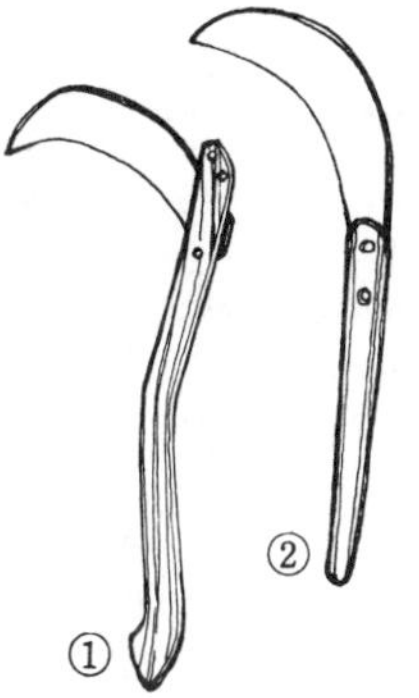

43図　古代の曲鎌の復元図
①平城宮址出土鎌
②法隆寺献納宝物の鎌

朝鮮語にはこの他にも刃物を表わす言葉が幾つかあり、試みに辞典を引いてみると、鉈の場合には son-ddo-ggi、斧の場合には do-ggi とでてきて、ヨキにも son-ddo-ggi が充てられる。これらは「手刀器」あるいは「刀器」であって、朝鮮においても中国語の「刀(daō)」が用いられてきているのであるが、こちらの方は kal に比較すると新しい時代からの使用ではなかったかと思われる。そして、これらの語おのおのが示す物の性質や形態には違いがあり、用法にも差があるのではないかと考えられるが、私にはよく判らない。

ここで序でにふれておくと、日本の「ヨキ」はどうもこの「刀器」と関係がありそうである。朝鮮語の do-ggi を中間におき、更に d音が y音に変化した結果であると考えることができるのではないかと思われる。「ヨキ」が日本で一般に用いられるようになるのは新しい時代のことのようで、文献上の古い例は『倭名類聚抄』[5] あたりではないかと考えられる。また、民俗語のレベルで考えると、「ヨキ」と言う地域は特定の分布を持っているのではないかとも思われる。いずれにしても「オノ」と「ヨキ」との間には相当に根深い問題があるのではないかと私は考えている。

朝鮮語では、kal と do とを互いに重ねて使用する場合も少なくない。この用法からみても、kal の方が古風で一般的なものであったが、これに新しく do が重なってきたのだと推測される。

例えば剃刀は myeon-ddo-kal(面刀カル)となる。恐らくこれと同じ発想から、鋸の場合にも tob-kal と重なる使用方法があって、それが日本でも用いられるようになったのである。だから、「ノコ」と言う時に、それは必ずしも短縮表現ではなく、本来の言い方に戻ったのであると考えることができる。

ところで、日本の刃物にはナ音やノ音を持つものが多い。それはハ(刃)とも通じている言葉のようで、この表現は

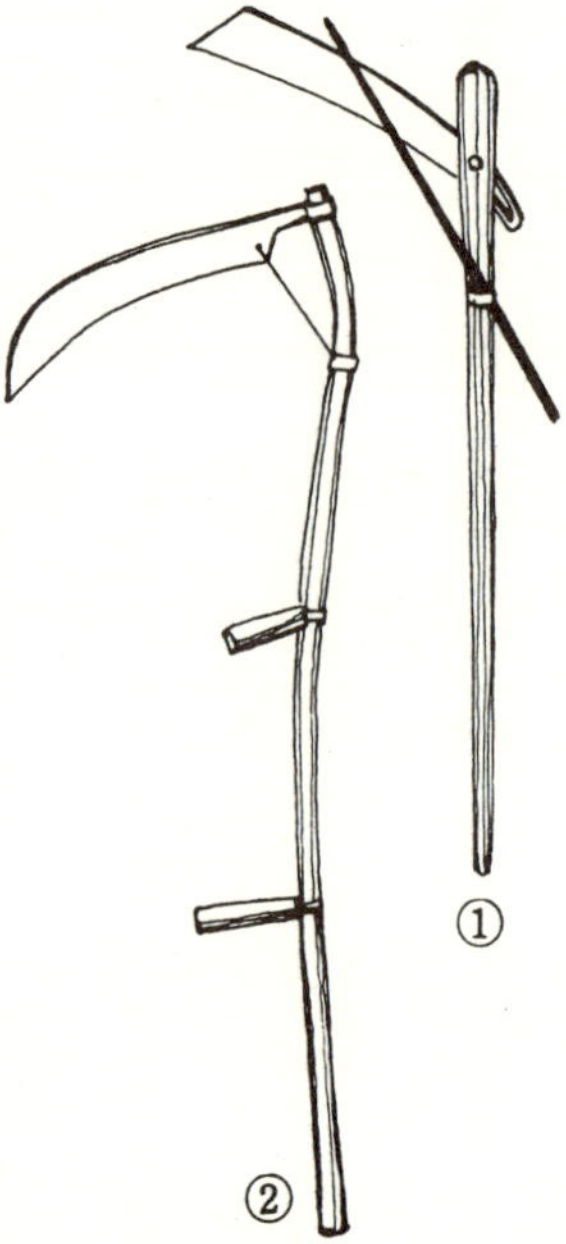

44図　中国とヨーロッパの大鎌
①中国の銚(『王禎農書』)
②イングランドのサイス

古い時代から受け継いできているようにみえる。前に述べた、沖縄などの南の島々で鍬のことを「ファー」というのも、あるいは本土の「ナ」や「ハ」と通じるところがあるのではないかと思われる。それが、中国の〝鏄〟や〝钁〟に繋がることは既述してきたことである。

日本の刃物で、ナ(na)音やノ(no)音を持つものをあげてみると、チョウナ・オノ・カタナ・カンナ・ノミ・ナジ・ナギ・ナタ・ナガサ・ナキリ等々がある。この中のナガサは「長サスガ」のことであろうし、ナキリは「菜切り」であろうが、その「ナ」が生きてくるのは、意識下で「ナ」に刃物を感じるからではなかろうか。〝ナタ〟もまたこうしたナ音を持つ刃物の一つであったと考えられるのである。

朝鮮語では **nad** を用いて〝鎌〟を表わし、**nal** を用いて〝刃〟を表わしている。一方、中国の標準語では現在の〝鎌〟は「鎌(Lián)」であり、**rèn** が「刃」を意味するから、全く別の系譜であるとみなすことができる。

とすれば、日本のナ音やノ音の刃物は朝鮮語の **nad** や **nal** に繋がるものと考えてよいものと思われる。私は具体的な物を通して朝鮮の刃物を調べてみたわけではないから、この問題はもっと深く考えてみる必要があるかもしれない。しかし、もし仮に日本の「ナタ」が朝鮮の **nad** にむすびつくものであるとすれば、前出の『皇太神宮儀式帳』の〝奈太〟も〝木鎌〟に近いものを指していると考えてよいことになる。しかしその一方で、〝山ナジ〟のような直刃のものも指していたらしいから、むしろ、木を刈り、木を加工するものはすべて「ナタ」であって、〝鎌〟に近い刈り方をする曲刃のものには「カマ」が付加されて「ナギカマ(後の鉈鎌)」といわれるようになっていたのではなかろうか。

『皇太神宮儀式帳』には「忌奈太」という表現もあり、そこからは木を刈る事に結び付く呪術性が感じられる。

鎌に呪術的な役割を持った例のあることは周知であるが、それは草を刈ることや稲を刈ることから生じたのではなさそうである。私の考えでは木刈りと繋がるもので、それが曲刃鎌(木鎌)に受け継がれてくる。その時に木鎌の鉤形(彎曲形)が特殊な意味を持っていたものと思われるのである。例えば、信州諏訪社の神事では〃ナギガマ〃が重要な役割を果したが、この場合も鉤形をしている所に要点があったのだと考えられる。

鉤形の刃物（あるいは鉄器）の民俗についてはまだ調べてみなければならないことが多いから、改めて別の機会に考えることにしたい。ただ、ここではこの形態的特徴は刃物全体に現われる場合ばかりではなく、ごく一部分に鉤が付加されて現われることも多く、それが刃物の多様化を促がしたと考えられること、その一つが後代の鉈(ハナ付鉈)にも受け継がれていったのだと思われることだけを述べておく。もっとも、鉈の場合には、鉤形は先端の突起の部分に集中しており、「鉤形」に対する特殊な意識の方もそれほど自覚的なものではなくなっている。しかし、後述のように、先端の突起に様々の合理的な説明がなされればなされるほど、その背後に民俗的な下意識とでもいったものを感じることになるのである。

面白いことに『類聚名義抄』[6]では、「カマ」には「鍥」の字が充てられていて「鎌」は使用されていない。『倭名類聚抄』では「鎌」が用いられている。古くから〃奈岐鎌〃と〃鎌〃とは系統が異なっていたことからこの混乱が生じているのである。この種の字引は中国の知識を基にして、それを現実の物に充てようとしているから、その論理を逆にたどって考えておくことも無意味ではなかろう。そこで、中国の鎌も一応みておこう。

中国では、鎌（稲刈鎌・麦刈鎌・草刈鎌・木刈鎌）に

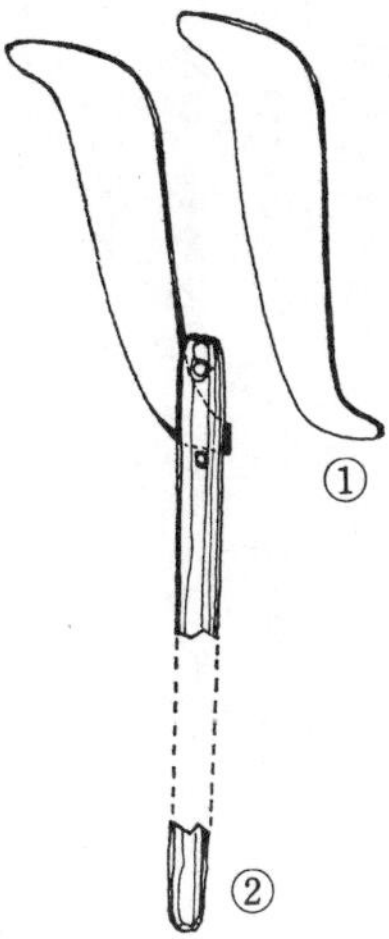

45図　薙鎌の想定復元
①長野県諏訪出土の鉈鎌の鉄部。
②木柄を付けて復元した状態。

相当するものには色々の形式があり、また名称も様々であったらしい。古くは「銍・刈・鉤・鍥・鉊・艾」等々があったのである。例えば、『方言』[7]をみると、「艾」は「刈鉤、江淮陳楚之間謂之鉊、或謂之鐹、自関而西或謂之鉤、或謂之鎌、或謂之鍥」とある。これらを簡単に分析してみると、「艾・刈・鐹」のように草や穀物を刈り取る行為を指しているものと、「銍・鉤・鎌」のように形態とむすびつくものとが入り交っていることが判る。前者は刈り取る行為からその刃物を表わすことになり、後者は刃物の様式や形態からの名称で、両者は直接には繫がらない。そして、後者の方は形態を表わす表現であるから、それぞれが系統性を備えていると考えることができるのである。

そこでまず「銍」であるが、「銍」は収穫用の曲鎌(三日月鎌)を指す。この鎌は非常に小形で、木柄は付けずに鉄の共柄を打ち出して、それに布等を巻いて用いるものであったらしい。恐らく形態が「蛭」に似ていたからそう名付けられたもので、「粟鋻(石庖丁系の穂摘み刃物)」に替って用いられることになってきた、穂刈り、あるいは高刈りに使用するものである。この系統の鎌は日本には伝来しなかったようである。

次に「鎌」は、「廉」から生じたもので、『釈名』[8]には「体廉薄也」とある。「廉」は真直のものが直角に折れていることを指すから、私の考えでは、「鎌」は曲刃鎌をいうのではなく、刃元に折返し等の柄止めを付けて、刃線に対して強角度を持つ柄を付けたものを表わすのであると思う。その形態的特徴からこの名称が生じたのではなかろうか。とすれば、「鎌」は東アジアの古代の出土鎌に一般にみられる形式と符合しているということが出来る。それは曲刃鎌ではなく、直刃鎌の系譜に属するもので、中国ではまず石器として現われ、次いで春秋戦国時代には銅鎌、鉄鎌と鋳造製になる。そして、この系統の鎌は日本の古代の鍛造鎌にも受け継がれているのである。

次は「鉤」であるが、これは「鏍(鍥)」ともいわれたものらしい。前述のように「鉤」は陝西省方面の言い方だった。「鏍」は「絶」に音が通じるというが、詳しくは後述したい。「鉤」と「鏍」とが元々全く同じであったかどうかは判らないが、後代には曲刃鎌(三日月木鎌)の系統に繫がるものを指しており、前述の「鎌」とは全く別の系統のものを表わすである。

最後の「鉊」は、大鎌(両手刈り鎌)を指したらしい。「江淮陳楚之間」でこれが用いられていたとあるから、古くは地域性を持っていたのであろう。『王禎農書』[9]では大鎌は「鏺」と出てくる。ヨーロッパでサイス(scythe)といった物と同じものである。

以上のような中国の鎌に対する知識をふまえた上で、『類聚名義抄』は「カマ一鍥」としているのであるから、そこでは曲刃鎌が意識されていたことになる。(但し『類聚名義抄』では、この他に「鈙」の字にも「カマ」が充てられている。)

いずれにしても、曲刃鎌である「鏍」に対して、直刃鎌には「鎌」の字を充てて使い分けようとしたのではなかったかと考えられる。この二つの鎌の間には使用目的の上で大きな違いがあったからである。前述のように『皇太神宮儀式帳』では、「鎌」の他に「奈岐鎌」があって、それを現在の「鉈鎌」に繋げて「奈太」といったと私は考えてきたのであるが、『類聚名義抄』の「カマ一鍥」もこの系統を示し、同じ見方に立っているということができる。即ち、この流れは「ナタ(もしくはナギ・ナイ)」から始まり、「ナギカマ」となり、更には単に「カマ」とも呼ばれて、その結果、直刃鎌との関係が紛らわしくなっていくこともあったが、近世に入ると改めて「手鎌(もしくは鉈鎌・木鎌)」といわれてきたものなのである。

実は「ナタ」と「ナギ」とを結び付けて考える発想は古くから既にあって、『皇太神宮儀式解』[10]では、「今の世、奈伊加万と奈多と同物なれど、昔は全く同きにはあらじ」と述べている。これは『日本書紀』等に出てくる「釤」を大鎌として「奈太」とみた『和訓栞』[11]と同じ考えを基にして述べられたのだと考えられる。

このようにみてくると、日本でもある時代から二つの異なった系統の鎌が用いられてきており、その刃部の形態は曲刃(三日月鎌)と直刃に近いものとに分かれていたことになる。そして、曲刃のものは木鎌として、直刃のものは草刈鎌、後には稲刈鎌にと使い分けられていった所に、日本の鎌のひとつの特徴があったと考えられる。インドや東南アジアの稲刈鎌が基本的に曲刃鎌であるのとはこの点が非常に異なるのである。木刈鎌として伝承してきた日本の曲刃鎌は、古くは「ナタ」ともいわれたが、後に「鉈(ナタ)」との区別を必要として、「薙鎌」ないしは「鉈鎌」等とよばれてきたものであったといえる。

以上のように、鎌には二つの系統があったが、それでも「カマ」に充てる漢字は比較的に早くから「鎌」の字が用いられていた。しかし、もう一方の「ナタ」の方はそう簡単には安定していかなかったようである。それは「ナタ」の機能も形態も不明確で捉えどころがなかったからで、一方では〝薙鎌〟のような曲刃鎌を意味し、その一方では〝山ナジ〟の例にみられるように直刃刃物にも結び付いていたからである。例えば、『倭名類聚抄』では「短刀」を「能太知」(昌平本・下総本)と読ませている。これも「ナタ」であったと考えることができるのである。

そこで今度は、「ナタ」にどんな字が充てられてきたのかを見ていくことにしよう。

古くは『新撰字鏡』(12)で「鈖」・「銭」の字に「打ナタ」と訓じてあるというが、私はまだ確かめてはいない。中国の辞典でみる限り、「鈖」の字にはなんら刃物を表わすところはなく、「鈖、玉名」と出てくる。また「銭」の方も矛の一種で、一方の側に十手のように脇刃が出たものであるというから、なぜこれらを「打ナタ」と訓じたのかはよく判らない。ただ、「打ナタ」という以上は割り木刃物を言ったのではないかと考えられるだけである。

その後、十二世紀に入ると、『伊呂波字類抄』(13)では「鈍」が「ナタ」と読まれているという。この字は、古く『皇太神宮儀式帳』に「銫」と書かれているものと同じかもしれないが、「銫」とも書かれ、「鍦」の俗字である。ところが少し時代が下る『類聚名義抄』では、「鉈」と「鍦」とに対して「ホコ・カンナ・ケヅル」等と記されており、〝カンナ〟と考えられている。もっとも、「鏩」の字にも「カナ」が充てられているから、削るものは皆、〝カンナ〟であったといってもよい。さらにもう一箇所、「鐽」の字の項をみると、「ナラシ」等と共に「ナタラム」とも書き込まれてるのである。

「鏟」そのものについては後述することになるが、ここでは「ナタラム」に注目してみる。『広辞苑』によると「なだらむ―なだらかにする」とあって、『源氏物語』に「よろづの事に通しなだらめて」とある例が引用されている。要するに「ナタ」の語義は「傾る・雪崩・宥める・なだらか」の意味と通じていたことになるのである。だから、もう一度振りかえって「ナタ―ナダ―ナギ―ナジ」を考えてみると、これらの言葉は「灘・凪・薙・馴染む」と、それぞれ平らで凹凸のない様子、抵抗のない拡がりを表わしており、そういう世界を作り出す刃物が「ナタ」であり、「ナジ」でもあったことが判る。それらが総体として朝鮮語の nad につながるという訳なのである。

とすると、十二世紀から十三世紀頃には、鉈鎌の系譜以外に、「鉇・鍦・鉈―ホコ・カンナ・ケズル」の系統を「ナタ」と言う場合もあり、その一方で「鈖・銭・鈑―打ナタ」の系統も「ナタ」といわれてきたことになる。即ち、木工加工刃物としての「ナタ」には、「削る(ケズル)」ものと「削る(ハツル)」あるいは「割る」ものとの二つの「ナタ」があったのだと考えられるのである。

ところが更に時代が下って、十五世紀の中頃になると、「ナタ」には「鉈」の字を充てることが一般化してきたらしい。そして、この場合の「鉈」は、もう「ホコ・カンナ・ケズル」のようなものではなかったらしいのである。そこに大きな変化を見ることができる。『下学集』(14)には「鉈(ナタ)・山刀(同上)」、「菜刀」、「鎒(ナタ)・捺刀(同上)」と三種類の用法が並べてあげられている。

この中の「菜刀」は現在の「菜切り(ナキリ)」につながるものであると考えられるが、これも「ナタ」と呼ばれていたらしいことは興味深い。刃物の系統から考えて、〃菜切り〃は〃桑切り〃〃煙草刻み〃〃割り鉈(割り庖丁)〃等に近い新しい形式を持つ刃物であって、古い伝承を持つ調理庖丁の系統とは異なるものとみてよい。

〃菜切り〃は形態と用法が新しい様式の木刈り刃物、木割り刃物と類似しており、そのために「ナタ」と称されたの

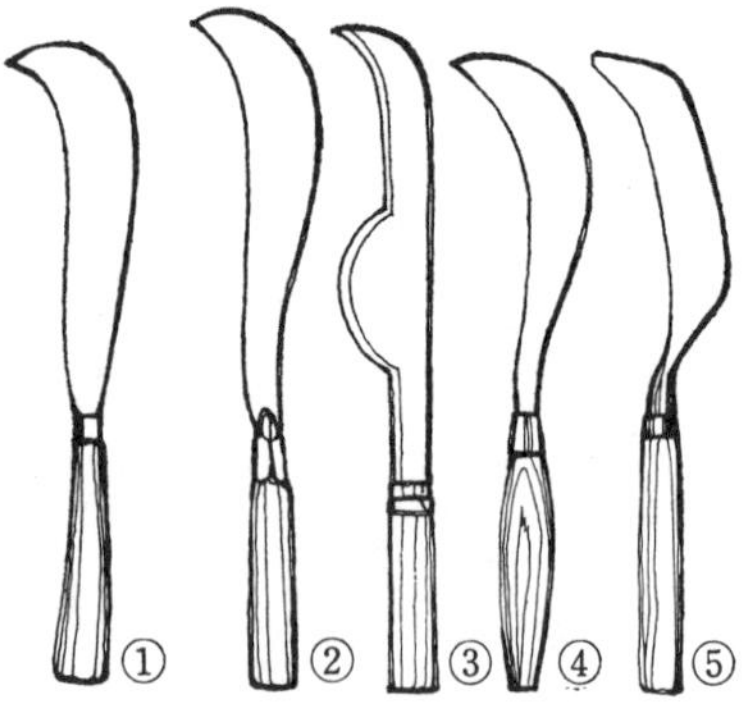

46図　『王禎農書』の鏍と東南アジアの曲鎌

①鏍。『王禎農書』以来『農政全書』『三才図会』と描きつがれて来た。
②ジャワの鉈鎌。
③ジャワのココナッツ用の刃物。中央部は二つ割りにしたココナッツの果肉を取り出しやすい形に作られている。
④インドの鉈鎌。これもココナッツを割って果肉を取るのに用いる。
⑤マレー半島の鉈鎌。ココナッツ割り，木枝払い等汎用的に使用する。

だと考えられる。「菜刀」の字が宛字されるようになってから、「ナ」は使用対象の菜を示すものと解されるようになったらしい。そこから「菜切り」という言い方が出てきたのだと考えられる。

次にここでは、木に関わる鉈の方は「鉈—山刀」と「鎅—捺刀」の二種類に分けられている。この中の「鉈—山刀」は薪刈りの刃物を指していると考えられ、もう一方の「鎅—捺刀」は木割りや削り(ハツリ)細工の刃物を表わしているものと私は考える。この場合の「鉈」には前代の削り(ケズリ)刃物としての意味が失なわれ、削り(ケズリ)刃物は総称して「カンナ」と表現されるようになる。その代りに、「鉈」はより古い時代の「薙鎌」に繋がる木刈り刃物の方を表わして、「鉈・山刀」と書かれている。それは『倭名類聚抄』の「短刀—野太知」を継承しているのである。そこで次に考えてみたいことは、「鉈」および「鎅」にそれぞれナタと訓じた理由である。

私の考えるところ、「鉈」と「鎅」とは互いに似た形態と製法を持つ新しい形式の刃物で、「山刀」と「捺刀」はそれよりも古い形式のものを指していた。ここには製法と様式の異なった新旧二つの形式の「ナタ」があり、その一方で、それぞれを機能と用法によって〈木刈り刃物〉と〈木割り・木削り刃物〉とに分けることが出来たから、「鉈—山刀」と「鎅—捺刀」と書き分けられたらしいのである。その上で新旧の違いを明らかにするつもりで、新しい様式を表わすために「鉈」および「鎅」が用いられた。こうして、「ナタ」を「鉈」と書く方法が生まれてきたのであるが、それは中国における「鉈」の意味とは無関係の、全く日本流の用法だったのである。

「鎅」の字はその後は用いられなくなったようで、〈木割り・木削り刃物〉の方にも「鉈」の字が充てられることになっていく。その結果、名称の上からは〈木刈り刃物〉も〈木割り・木削り刃物〉も全く区別できなくなるのである。そのためであろうか、近畿地方では木割りや木削り刃物の方は「庖丁(ホウチョウ)」と言い習わしており、「ナタ」とは言わなかったのである。こうして、「鉈—山刀」と「鎅—捺刀」とは、「鉈—山刀」と「鉈—庖丁」とに分れてそれぞれ継承されてきた。二つの鉈の原型はここにはっきりと表われているのである。

しかし、十七世紀の末には、中国の『三才図会』[15]等から影響を受けた『日本釈名』などが書かれ、それらには「ナタ」に対して「鍬」の字が用いられている。『和漢三才図会』もこの系統を受け継いでおり、「鍬」に「ナタ」と充てるのである。現代の中国語では「鉈」の字は刃物を表わすことには全く用いられていないから、こうした中国での呼称の変化が『和漢三才図会』等にも反映をしているのだと考えられる。「鉈」の字は現代中国語では棹秤の分銅のことを指しており、古くは石偏で「砣」としたものが金偏に変化をした結果なのである。

また、近世の一般的な「ナタ」の宛字には、農書等にみられる「山刀」がある。これは『下学集』に既に現われているが、西鶴の『若風俗』でも使われている。そこでは「ヤマガタナ」と読まれており、この表現には「野太知」に繋がるものが感じられるのである。

そこで、中国で「鍬」といわれてきた物について見ていくことにするが、『王禎農書』には次のように出てくる。

「似刀而上彎、如鎌而下直、其背如指厚、刃長尺許、柄盈二握、江淮之間恒用之」

(刀に似ているが上の方が湾曲している。鎌のようであるが下は真直ぐである。その背の厚さは指の幅くらいで、刃渡りが一尺程度、柄の長さは二握り、揚子江と淮河の間では常にこれを用いる)

そして、草や穀物を刈り、あるいは柴や篠を切るもので、鎌や斧の代りになるものである、とある。

中国ではその後に、〃鍬〃は後述する〃ハナ付鉈〃に置き換えられてしまって、文献の上にだけ残されてきたもののようで、現在の中国ではこの形式の刃物はあまり用いられてはいないのである。

しかし、その一方で〝鏍〟に非常に類似した刃物は、現在でもマレー半島やインドネシア諸島では盛んに使用されており、インドでもかなり用いられているらしい。マレーやインドネシアのものは中国の場合と同じように袋ビツに柄を差し込む形式のものである。インドの場合も木柄に茎(ナカゴ)を打ち込む形式を取り、柄付けの方法に多少の違いはあるが、一応は同系統のものと見てよい。これらは主に椰子の実を割るのに使用される刃物で、特にその目的に適応した形態に変化したものもある。そして、後にもう一度述べることになるが、この曲刃を持つ〝鏍〟の系統の刃物は遠く西ヨーロッパにも広く普及をしており、そちらではビルフックと名付けられているのである。

〝鏍〟は『方言』によると、関(函谷関)より西、即ち陝西地方では「鉤」といったとあるが、それが「鏍」と全く同じものであったかどうかは判らない。しかし、それ以上に問題なのは、〝鏍〟の実際の形態が判る図例は『王禎農書』の時代以前にはないようであるから、『方言』の時代(後漢)のものと『王禎農書』(元代)の挿画とを同一に考えることはできない。『王禎農書』の挿画の刃物は比較的に新しい形式を持つようにみえるからである。私の想像では、古い時代の〝鏍〟は日本の〝鉈鎌〟と同様のものであった。『王禎農書』の〝鏍〟はこれとは異なった系統の刃物で、西の方から新しく中国にもたらされた形式が、中国式の袋ビツによる柄付け方法と複合をして生まれたものであると考えられる。このことは中国で「鉈」の字が刃物の名称から消えていくことと深い関係がありそうで、以後の〝ハナ付鉈〟の普及の前提ともなったのである。

そこで次に、「鉈」および「鍦」についても簡単に調べておくことにする。中国では、「鉈」と「鍦」とは同音で同義であったと言われている。古い文献をあたってみると、『説文』[16]には「短矛」と記されており、矛の一種であると考えられている。これが前述の『類聚名義抄』の「鉈」の説明にも影響しているのである。また、『方言』の方には「矛、呉・楊・江・淮・南楚・五湖之間、謂之鍦」とあって、音は同じであるが、文字の方は南北で違っていたことが判る。

とすれば「鉈」と「鉇」とは、形態や使用目的の上でも全く同じものであったのかどうかは確かではない。いずれにしても「平木器也」と記されているから、日本の近世の〃鉈〃のような木刈り刃物ではなかった。むしろ、『類聚名義抄』の説明の方が原意に近かったのだといえる。「矛」の一種でかつ「平木器」であるからには、日本で言うところの〃ヤリガンナ〃のような木削り（ケズリ）刃物を指していたらしいのである。「鉇」には、現在の中国語では轆轤ガンナに対して使う用法があるという。「施」には「加工する」という意味があるから、そういう使用方法が元にあって、そこからこの刃物の名称ができたのかもしれない。その一方で「鉈」は「蛇」と同音であり、形態の面からも、「鉈」と「蛇」は通じていたのであろう。蛇の特徴のひとつは蜷局（トグロ）を巻くことにあって、紐掛け轆轤と相通じるところもある。日本でも「トグロ」と「ロクロ」は通じ合っているが、中国においても「鉈」「鉇」「蛇」は繋がっていたのである。

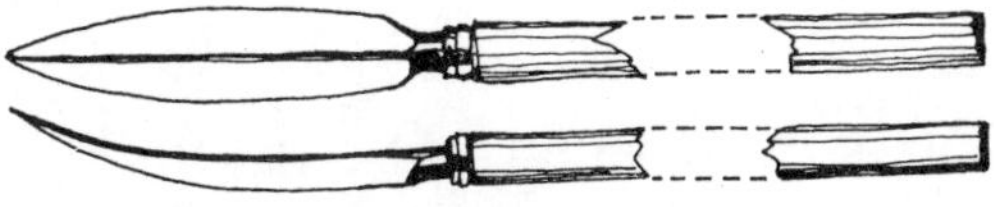

47図　鑓鉋（ヤリガンナ）
中世の絵巻物で寺社を建立する図によく現われる木削り刃物である。クサビを打ち込んで割った木材を仕上げるために用いている。古く中国で鉈といわれたのはこの形式の刃物を指すと推測される。

先尖りの鑓穂のような刃物である〃鉇（あるいは鉈）〃は、ロクロにかけた物を削る場合以外にも使用されたらしい。同じ刃物を用いて平らな木板を削ることも出来たからで、そこには〃ヤリガンナ〃と全く同じ用法が含まれていたはずである。私がジャワ島で見た轆轤細工は、削り小刀をそのまま轆轤ガンナにも使用していたから、それと同じ用法であったのだろう。だからこそ「平木器也」とも言うことが出来たのである。とするならば、刃部の両側に曲刃を作り先端を尖らせた〃鉇〃が、矛の一種であると見なされたのも無理はない。こうして日本でもヤリガンナに「鉇」の字が充てられて、「ナタ」または「カンナ」と訓じられてきたのだと考えられる。

実は、これと全く同じ推測が『箋注倭名類聚抄』(17)の中に既にみられる。『倭名類聚抄』では「鐁」を「加奈」と訓じて「平木器」としており、『類聚名義抄』もこれを受け継いでいるが、これと「鉇」は同訓とみて、〝ヤリガンナ〟とするのである。この推測も矛とヤリガンナの形態的な類似から来ている。「鉇」および「鉋(鉇の誤記か)」は古くから文献に現われており「加奈」と訓ぜられてきた。とすれば「鉇」は古くは「カナ」と呼ばれ、中古には「ナタ」とも称されることがあったが、結局これらの字は使われなくなって、和名としては「カンナ」が一般化していくことになる。これにも「鉈」が充てられることがあるが、それは後述する。

中国においては、「鉇・鉈」の字はほとんど一般には用いられなくなっている。その背景には、「平木器」の刃物が大きく変化をしていった事が隠されていると私は考えているが、そういう変化を引き起こしたのは、新しい鍛冶の技術と一群の製品とが西方より徐々にもたらされたからであった。この新しい変化は、二本の柄を持つ刃物や切先にハナを持つ刃物に代表され、『王禎農書』の〝鏍〟もそれに含まれていたものと考えられるが、これは後にハナを持つ刃物(ハナ付鉈)や外反りの刃物(手刀)に置き換えられていったらしいのである。

『王禎農書』の中には、外反りの刃物(後述)は記録されているが、〝ハナ付鉈〟に見合うものは含まれていない。だからハナ付鉈が当時既に用いられていたのかどうかは判らないが、後代に広く普及をしていったことは明らかである。しかし、『三才図会』等が専ら『王禎農書』を基にして書き継がれていったために、それをそのまま引用した『和漢三才図会』等には改めて「鏍」の字が登場することになったのである。その矛盾については後述する。

ここで『王禎農書』の中の〈木切り刃物〉を見ておくことにする。〝鏍〟の他に記載されているものは、桑の枝打ちに用いる〝劖刀〟があるが、これは要するに〈刃物〉の意味で、『三才図会』に〝手刀〟と出てくるものと同じ形態のものである。この系統の刃物は普通は「刀」といわれ、先に行くに従って刃幅が広くなり峰線を途中で切り返して切先を鋭く作る外反りのものを指す。

その原型は馬上で使う大形の武器にあって、「屈刀・偃月刀・鳳嘴刀・筆刀」等の様々の様式がある。そして、その様式の違いを決めているのが峰線の切り返し方にあるところが面白い。全く切り返しのない様式もあり、その場合には日本の薙刀(ナギナタ)と同じものになるが、中国では〝眉尖刀〟と名付けられている。それを腰に下げて用いるようになると短柄に作って、いわゆる〝青龍刀〟ということになる。

〝手刀〟を木刈りに用いることはかなり後まで続いたが、『王禎農書』によると、この刃物は南人が用いたもので、これによって桑枝を刈り、桑葉を切り落としたが、北人に桑枝を刈る専用の斧があって、葉を取るのには鎌を用いたとある。この外反りの刃物の系統はなぜか薙刀以外には日本には伝来してこなかったのである。

ところで、『王禎農書』に「鏍」と「手刀(劖刀)」が描かれているのは偶然のことではない。この二つの形式の刃物に鑓を加えて、内反り(鏍)、外反り(刀)、直刃(鑓)で一組の呪術的な武器を構成していたらしいからである。これについては後述することにしたい。

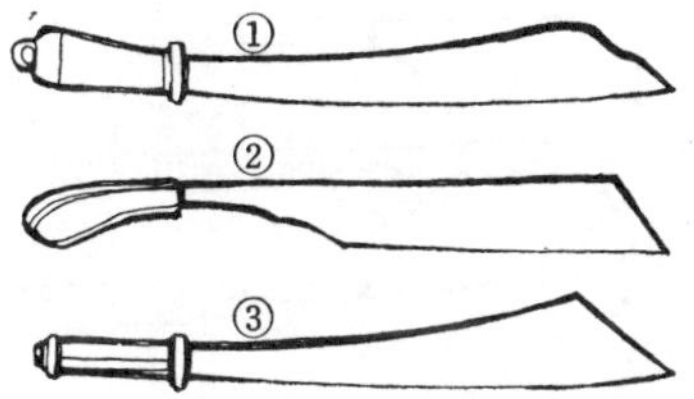

48図　手刀と劖刀

中国では古くから直刃を剣，この形式のものを刀といった。

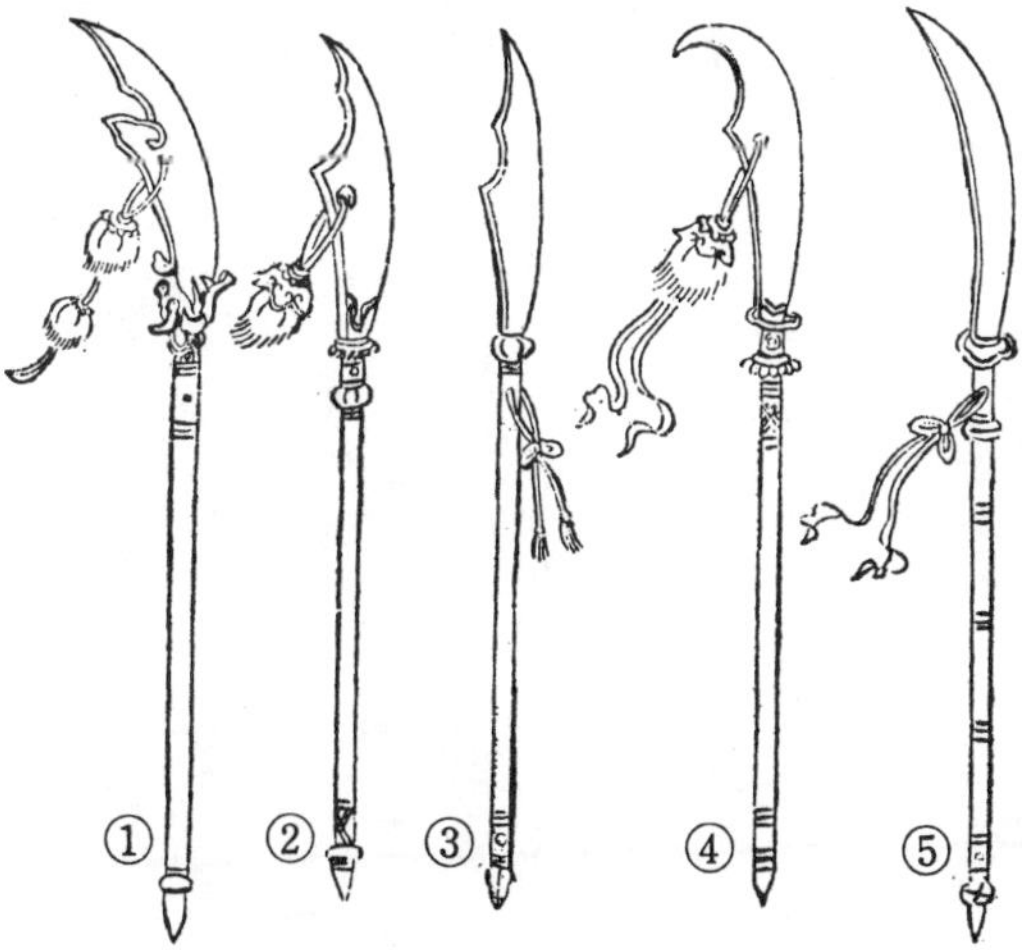

49図　様々の刀(『三才図会』)

〝刀〟の形式はおびただしくあるが，この中の眉尖刀（ナギナタ）だけが日本にも伝来している。峰線が色々に折り返えされていることに注目したい。後述のようにここから突起が成長してくる場合があって，鏍と関係してくる。

①偃月刀　②屈刀　③筆刀　④鳳嘴刀　⑤眉尖刀

以上のような経過があって、『和漢三才図会』等はあえて〝鏍〟と〝ナタ〟を組み合わせざるをえなかったのである。しかし、『王禎農書』に現われないからといって、中国では日本の〝ハナ付鉈〟に類似したものが用いられてこなかったかというと

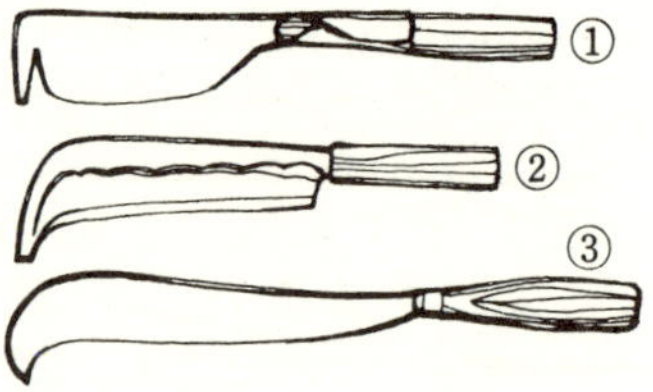

50図　ハナ付鉈と鏍

①『チャイナ・アット・ワーク』より復元した中国のハナ付鉈。日本のハナ付鉈と基本的に等しいことは明らかである。

②『和漢三才図会』の鏍（ナタ）。文中の説明とは異なり，ハナ付鉈の図が用いられている。

③『王禎農書』の鏍。曲鎌の系統であることを示している。

そうではない。まだその出自は明確ではないが、やはり西方から伝来してきたもののようで、現在まで伝承してきているのである。そこから、『和漢三才図会』の複雑な表現が生じてくる。『和漢三才図会』は〝鏍〟の説明に『三才図会』（元は『王禎農書』）を引きながら、その挿画には全く異なる図をあげているという訳なのである。ここにのせられている図は『王禎農書』の〝鏍〟ではなくて、明らかに〝ハナ付鉈〟の一種とみることができる。だから、この図がどこから引用されてきたのかは非常に興味深い問題なのである。

以上が、私の調べてみた〝ナタ〟の名称と形態や用法の変遷である。このように〝ナタ〟は非常に漠然とした性格を持っており、しかも明らかに折目折目に変遷をしてきている。時にそれは山刀であったり、木削りの刃物であったり、割り木用であったり、鉈鎌であったりするが、あえて言えば、一貫して木に関わっているという所にその特徴を見ることができるのである。そして、その背後には木と人々の密接な関わりがあり、〝ナタ〟はその関係を取り持つひとつの媒体であったのだと考えられる。その一方で、同じ木に関わる刃物であっても〝オノ〟とはかなり違った意味合いを持っていたと推測されるが、それはかなり大きな問題である。ここで直ぐに取り扱う訳にはいかないから後の課題としよう。

そこで今度は、今日みられる鉈の仲間の中で、最も明白な特徴を持つ〝ハナ付鉈〟を絵画資料の中から探し出してみることにする。〝ハナ付鉈〟は少なくとも〝ナタ〟という以外には名付けようもない刃物で、その意味では代表的な〝鉈〟であると言えるからである。そして、私の知る限りでは、この鉈が出土品や絵画資料に登場するのはかなり新しい時代に入ってからのことであり、古代の遺品には全く見られないのである。

絵画資料では、中世に属する『職人歌合絵巻』(高松宮家蔵)に描かれているものが最も古いのではないかと考えられる。これは『東北院職人歌合絵巻』の異本であるが、それに付けられている挿画の方は、本文よりもかなり年代が下って室町時代に描かれたものであると考えられている。その「鍛冶の図」の中の、金敷の上で鍛えられている刃物が間違いなく〃ハナ付鉈〃である。であるとすると、〃ハナ付鉈〃の渡来はどんなに新しく考えても室町時代以前のことであったと言えるのである。

これに続いて、『喜多院職人尽絵屏風』の「農鍛冶の図」をみると、鍛冶場の背面の壁に掛けられている製品の中に〃ハナ付鉈〃が含まれている。『職人歌合絵巻』『喜多院職人尽絵屏風』にみられる〃ハナ付鉈〃は、いずれもほとんど同じものが現在まで使用されてきており、〃鉈〃といえばまずこの形式を思い付く代表的なものである。だから、この時代以後に部分的な変化は起ったが基本的な点は現代までそのまま伝承されてきたと考えてよいのである。

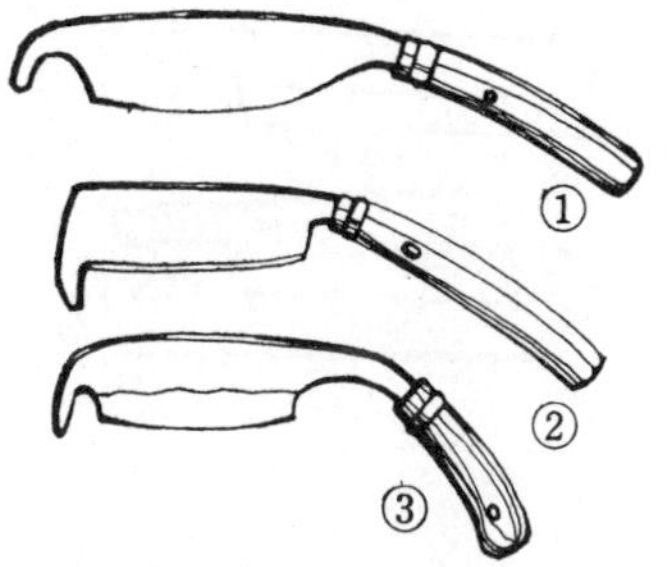

51図　中世のハナ付鉈
①『職人歌合絵巻』の鉈の復元図
②朝倉館(福井)の出土鉈の復元図
③『喜多院職人尽絵屏風』の鉈の復元図

以上のように、具体的な物として〃ハナ付鉈〃を見ていくことから、その普及の大枠を一応は跡付けることができる。絵画資料から見る限りでは、中世の後半期には〃ハナ付鉈〃はある程度普及していたが、その後に徐々に拡がっていったものであると考えることができる。

そこで現物の出土遺品の方も探してみると、現在知られている最も古い例は越前朝倉氏の館跡から発掘されたものであるらしい[18]。従って、中世も最末期のものについては確認できると言うことになる。

こうした事実を踏まえて、私は『類聚名義抄』と『下学集』の記載との間にある相違に注目する必要があると考えている。『類聚名義抄』では「カマ」に

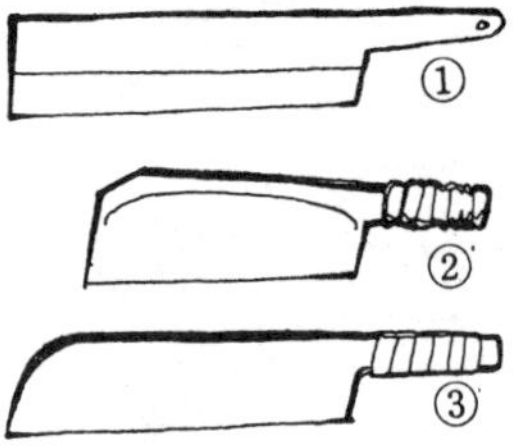

52図　木割り鉈と
木削り（ハツリ）鉈
①榑割り庖丁
②木削り鉈　下駄を削るに用う。
③竹割り鉈　篭作りに使用する。

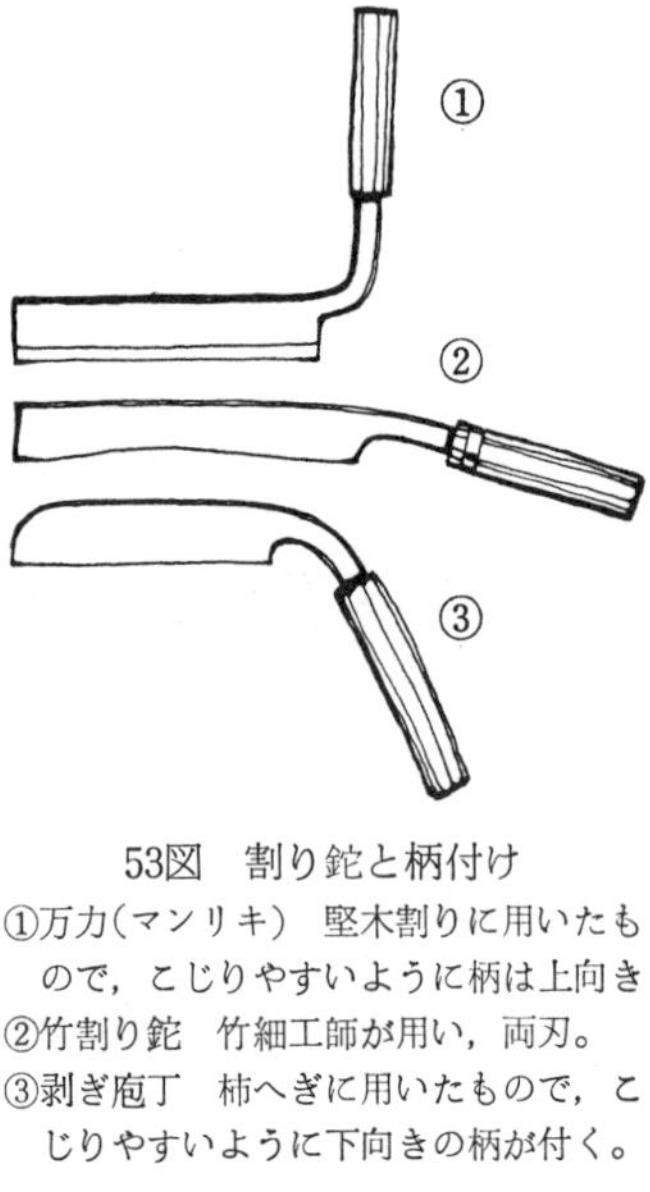

53図　割り鉈と柄付け
①万力（マンリキ）　堅木割りに用いたもので，こじりやすいように柄は上向き
②竹割り鉈　竹細工師が用い，両刃。
③剥ぎ庖丁　柿へぎに用いたもので，こじりやすいように下向きの柄が付く。

「鏍」を充てる一方で、「鍦・鉈」は矛の一種とみなして訓読は不明、「ナタ」には「鈑・鉛」が用いられている。もしこれらが『新撰字鏡』や『倭名類聚抄』を受け継いでいるものとすれば、「鉛」は「打ナタ（木割り刃物、木削《ハツ》り刃物）」を、「鈑」は外反りの刃物、即ち「短刀―能太知」を表わそうとしていると考えることができる。ここでは、曲刃（内反り）刃物のことを「カマ」で表わし、直刃（あるいは外反り）の刃物を「ナタ」と言い分けていると推定できるのである。しかし、この当時の「ナタ」はまだ固有の形態を持つものではなく様式が確立していなかった。それが『下学集』の時代、十五世紀には「ナタ―鉈」の表現が成立していたと考えなければならず、この「ナタ（鉈・⿰金男）」はもう〝矛〟を連想させるものではなく、同時に「山刀」であり「捺刀」だったのである。この変化は何を意味しているのであろうか。私は、そこに新しい形式の刃物と刃物鍛冶の技術の渡来を見たいのである。それはより具体的には〝ハナ付鉈〟と後述の〝直鉈〟に象徴されると思われるが、これらの推測は前述の『職人歌合絵巻』の例によっても裏付けられていると考えられる。十三世紀の中頃あたりから十五世紀までの間に、新しい技術と製品とが伝来してきたのである。

　この〝鉈〟に象徴される鍛冶―鉄器文化は、技術的な面からも日本の鉄器のあり方を大きく変えていった。私は、《割込み刃金》や《付け刃金》の技法もこれに関係しているし、中世鋳物師の〝打鉄・熟鉄〟商いも無関係ではないと考えており、製鉄技術の上にもなんらかの影響をあたえた総合的な技術文化の受容過程をそこに見る。

この技術文化は、一方では様々の新しい様式の刃物類を含んでおり、それは物作りの世界に広く二次的な影響を及ぼしていったのだと考えられるが、その一つにハナ(トビ)を持たない鉈も含まれていた。それを以下では〝直鉈〟と表わすことにする。〝直鉈〟は、後述のように木割り・木削(ハツ)り・木剝(ヘ)ぎに使用され、木器製作に用いる〝職人鉈〟と枝落しや木刈り用の〝腰鉈〟の系統とを含み、後者はまさに〝山刀〟あるいは〝能太知〟を受け継ぐものであった。『下学集』で「ナタ―鍔―捺刀」とされているものは〝職人鉈〟を指していたが、それは新しく普及してきた〝直鉈〟を示しているものと思われる。このように考えていくと、この時代には、近世以来用いられてきた鉈の仲間と考えられるものはすべて出揃って古い形式に取り替ったことになるのである。

後に述べることになるが〝ハナ付鉈〟と〝直鉈〟とは共に木刈り・薪取り・枝打ち等に用いられてきたから、両者の関係や地域的な分布は非常に複雑である。そして、この関係や分布状態は、古い時代に地域ごとに固定されて、そのまま伝承をしてきたとは言えない流動的な側面を持っており、そこに一つの特徴を見ることができる。やや極端な表現を使うと、二つの木刈鉈(ハナ付鉈・直鉈)の使い分けや分布境界は山の生業の変遷と鉄器流通の拡大の中で、ごく近年に至るまで激しく動き続けてきたのである。

だから、鉈は歴史的に複雑な要素を沢山含んでおり、その全体像を理解することは相当に困難である。簡単に地域的分布を設定するだけではあまり意味があるとは言えず、そういう分布を、伝播と変遷の相の中に位置付けていく必要があり、それによってのみ、人の生業と鉄器刃物の関係の具体的な姿を見ることが可能になるものと思われる。木刈鉈の動的な性格は、もうひとつの刃物―木刈鎌との相互規定にも由来するが、その一方で、古代以来の人々と木の関わりの多様さと、その利用形態の変遷史とも深く関係している。「ナタ」が「鉈」に至るまでにはナタ―鎌、ナタ―鈴、ナタ―鍦、ナタ―鍔、ナタ―鉈等と様々に移り変ってきたが、そこには人々と山林樹木との関わりの変化も反映をしていると私は考えるのである。

こうして最終的に「ナタ―鉈」が成立してきたのであるが、それは同時に新しい木材利用技術をも表わすものであって、刃物の利用体系の変化拡大を示している。

三　オノ・ヨキ・タツキ・マサカリ

近年まで用いてきた斧(鍛造製)に近い形態を持つ鋳造の利器は、中国では既に前漢の末期の河南省焼溝[19]の出土品の中にみられ、石器から鋳造青銅を経て伝承してきたものであったから、様式の上では非常に古い歴史を持っていた。日本においても、古墳時代の初めには短冊形鉄斧（鍛冶屋の切りタガネに類似した柄付け方法による削《ハツ》りに使用した刃物）が、有袋鉄斧（袋ビツを持つ近年のチョウナに相当する）と組になって出土している。しかし、その後に短冊形鉄斧の方は見掛けられなくなるようで、古墳時代を通しての木工刃物は有袋鉄斧が主流をなしていたものといわれている。
しかし、これら以外に全く別の形式である穿孔斧（近年の斧に近い〈横向きヒツ〉を持つ）も、島根県郡山古墳や奈良県塚山古墳から出土をしている。これらは類例が少なく、朝鮮半島から新しくもたらされたが、その当時にはまだ十分に定着をみなかったのだと考えられている。[20]
古代も末期に入ると、斧の仲間も幾つかの名称で区分けされ、使用目的にそって分化してきたようであるが、具体的な相違はあまりはっきりとは判らない。一例として『延喜式』を参照してみると、「鉞・手鉞・鐇」と出てきて、後代にはそれぞれに「オフノ」「テオノ」「タツキ」と訓ぜられている。「オフノ」は現在の〝斧〟につながるものを表わしていると言えるが、「テオノ」が小形の片手使いの〝斧〟（現在も手斧という）を指しているのか、〝チョウナ〟（これも手斧と書く〉を表わしているのかはよく判らない。

ただし〈横向きヒツ〉を持つ〝手斧(テオノ)〟とは違って、〝手斧(チョウナ)〟の方は古代の〝有袋鉄片(〈上向きの袋ヒツ〉を持つ)〟以来の柄付け構造を持つものであるから、その本来のあり方から言えば、取り付けの向きを九十度ふりかえてやるだけでチョウナの仕事もテオノの仕事も出来たはずである。そういう用い方があったから〝チョウナ〟と〝テオノ〟の間の混同が生じてきたのかもしれない。東南アジアに広くみられる類似の木工用刃物の場合には、鉄刃が簡単に取りはずせて、両方の使い方が出来るようになっている。目的に合わせて柄の向きを付けかえるこの方法は石器を用いた時代から受け継がれてきたもののようで、それが〝有袋鉄斧〟の時代にも残っていたのだと推定される。ところが、更に高度な技術を用いて作られた〝穿孔斧〟が普及をしてくると、柄に対して平行の刃線を作るものの方はこの形式に統一されていくことになる。その結果、〝有袋鉄斧系〟のものは柄に対して直角に刃線を作る〝チョウナ〟に限定さ

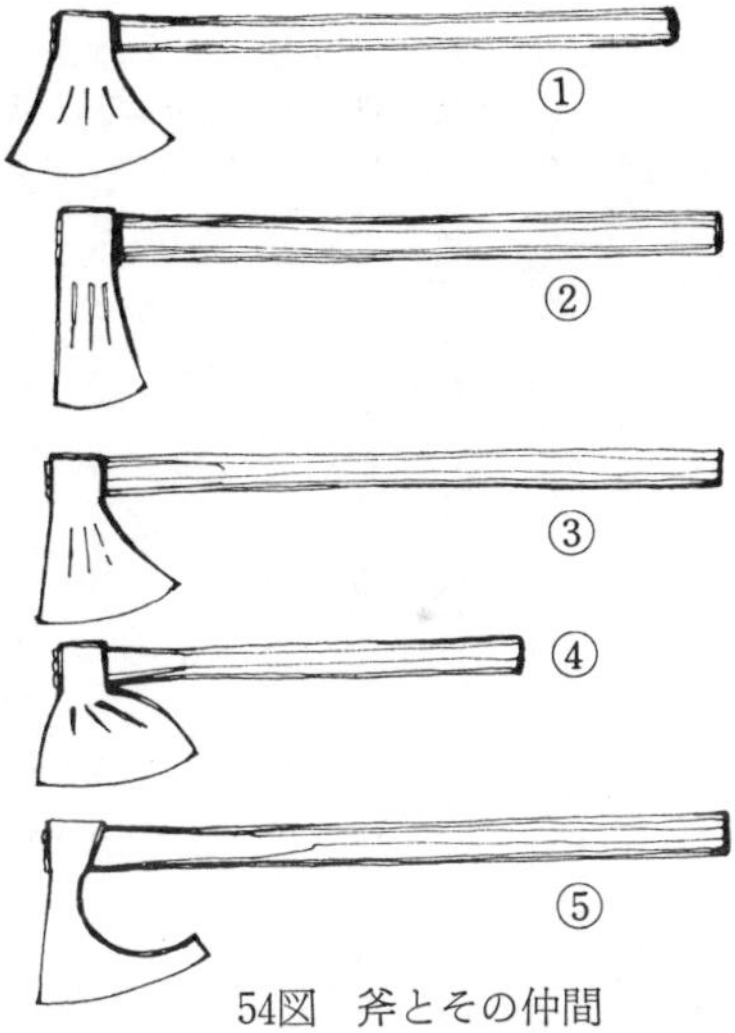

54図　斧とその仲間
①マサカリ　②切り斧　③削り(ハツリ)斧
④鷹ノ羽(削り斧)　⑤削り斧(軽い改良型)

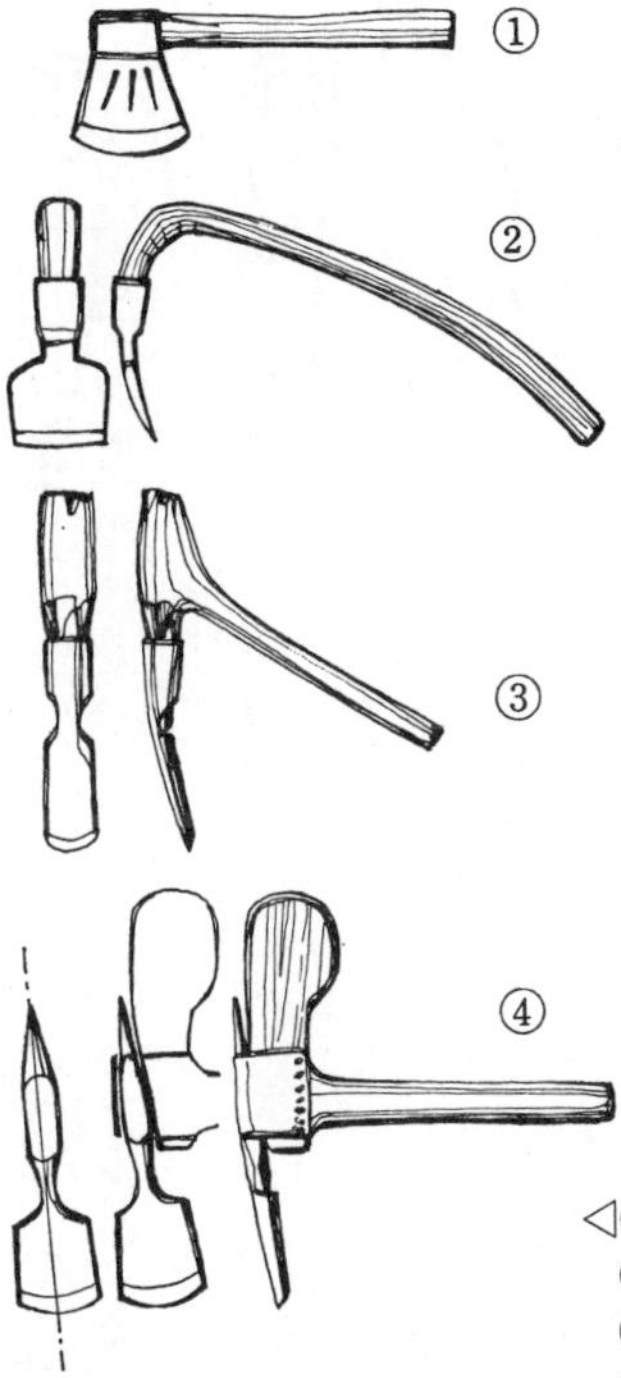

◁①手斧(テオノ)　横向きヒツを持つ
②大工チョウナ　竪向きヒツ(袋ヒツ)を持つ
③木地屋チョウナ　同上
④東南アジアの手斧(テオノ，チョウナ)　鉄部を90°回転させて二種類の装着ができる

55図　テオノとチョウナ

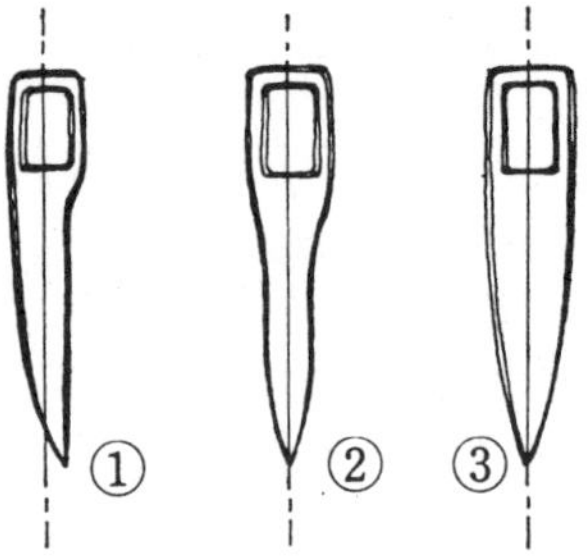

56図　斧の刃先の形状
①片刃削り斧　山で角材(杣角)を作る場合には一方向に削るので片刃のものが多い。
②切り斧　薄刃に仕上げて切り込みをよくしてある。
③割り斧　打ち込んだ時に先割れを起させるように肉厚で鈍い刃先を持っている。

れてきたのではなかろうか。〃テオノ〃と〃チョウナ〃は鍛冶の技術の上でも系統を異にしているが、こうした変遷があったために共に「手斧」と書かれて概念が混乱したまま用いられて、今日にまで至ったのだと思われる。

　次に、〃タツキ〃の方は『大和物語』に「まがきする飛騨のたくみのたつき音のあなかしがましなぞや世の中」と出てきて、元の意味を文字通りに取れば、「木を截つ」と考えることが出来る。従って、木を割る「割り斧(現在のワリヨキ)」、木を削る「削り斧(ハツリヨキ)」に対して、「截つ斧(現在のキリヨキ)」を指しているのではないかと推定することが出来る。もっとも、『倭名類聚抄』には「鐇」に「多都岐」と訓じており、『箋注倭名類聚抄』はこれを広刃斧(削り斧)と解している。

　これらの斧の相違は刃先の断面の形状に最もよく表われてくるが、用法と樹木の材料的性質から考えて、〃切り斧〃と〃削り斧〃とは、比較的に早くから作り分けられて機能分化を遂げていたのではないかと思われる。木材繊維に直角に近い角度で打ち込み、繊維を断ち切る目的の〃切り斧〃、繊維方向に沿って打ち込み先割れを利用して割る〃割り斧〃、繊維に対してゆるい角度で打ち込み外側を割り取る〃削り(ハツリ)斧〃と、材料と刃物との関係がそれぞれ異なっているから、一本の斧ですべてをまかなうことは難しい。これらの三種の斧はそれぞれ現在まで伝承をされてきているものである。

　〃切り斧〃の代表的な例は、杣師が用いるもので、専ら伐木に使用するものである。その刃先はこの目的に見合うように薄く鋭く作られており、あまり刃幅の広いものはない。一方の〃割り斧〃は細木を二つ割り、四つ割りにすることが目的であるから、先割れが起りやすいように楔形の刃先を持っており、今日では主に薪割りに使用されている。

〝削り斧〟は中間的な性質を持っているが、広い削り面を得るためには刃幅が広いことが望ましく、そのために〝ハビロ斧〟といわれていることがある。

斧に似た刃物には「鉞」の字を充てる「マサカリ」があるが、これも実際は様々のものを指しており、よく判らない刃物の一つである。中国で考えられている「鉞」は呪術性の強い武器のことであって、これに類似の武器は世界的な拡がりを持つようである。そして、確かに〝マサカリ〟には「鉞」の形態を受け継いでいると思われる面がある。「鉞」は極端に刃幅を広くして、刃線が三分の一円弧ほどの曲線を形作る刃物だが、この形態に似た広幅で曲線刃の形態が〝マサカリ〟にも受け継がれているのである。もっとも、「マサカリ」と言う時にこの系統だけを指しているとは限らず、ただ単に大斧であると考える人々もいるから、〝マサカリ〟が〝鉞〟そのものであると言うことは出来ない。まして武器ではないのである。

斧には、前述のように〝切り斧〟〝割り斧〟〝削り斧〟とがあるが、その中の〝削り斧〟の形態には幾つかの種類が考えられる。ごく一般的に言えば、〝削り斧〟は広い刃幅を持っており、刃線がある程度は円弧に作られている。これを用いる仕事の代表的なものは、チョウナ削《ケズ》りの前段階の大削り（オオハツリ）で、近世の場合には、山で切り倒した木はその場で角形に削って、〈杣角材〉として山から出したから、その作業に用いられていた。

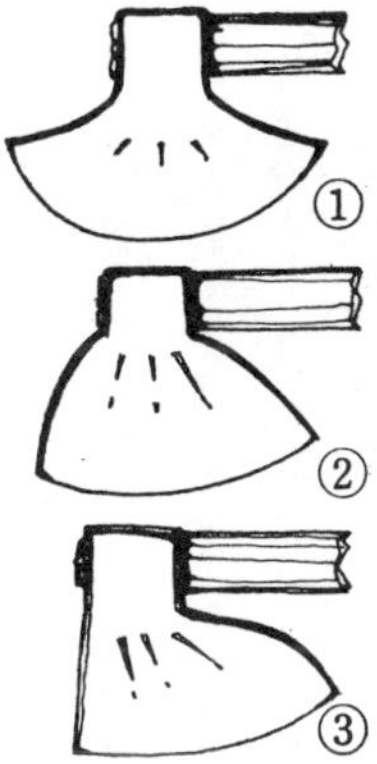

57図　削り（ハツリ）斧の形
①マサカリ　鉞の形態を残している。
②ハマグリ刃　削り斧の代表的な形で「鉿」の字は「蛤」に由来すると考えられる。
③タカノハ　削り幅をかせぐために後部に刃をのばす。比較的新しい形式と思われる。

広い刃幅と円弧を含んだ切り刃を形作る形態は色々と考えられる。実際、現在まで伝承されているこの目的の斧には様々の形状があって、各地の地名が頭に付けられているほかに、タカノハ・ハビロ・ハツリ等々と名称は多彩である。『皇太神宮儀式帳』には「鐇」・「手鐇」・「前鐇」・「削鐇」が記載されており、

「前鉾」はチョウナ、「削鉾」が削り斧にあたるものと考えられる。そして、私は「マサカリ」もこの目的のものを示す名称であったと考えているのである。切り倒した木の枝を払い落とし、外皮を削って真直ぐに仕立てるのに用いたから、「真直に刈り上げる」という意味から「マサカリ」の名称が生まれたのではないかと思われる。

以上のような種類が斧の仲間にはあったが、実際に今日、山で暮す人々の間では「オノ」という言い方はあまり用いられてはおらず、「ヨキ」と言うことの方が一般的であるように見える。「オノ」は標準語で「ヨキ」は地方語であるという考えもあるようだが、私にはどうもそれだけのことではなさそうに思われる。

既に『倭名類聚抄』には「乎能」と「与岐」の訓が出てきて、『類聚名義抄』では「鉾」に「ヲノ」を、「鉛」の字に「ヨキ」と使い分けている。それが具体的にどんな相違を持っているのかはよく判らないが、次のように考えることも出来るのではないかと思われる。

前述のように、「オノ」の「ノ」が刃物を示していると考えるならば、古くは「オノ」は大きな刃物の意味であるとみることが出来る。即ち、「カタナ（片側に切り刃の付いた刃物で矛に対照される）」や「カンナ（金の刃物で石器に対照される）」などと共に、非常に古い時代から用いられてきた一般表現と考えられる。これに対して「ヨキ」の方は比較的に新しい言葉で、その元には中国語の「刀器」がありそうにみえるのである。そして、この名称の伝来には特定の形態や用法を持った刃物が結び付いているのではないかと思われる。私はそれを〈横向きのヒツ〉を持つ斧の登場に結び付けたいと思うが、これは単なる推定を越えるものではない。

おそらく、「オノ」と「ヨキ」の用語法は時代によって変遷があったもののようである。中世には、「オノ」と「ヨキ」が使い分けられていたらしいが、それは刃先の形態と関わっていた。前出の「鉛」は「蛤」に通じると考えることができるから、『類聚名義抄』では蛤（ハマグリ）刃の斧を「ヨキ」といっていると推測することが可能である。それは後に「タカノハ」に受け継がれていった新しい形式を持つ〝削り斧〟の系統を指していたのではないかと考えられ、それに「ヨキ」を充てているのである。もしこの考えが当を得ているとするなら、〃削り斧〃には「マサカリ」の系統と「鉿」の系統とを想定することが出来るが、この問題はもうすこし調べてみる必要があると思う。

斧(切りヨキ・削りヨキ)の刃面には、左側に三本、右側に四本の筋目が鏨で打ち込まれていて、それを魔除けと言っている。三本と四本とを合わせて七本の筋目になるから、そこから斧のことを「ナナツメ」ということもあるらしい。この筋目に関しては様々の説話や伝承が伝えられており、なかなか興味深い問題である。既に今日までにこの筋目については民俗学的な視点から色々と論じられてきているが、そればかりではないように思われる。私には、筋目の伝承の背景に斧を作る鍛冶職人とその技術の問題が隠されているように考えられるのである。これは〈横向きのヒツ〉を作る技法と関係して、なかば必然的に派生したものが後に様式化したのだと考えられるが、それを明らかにするにはもう少し具体的に斧の製法の系統を集めてみる必要がある。まだあまり明確には言い難いが、斧の作り方も東日本と西日本では相違があったようで、その相違と筋目のあるなしも関係してきそうなのである。

いずれにしても、七目の筋は山の人々と鍛冶屋とを結び付ける象徴となっていたものと考えられる。そこから、山の人々にとって鍛冶屋とは何者であったのかがおいおい明らかになってくるのではないかと思われる。

ここで記録に現れてくる斧を見ておくことにしよう。

まず、斧は常に杣人の所持する刃物として登場してくるところに特徴がある。例えば『梁塵秘抄』(21)には、「樵夫は恐ろしや、荒らけき姿に鎌を持ち、斧を提げ、後に柴木舞ひ上るとかやな、前には山守寄せじとて杖を提げ」と歌われている。このように、斧は鎌(木刈鎌)と杖と共に木樵を象徴するものとして扱われており、興味深いことに木樵は山守と相対立する者として表現されている。

この今様にほぼ対応した説話は『宇治拾遺物語』の中にも残されているから、山守と木樵の対立は一般によく知られたことであったらしい。『宇治拾遺物語』では樵夫が山守に斧を取られてしまう。そこで、取り返すために歌を一首読むといった内容になっており、当時の木樵(山民)を考える上で参考になるが、ここから、斧を取られることが木樵にとつて非常に重大なことであった点も理解できよう。

次に絵画資料に見られる例をあたると、『石山寺縁起絵巻』の中には、実際に斧（近年のソマヨキ—切リヨキ）を振るって伐木を行なっている図が出てくる。そこに描かれている様子から、当時の斧の使用方法は近年まで伝承してきた伐木の技術と全く変らないものであることが判る。山鋸（横挽き鋸、手曲り鋸ともいう）が近世後期から明治時代を含めて徐々に普及をしてくるまで、木を伐る技術は長い時代に亘って全く変化はなく、この図と同様の方法が近年まで伝承してきたのである。

その後に描かれた各種の『職人尽絵』においても、〝斧〟はかならず山人や杣人を象徴するものとして描き込まれてきて、そこからも斧が彼らの身分や生業の特殊性を表現するものと一般に認識されていたことを知ることが出来る。

このように〝斧〟からは直ちに山で暮す人々の姿が連想されてくるのであるが、彼らは伐木の仕事にのみ従事して暮しを立ててきたということではなかった。彼らの生業には薪柴の採集もあったし、様々の種類の木器の製造に関わりを持つものもあった。

山の人々の作る木器は、加工方法と用いる道具とによって分類することが出来る。その中には、切り斧や削り斧等の斧類を主な刃物として作り出されてきた製品もたくさん含まれている。

例えば、丸太を二つ割りにして内側をえぐり取って作るフネ(丸木舟)や、容器として様々の目的に利用されてきたフネ(槽)は、仕上げにこそ〝チョウナ〟が用いられたが、基本的には斧による細工と言えるもので、その技術は古い時代からほとんど変化をせずに伝承してきたのである。

この他にも、荒木取りだけは斧に頼っていたという場合が多い。前述の丸木舟や槽よりももう少し小形の木器の場合にも、木臼や木地鉢作りのように刳り込んでいく工程までは手斧(テオノ)に頼っており、ここにも古い時代の製法の名残を感じることができる。これらは斧で生木をある程度刳り込んでから乾燥させ、その後に〝チョウナ〟で均し、〝ヤリガンナ〟で仕上げるのである。このことは、斧は基本的には生木を切り、加工するための刃物であることを表わしており、乾燥した後の材木を取り扱う大工刃物とは性質が異なっていることを示している。対象が生木であることが斧の刃物としての性質を決め、その使用範囲に特徴をあたえる。従って、斧を鍛える鍛冶の技術にもその事が反映して、長らく古風な技法が伝承されてきたのであった。それは後に発達してきた大工道具のように乾燥した材料を扱う刃物と異なり、それほど硬く鋭利である必要性はなかった。

既述の〝木刈鎌〟も〝斧〟とならんで『梁塵秘抄』に現われてくる。この「鎌」が曲刃鎌であったと考えられることは、前節の〝カマ〟と〝ナタ〟の変遷史から十分に承認しうる。従って、この『梁塵秘抄』の「鎌」は、斧を補助する刃物として〝鎌〟が使用されていたことを示す古い時代の具体例と考えることが出来る。それは近世の『百姓伝記』の「手鎌」へ、更には近年の〝鉈鎌〟や〝造林木鎌〟へと引き継がれていったものである。

ところが、『石山寺縁起絵巻』の中には、先にふれた伐木の図の他に木枝落しを行なっている図もあり、そこでは〝腰刀〟を用いて枝を打ち落としている。この外にも、樵夫や山人の姿を描いた職人絵をみていくと、彼らの多くは斧を担いで腰刀を差した姿で描かれている。この事と『梁塵秘抄』の「斧」と「鎌」の組合わせとはうまく符合しないように私には思われるのである。とすれば、〝鎌〟によって枝打ちや藪刈りを行なう者の外に、〝腰刀〟をこの目的で使用する者も多かったのではないかということが考えられる。そこから、『倭名類聚抄』の「短刀―能太知」がなかなか現実味を持ってくるのである。

山の人々の所持する刃物には、リスガ・ナガサ・マキリ・ヤマガラシ・ヤマナジ等が現在まで伝承をしてきているが、これらはいずれも「能太知(野太刀)」を受け継いできたものと言ってよいのである。後述するように、この系統の刃物は〈狩り〉に結び付くものであるが、元来は〈狩り〉も〈刈り〉も相通じるものであって、二つの〈カリ〉の刃物には特に異なったものの使い分けはなかったのだと言えよう。それが、木を刈る人々の用いるものは〃直鉈(山刀・腰刀)〃即ち切先に尖りのないものに変って、いつしか〈狩り〉の刃物と〈刈り〉の刃物とが分化してきたのだと考えられる。この分化の理由には色々な要素が考えられるが、私にはまだ確かなことは判らない。ただ、この分化を通し普及をしていく直鉈は、機能的には「短刀—能太知」を受け継いでいるが、刃物の性質は新しく伝来してきた技法で作られてあり、よく木刈りに対応していた。そういう事と《片刃付け刃金》の刃物とは深い所で繋がっていて、殺生禁断の信仰をも含めて、もっと考えなければならない点があるように思われる。

既に述べてきたように、中世の中頃までは〃鉈(ハナ付鉈・直鉈)〃は伝来していなかったから、それまでは、山の人々は〃鎌〃か〃腰刀〃かのどちらかを、山の刃物として使用してきたのだと推測することができる。そして、私の想像では、比較的に早くから山で〃鎌〃を使用する人々と、〃腰刀(直刃刃物)〃を用いる人々とは、なんらかの相違を持っていたのではないかと思われる。それが地域性に関係することなのか、人々の身分や所属の違いを示すことなのか、その他の理由によるものなのかはまだ判らないが、この習慣の違いが後に用いられてくる「ナタ」の名称の混乱にも反映しているのではなかろうか。この習慣の相違は後々まで尾を引いて現代にまで及ぶのである。

近年の鉈の普及状態や分布を調べていくと、〃腰鉈(腰刀—直刃刃物につながる)〃を主に用いてきた地域と、〃鉈鎌(薙鎌—曲刃刃物につながる)〃を用いてきた地域とは明らかに分れている。ごく簡単に言えば、東日本の山岳地帯は腰鉈地帯と考えることができ、西日本の瀬戸内海沿岸地域は鉈鎌地帯とみることができる。その上に〃ハナ付鉈〃が重層していくことになるのである。

四　鏟・正直ガンナ・南京ガンナ・鉋

古くは、斧・手斧・小刀・鐁ガンナ等の、ごく限られた刃物を利用して加工されていた木器も、結桶や樽が作られるようになる頃から、それに結び付いた新しいタイプの利器が利用されるようになってくる。その結果、木の加工方法は急に拡大して、応用の幅もずっと拡がっていったのだと考えられる。

中世時代のこのような変化は桶師の仕事ぶりから見ていくことが出来るが、その時に注意をしておかなければならないことがある。それは、ごく新しい時代に台鉋が多様化し、細かく用途ごとに分化していくことになり、その過程で桶屋の道具にも次々と台鉋が付加されてきた点である。これによって桶屋の道具刃物も古い時代とはかなり変化をしてきているのである。それを考えに入れた上で言えば、本来の桶師の刃物は〝横挽き鋸〟と〝セン〟と〝正直〟であったと考えてよい。〝セン〟と〝正直〟とは結桶師を象徴する刃物だったのである。

初めに〝セン〟を中心に考えていくことにする。「セン」の語源は中国語から直接にもたらされたもので、古い時代から日本に伝承してきた言葉ではないらしい。こういう言い方の物はあまり類例がないから興味深い。

中国には「セン」に類似の発音を持つ刃物が沢山あって、その中のどれかが日本語化したものが「セン」であるらしい。例えば、鏟、銓、鑯、鐫、鏇、さらに鑽、鏨、鑿をも考えに入れなければならないかもしれない。これらの中には現在では特定の刃物形態と結合しているものもあるが、原意はいずれも「木(石や金属も)を刻む、ほる」といった意味から生じたものであると考えられる。現代の発音は鏟(chǎn)、銓(chuán・quán)、鑯(xiān)、鐫(juān)、鏇(xuān)、鑽(zuān)、鏨(zàn)、鑿(zuó)となっている。

その中で、「鏟」(銓も同じ)は既に農具の所で述べてきたように、スコップ形の〈草刈り〉の鉄器を意味しているが、同時に木を削るものでもあった。そこから判断して、原意は押して削る一本柄の刃物を示していたと考えられる。木工用の刃物としての〝鏟〟も、刃が柄に対して直角方向を向いた農具の〝鏟〟と同じ構造のものであったと推定されるからである。即ち、〝チョウナ〟の鉄刃(袋ヒツを持つ)に曲柄のかわりに直柄をすげたものと考えてよい。それは

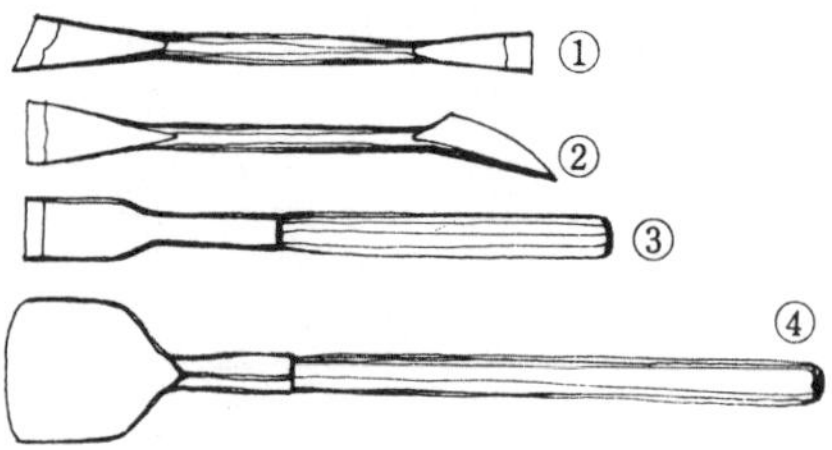

58図　鐽・銓の仲間
①②キサゲ(切下げ)　金属削(ケズ)り刃物である。現在も用いられている。
③突きノミ　古くは上向きヒツ(袋ヒツ)に直柄を付けると突きノミ，割りノミ(鐽)になり，曲柄を付けると手斧(テオノ，チョウナ)になった。
④農具の鐽　この場合も直柄を付けると鍬(中国)となり，曲柄を付けると鋤となった。

″敲きノミ″でもあり、″突きノミ″でもあったのであろう。後に″敲きノミ″の系統は鑿(ノミ)、鏨(タガネ)、鐫(石ノミ)とそれぞれに使い分けられていったのだと考えられるのである。

『説文』によると、「鐽」は「剛鉄削平柔鉄也」とも記されているから、″鐽″で金属を削る場合もあって、その場合には″平キサゲ(切下げ)″が想定されてくる。

″キサゲ″は古くから金銀細工、銅合金鋳物の仕上げ刃物として利用されてきたもので、対象の形や目的によって刃先には色々の種類がある。″突きノミ″のように前方に突き出して削るものと、″鐁ガンナ″あるいは″切出し小刀″のように扱うものと、削り方には幾つかの方法があるが、いずれにしても古代の金銅仏の仕上げには不可欠のものであった。

また、現代の工作機械の製作においても、機械的に研削をした後に必要によっては更に平滑な面に削り仕上げをすることがあり、その場合にも″キサゲ″が用いられる。なかなか重要な刃物なのである。しかし、古くから鍛造鉄器の仕上げに利用されていたとは言えない。鍛冶屋の主要な道具ではなかったのである。古い時代の鍛冶屋はもっぱら″ヤスリ″を用いて刃物を仕上げていた。

″ヤスリ″と″キサゲ″の使用は、対象とする金属材料の性質によって使い分けられていた。″ヤスリ″は比較的に硬く、さくい(粘りのない)材料を削ることに有効であるが、一方の″キサゲ″は柔質材に適しているといった相違がある。柔質材の場合には、″ヤスリ″をかけるとすぐに目がつぶれてしまうからである。このために、古代の鋼(刃金)を主体とした刃物を仕上げる場合には″ヤスリ″が向いていたが、外側(もしくは刃表)に軟鉄(熟鉄・庖丁鉄)を用いた柔らかくて粘りのある表面を持っている新しい形式の刃物には、〃ヤスリ〃がけは不向きであると言うことが出来るのである。

その上に軟鉄に刃金を付けた新しい形式の刃物は、その結果として刃幅を広く作るものが多くなっていく。なぜならば、この技法を用いることによって《焼入れ》がずっと楽になり、広幅の刃物を作っても焼き割れを起したり変形したりする恐れが少なくなったからである。この事も〃ヤスリ〃の利用を制限する方向に働いた。〃ヤスリ〃はその形式からして広い幅のものを能率的に削るには不向きなものだったからである。そこで、〃ヤスリ〃に換えて用いられたのが〃セン〃であった。すなわち、一般の刃物や農具を作る鍛冶屋が用いる削り道具は〃ヤスリ〃に替って〃セン〃が中心を占めるようになってきたのである。しかし、この場合の〃セン〃は『説文』に述べられている「鐁」とは同じものではない。〃突きノミ〃や〃キサゲ〃とは違った方法で削るもので、それ故に鍛冶の削り刃物となりえたのである。〃キサゲ〃ではそうは手際よくいかなかったのである。

次に「鏇」であるが、これについては既述してきた。古くは〃ヤリガンナ〃に類似のものであったと考えられるから、もしそうであるならば、「鏇」と「鐁」との間には、古代の中国では明らかな区別はなかったのだと考えられる。どちらも長い柄を両手で持って押し削る刃物で、作業姿勢や刃先の形態に多少の差がある程度だからである。金物を削る場合には、日本ではどちらも〃キサゲ〃である。

ところで『和漢三才図会』では、これらの「鐁」や「鏇」を〃セン〃を表わすのには使用せず、〃セン〃には「鑱」の字が充てられている。「鑱」の現代発音は xuān となり、似たものに「鐫」があるが、こちらは juān と言い分けられて、「鑱」が〃木工ノミ〃を指すのに対して「鐫」は〃石ノミ〃を表わす。古くは同音で同意であったらしい。

このように「鑱」は現在では〃敲きノミ〃を表わしているが、『広雅』によると「鐁」は「籛」であると出てきて、「籛」と「鑱」とは同音で、おそらく同意でもあり、その機能は〈穴明け〉であった。だから、比較的に新しい時代には「鏟―突きノミ」と「鑯―敲きノミ」とに分れていたが、元来は同じものを言っていたらしい。加工対象によって「鑯」となったり「鐫」となったりし、また加工方法によって「鏟」となり、「鑯」となったのである。

以上のように、中国の加工刃物の名称はよく似た発音のものが多く、また、使い方や形式の基本に共通な要素が含まれている。古くは相互にあまり明確な区分がなかったようなのである。とすれば、「鏨(和訓はタガネ)」や「鑚(和訓はキリ)」もその中に含まれていたと考えられ、かなり広い範囲を表わす概念であったらしい。即ち、棒の先に鉄刃が付き、それを突いて加工をする道具の総称であったと考えられるのである。それが時代と共に加工方法が複雑に分化してきて、そのために種々の文字を充てて使い分けられていったのだと私は思う。こうして、この中の〝押し削り〟に用いる刃物が「鏟」といわれるようになっていったのであった。

こう考えていくと、直柄の一方の端に鉄刃(袋ビッを持つもの)を付けた刃物であるという形態と構造の上の特徴に注意を払っておく必要がある。これを受け継ぐものとして新しい形式の〝押し削り刃物〟が後に現われるが、それは全く別種のものにもかかわらず、共に〝押し削り刃物〟であるが故に「鏟」といわれたからである。要するに、「鏟」には古い形式の〝鏟〟と新しい形式の〝鏟〟とがあって、その間には刃物の作り方、取り扱い方を含めた非常に大きな差異があり、互いの間に形式の連続性が認められないということなのである。

日本においても古い方の〝鏟〟の仲間は長らく用いられてきて、それにはキリ・カンナ・ナラシ・ノミ・キサゲ等等が含まれていた。そして、これらの名称にみられるように、それぞれの刃物の機能と名称との間には固定的な関係が古くから既に出来ていた。だから、漢語の転である「セン」が新しく用いられるようになってきたのは、古い形式の〝鏟(即ちキリ・カンナ・ノミ)〟とは全く別の刃物を示すために使用されたからなのである。日本で「セン」という時には、中国の「鏟」を総体として意味するのではなく、新しい形式の〝鏟〟、即ち、今日みられる両端にそれぞれの把手を持った〝削り刃物〟を対象にしているのである。これを言いかえると、全く新しい刃物と考えられたからこそ、漢語の発音がそのまま用いられたのであって、中国人が古い「鏟」の名称を新しい形式にもそのまま流用したのとは、言葉の選択方法が異なっていたという訳である。

それでは以下に、日本での〝セン〟の実際を見ていくことにしたい。『和漢三才図会』では次のように説明をしている。

〝セン〟には幾つかの種類があるが、いずれも両方に柄が付いており、物を削（ケズ）るものである。鍛冶屋が鉄器を削るものは諸刃（両辺ともに刃が付けられているの意）で、その他のものは片刃（一辺だけに刃が付き、反対側は峰となるの意）になっている。屋根葺き職人は柿剝ぎに用い、樽作り職人は桶木を削るのに使用する。（原文略）

このように解説した上で、更に『和名抄(倭名類聚抄)』に鏟剗と書かれていて、一名剗刀、和名に奈良之（ナラシ）とあるものは、ここで言う〝セン〟とは異なるものである」といっている。これは非常に興味深い指摘である。なぜならば、私が中国における「鏟」を新旧の二種類に分けたのと同じ事を表わしているものと推測できるからである。

そこで「鏟剗」であるが、「鏟」は前述の如くのもので、ここでは古い方の「鏟」を表わしていると言える。「剗」

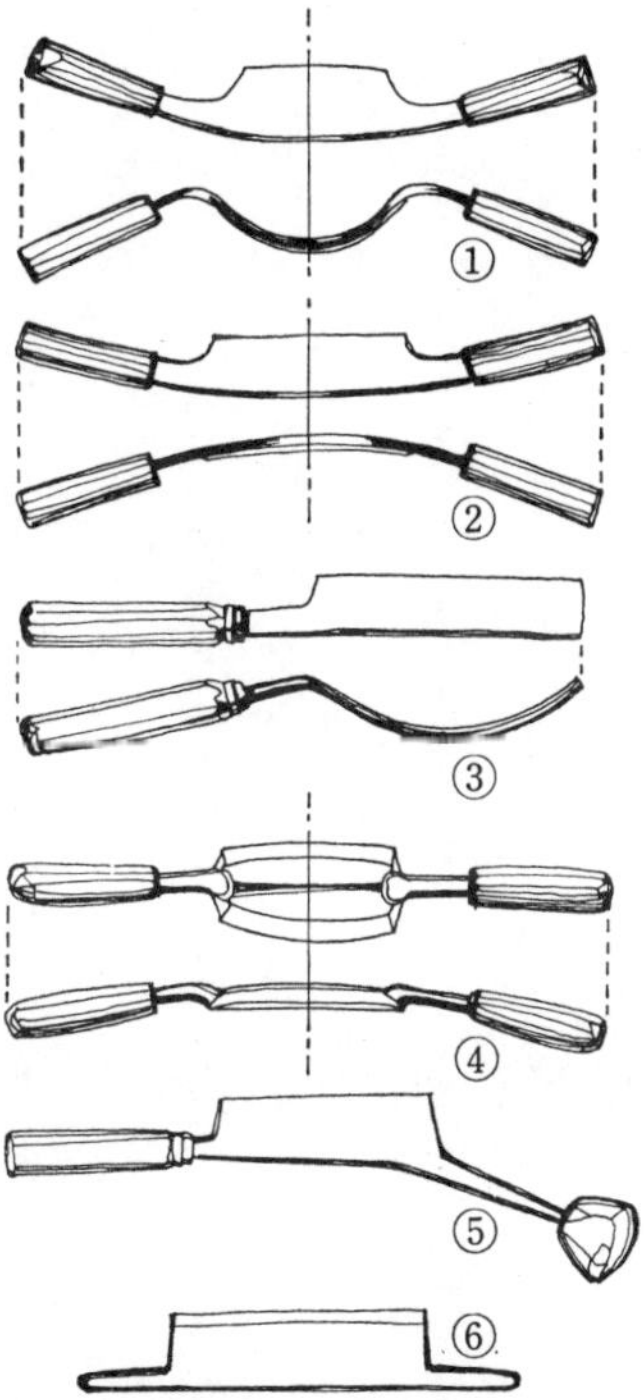

59図　二本柄の刃物とセン(新しい鏟)

①内ゼン　内くりに用いる。
②外ゼン　外削りに用いる。①②が組になり桶屋の代表的な刃物である。
③割りセン(割り鉈)　曲面に割り出すのに使用する。
④鍛冶屋セン　軟鉄(地金)を削って刃出しするのに使用する。
⑤竹セン　竹細工で割竹を作るに使用。
⑥正直ガンナの刃　両耳を台木に落とし込んで固定し，刃先を出して削る。直線に削れるので合わせを作るのに便利なため，桶屋が用いる他に，建具材の幅決めにも使われた。

の方も削ることを表わし、この字は「剷」あるいは「銭」とも書きかえられるから、「鐩」と「剗」は共に同じ意味を示すことになる。その上でこの「鐩剗」には「ナラシ」と訓ぜられていて、そこから「削り均し」を表わしていると考えることが出来る。とすれば、ヤリガンナ・突きノミ・キサゲのような刃物工具が推測されてくるのである。『類聚名義抄』では、「鐫」に「キサゲ」、「鐩」に「ナラシ」となっているから、この「鐩剗」は「突きノミ」あたりを想定しておいてよいと考えられるのである。

このように古い時代の辞書を解釈した上で、『和漢三才図会』は敢えて「鑯」の字を用いることで、前代までの「鐩」とここで取り上げている〝セン〟とは違うものであることを明らかにしようとしたのであった。

そこで、ひとつ注意をしておかなければならないことがある。それは『類聚名義抄』では、「鐩」の項目では前述の「ナラシ」の他に「刃諫(ハイサメ)」ともいっているとのことである。「ナラシ」は、実はこの「刃諫」の次に記されているのであり、更にこれには「鍛冶具」という説明も付記されてくる。とするならば、ここで「ナラシ」といっているものは、少なくとも「キサゲ」とは別種の、鉄を削る鍛冶の刃物であるということになろう。「キサゲ」は前述のごとく「鐫」とされている。もっとも、「鐩」にはこの外に「ヤスリ」等とも書き込まれているから、「鐩」その物の定義はかなり混乱をしており、そこには「鐩」の歴史的変遷が反映しているのだと私は考えているのである。

「刃諫《はいさめ》」とは鍛冶屋が仕上げの段階に刃先を削り出すことを指している。その点に注目したいのである。前述のように、日本の古い鍛冶技術ではヤスリ掛けの次に荒砥下しが来て、焼入れの後に本格的に砥石で刃出しを行なう工程が基本であった。そのために〈研師〉は重要な役割を受け持ち、その姿は『七十一番職人歌合』や『喜多院職人尽絵屏風』に描かれているのである。だから、中国の『説文』に述べられているような「鐩」の用法は一般的なものではなかった。と見てくると、『類聚名義抄』の「刃諫」は新しい形式の「鐩」、即ち〝セン〟と考えることが出来ることになる。このことは同時に、この時代の鍛冶技術には既に刃金付けの技法（付け刃金、割込み刃金）が用いられていて、刃物の表面に軟鉄がくる様式がとられていたことを間接的に示している。

こうした考えが当を得たものであるならば、十三世紀の頃から鍛冶の刃先仕上げの技術はヤスリ―砥石の仕上げによるものの他に、セン―砥石の方法が使用され始めたことになる。そして、鍛冶屋の系統も刃物の性質も、〝ヤスリ〟を主に用いる刀剣鍛冶と、〝セン〟を主に用いる一般の鍛冶屋とにはっきりと分離をしていったらしいのである。前述のように、純度の高い軟鉄を削ることよりも、むしろ鋼(刃金)を削るのに見合っていた〝ヤスリ〟に対して、〝セン〟は軟らかな軟鉄を削るのに向いており、広い面を削り落とすのに適している。だから、この刃物の普及の背景には、刃金入れの技術と共に、軟鉄地金材料の普及と利用とがあったことが考えられる。言いかえると、この種の刃物と鍛冶の新しい技術と軟鉄製造法の普及とは相互に結び付いていると言うことができるのである。

以上のように、〝押し削り刃物〟の側から考えると、この時代のすこし前あたりから、古い形式の〝鐁(一本柄の鐁、突きノミ・キサゲ)〟だけではなく、新しい形式の〝鐁(二本柄の鐁、鍛冶屋セン)〟が用いられるようになってきたことが判るが、そうであるならば、新しい形式の〝鐁〟はなにも〝鍛冶屋セン〟に止まることはなかったはずである。当然に相前後して〝木削りセン〟や〝皮削りセン〟も使用され始めたと考えることが出来て、二本柄の刃物の登場は、その後に様々の分野に大きな影響をあたえたのであった。

二本柄の刃物の伝来は、宋文化の影響の一例であったと考えられるから、中国における新しい形式の〝鐁〟についても少し見ておきたいが、中国の場合にも、他の地域、おそらくはより西方から渡来して、それが普及をみたものらしいのである。その普及がいつの時代のことであるのかを明確に断定することは出来ないが、すでに宋時代には広く一般に普及していたようであるから、一応は唐時代の後半あたりと考えておくことができないであろうか。この問題は、中国における桶の普及過程を調べていくことから逆にある程度は判ってくると私は考えているのである。というのは、後述するように桶とこの形式の刃物とは深い関係があるからである。しかし、私はまだこの問題には全く手を付けてはいない。いずれにしても、中国における普及からそれほど遅れることなく、日本にも伝来してきたように思われる。

実は、二本柄を持つ刃物形式は中近東から西ヨーロッパにまで及んでいる。即ち、東は日本から西はイギリスまでを含む世界的な分布を持つものであり、それが比較的に新しい時代に普及していったとみられる所に特徴があるのである。もっとも、この形式の刃物を用いて鉄器を削って《刃出し》をすることは、ヨーロッパでは行なわれてはこなかったようである。それには幾つかの技術的な理由が考えられるけれど、ここでは触れない。むしろヨーロッパでは《木削り》に専用に用いられて、樽作りや桶作りの基本的な道具として伝承してきたのであった。〝木削り刃物〟と限って考えれば、日本の〝桶屋セン〟と全く変らないものであると言うことが出来るのである。

木削り用の〝セン〟は、日本の場合にも特定の限られた職種によって用いられてきた。例えば、寺社大工・指物師・家大工・轆轤師などは同じ木を取り扱う職人ではあっても、〝セン〟とは全く無関係であると言ってよかった。〝セン〟は木目にそって削る軟質木材用の刃物であって、硬質木材を削ったり木材繊維を断ち切るものではなかった。だから、樹種や利用方法、製品の性質等によってその利用は特定されていたのである。〝木削りセン〟を使用する職種の代表的なものは、日本の場合もヨーロッパと異ならず、桶作りや樽作りであったのはこのためであった。そして、この他に竹細工・剥ぎ板細工・皮細工、また前述の鍛冶屋も用いてきた。

〝セン〟を最も多用する桶屋の場合には、『和漢三才図会』に図示されている〝内ゼン〟と〝外ゼン〟との二種類が使い分けられてきた。〝内ゼン〟は桶の内周を、〝外ゼン〟は外周を削るのに用いられたが、実はこの〝削りセン〟の他に、もう一種類、〝割りゼン〟または〝セン鉈〟と呼ばれてきたものがある。それは桶板を円弧に割り出すために使用するもので、円弧に沿うように曲った刃部を持っている。そこまでは〝削りセン〟と変らないが、〝削りセン〟が片刃になっているのに対して、こちらは〝割り木刃物〟であるから両刃作りになっている。また、〝割りゼン〟の柄は片側にしか付かない。その意味では二本柄の刃物と言うことは出来ず、時には〃割り鉈〃とも称されている。

そこで考えてみたいのは、元々、〃削りセン〃と〃割りゼン〃とは作り分けられていたものなのかどうかということである。私の考えではそうではなく、古くは木を割り出すのにも削るのにも同一の〃セン〃が使用されて、時々の目的に合わせて〈木削り〉にも〈木割り〉にも使い分けていたのだと思う。要するに〃セン〃の祖型は〈木削り〉もするし〈木割り〉をもする刃物であったと考えたいのである。

桶屋が用いる〃割りゼン〃にしても、柿割りや榑割りが使う〃割り鉈(庖丁)〃にしても、あるいは剝ぎ物作りが用いる〃剝ぎ庖丁〃にしても、この種の木割りあるいは木剝ぎ刃物は斧とは本質的に異なる。斧が刃物を打ち込んで、その打力を利用して割るものであるのに対して、こちらは刃物を木口に押しあてておいて、その峰を木槌(横木槌)で叩いて打ち込む方法が用いられる。いわば間接的に打力をあたえて、正確に割れるようにする〃敲きノミ〃と同じ方法である。この用法のためには、刃先の反対側にかならず峰を必要とした。

もし〃削りセン〃を削りだけに使用するのであるならば、刃を片側にだけ作り付けてその一方に峰を作る必要は全くなく、むしろ〃鍛冶屋セン〃のように双方に刃をたてておいた方が便利であると言えなくもない。しかし、実際には、片側に峰を持ち、片側にだけ刃が付けられているのである。そこから考えると、〃セン〃は〃割り鉈(庖丁)〃のような〈木割り刃物〉と非常に近いものであることが判る。この事と〃木刈り鉈〃の代表的なものの一つが〃ハナ付鉈〃であることとは関係していると私は考えているのであるが、それは後述しよう。

次に、刃物の両端に柄が付く二本柄の刃物、もしくは、柄ではないが両端に突起を持っているものを探してみると、案外にたくさん思い付く。以下にそうしたものを二、三例あげてみることにしたい。

まず思い付くものは、〃セン〃と共に桶作りの刃物の基本の一つとなっている〃ショウジキ(正直)ガンナ〃である。これは正しく平面(直)に削れるところから命名されたものであるらしいが、これも古くは〃削りセン〃の応用利用だ

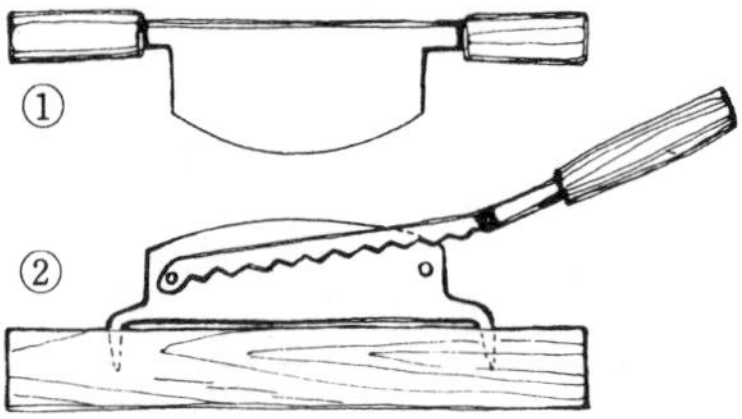

60図　両手と押切り

①両手　中国では桑刻みに用いられた。
②押し切り　インドの庖丁類は同じように刃を上に向けて，切る物を動かすが，片側だけを固定してあるヨーロッパの押し切り（ブロックナイフ）は逆に刃物の一方をピン接合して動かす方法で，①の刻み方に近い。

ったらしいのである。現在でもショウジキ台(正直ガンナの台木)だけが用意されていて、それに〝削りセン〟をはめ込んで用いている桶屋を見掛けることがある。それでも十分に実用になるのである。初めにセンの応用的な利用法の一つとして、台木の落し穴に刃を上向きにした《セン》を固定して削る方法が考え出されて、それが後に専用の鉄刃に変ったのである。〝ショウジキ〟の刃は〝セン〟と同じように両端に突起が出ており、これを台木の落しに引掛けて固定する。〝セン〟と違う点は、両端の突起に木柄が付いていないということだけである。だから、これも二本柄(二本突起)の刃物のひとつの発展形であると言うことが出来る。

次に、〝リョウテ(両手)〟という削り刃物が西日本の方にはあって、餅削りに用いられているという。[22] ナマコ餅を薄く削《そ》いでかき餅を作るもので、〝セン〟と同様のものである。ところが、近畿地方ではこの他に同じ〝リョウテ〟という名称で、鏡餅を割る刃物があるとのことで、それは円弧状に反りのある刃先を持ったもので、両端にそれぞれ把手が付いている。それを両手で持って、交互に力を加えて切っていくのだという。私はこの話を聞いた時に、煙草刻みや桑葉刻み、藁切りを思いだしたが、実はこれと全く等しいと考えられるものが、既に『王禎農書』の中に記録されていて、そこでは桑葉刻みの刃物として用いられていた。それには大要、次のように書かれている。

蚕をたくさん飼っている場合は、両端に柄を付けた長い刃を持つ刃物で桑葉を刻む。これを名付けて〝懶刀〟という。長い刻み台の上に葉を均一の厚さにおき、その上でこの刃物を扱い、左右に動かして切る。(原文略)

「懶刀」とは能率がよいことから名付けられたのであろうが、これには補注が付いていて、そこでは「懶刀如皮匠刮刀、長三尺許、両端有短木柄、以手按刀」と述べられている。即ち、皮細工が用いる刃物と同じ形態のものだというのである。皮細工職の刃物とは〃皮削《そ》ぎセン〃を意味しており、裏皮を削ぎ落とす時に使用する。この〃皮削ぎセン〃は『チャイナ・アット・ワーク』にも記録されているから、広く皮鞣し職人に用いられていたものであると思われるが、日本にもあるかどうかは判らない。

〃リョウテ(中国の懶刀)〃は面白い刃物である。これを〃ショウジキガンナ〃の場合のように刃を上に向けて台木に固定すると、それは直ちに〃押し切り〃に変ることになる。〃押し切り〃は台木に固定した刃物に上から物を押しあてて切るものであるが、後に紹介するように、この形式の切り方をする刃物には片側しか台木に固定しない物もあって、その場合の台木は明らかに柄が変形して台木になったものである。とすれば、〃押し切り〃の台木や〃ショウジキガンナ〃の台も柄の変形したものであるとみることが出来て、物の発展の一般的な過程をそこからうかがうことができるのである。

今のところ中国における二本柄の刃物の最も古い具体例は、『王禎農書』に現われる〃懶刀〃と〃皮匠刮刀〃ということになるが、当時、既に鍛冶屋センや木削りセンも普及をしていたと考えられることは前述の通りである。

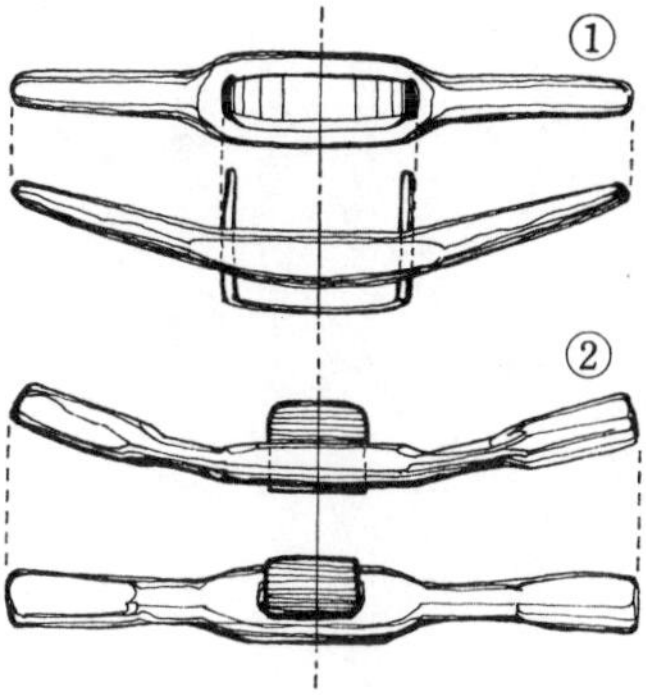

61図　南京ガンナ
①スポークシェイブ(spoke-shave)
ヨーロッパの南京ガンナ
②中国の南京ガンナ
①②共に手元に引いて削り，主に押し削りで用いる台鉋とは異なる。

そして以上の物の他に〃南京ガンナ〃や〃台鉋〃の系統も〃削りセン〃の仲間、もしくはその発達の結果であると考えることができる。〃南京ガンナ〃は両手持ちの刃物であるが、中国では〃台ガンナ〃も中近東と同様に台木の左右に柄が出ており、それを両手で持って押すようになっている。これらは〃削りセン〃から〃ショウジキガンナ〃へという流れとは別の発達過程をたどって〃削りセン〃から〃南京ガンナ〃へ、さらに〃台鉋〃へと発展をしていったものであると考えられるのである。その普及の範囲は非常に広く、ヨーロッパにも伝来、普及しており、左右に付けられた柄がカンナ台の前後に振り分けて付けられると、〃西洋鉋〃の様式になる。

〃台鉋〃は中国では「鉋(bào páo)」であるが、『正字通』[23]によれば「鉄刃、状如鐁、銜木匡、不令転動、木匡有孔、旁両小柄、以手反復推之、木片従孔出、用捷於鐁」（鉄刃は鐁の如くに作られており、台木にくわえられて動かないようになっている。台木には穴があいており、両側には小さな柄が付く。これを持って繰り返して押すと木片が穴から出てきて、鐁よりも手間がかせげる）となっており、ここでは〃鐁(セン)〃と効率が比較されている。だから、この記述からも〃台鉋〃は〃南京ガンナ〃を経て、〃鐁〃をより安定的に用いる工夫から生まれたものであることが判る。柄の延長である台木を用いることによって、刃先の喰い込みを一定の深さに止めることが出来るようになる。その結果、硬質木材が削れるようになり、より正確な平面を削り出すことが可能になったのであった。

以上のように、鍛冶屋セン・桶屋セン・皮削ぎセン・両手(懶刀)・南京ガンナ・鉋などの両側に柄を持った刃物が普及をしていったのであるが、その結果は新しい製品の製作を可能にし、在来から存在していた製品についても精度や生産性を大きく変えていったのであった。そこで、次にこの形式の刃物と深く繋がりを持つ製品の一例として、桶作りと桶の利用とを見ておくことにしよう。

既によく知られていることであるが、中世の絵巻物に描き込まれている木器は、刳り物、挽き物、曲げ物、それに箱物であって、桶類はほとんど登場してはこない。まして、樽にいたっては、全く用いられていなかったのである。

桶が最も早く絵巻物に登場するのは、おそらく『直幹申文絵巻』[24]の中に描かれている店棚の図においてである。そこでは、物入れとして大小二つの腰の低い桶(ハンギリに近い)が描き込まれている。『直幹申文絵巻』の挿画は鎌倉時代の後期に描かれたものであるといわれているから、この当時から、ようやく曲桶《まげおけ》の中の一部が結桶《ゆいおけ》に置き替えられていったのだと考えられ、それから後に急速に普及をしていったもののようである。十五世紀の中頃にはもうかなり広い範囲に亘って用いられる物になっていた。

例えば、「追捕物注文」を通してみた農民の保有する資財の中には、かなりの数の桶（結桶と記入されている場合が多くある）が記載されている。[25] そして、『七十一番職人歌合』の挿画に登場する職人達の中には水桶として結桶を用いるものがあり（例えば酒作り、一服一銭の図）、『三十二番歌合』の方には〝結桶師〟そのものが職人の一人として登場し、以来『洛中洛外図屏風（上杉家蔵）』や『喜多院職人尽絵屏風』にも桶師の仕事ぶりが描き込まれている。

また、『俵かさね耕作絵巻』には水あげに〝取桶（ふりつるべ）〟を用いている図が出ており、『洛中洛外図屏風』では湯屋の中で〝湯桶〟として使用されている。そして、『喜多院職人尽絵屏風』では、用いられている水桶等の容器は既にほとんどのものが曲桶から結桶へと変化をしてしまっている。そこから結桶の普及は非常に速かったことが判るのである。

このような変化は、同じ『喜多院職人尽絵屏風』の中の「檜物師」の図に描き込まれている曲げ物の方からも逆に明らかにすることができる。即ち、この図の檜物師が作っている製品は、折敷・三方・水杓子などのかなり限られた範囲のものばかりになっており、水桶などの大形のものは全く見当らないのである。

以上の例から知ることができるように、中世の末期には、〈曲げ物〉と〈結い物〉との間に、はっきりとした使い分けが生まれており、より実用的な製品は〈結い物〉の方に置き替えられていったのであった。

そこで、〈曲げ物〉を作るのにどのような刃物が用いられてきたのかをみておき、それと〈結い物〉の道具との相違を考えてみたい。〈曲げ物作り〉の刃物は古くはほとんど〝小刀〟のみではなかったかと考えられる。少し長目の〝小刀〟があれば、それを小口に打ち込んで割れ目を作り、あとは木刀（キガタナ）を割れ目に差し込んで少しずつ剝いでいくのである。その様子は『春日権現験記絵』の板戸の材料を剝いでいる所から判るが、この図も小刀一本と槌一丁が描き込まれているのみである。この作業は改めて特別な刃物を必要とはしなかったのである。後の時代には、〝剝ぎ庖丁（剝ぎ鉈）〟や〝割り庖丁（割り鉈）〟などと機能にそった分化が見られるが、こうした分化は、檜板を専門に剝ぎ出す者と檜物細工師との間に分業が生じた結果生まれてきたものと考えられる。『三十二番歌合』には〈材木売り〉が職人の一人として現われてくるが、こういう商人の背後に専門に檜板剝ぎに従事する人々がいて、〈大鋸挽き〉と同じように材料作りにあたっていたのであろう。そうした分業の中から〈榑丸〉も成立してきたのだと考えたい。

古い時代の〈曲げ物〉は檜板が相当に厚かったようで、曲げやすいように内側に竪に等間隔の筋目を切り込んでから曲げていた。筋目を切り込むためには切先の尖った刃物が必要であって、直角に先を落とした鉈のようなものでは不都合だったのである。

『七十一番歌合』には、檜板に〝小刀〟で筋目を切り付けている檜物師が描れているが、その〝小刀〟は〝紙截ち〟や〝皮細工小刀〟に近い〝截庖丁〟の形態になっており、ここには〝木剝ぎ小刀〟は見受けられない。また、『喜多院職人尽絵屛風』の檜物師は、剝ぎ板にヤリガンナを掛けて仕上げているが、荒剝ぎの檜板を仕入れて加工していたのではないかと思われる。

ところで、〝小刀〟の利用は檜物師から結桶師にも受け継がれていったようである。『三十二番歌合』の結桶師の図にも〝小刀〟は目立つ方法で描き込まれている。ここでは〝ショウジキガンナ〟の台木らしいものと、袋の口から半分覗いて見える〝セン〟と思しい物も付け加えられているから、結桶師を象徴する刃物の一つには〝小刀〟も含まれていたのである。『喜多院職人尽絵屛風』の桶師も、鋸や小鎌と共に〝小刀〟を用いている。しかし、近年の桶師の仕事場ではもう〝小刀〟は見あたらないようである。その代りに様々の種類の〝台ガンナ〟が目に付くことになる。こうした変化も良く観察していくと、何か意味あることが判るのではないかと私は考えているのである。

簡単に結論付けると、小刀、木刀、ヤリガンナを用いる曲げ物細工は、中世後半には〈剝ぎ師〉と〈檜物師（曲げ細工師）〉とに分かれ、〈剝ぎ師〉の刃物には〝直刃鉈〟が用いられるようになったのではなかろうか。この分化と〈桶師〉

の登場とは深い関係があると考えられる。とすれば、〃セン〃や〃ショウジキガンナ〃を用いる桶作りの普及は、単に容器が曲げ物から桶へ、更に樽へと変遷をしていったことばかりではなく、新しい製品の普及には新しい道具類がそれなりの体系を持って付属して、それが在来の体系と複合しつつ、さらに再編成されていったことを意味している。そして、その影響は単に割り木や剝ぎ物の範囲に止まらず、次には台鉋やショウジキガンナの普及を通して、大工や指物の技術にも大きな影響をあたえていくことになる。私はこれらを一まとめにして新しい形式の刃物と考えるのであるが、その中には、木割り鉈、削り鉈、剝ぎ鉈、鏟、台鉋、正直鉋などが含まれている。この新しい形式の刃物は中世の末期にはすべてが登場し、ここに物作りの世界が全く新しい段階に至ったことが示されるのである。

それでは、今まであちらこちらに行きつ戻りつ話を進めてきたので、ここで私なりの結論を整理しておくことにしたい。

中国の古い文献で〃矛〃の一種と述べられていた〃鉈(または鍦)〃は押し削り刃物である一本柄の〃鏟〃と類似したもので、農具の〃鏟〃と同じ理屈のものであった。それが二本柄の木削(ケズ)りを示すものに変化していく頃、「鍦」は〃轆轤ガンナ〃に限られ、他の刃物の場合にもそれぞれ新しい漢字が充てられていく。こうして「鏟」は〃セン〃を意味するものとなり、「鉈」は刃物を表わすものとしては死語となっていった。だから、それ以後は、日本の鉈に類似するものはすべて「刀」の一種に含めて考えられてくることになる。「刀」は本来は外反りの広幅の刃物を表わすものであったが、今日、〃ハナ付鉈〃を表わすのに「鉄庫放刀」という例の如くに用いられてきたのである。

これに対して日本では「ナタ—鉈」に一旦固定されると、それが現在までそのまま残ってきたのであった。

ところで、両手で押して使用する〃セン(日本では引く方法にかわる)〃を、片手に持って木割りに用いたり、打ち振るって枝落しに使用すると、それはそのまま〃鉈(ハナ付鉈)〃となる。これと全く逆に、〃ハナ付鉈〃の先端のハナに木柄を差し込んで両手で押し削りに用いると、それは〃鏟(セン)〃であるということが出来る。更に両方の柄を取り外して、長い台木に取り付けると〝ショウジキガンナ〟の鉄刃になるという訳である。そういう相互関係を含む一群の刃物が使用されてくると、日本の刃物の体系は大きな変化を生じたのであった。それは中国においても同様であって、ここでも二本柄の刃物の普及と共に〝刀〟から〝ハナ付鉈〟への移行が生じたのだと考えられる。

そこで考えてみなければならないことは、先端付近に突起を持つ刃物が世界中に広く普及しており、〝ハナ付鉈〟もその一種であると考えてよいことである。これらの突起は各地で実に様々の用法をあたえられてきている。だから、刃物の先端に突起を付ける形式が生まれたからこそ、鍛造刃物の利用方法はおびただしく拡大をしたのだと考えられるのである。その発生の原因が何であるかに関わらず、その結果の意味するものは大きかった。二本柄の刃物も、その発展の一例である台鉋も突起のある刃物の応用変化したものであり、ハナ付鉈もまたその一つであった。実は、突起のある刃物の用法の一部には〝セン〟に移行する中間の過程とみられる状態で用いられているものもあり、それはまた〝台鉋〟や〝押し切り〟の前段階でもあると言うことが出来るが、それについては後に改めて述べることにしたい。

ここでは、中世に日本にもたらされた新しい形式の刃物は、その後の物作りに大きな影響をあたえたが、この一群の刃物は世界的な拡がりを持つものであって、かつ新しい鍛冶技術（刃金付け法と軟鉄の広範囲の利用）と関係が深かったことを結論としておこう。

五　鉈鍛冶と冬の刃物

現在まで盛んに鉈を作ってきた産地には、福井県の武生や高知県の土佐山田があり、さらに東日本では新潟県の三条、あるいは福島県の米沢等がある。こうした産地の場合には、販路が広く様々の地域に及んでいたから、製作する鉈の様式には色々のものがあった。しかし、それらをよく観察してみると、産地の周辺で用いられていた固有の形式を他所にも普及させていった場合と、使用地で以前から作られてきた形式に習って作っているものとがあって、この両者の間には多少の性質の違いがある。そのことを簡単に述べると、前者の産地周辺の鉈の形式の普及は、それ以前には鉈があまり用いられていなかったところへ、新たに定着していったものであるとみられ、後者の場合には、産地で作られた鉈が流入をしてくる以前から、既に「地型」ともいうべき形式のものがあって用いられてきており、元は土地の鍛冶屋が作っていたのである。

「産地型」の鉈の普及の具体的な例としては、越前武生で作られた〝越前鉈〟が行商によって内陸山地へ普及をしていった場合や、土佐山田を中心とした土佐物が南九州へと進出をしていったものなどがある。しかし、ここでは主に地域にそれぞれ伝承してきたものを中心に見ていくことにしたい。そこに古いあり方を探ることができると思うからである。

鉈を作る鍛冶屋のことを、近年は一言に〈山林刃物鍛冶〉といっていることが多い。彼らは鉈の他に、地刈鎌（造林鎌）、枝打ち鎌などの林業用の刃物類も併せて作っている。この場合に、枝落し鎌・地刈鎌・下草刈鎌などの植林関係の刃物は春から秋にかけて使用するものであって、注文もこの時期に合わせて集中する。一方、鉈は冬場の伐木や薪炭刈り等に用いるものであるから、主に秋口に作る。従って、うまく製作時期がずれているのである。

一般に〈山林刃物鍛冶〉は広い地域に向けて製品を商っていることが多く、その世界ではどこのだれそれと名の知られている者も多い。だから、かなり遠方からも手紙で注文がくるし、以前にはわざわざ本人が出掛けてきて、出来上がるまで滞在していったこともあったという。郵便による注文の時には図面が添えられていて、それによって製作することになる。そのために、山林刃物鍛冶を訪れて今までに作ってきた製品の話を聞くと、実に様々の様式の鉈があることを知る。そこで売り先をいちいち聞くことから、鉈の地域的な差異や利用の違いがある程度は判ってくるのである。

もっとも、現在では、植林関係の刃物の購入には森林組合や営林署による一括購入があり、戦後の一時期に活発であった造林活動がこうした刃物の相互交流を促して均一化を推し進めていった面もあったようである。いずれにしても、この種の鍛冶職は山間の町や村に分散して営業を続けており、林業機械化の中で徐々に活気を失いつつある。

鉈を作る鍛冶はこれ以外に、草刈鎌や稲刈鎌も作るいわゆる〈鎌鍛冶〉が兼ねている場合もないわけではない。しかし、一般的に言うと、薄刃刃物と厚刃刃物とでは製作の要領にかなりの違いがあるから、鉈や木鎌を作る鍛冶と草刈鎌を作るものとは分れており、それぞれ専業化していることの方が多い。草刈鎌等は量産的性格が強く、鎌型は固定的である。注文も個人から直接に来るのではなく、まとめて金物屋からという場合の方が多い。これに対して鉈や木鎌は森林組合等からの注文以外は注文相手が個人であり一品製作的な製法なのである。

もう一つ、村々に散在している〈農鍛冶〉が鍬作りの合間に鉈も手掛けている場合もある。農民が自家用の薪取りや農閑稼ぎとして炭を焼く時に用いた鉈は、こうした村々の農鍛冶の手によって作られたものであることが多いのである。この場合にも、都合がよいことに鍬の需要と鉈の製作時期とは季節を異にしていたから、この両方を上手に構成して農鍛冶の一年が作られていた。農鍛冶の鍛える鉈は、山林刃物鍛冶が作ったもののように、専業者がきびしい条件下で用いるものではなかったから、品質の面では限りがあり、需要者の方もごく近隣の人々が対象にされていた。そのために、かえって土地土地に密着した特徴をよく保存していることが多く、そこから古い時代の様子も知る手掛りが得られるのである。

以上のように、鉈を作る鍛冶の状態には様々の場合があって、それぞれに特色を持っているが、それに見合って用いる人々の生業にも違いがあり、それが刃物にも反映をしている。もう少し具体的にいうと、山で暮す人々の用いる刃物と、里の農民が農閑期に薪炭刈りに使用するものとの間には、単に出来の良し悪しや価格の差といったこと以外に、系統の上での相違が含まれているのである。そこで〝山の鉈〟と〝里の鉈〟の間に見られる差について、以下に幾つかの観点を出してみることにしよう。

前述のように、杣人、山師、猟師などの、山の人々が鉈を用いる季節はある程度限られており、それは一言に「冬場の刃物」と言うことができる。鉈は多目的で多用途の刃物であるから、あまりきちんと整理して限定をしてしまうと実状から離れてしまう危険があるが、しかし、山で厳冬期に用いられることが多かったことは十分に注目をしておく必要がある。

なかば専業的な炭焼きとして、冬に深い山に入った例の一つに、鉄山で使用する〈大炭(タタラ精錬用の硬炭)〉を焼く場合がある。彼らの用いる刃物は斧と鉈とであった。また杣師達も、斧で切り倒した木の枝を削(ハツ)り落とすのには専ら鉈を用いた。これも冬山での仕事であった。そして、猟師達も鉈を腰に下げて山に入っていった。冬の山で働く人々は多かったのである。

その一方、里の村人が用いる鉈の方は、越冬用の燃料を得るのに用いることが目的である。だから、里山の落葉広葉樹林のような薪炭林が主な対象であって厳冬期をはずれており、なんといっても深山のように寒くはなかった。

このことは鍛冶技術の面からみて、実はなかなか重要な意味を持っていると思われる。というのは、厳冬期の山地の気候条件に適応する鉄器は、夏期に用いるものや平場のものとはかなり作りが異なるからである。鍛冶屋の表現では、山で使うものにはそれなりの作り方や使い方があるものだ、としごく簡単にいうことになるが、それは冬山の厳しい寒さに耐えられるものでなければならないということを指している。焼きを入れた刃金は、極く低い温度の中では、私達が想像している以上に脆く折れやすくなるということを知ってのことなのである。

秋田林業の中心地として一時代まで刃物鍛冶の栄えた五城目の町で、ある鍛冶屋からこんな話を聞いた。高級刃金を使って山道具を作ると、夏季に作っておいたものと、冬に入ってから注文が来て急いで作ったものとではどうも出来上がりが異なる。冬場に作ったものは、使用中に刃先が貝殻のようにパカッと欠けることがある。十分に気を付けて、夏場と変らないように焼入れをしているのだから、なんとも解せないことである、ということであった。

この話を私も色々と考えてみたのであるが、恐らく幾つかの原因が複合しているのであろう。私なりの考えでは次のことが推定される。夏も冬も同じ条件で焼入れを行なうと、実際には冬の場合は大気温度が極端に低いから、初期の温度低下が速く、それだけ深く硬く焼きが入ることになる。このことを草刈鎌などでは逆に「寒《かん》の焼入れ」といって、最も寒い時期に作った刃物が最もよく切れると言う。それが鉈の場合には裏目に出るということが考えられるのである。

しかし、それだけではなく、焼入れの後の〈ねかせ〉が足りないからであるということも考えられる。焼入れをほどこした後に一定の期間に亘ってそのまま放置をしておくことを〈ねかせ〉るという。ある鉈鍛冶の場合には、少なくとも一年間は〈ねかせ〉ておいてから売りに出すことにしていると言っていた。なぜ〈ねかせ〉なければならないのかというと、焼入れの際には次のようなことが起る。刃金を七五〇度程度から急冷すると、冷却にともなって収縮していくが、ある温度から逆に急に膨張をすることになる。それは鋼の組織が全く異なった結晶構造に変るからで、必然的なことなのである。一般の刃物は、既に何度も述べてきたように《付け刃金》か《割込み刃金》に作られていて、刃金と地金との複合的な構造である。そして、地金の方は単なる冷却収縮しか起さないから、《付け刃金》の場合に相対的に地金が薄いと、刃金側がぴんと張って変形を生じる。しかし、地金が相当に厚い場合や《割込み刃金》の場合には、刃金の膨張のエネルギーは内部に封じ込まれてしまうことになるのである。これを内部応力（もしくは残留応力）というが、このエネルギーがたまたま外部の力とむすびついて弱い部分に集中をすると非常に大きな破壊力を生じる場合がある。

そこで、長時間放置して徐々にこの応力を解放してやる必要があり、これを〈ねかせ〉というのである。このような注意が特に必要となるのはごく低温で用いる場合であって、その時には刃金が非常に脆くなるから、それだけに内部応力の破壊力も大きくなるのであった。

冬の山で刃金を用いる時にいきなり打ち込んだりすると、刃があっけなくこぼれ、時には刀身が折れて切先がとび非常に危険な目に合うことがあるという。この現象を俗に「刃物が凍る」というが、これは鉄鋼材料の性質の一つで〈低温脆性〉といっている現象である。

五城目の鍛冶屋が冬場に作った鉈が刃割れを起しやすかったのは、こうしたいくつかの問題が関係しているのだと考えられる。この話を聞いた時には、平場の経験ばかりでは山の生業は計りしれないとつくづく感じたものである。この鍛冶屋の場合には、冬に鍛える鉈の場合にはすこし刃金の性を甘いものに変えて解決していた。

また、別の鉈鍛冶の話には次のようなものがあった。「鉈は今ここでいくら切れ味がよくても、それだけではだめだ。冬の山仕事で使うものなのだから、甘く(軟らかに)仕上げるべきなのだ」というのである。それが具体的には、比較的に炭素量の低い刃金を用いることを指しているのか、焼入れを甘くすることにあるのかはよく判らなかったが、ここでもなんらかの工夫がこらされていたのだと思われる。

こうした鉄刃物の基本的な性質に対処する工夫は、かならずしも鍛冶屋の側にあるばかりではなく、使用者の側の利用技術でもあった。

天明四年(一七八四)に書かれた有名な鉄山技術書、『鉄山必要記事』[26]にも次のように記されている。即ち、小炭焼きが朝山に入ると初めに行なうことは、「直に火を焼付、柴を切くへて、雪吹に氷りたる身を温め、斧、木切刀(なた)、鳶觜を炒温め…略…扨木に截り掛る」のである。なぜならば、「遣ひ道具の心(なかご)も氷解て、切味能仕事はか行也。冬月は截刀(なた)、斧等皆氷るもの也」ということで、これを行なわないために、斧や鉈を打ち折ってしまって、仕事にならず帰ってくるということも起きたのである。

このような山の刃物の特殊性があったからこそ、〈山林刃物鍛冶〉の中からは名人と呼ばれる人々が出てきて、遠路をはるばる訪ねてきて刃物を鍛えてもらう者も現われることになったのである。冬の山での鉈は信用のおけるものでなければならなかった。

〝鉈〟はこのような特殊な条件下で用いるものであつたから、産地の刃物の普及の過程も里の場合とは異なっていた。即ち、山の刃物を得意とした越前の武生からは、山村から山村へと渡り歩いて刃物を商う行商人が活躍をするようになる。越前の行商人の足跡をたどってみると、常に山に沿って移動をしていたことが判るが、それには前述してきた焼畑や林業で用いる鉈鎌も関係しているし、刃物行商そのものが漆掻き職人と深く関わっていることもあったが、今みてきたような山の刃物の複雑な性質も影響しているものと思われる。それに対応できる技術を持っていたからこそ、武生の産地の興隆があったのだと考えられるのである。

山の気候からみていくことも、鉄器文化を考えていく上には重要なことがわかる。それはもうすこし広い範囲での鉄器の伝播を考える上でも、なんらかの意味を持っているのである。なぜならば、東北アジアの鉄器を考える上で寒冷地の使用条件は欠くことができない要件だからである。おそらく、南方系鉄器技術と北方のそれとにはこの点で相違があって、このことは現在も日本に残っている東北地方と西南地方の鍛冶技術の差にもなんらかの影響をあたえているものと考えられるのである。

私にはこの問題についてこれ以上の技術的知識はない。また、大陸アジアの具体的状況にも疎いから、問題は今後に引き継がれ、研究される必要があることを強調しておきたい。

六　鉈の刃先作りとその分布

　ここで、鉈鍛冶の技術の基本となる刃金付けの形式を見ていくことにする。既に述べてきたように、日本の刃物の刃先には《付け刃金》と《割込み刃金》の技法があって、地域によっていずれかが用いられている点は鉈も鎌の場合と変りない。ただ、鎌と少し異なるのは、二つの技法の中間的な性質を持つ改良型とでもいうべき方法が多いことである。それにも、《割込み刃金》から派生してきたと考えられるものと、《付け刃金》から生じたとみられるものとの二通りの場合がある。どちらの場合も、原型の持っている特徴を生かした上で、もう一方の技法の持っている長所をも取り込もうとした結果作り出された技法である。だから、これらの改良型は二つの基本型(付け刃金・割込み刃金)の間に段階的に連続しており、中間的な性質にも程度の差があることが判る。そこで結論から言えば、改良型はごく新しい時代に属するものであって、以前にはもっと明確に《割込み刃金》を用いる地域と《付け刃金》を用いる地域とに分かれていたと考えられるのである。

　問題は、《割込み刃金》と《付け刃金》とがどのような分布を構成してきたのかという点にあるが、その実際はなかなか複雑を極めている。そして、この両者の分布は、鉈の種類に依ってずれを生じていることがあり、草刈鎌の場合などとはかなり異なってくるのである。

　そこで具体的な分布であるが、《片刃付け刃金》の鉈は基本的には東日本のものである。近畿地方の大和や近江より東は《付け刃金》となり、例外的に太平洋岸の一部と関東地方の南部に除外されるところが出てくる。《割込み刃金》の方は、紀州を含んでそれよりも西日本はすべてこれに含まれることになる。だから、大和と紀州の境にはどこかに鉈の刃先の形式の違いによって線引きができるはずであるが、まだ十分に調べてはいない。もう一つ重要な境は日本海側にある。それは東日本型の《片刃付け刃金》の分布が、日本海沿岸ではかなり西の方まで伸長しているることである。本州海岸だけから見るとこの境界は敦賀を限りとして若狭側ではもう《割込み刃金》になっているが、実は海上をとんで隠岐島にまで片刃鉈が及んでいるのである。

これと対照的に太平洋側では、西日本型の《両刃割込み刃金》が伊豆の島々にも及んでいたことを無視できない。この場合には刃金付けの方法だけではなく、形態的影響といった点を考えなければならず、伊豆半島や相模の片刃鉈にはその影響が強く感じられる。

以上のように、鉈の刃先構造の相違が示す境界線は、隠岐島と関東の東部海岸を結ぶ直線をおよその境界として列島を南北に分けているということができる。この境界よりも北は《片刃付け刃金》南は《両刃割込み刃金》ということになり、これが基本的な構造となっているのである。その上で具体的な鉈の伝播を考察して行くべきであると思う。

次に鉈をほとんど使用していない地域、ないしはごく近年に普及をみた所が案外に多いことは鉈の分布を考える上で、見落とせない。また、鉈が用いられているといっても、実際の使用頻度はかなりの差があるのである。そしてほとんど普及をしていなかった地域としては、南九州や南西諸島があげられる。この地方で鉈が用いられるようになってきたのは第二次大戦以後のことといってよいが、この他に、中国地方の瀬戸内海側から但馬地方にかけて、あるいは関東地方の内陸丘陵や東海地方も比較的に使用例の少ないところである。これらの地域では古くは鉈よりも木刈鎌（鉈鎌）がより多く用いられていたのではないかと推測されることは既述した。

また、岡山県の山間のように様々の様式が混合している所もある。この地方では山陰側の直鉈と瀬戸内側のハナ付鉈と鉈鎌の三種が複合して色々の変種を生み出したからで、一般に互いに違った系統の鉄器が出合う地域では、その出合いが新しい形態や利用方法を生み出しているのである。

《付け刃金》と《割込み刃金》との二種類の刃金付けの技法については、既になんども触れてきた。そして、これが日本列島の中で独自に生まれ、それぞれ固有に発達してきたローカルな技術ではないこともう述べてきたが、それではこの二種類の技法が東アジア世界の中にどのように位置付けられ、どのような経路をたどって日本に至ったのかとなると、ほとんど何も判ってはおらず、まことに心細い状態である。

既述のように、日本列島の中で異なった刃金付けが用いられているものは鉈と鎌に代表される。そこで、刃金付けの技法の伝来を考えようとするとこれらの製品を無視できないのであるが、私は《付け刃金》にしても《割込み刃金》にしても、その伝来は鉈や二本柄を持つ木に関わる刃物と深く関係していると考えているのである。

中国の少なくとも江南や広東地方では、《両刃割込み刃金》が用いられていたことは『天工開物』の記述の通りである。それは《夾鋼》といわれた技法であったが、この技法が中国式鍛冶技術の一セットとして東アジア各地に普及していった時代を考えてみることができる。この一セットは、箱鞴・鋳造角床（ツノトコ）・竪炉・割り鏨・鍛冶屋センが組を成していたが、その中の箱鞴・割り鏨・鍛冶屋セン・割込み刃金法が一まとまりとして日本にも伝来してきたのだと私は考えている。中国南部の鍛冶技術の宋代以後の展開過程はなかなか難解であるからここでは触れないが、東南アジアの方にそれを拡げていったのは主に広東系華僑であって、彼らが早くから移動をした地域では中国技術の影響が強いのである。具体的にはジャワやマレー半島にこれが見られる一方、カリマンタンやバリ等のように、比較的にこの影響の弱かった地域では今日も全鋼製片刃刃物（《付け刃金》ではない）が用いられており、南の島々の鉄器も《両刃割込み刃金》と《片刃全鋼》とによって大きな分布系統の相違があり、そこに地域差を見ることができる。私は日本の《割込み刃金》の文化もこの一環に位置付けられるものと考えており、そこから伝播と土着の過程を探っていきたいと考えているのである。

中国の文献によると、《夾鋼（割込み刃金）》の他に、《附鋼（付け刃金と考えられる）》も用いられてきたことが記載されているが[27]、残念ながらその具体例をまだ私は知らない。但し、江南においては《附鋼》を用いた刃物はなかったようであるから、中国においても日本と同様に、《夾鋼》の文化圏と《附鋼》の文化圏とが分れていたということが考えられないこともない。中国は日本のように小さな細長い島ではないから、その内部には様々の要素を含んでいるであろう。だから、あまり簡単な話は出来ないが、もし《夾鋼》とは異質の《附鋼》の文化というものがあったとすれば、その技術の共通性からみて東日本の《片刃付け刃金》との関わりは無視することが出来ないと思われる。とすれば、まず朝鮮半島や山東半島の鍛冶のあり方を知ることが先決と言うことになるであろう。そこまで見ていくことは現在の私の手にあまるが、それでも山東半島や遼東の製鉄及び鍛冶技術と《附鋼》とは関係があるのではないかと想像しており、黄海と日本海を繋ぐ《附鋼》の文化を仮定しておきたいのである。

七　鉈の形態

〝鉈〟という名称から人々が思い描く姿は、まさに十人十色といってよいであろう。多くの人々は自分の生まれ育った地域で用いられていた〝鉈〟しか知らない。そしてそこから〝鉈〟とはそういう形の物であると理解している。たまたま他所の土地へ出掛けた折に、全く違った形態の刃物を「鉈」といっているのを見て、こんな物もあったのかと初めて知るのである。日本で「鉈」と称されてきた刃物は実に様々の種類があって、驚くほどの変化を含んでいる。私が整理を試みた範囲だけから言っても、三百や四百種類を下まわることはない。

ところが、いざそれをなんらかの方法で形態的に分類整理をしようと試みると、基準の設け方で色々な区分けができ、しかも、そのどれを用いてみても、単一の基準による整理からはそれぞれの特色なり意義なりを十分に表現できそうにもない。なかなか複雑なのである。なぜならば、指標となりうる個々の要素が段階的な変化として現われているることが多く、両極端をみると全く別物に思われるものでも、実はその中間形態が連続的にあって、それぞれが用いられているからである。

既に鉈の生業との関わり方や、鍛冶技術の問題は一応触れてきたから、ここではまず切先の形態の分類を紹介してその意義を考え、その次に柄の付け方の変化を見ていくことにしたい。

切先による分類は、とりあえず、〝剣先鉈〟〝直鉈〟〝ハナ付鉈〟の三種類に分けて考えることが出来る。〝剣先鉈〟は、切先が刀剣のように尖っていて、突き刺す機能を持っている。〝直鉈〟は、菜切り庖丁と同じように刃線に対してほぼ直角に切先を断ち落としたものをいう。そして〝ハナ付鉈〟とは、切先に突起が付いているものを指して、この突起の形態や機能には様々の要素が含まれている。その変化の幅は広く、そこに〝ハナ付鉈〟の特徴があるといえるのである。

剣先鉈

三種類の鉈の中で、地域的な分布状態が最も曖昧なものが〝剣先鉈〟である。よく見掛けるのは、東北地方それも秋田県の仙北や南秋田郡の山間であるが、この地域とは非常に離れた九州の中央山地においても見ることができる。

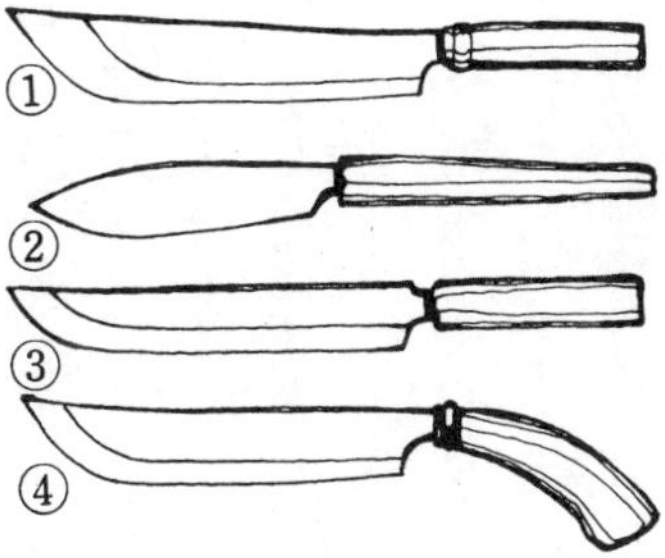

62図　先尖りの刃物
①山ナジ　琉球諸島の山刀
②山キイ　西南諸島の山刀
③山ガラシ　南九州の山刀
④剣先鉈　改良型の山刀

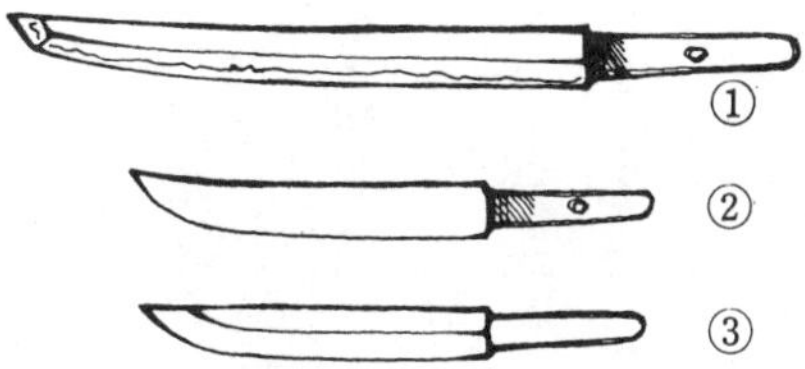

63図　刀剣とヤマガラシ
①刀　切先の形態に特徴がある
②短刀　平作りで鎬(しのぎ)が付かない
③ヤマガラシ　切先が流れている点に注意したい

切先が鋭いことは動物の解体作業に結びつくもので、突き刺して切口を開くためのものである。だから、切先が鋭いことは、腹を開いたり腱も断ち切ったりするために、猟師の刃物として必要不可欠な機能であった。秋田の鉈鍛冶は、猟師の刃物を〝ナガサ(ナガサスガか)〟といって〝鉈〟とは区別をしていた。これと同じ系統の刃物には、〝サスガ〟や〝マキリ〟と称する小刀（腰刀の系譜を受け継ぐ）があって、南九州の山地ではこれを〝ヤマガラシ〟とも呼んでいる。これらは鞘巻・腰刀・打刀等とほぼ同じ技術で作られた刀剣の一種であったが、色々の事情のために鉈の形式や技法を借りるようになっていったのである。秋田の五城目で聞いた話では、〝ナガサ〟を《片刃付け刃金》で作っている。これは〈刀剣〉との違いをはっきりさせて、武器ではないことを表わすための工夫のようで、「両刃(割込み刃金)で作るとちょっと具合が悪い。刀と同じになってしまうから」という。大戦後の米軍占領時代からの配慮のようであった。

〝ヤマガラシ〟の中には、まだ古風な作り方の名残を止めているものもある。というのも、南九州はごく近年に至るまで〝鉈〟が用いられてこなかったから、そのためにいわゆる〝山刀〟の様式がよく保存されてきたのだと考えられるのである。〝ヤマガラシ〟には、形態や大きさにかなりの差があって、注文者の希望によって作られるものである。その変化は猟の対象となる動物や、解体の方法などと関係しているようであるが、具体的なことになると私にはまだよく判らない。私の集めた〝ヤマガラシ〟の中には、刃渡り六寸程度のものから一尺以上に及ぶものもある。秋田県の〝ナガサ〟の場合には、時に一尺二、三寸のものも作ることがあったという。

しかし、細かくは色々な変化を持っていながらも、〝ヤマガラシ〟には作り方や様式の点では共通の特徴があり、それは〝マキリ〟や〝サスガ〟とも繋がるものなのである。その特徴を簡単に述べると、一つは、本来は刃金と地金を組み合わせる方法は用いられないで、〝総鍛え(現在は全鋼作り)〟で打ち上げられて、古い時代の作刀技術をそのまま受け継いでいるようにみえる点である。この事が鉈の場合とは異なる。

刀剣作りの技術は〝新刀〟の時代に入ってから非常に変化してきたと考えられていて、それには色々の流派がある。そして〝新刀〟の作刀法は、基本的には幾つかの異なる鉄を組み合わせて鍛えるところに特徴があると言える。これに対して〝古刀〟の時代には、刃金を折り返して何度も鍛えて作ったものであると考えてよく、心金(しんがね)や包金(きせがね)といった材料区分はなかったのである。この〝古刀〟の製作法をここでは仮に《総鍛え》といっているのであるが、〝マキリ〟や〝ナガサ〟そして〝ヤマガラシ〟には、この古風な技法がよく保存されてきたのではないかと考えられる。前述のように〝ヤマガラシ〟には今日でも《総鍛え》を見ることが出来るのである。

しかし、大方の場合には、こうした猟の刃物も〝剣先鉈〟に変っていって、技法も鉈と変らないものが用いられるようになってくる。即ち、地金で作った刀身に刃金を付ける方法(付け刃金・割込み刃金)が使用されてくるのであって、前述の秋田の〝ナガサ〟の例は、そうした変化の結果と考えてよいのである。

次に様式的な面から見ていくと、〝ヤマガラシ〟の刃断面の形状は《鎬(しのぎ)作り》になっており、その点では一般の刀剣(太刀・打刀)と等しい。しかし、刀剣の基本的な形式には、《鎬作り》であると共に切先(鋒)に「横手」を持つことがあるが、〝ヤマガラシ〟の場合にはこの「横手」がないのである。成り行きで流れていき、それだけに切先が鋭く尖っているところに一つの特徴がある。鞘巻等に仕立てられる〝小刀(短刀)〟の場合には《平作り》であるから、〝ヤマガラシ〟は〝短刀〟とも様式的に異なるのである。

このように様式や製作技術の上からも、マキリ・ナガサ・サスガ・ヤマガラシ等には古い時代の〝腰刀〟の伝承が感じられるが、それが鉈の形態や製法に同化していったとみられる背景には、廃刀令や占領時代の政策を含めた刀剣所持に関する深刻な問題があるものと思われる。これに先立って中部日本の山地では、近世の初めには既に〝腰刀〟から〝腰鉈(直鉈)〟への移行が進んでいたのではないかと考えられるが、そこにも刀狩りや「殺生禁断」の影響など複雑な要因が考えられる。

私が宮崎県の山間の鍛冶屋から聞いた話には、「ヤマガラシは町へ持って出ると不都合である。山中でだけ使用するもので、一旦は家へもどって置いてから町へ行かなければならない」というものがあった。それでは不便なことも多かったから、〝鉈〟ならばかまわないだろうと考えて、〝剣先鉈〟と同じように、鉈鞘におさめて腰に下げ、素知らぬ顔の者もいるというのである。前出の〝ナガサ〟が《片刃付け刃金作り》に作られるのもこれと同様の配慮であって、

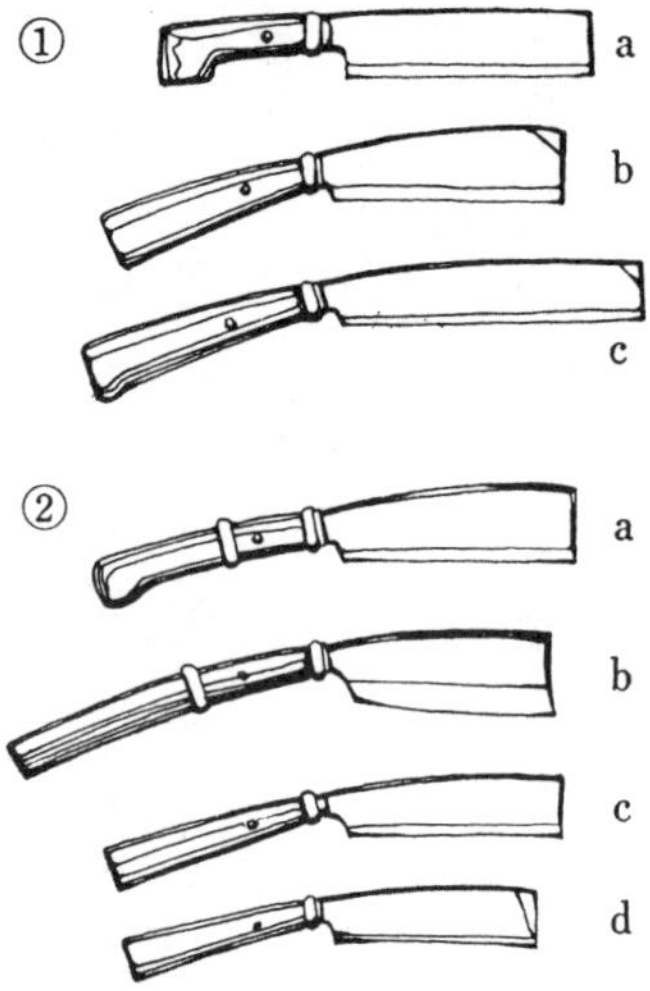

64図　東日本型の直鉈（腰鉈）
①東北地方の例
a. 秋田県　b. 山形県　c. 福島県
②中部山地の例
a. 新潟県　b. 長野県　c. d. 岐阜県

〃鉈〃ならば構わない、〃鉈〃は刀剣とは言えないと考えられてきたからであった。

直鉈

〃直鉈〃は、近年の造林伐採事業と結び付いて広く用いられるようになってきた地域が多い。こうした所では、山鋸（近年の場合にはチェーンソー）と組み合わせて使用されている。枝落し等の作業の他に、鋸挽きの時の楔のかわりにも用いられ、このために元刃よりも先の方の厚さを薄く作るようになってきたのである。古い時代の直鉈は木枝を打ち落とし、藪を切り払うことが主な目的であったから、打力を得るために刃先の方が元刃よりも肉厚に作られていた。それが楔のかわりに使ったり、鋸の挽き目に差し込んでくじるような使い方が多くなって、鉈の形態も変化をしてきた。同じ〃直鉈（腰鉈）〃といっても、斧と鉈の時代と、山鋸と斧と鉈の時代と、それにチェーンソーが加わってきた時代とでは微妙に変化をしているのである。

さて、まず〃直鉈〃がどの地方で用いられてきたのか、その分布から見ていくことにする。そこで、前述の育成林業に結び付いて近年に普及をしていった地域をひとまず切り捨ててしまうと、残された所にいま一つ古い時代の状態が現われてくるものといえる。

そこから判ることとは、〃直鉈〃は西日本ではほとんど用いられてはおらず、主に東日本で使用されていた物であるということである。北から順を追って見ていくと、まず東北日本に広く普及をしており、その大半の地域では後述する〃ハナ付鉈〃と並んで作り分けられ、また使い分けられていたのである。もっとも、常磐浜通りあるいは秋田県の北部

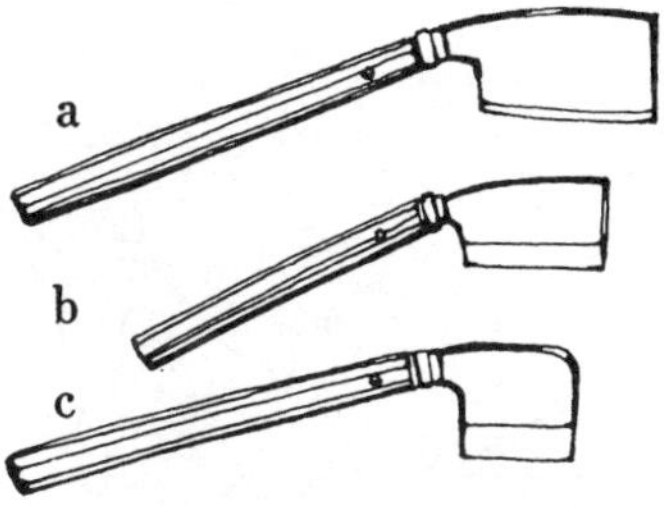

65図　関東地方の直鉈(木割り鉈)
a. 茨城県　b. 埼玉県　c. 千葉県

より北では〃ハナ付鉈〃の方は全く使用されてはいなかったといってよいから、東北地方は〃直鉈〃の専用地域と、〃直鉈〃および〃ハナ付鉈〃の二者混用地域とに分けておく必要がある。それが意味する問題については後にふれることになる。

中部地方の場合には、甲州や信州地方で〃鉈〃といえば、それは直ちに〃直鉈〃を指している。ここでは〃ハナ付鉈〃はほとんど用いられてはこなかったのである。即ち、北東北地方や常磐浜通りと同じような〃直鉈〃の常用地帯がここにもあって、その領域はかなり広い。しかし、この直鉈専用地帯の南方にあたる東海地方から伊豆や相模地方にかけては、こんどは〃直鉈〃はあまりみられず、逆に〃ハナ付鉈〃の分布圏ということになる。もっとも、東海地方から関東地方にかけては元々は鉈の使用の少なかったところのようで、現在でも産地で作られた物が移入されており、それの方が優勢である。その他に注目しておきたいことは、この地域の南部では西日本型の〃ハナ付鉈(割込み刃金型)〃の影響が強くうかがわれ、一方、奥三河のような山地では越前行商の鉈売りが入りこんでいて、なかなか複雑なことである。

そこで、もう一方の日本海沿岸に目を転じると、こちらでは越後から越前までの問には〃直鉈〃を主に使用している地域は全く見受けられない。ここでは、〃ハナ付鉈(付け刃金型)〃が一般に使用されているのである。それらの関係を簡単に述べると、中部や関東地方は、日本海沿岸の〈ハナ付鉈圏〉と、中央山地の〈直鉈圏〉と、西日本の影響が強く鉈の形式があまり統一していない太平洋側や関東平野との三つの地域に分けられていることになる。ただしこれは大局的な見方であるから、もうすこし細部を見ていくと色々の動きがあり、それは後述することになる。

次に日本海側を更に西へ向うと、不思議なことであるが、敦賀ではたと〈ハナ付

66図　東日本型の直鉈の分布図

鉈圏〉は止まってしまい、若狭地方では再び〝直鉈〟が登場してきて、〝ハナ付鉈〟は姿を消すことになる。もっともこの場合の〝直鉈〟は、東日本に分布をしている《片刃付け刃金作り》によるものではなく、《両刃割込み刃金作り》となっており、性格も用い方もすこし異なってくる。即ち、腰に下げて持ち歩く、いわゆる〝腰鉈〟ではないのである。

そこで、東日本型の〝直鉈〟の中心地は中部山地にあるとみることができるが、それでは、その分布の西の限りがどの辺にあるのかということになる。今のところ言えることは、飛驒から美濃の東部まではこれが普及しており、それ以西では見られなくなるということである。実はこの付近での変化はなかなか複雑であり、その上に近年の移動がかなりあって、以前の状態とは異なってきているかもしれない。いずれにしても、これより以西の近江・紀州・大和では〝直鉈〟は全く姿を消すといってよさそうである。紀州や吉野には、木工職人の用いる木割りや木削り刃物に「ホウチョウ」と呼ぶ直鉈がある。これも〝鉈〟には違いないが、既に述べてきたように東日本の〝直鉈〟とは目的や用途が全く異なるから除外しておくことにする。

こうして、前述の若狭にみられる《両刃割込み刃金作り》の〝直鉈〟が、伯州から出雲にかけて飛石的に用いられるのが西日本型の〝直鉈〟だということになる。それ以外には、近年の林業活動の結果として産地産の〝腰鉈〟が新たにもたらされた場合以外には、〝直鉈〟はほとんど使用されてこなかったのである。

この他に、関東地方の東部、茨城県から千葉県の東の地域には《両刃割込み刃金》の直鉈が分布している。これと東北地方浜通りの〝直鉈〟の単用地域とは福島県との県境で接続しており、そこでははっきりと様式や目的が変る。関東型のものは長い柄を付けて両手で使うもので、鉈自身の目方も重く、山行きに用いるというよりは、木割り作業に適したものになっている。現在の使用法はこの地域で盛んな果樹栽培と関係があるようで、植えかえた古木の始末などに使われている。

この鉈の刃先作りが《両刃割込み刃金》であることは、西の方から渡ってきた伊豆や相模、あるいは七島にみられる〝ハナ付鉈〟と関係があるものと思われる。それが陸前浜や福島県の中通りの東日本型の〝直鉈〟の影響を受けてハナ先が欠落し、〝両刃直鉈〟が生まれたのではないかと私は考えているのである。この鉈は切りヨキや割りヨキのかわりに使うものだからである。

この系統の〝両刃直鉈〟は関東平野の内陸にも一部は普及していったようで、埼玉県の山沿いでも時々見掛けることがある。この時にはもうかなり小形の物に変っていて、片手使いの薪割りになっている。以前には薪炭林の粗朶刈りに用いていたのかもしれないが、もうよくは判らない。

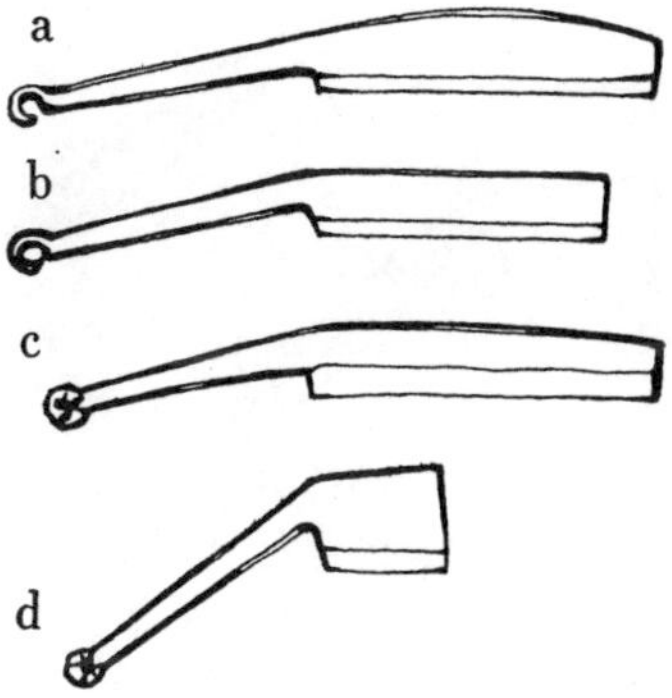

67図　西日本型の直鉈
a. 福井県若狭地方　b. 鳥取県
c. 島根県　d. 大分県のナバ鉈

さて、このように見てくると、関東東部の特殊な〝両刃直鉈〟を除くと、東日本の直鉈の分布は非常にすっきりとしてくる。〝片刃直鉈〟は美濃の東部から甲信を通って東北地方に拡がっており、その分布状態から考えて、〝片刃ハナ付鉈〟に先行して普及をしていたもののように考えられる。即ち、この地域の〝直鉈〟と〝ハナ付鉈〟の両用地帯は、〝直鉈〟が既に使用されているところへ、重なって〝ハナ付鉈〟も普及をしていったのではないかと推測されるのである。とするならば、これらの〝直鉈〟の普及している地域は、日本海沿岸の〝片刃ハナ付鉈〟を主とする地域とは異質の刃物文化を持っているのだと考えることもできるであろう。一般的に言うならば、東日本、特に直鉈とハナ付鉈の両方が使われている地域（例えば東北地方)では、「山の刃物―直鉈」に対して「里の刃物―ハナ付鉈」

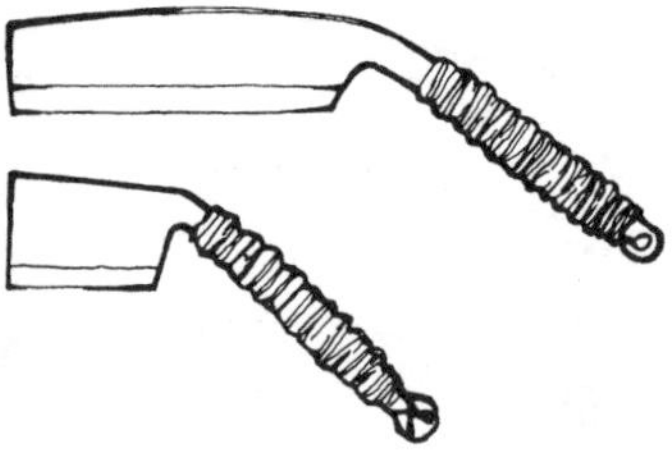

68図　日野木切りとナバ鉈
柄に古布や藁縄を巻き付けて使用する

という使い分けがあり、意識の上でそう考えられている場合が少なくない。それが地域分布の形になって現われているのが、前述の中部山地と海岸地方との差異なのではなかろうか。「山の刃物―直鉈」は山地から山地へと伝播普及をしていったもののようで、一方の「里の刃物―ハナ付鉈」の方は山裾から平場へ向けて用いられるようになっていった刃物であると考えられる。〃ハナ付鉈〃が普及していく以前には、「里の刃物―木鎌(鉈鎌)」があって、それが「山の刃物―能太知」と別の系統を形作っていたのであろう。その〃木鎌(鉈鎌)〃が〃ハナ付鉈〃に置き換えられていったのである。

次に、西日本の〃直鉈〃についてみると、先に述べてきたように若狭地方以西で用いられてきた《両刃割込み刃金》のものがあるが、これは炭焼きが非常に盛んになった時代に普及をしていったのではないかと思われる。以前は「山の刃物」であったものが、徐々に里近くまで下りてきて薪炭刈りの刃物にもなっていったのだと考えられる。

この〃直鉈〃は、山陰地方の出雲や伯耆あたりの山間地が古い時代の中心地であったようである。そこから東へ東へと伝播してきたものが、若狭地方にまで達して〃片刃ハナ付鉈〃との境界線をここに作ったのだと推測される。それは炭焼き用の木刈りと結び付いており、炭焼き職人の移動や交流に伴って普及をしていったらしいのである。

このような職人の移動、もしくは職の伝播に伴って〃両刃直鉈〃が拡がっている例がもう一つあるから、次にそれをあげてみることにしよう。

九州の東岸を宮崎県から南下して鹿児島県にまで及んで用いられていた、鉄の共作りの柄を持つ直鉈は〃ナバ鉈〃と名付けられている。これは名称の上からも明らかのように、椎茸栽培の普及と共に用いられるようになったものである。椎茸の菌をホダに植付ける刻みを打つために用いたからである。実はこれは遠く中国地方の山間で用いられていたものの形式を受け継いでおり、前述の若狭の〃直鉈〃と同じ出自ではないかと考えられる。

これらは共に職人の移動やその技術の普及と結び付く刃物の伝播過程を示しているが、椎茸栽培や炭焼きは山の新しい生業として急速に普及していったものであるから、それに伴って非常に遠方にまでもたらされたのである。

前述のように、私は若狭の〃炭焼き鉈〃も九州の〃ナバ鉈〃も、共に同じ中国地方の山間の鉈から派生したのではないかと考えているが、それは、どちらの場合も木柄を付けずに茎(コミ)を大きく打ち出し、その茎に古木綿や藁縄を巻き付けて用いる、通称《共柄作り》というものになっているからである。

前に述べてきた職人鉈の系統は、柄を持って打ち振り、枝を落としたり木を刈ったりするものではなかった。柄は鉈を木口にあてて支えるために持つのだから強く握る必要はなく、そのために普通の場合には木柄を付けないで使用した。そこから、特に一般の木刈りに用いられた木柄の付いた鉈のことを「エナタ」といっている場合もある(ただし、土佐で「エナタ」というのは西日本型の〃ハナ付鉈〃で外付けのヒツを持つ形式を指す。この形式については後述する)。とするならば、この山陰の《共柄作り》の直鉈は職人の用いる〃割り鉈〃〃削《ハツ》り鉈〃に非常に近い性格を持つものであると考えられ、近畿地方で「ホウチョウ」と称しているものと結び付く。それが炭木刈りやホダ木刻みに転用されることから生じたもののように見え、そこに生業の変遷を垣間見ることもできるし、また直鉈を用いた人々の暮しぶりを想像することもできるのである。

69図　西日本型の直鉈の分布
①関東型の両刃直鉈
②山陰型両刃共柄直鉈
③ナバ鉈

私達は炭焼きというと家庭用炭を焼くことを想像するが、それは江戸や京大阪のような大きな町の周辺に限られていた。以前には、それよりも製鉄や鍛冶などの鉱工業に用いるものの方がはるかに重要であったと考えることが出来る。とすると、そこから『鉄山必要記事』(26)に記録されている「日野木切」の記述が思い出されてくるのである。それは次のようなもので、鉄山の労働に従事する〈山子〉と呼ばれた職人達の用いていた刃物のことである。〃日野木切り〃はかなり特殊なものと考えられていたようで、里の人には馴染みの薄いものであったらしい。

若木山といって、まだ木のよく成長していない山を刈って炭を焼く時には、「山子も斧をは不用、如長刀を用、余所に無之風俗也、如号日野郡より仕出たる哉、用之山子勤る炭釜甚た少しと、百五十貫、弐百貫目迄、三百貫目、五百貫目出る釜は稀也」というのである。

当時、この地方で大炭(鉄精錬用炭)を焼く者達は、松江城の御用炭焼きをも務める熊野(現八束郡八雲村熊野)の者が優秀であって、他国へも多勢が出掛けて炭を焼いていたという。彼らが他国へ出職するようになるのは、日野鉄山周辺にはもう炭を焼く木が減ってきたということも関係しており、大木を倒して大窯を築き、二千貫も焼き出すといった方法が不可能になったからである。その結果として他国出稼ぎが生じ、二次林を用いるために木が細くなり、炭窯も小形のものになっていった。こうして斧の使用が減り、そのかわりに鉈を使うことが多くなっていったということであるらしい。元々は斧の補助として用いていたものが、徐々に主役に替ってくるのである。それが「日野木切」と名付けられた鉈であった。

『鉄山必要記事』には、その挿画がそえられていて、「日野木切と申也、重目五百以上　葛まき」と記されている。私はこの〃日野木切り〃が出雲一帯の〃両刃直鉈〃の基をなしていると考えるのであるが、おそらくそれは中世末期以来の山陰鉄山の発達過程となんらかの関わりを持っていたものであろう。それが、〃割り木鉈〃や〃剝ぎ鉈〃のような職人の鉈とすぐに結び付くのかどうかは判らないが、相互になんらかの関係を持っているものと考えることは可能である。そこで私はこの直鉈を一つの媒介として、吉野樽丸に代表される林業の世界と出雲や伯耆の鉄山の炭焼きを繋げる、更に一時代以前の山の生業を考えてみたいと思っているところである。そのためには、炭焼きのあり方をもう少し深く研究をしていく必要があるであろう。

東日本のハナ付鉈（片刃付け刃金型）

切先にハナ(トビ)を持っている鉈は、前述の直鉈とは全く異なった分布を作ってきている。そして〝ハナ付鉈〟は〝直鉈〟の場合よりも、更にはっきりと形式的、技術的な差異が東日本と西日本との間に存在しており、元来は同一の形式であったものが各地に定着する過程で分化をしていったものだとはとても考えられない。とすれば、この二つの形式にはそれぞれに固有の伝播過程があったのだと考えなければならず、分布を調べることで、その過程をある程度は推測していくことが可能になるのではなかろうか。

そこでまず、中部日本から東北日本における〝ハナ付鉈〟を見ていくと、初めに注目されることは、越前から越後までの間は日本海に沿って弓状に分布をしており、そこから更に東北地方の内陸に及んでいくことである。この分布の最も北方に位置するのは秋田県の仙北地方、田沢湖の南あたりまでのことで、それよりも更に北部にはもう〝ハナ付鉈〟は見掛けないようである。秋田平野、八郎潟、米代川流域では現在も〝直鉈〟のみが用いられており、五城目、能代、秋田牛島の鍛冶屋ものぞいてみたが、〝ハナ付鉈〟は仙北地方のものだということであった。私の想定では、東北地方の〝ハナ付鉈〟は福島県の会津から山形県の米沢、村山地方と中通りの山裾をたどって、最上川上流から秋田県平鹿の湯沢、横手、大曲地方に普及をしたのだということになる。

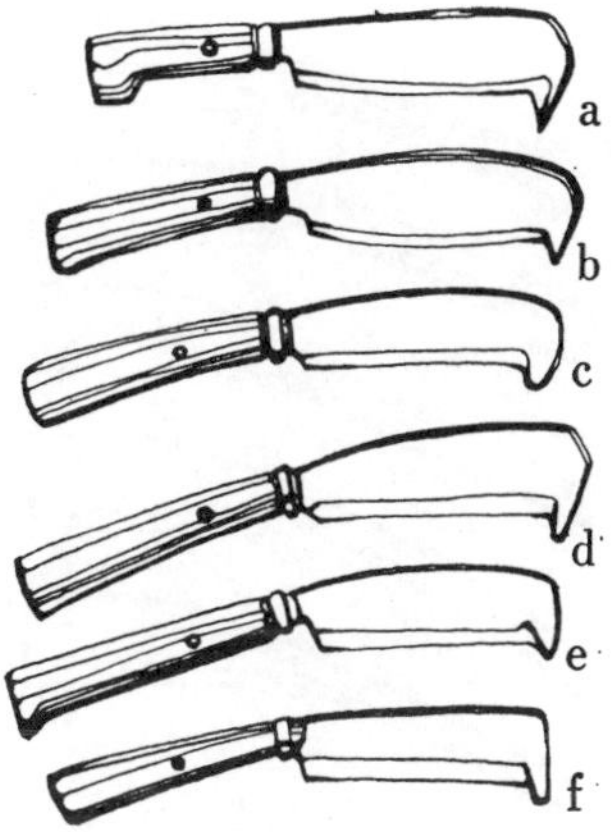

70図　東北地方のハナ付鉈
a. 秋田県　b. 宮城県　c. 山形県
d. 山形県　e. 福島県　f. 山形県

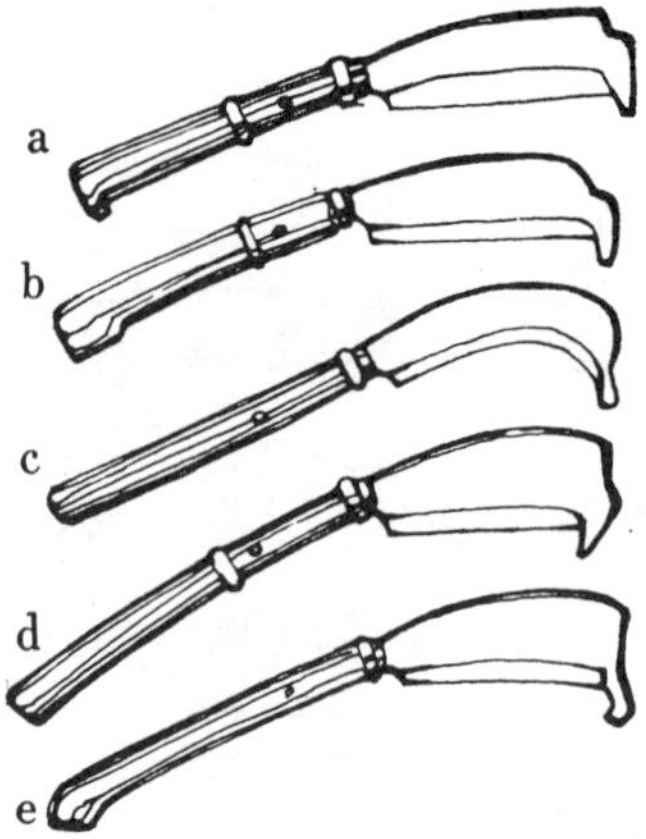

71図　日本海沿岸のハナ付鉈
a. 新潟県　b. 新潟県　c. 富山県
d. 富山県　e 福井県

山形県酒田や秋田県本荘等の日本海沿岸地方でもあまり用いられておらず、あってもハナ先の退化した、町の家庭用の薪割り程度のものが見られるのみである。とすると、東北地方は中通りに〃ハナ付鉈〃の分布圏があって、中部地方の場合とは逆になっていることになるが、その捩じれは北関東、越後、奥会津地方の境あたりで起っており、そこではかなり複雑な相互影響があったものらしい。

次に越後から越前までの間の山沿い地方を見ると、前述のようにほとんど〃直鉈〃は用いられていないようで、この地方は〃ハナ付鉈〃の中心的な分布地帯であると考えてよい。そして、この地域の南に位置する内陸山間地域、飛驒や甲信地方は、これも既述してきたことだが日本海沿岸とは全く逆に〃直鉈〃の専用地域であるとみられるから、ほぼ国境にそって異なる種類の鉈に分かれていることになる。例えば信州の一部には、現在では〃ハナ付鉈〃が入っているが、それには「越中鉈」の名が付いており、その名称から暗示されるようにこの鉈は日本海側から南下してきたもので、姫川伝いに信州に入ってきたものとみられる。

日本海沿岸山裾の〃ハナ付鉈〃が山を越えて内陸に及んでいくのには二つの道筋が考えられる。一つは遠隔地行商の活発化に伴って飛石的に普及をしていく場合で、それには刃物行商が関わっており、その具体的な例として南信州や奥三河をあげることが出来る。

他の一つはもう少し自然な伝播と言えるもので、幾つかの限られた峠越えのルートからであった。それらはいずれの場合も、前述の越中鉈が姫川に沿って信州側に登っていったのと同じ流れであると考えることができる。こうした伝播の例には、同じ越中側から飛驒の吉城地方に神通川を溯って入っていった場合や、越後から奥会津(只見地方)へ入り、そこから会津盆地に普及をして、更に東北地方の中通りを北進したと考えられる前述の例などがあるが、この他に最も大きな流れとして、越前から近江、大和、美濃西部へと普及をしていった道筋が考えられる。以下に、そういう地域の実際をもう少し詳しく見ておくことにしよう。

会津から秋田仙北地方までの間に分布するハナ付鉈は〝直鉈〟と重層しており、両者が使いわけられていることは既述した。そこでこの両者の関係を形態の上からみていくと、福島県の中通り地方から秋田仙北地方に至るまで、近年の鉈は基本的に同じ形態を元にしており、同じ長さの柄が付き、ただ単にハナ先があるかどうかの差がみられるだけであることが判る。要するに、土地ごとに鉈の基本型とでもいうものがあって、それを共通の原型にしてハナの付くもの(ハナ付鉈)、ハナの付かないもの(直鉈)と作り分けられており、この点が東北地方のハナ付鉈と直鉈の両用地域の特徴である。そして、「ハナナシ(直鉈)」という言い方が用いられている一方、これに対して「ハナナター アンゼンナタ(安全鉈)」と言い分けられている。ハナ先の役目は鉈先で自分の身が傷つかないためのものと考えられているのである。

しかし、このような整合は新しい時代の整理の結果のようにも思われるから、もう少し古い時代の資料を見ておくことにしよう。

明治五年から同十六年までの間に作られた「各村旧絵図・郡村農具ノ図、農具見取図。長官会津其他巡視」という記録の一部が福島県に残されている(以下『福島県農具絵図』という)[28]。その中には三郡三村の農具図が記録されているが、まず安達郡の仁井田村における農具図をみると、鉈類は「山刀」としてただ〝直鉈〟のみが記録されている。その他に山仕事の木刈り刃物としては大小二つの「木切鎌」があげられているが〝ハナ付鉈〟は記録されていない。

この仁井田村が具体的にどこを指しているのかは私には明確には答えられない。しかし安達郡の立地から見て、現在の白沢村の仁井田のことと考えてよいのではなかろうか。「仁井田」の地名は地図を見ると福島市から白河市にかけて阿武隈川に沿って点々と残っており、元は単に「新田」を表わした一般名称であったようであるが、安達郡内では相馬寄りの山麓の村、この白沢村仁井田が最も可能性が高いと思われる。前述のように福島県の太平洋側では現在でも〝ハナ付鉈〟はほとんど用いられてはいないから、もしこの安達郡の仁井田村を白沢村仁井田にあてることができるならば、この例は阿武隈川以東の直鉈圏の最も西部の具体例を示しているものと思われる。残念ながら、この「山刀」には寸法等の書き込みが全くない。

72図　『福島県農具絵図』の鉈
越後や会津の鉈とハナ先の打ち出し方に共通な所が見られる。(大槻村)

次に安積郡の方をみると、こちらには大槻村の分としてやはり鉈は「山刀」と書かれており、〝ハナ付鉈〟と〝直鉈〟との双方が描き込まれている。〝直鉈〟の寸法は、刃渡り六寸三分、幅二寸、峰厚三分、柄の長さが八寸三分と記されており、刃渡りに比較してかなり柄が長いことが判る。

刃渡りと柄の長さの関係は地域によって違いがあり、北へ行くほど柄が短くなる傾向がある。現在のこの付近の鉈は、刃渡りと柄の長さがほぼ同じで、越後や関東地方に入ると柄の長さの方がずっと大きくなっていくから、大槻村の直鉈は後者により近いことになる。

一方、ハナ付鉈の方は惣丈表示(ここでは切先から元刃までを計る)で六寸余、幅一寸八分、峰厚二分五厘、柄の長さ八寸と記されており、直鉈に比較すると一回り小形の作りであり、鉈そのものは現在この地域で用いられている標準的なものとほぼ類似しているが、柄長はすこし大きい。

大槻村は現在では郡山市域に含まれているようで、市の西端に位置する山際の村落を指すものと思われる。ここから三森峠を越えて会津盆地に入ることができ、現在は三森スカイラインと名付けられている会津往還路の出発点に位置している。とすれば、この村には会津側の影響が入りやすかったと考えることができる。だから、この大槻村には〝ハナ付鉈〟が記録されており、その反対側に位置する仁井田村の方にはそれが見られないことは興味深いことである。

柄長の大きいことは〝直鉈〟の影響を受けているものと考えられて、〝直鉈〟が用いられていた所へ〝ハナ付鉈〟が入っていったことを推定させる。これだけのことから結論的なことは言えないが、ここにみられる対比は〝ハナ付鉈〟の伝播の一過程を示しているのではないかと私は考えているのである。

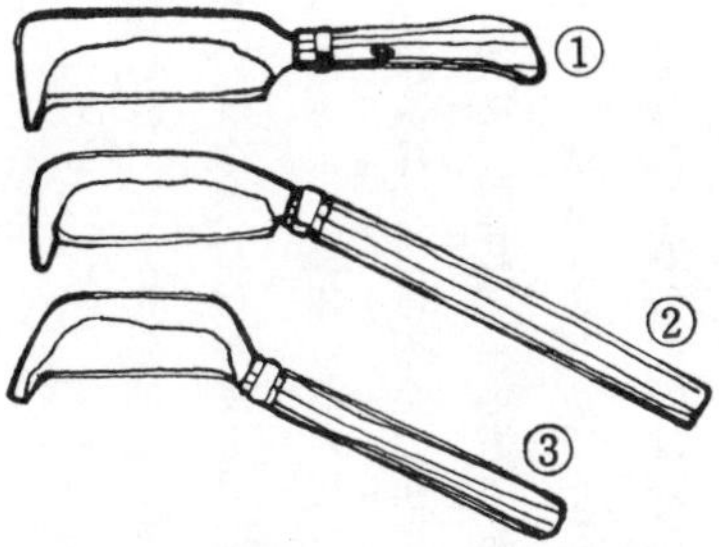

73図 『福島県農具絵図』と関東の鉈
①白河郡のハナ付鉈 ②栃木県のハナ付鉈 ③埼玉県のハナ付鉈

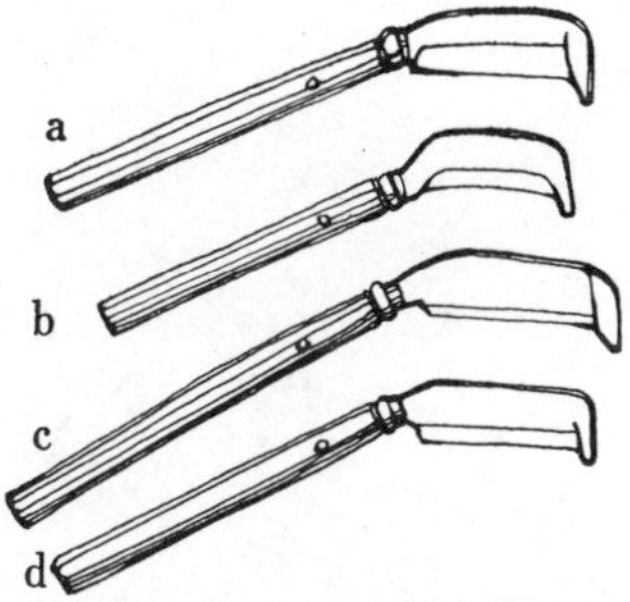

74図 関東地方のハナ付鉈
a. 栃木県 b. 埼玉県 c. d. 神奈川県

『福島県農具絵図』には、もう一村、関東境に近い白河郡内の村(村名不明)が残っている。この村の分で「山刀」と書き込まれているものは〝ハナ付鉈〟を指しており、その大きさは刃渡り六寸、刃幅二寸二分、峰厚二分、柄長七寸と、前述の安積郡大槻村のものより更に一回り小形になるが、ここではそれ以外にもう一種、「中刀」および「小刀」と名付けられたものがあって、「中刀」の方は刃渡り五寸五分、柄長七寸となり、「小刀」の方は刃渡り五寸、柄長はかわらず七寸となっている。これが〝直鉈〟にあたると考えられる。これがどんな目的に使用されたのかは判らないが、前述の仁井田村や大槻村の〝直鉈〟とは系統が違い目的も異なるのではないかと思われる。

以上のように福島県の中通りの鉈は明治時代の初めと現代ではかなり異なっており、そこから変遷の一面を見ることができると共に、以前は〝ハナ付鉈〟と〝直鉈〟とは別個の刃物であったことが判ってくる。それは、ここで二つの個別の刃物文化が出合い、混合をしたことが結果として現代の状況を生み出したのではないかという考えに一つの根拠をあたえてくれるのである。

次に関東地方を見ていくことにしよう。

関東地方は一般に鉈の利用が比較的少ない所で、はっきりした固有の形式とい

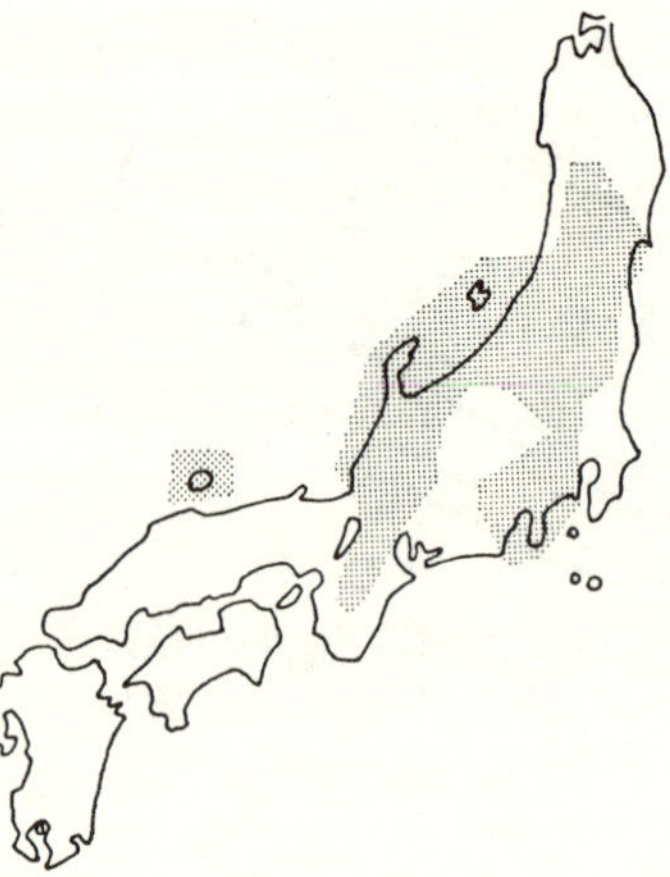

75図　東日本型のハナ付鉈の分布図

うものもあまりない。しかし全体的にみると特徴といえるものがない訳ではない。例えば、長い柄を持つことが多く、腰入れ角度も大きい。だから、どちらかというと〝木鎌〟の形態に近いと言えるし、おそらく用い方にも共通の所が多かった。これは、関東台地がクヌギ林を薪炭林としてきたことと無関係ではないと思われるが、より具体的な対応関係となるとよくは判らない。

以下に大きく地域を分けて簡単に見ておくことにする。

関東地方南部については西日本型の〝ハナ付鉈〟の影響が強く感じられることは既述した。それは相模平野や伊豆半島の〝ハナ付鉈〟にみられ、ハナ先の機能や形態、またハナの鍛え出し方が日本海型とは異なっているのである。その特徴はハナ先が大きく重く、刀身も長く、鉈に打撃力を付けるのに適している点にある。このようなハナ先の利用方法は西日本型の場合にもよく見掛けるものであるが、日本海型に代表される東日本のものにはないのである。もっとも、刃金付けの方法は《片刃付け刃金》が用いられているから、この点から見れば東日本型と言うことになる。

次に、同じ関東地方であっても、内陸の方に入っていくと〝ハナ付鉈〟は一般に小形のものに変ってきて、南部のものとは全く異なってくる。埼玉県の山沿い地方では〝ハナ付鉈〟を「オトクリ鉈」といっているが、これにほぼ類似をした形態のものは群馬県や栃木県においても見られるから、共通の使い方があったのだと考えられる。〝オトクリ鉈〟には幾つかの特徴があるが、その一つは、ハナ先の内側に刃金を仕込んで、そこにも刃を砥ぎ立てて切れるようにしていることである。これに縄などを引っ掛けて切るのだというが、どうもそういう役割ばかりではなさそうである。

少し話が逸れるが、縄掛けや俵作りに専用の非常に小形の鉈は広く各地で用いられてきた。「ヒョウズ(俵子)鉈」あるいは「カマス(叺)鉈」と呼ばれており、主に米穀の俵詰めに使用したから、ハナ先は縄通しの鉤として使われた。このためにハナ先は長く伸びて複雑な捩じれを持っていることもある。一時代前には新潟県の三条のような刃物産地で大量に生産されて各地の農家で用いられていた。この場合にはハナ先は縄通しに使うものであるから、刃金が仕込まれていたり、刃を立てたりすることはない。縄を切るためには鉈の刃部が利用される。二つの機能がうまくまとまっていたから便利だったのである。

〃ハナ付鉈〃のハナ先に特定の役割があたえられて、どちらかと言うと刃部よりもその方が主な機能になっている場合があり、前述の〃ヒョウズ鉈〃もその一例であったが、こうしたハナの特殊な発達の例の中には、時にはハナ先で削ることが主な目的になっていることもある。例えば、『奥民図彙』[29]には漆掻き用の刃物が記載されているが、その刃部は枝打ちや藪払いに使う〃鉈〃であり、ハナ先の方は漆木に筋目を刻むための削り刃物となっている。

そこで、〃オトクリ鉈〃のハナの状態を考え、そこから想像をたくましくしてみると、小正月の物作り、例えば花掻きに用いたのではないかということが考えられてくる。実際に、この〃オトクリ鉈〃と同じ形態を非常に小形に作って、〃ハナカキ鉈〃として埼玉県の秩父では売られていたらしい。

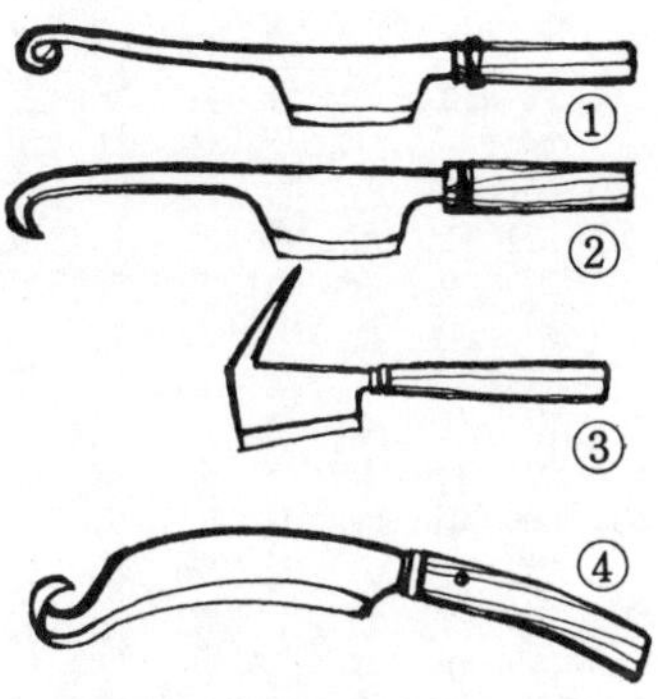

76図　俵子鉈と漆掻き鉈
①〜③俵子鉈
④『奥民図彙』の漆掻き鉈

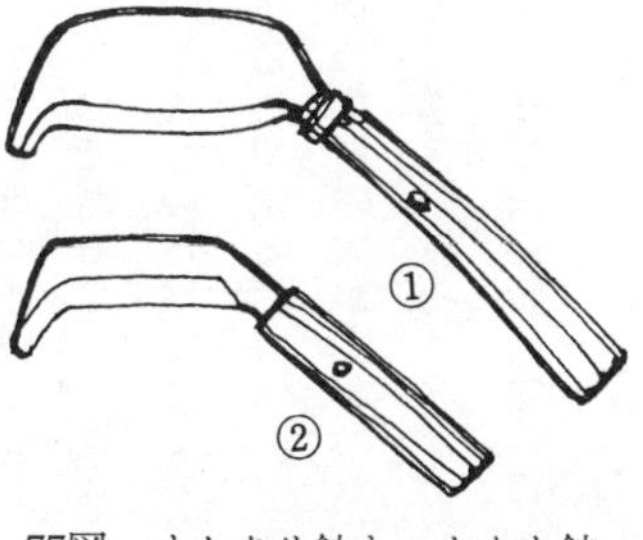

77図　オトクリ鉈とハナカキ鉈
①オトクリ鉈　ハナの内側に刃が付く。
②ハナカキ鉈　削り花を掻き出すにハナの曲りを利用する。

「オトクリ」の意味する所は、私の考えでは「オト(小門)」を「刳り」出すの意で、オッカド(オトカド)棒を作ることから来ているものと思われるが、あるいは「オツクリ(お作り)」用の鉈と解釈することが出来るかもしれない。いずれにしても小正月の物作り儀礼を示すものであることには変らない。ケズリカケやオッカド棒を削り出すためには鉈のハナ先の利用が有効であったから、これらの地域ではこのためにハナ先に刃金を仕入んだ小形の〝ハナ付鉈〟が普及していったのだと考えることができるのである。

こう考えると、関東地方のように木刈鎌の使用の方が多かった所の中で〝ハナ付鉈〟が用いられていく背景の一つには、単に実用的な有用性ばかりではなく、儀礼の技巧的発達ということも考えに入れておく必要があると思われる。それが逆に実用的世界の道具体系をも変化させていく元になることもあり得るのである。〝ケズリカケ〟が現在残されているような華麗なものに作れるようになるのは、〝ハナ付鉈〟の普及が関係しているのではないかと私は想像している。そこから〝ハナカキ鉈〟が分化して生じたのであるが、〝オトクリ鉈〟の方もその性質を強く持っている。

中部地方の中央山地に拡がる〝直鉈〟を使用する地域の西の限りが、飛驒から美濃を結ぶ地域にあることは既に述べてきた。そして、これより以西では〝直鉈〟の影響は弱まって、今度は〝ハナ付鉈〟の地域ということになるのである。この地域の特徴は越前武生産のいわゆる〝越前鉈〟が普及をしている点にある。それは、土地土地に元からあった地元の鉈型にならって作り、それによって商圏を拡げていったというものではなく、越前で用いられていた在来の型(越前型)を商品として、普及させていったのである。その商圏は近江から更に南に及んで大和盆地もその中に含んでいる。即ち、美濃の東部からはじまって畿内の東側に大きな分布を形成しており、この地域と越前武生との間には鉄器を通じて古くからの深い関係があったことが鉈からも暗示されているのである。

この〝越前鉈〟の分布の南限は、大和盆地と紀州、吉野の山地との間にあるようで、紀州側の鉈は製法や様式の上で全く〝越前鉈〟とは異なる。吉野山地では、刃物売りは紀州側から登ってきたという話であるから、越前刃物売りはその手前で止まっていたらしい。もっとも、吉野の山裾の漆掻きは越前とは特に関係が深く、その刃物類は専ら越前物が用いられていた。(30) それが〈漆掻き〉という特別な生業を象徴するものだったようなのである。とすれば、越前からは漆掻きの刃物と共にもたらされた物が他にもなかったのか、もう一方の紀州熊野から登ってきた刃物売りが商っていた製品にはどんな物が含まれていたのかという事は、なかなか興味深い問題である。しかし残念ながら、私はそのような視点を持って吉野の山間を歩いた経験がないからこれ以上のことは何も言えない。いずれにしてもこの地域は東と西の刃物が互いに出合う接点であったと考えられるから、更に詳しい研究を必要としている。

紀州側では大和盆地の越前型とは全く異なる系統の鉈が用いられてきたと述べたが、そこには本質的な問題が含まれている。形態の上から見ても、刃先の構造から考えても、またハナ先のあり方から言っても、両者は全く対照的なものなのである。それを簡単に言えば、紀州側の鉈は西日本型の〃ハナ付鉈〃と言えるもので、九州や四国の鉈と強い共通性を持っており、それがこの地方の林業を支える刃物として長く伝承してきたのであった。

西日本に分布するハナ付鉈の一般的な特徴は《割込み刃金》を用いた両刃の刃先構造を持ち、刃渡りが比較的短く、そのかわりに刃幅が広い。峰側の後部に外付けにされたヒツを持ち、それに長い柄を差して用いることが多い。ハナ先は鉈を打ち下ろす時に、先端に十分荷重がかかるように大形で重く作られ、これによって打撃力を高めるようになっている。

立木の枝落しの際には、この鉈を腰帯の後ろに斜めに差して大木のてっぺんまで攀じ上り、上の方から順序よく打ち落としていく。使い方も東日本型のハナ付鉈とはかなり違うのである。この鉈については後にもう少し詳しく述べることになる。

東日本型の《片刃付け刃金》のハナ付鉈のもう一つの境界は、日本海側の敦賀以西にある。それよりも西の若狭は〃直鉈〃を用いる地域となることは既述してきた。しかし、実は更に海上を西へと渡って隠岐島の鉈をみると、それは対岸の出雲や伯耆の〃直鉈〃とは異なって、〃ハナ付鉈〃なのである。

〝隠岐鉈〟には、出雲や伯耆の〝直鉈〟と同じように共柄(鉄柄)作りの場合と、越前型のようにナカゴ(コミ)に木柄を付ける形式を取る場合との二通りがある。私は、この島で共柄作りが用いられるようになるのは新しい時代に入って対岸の山陰型の〝直鉈〟の影響を受けた結果であると考えており、以前はもっと東日本型に近いものだったのだと推測している。その点で〝隠岐鉈〟は《片刃付け刃金》の鉈である事にも注意をしておかなければならない。だから、技術的にみると東日本型と言ってよいもので、越前鉈の西の延長線上に位置づけて考える必要があるのである。

そうであるとすると、〝隠岐鉈〟は東日本型の鉈が西の方へ伝播して張り出してきたものであると想定することも出来る。しかし、もう少し別の考え方も成り立ち得るのかもしれない。

東日本型の〝ハナ付鉈〟は日本海側から内陸地方へ伝播していったものであることは既に繰り返し述べてきたが、それならば、この地域のどこかで発明されたものであるのかというと、そうとは言えず、なんらかの道筋をたどって大陸の方から海を渡って伝来してきたものであることは確かである。だから、先の想定とは逆に、この島にもたらされたものの方が越前浜の〝ハナ付鉈〟よりも早かったのかもしれないのである。

いずれにしても、私にはこれ以上の具体的な根拠となる資料はない。ただこの系統の源流を山東や遼東の鉄器文化におくことができるのではないかと仮定しており、それが江南の《両刃割込み刃金》の文化とは異なった技術系譜を作ってきたのではないかと思っているのである。それを調べていくのは今後の課題であり、そのためには宋代には中国鉄器文化の中心地の一つだった山東文化をもっと知らなければならず、そこから東北アジアの鉄器文化の全体像の中に《片刃付け刃金》の技術を位置付けていく必要があると言える。

西日本のハナ付鉈（両刃割込み刃金型）

現在、〝九州型〟と名付けられている外付けのヒツを持つ〝ハナ付鉈〟は主に九州地方の北半部に普及をしている。

そして、この流れは更に関門海峡を越えて防長にまで及び、出雲境で山陰型の〝直鉈〟と接していることになる。しかしその一方で、南九州へ南下していったのはごく新しい時代のことなのである。〝九州型〟の元々の南限がどの辺にあるのかはよく判らないが、西側沿岸では熊本県の南部に及び、あるいはそこから鹿児島県にも入って、出水あたりまでは含んでいたかもしれない。

しかし、中央山地や日向側では鉈そのものが近年まで用いられてはこなかった。現在宮崎県の林業地で使用されている鉈は、四国の土佐鍛冶の影響の下に普及をしていったものなのである。熊本県の内陸の人吉の鍛冶も土佐の技術を受け継ぐものが多く、それほど古くない時代に土佐からやってきた鍛冶屋を通してその技術を学び、身に付けていった。土佐からは鍛冶屋に限らず多勢の人々が九州東岸に渡ってきたが、そういう新来の人々の影響の下にこの地方の刃物の種類は急に豊富になったのである。

この地方では、今日も新しい流儀の鍛冶技術を特に〈土佐流〉と称して在来のものと区別していることがあるが、実際には〈土佐流〉の流れをくむものの方が多く、在来の技術がどんなものであったのかはなかなか判らなくなっている。要するに、伐木事業や育成林業が奨励され活発になってくると、それに伴って山の刃物の需要は増大し、出稼ぎの鍛冶屋も大勢渡来してくる。それによって在来の鍛冶技術は大きな影響を受けて、新しい形式の刃物が普及をしていったのである。

そこで、ここでは取り敢えずこのような土佐からの新しい影響を除外して考えることにする。すると、九州の〝ハナ付鉈〟は本来は西海岸、東シナ海側の多島海に最も色濃く普及をしていたもののように見えてくるのである。

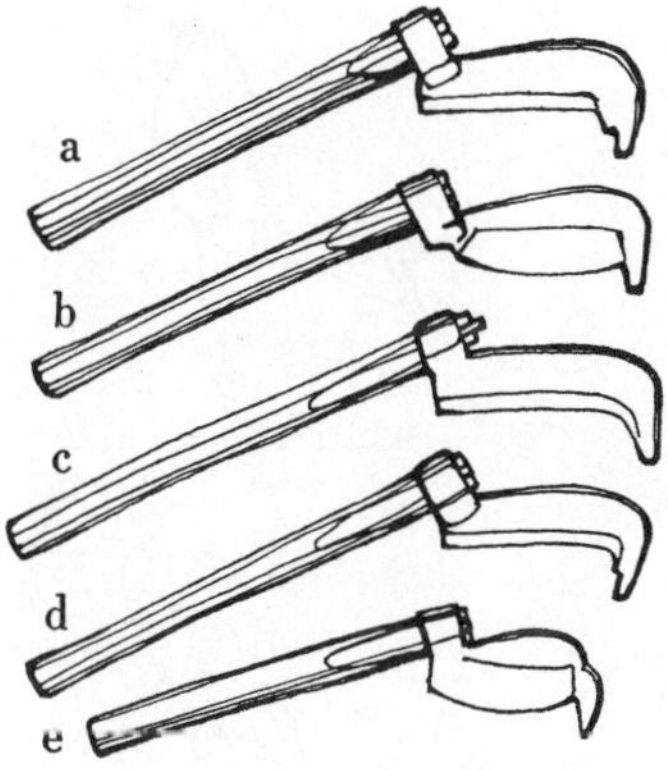

78図　西日本のハナ付鉈
a. 大分県　b. 熊本県　c. 高知県
d. 大分県　e. 和歌山県

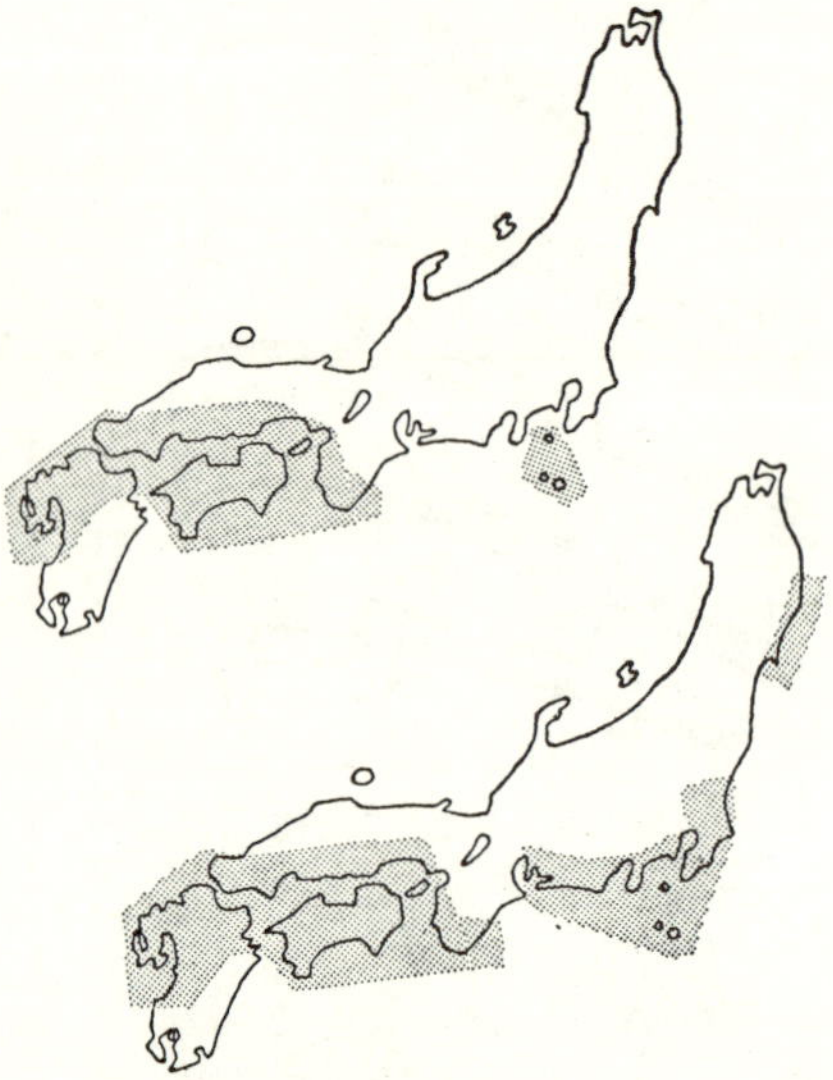

79図　西日本型のハナ付鉈の分布とその影響図
上　西日本型のハナ付鉈の分布図
下　西日本型ハナ付鉈と両刃割込み刃金の影響範囲

例えば、『肥前州産物図考』[31]（十八世紀後期）を開いてみると、鯨を解体する時の納屋道具の中に既にハナ付鉈が描き込まれており、その形式は近年まで長崎県下に伝承をしてきたものと等しい。また、アチック・ミューゼアム（日本常民文化研究所）で採集、保存してきた伊豆七島の鉈の中にも全く同じハナ先の形態を持つものが残っており、そこからこの種類の鉈は山の刃物であるばかりでなく、海をも自由に渡り歩いていたことが判るのである。

『肥前州産物図考』の鉈の図には「鉈如常」と付記されており、その当時、肥前地方でごく一般的に用いられていた鉈を、鯨の解体刃物にも流用したものであることが判る。

そこで注目しておきたいことは、この鉈の柄の付け方である。現在、一般にみられる西日本型の〝ハナ付鉈〟とは形式が違うからである。現在の西日本型の〝ハナ付鉈〟は、鉈の本体を鍛え上げた後に、ヒツ（柄入れ）を峰の上部に外付けにする形式になっている。もっともこの形式ももう少し細かく見ると、同じ西日本型といっても「九州型」と「土佐型」とではヒツの作り方の上で相違がある。と言うのは、「九州型」が文字通りに鍛え上がった鉈に後からヒツを外付けにするのに対して、「土佐型」は一体のものから打ち出す。鉈の本体からヒツになる部分を打ち伸して、それに穴を抜き、徐々に押し広げてヒツにする、いわゆる《抜きヒツ》の技法が用いられているからである。「土佐型」の《抜きヒツ》はより大きな強力な鉈に作るための改良であった。

そういう細かい違いを見ていくと、そこから〈ヒツ〉の製法の発展の過程を探ることが出来て色々と考えなければならない事も生まれるが、ここでは省略をする。いずれにしても「土佐型」は「九州型」の発展形であると考えられるから、西日本型の〃ハナ付鉈〃の基本的な特徴の一つは〈外付けのヒツ〉を持つことにあると言うことは出来るのである。それが、東日本型の〃ハナ付鉈〃がナカゴを柄に差し込んで目貫で固定する方法を取っているのに対して際立った特徴を作っている。

ところが『肥前州産物図考』の鉈は、庖丁類の柄付け方法と同じように木柄にコミを打ち込んだだけの方法が取られている。外付けのヒツを持たないのである。そういう物が実際に用いられていたのかどうか、私には今までよく判らなかったが、最近、次々に刊行されるようになった明治時代の農具調査の報告の中の長崎県や愛媛県のものに、これと同じ形式の鉈が記録されているから[32]、かなり一般に使用されていたものらしい。現在の利用状態については私はなにもまだ調べてはいないが、他の例も少しは見られるから、ひょっとするとそこから東日本型の〃片刃ハナ付鉈〃との間のなんらかの関係が明らかになるかもしれず、興味深い問題ではないかと考えている。

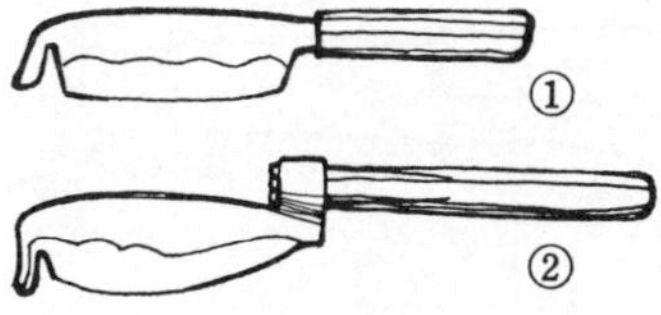

80図　『肥前州産物図考』と『勇魚取絵詞』の鉈

①『肥前州産物図考』より復元。庖丁のような打ち込み差しの方法で柄をつけているように見える。

②『勇魚取絵詞』より復元。明らかに外付けのヒツを持つことが判る。

西日本型の〃ハナ付鉈〃には〈ナカゴ打ち込み〉による柄作りのものと〈外付けヒツ〉を用いたものとの二種類の柄付け方法があることになるが、〈ナカゴ打ち込み作り〉の方が〈外付けのヒツ〉を持つものよりも古い刃物形式と考えることができる。『和漢三才図会』の鉈(ナタ・鏍)も、その挿画はナカゴ打ち込み作りになっているから、私は〈ナカゴ打ち込み作り〉による鉈がまずあり、それから〈外付けヒツ〉の物へと発展をしていったものと考える。そこから日本の〃ハナ付鉈〃に独特の展開が生まれてきたのであった。

私の見聞の範囲では、海外には〈外付けヒツ〉の柄付け方法を取った刃物は

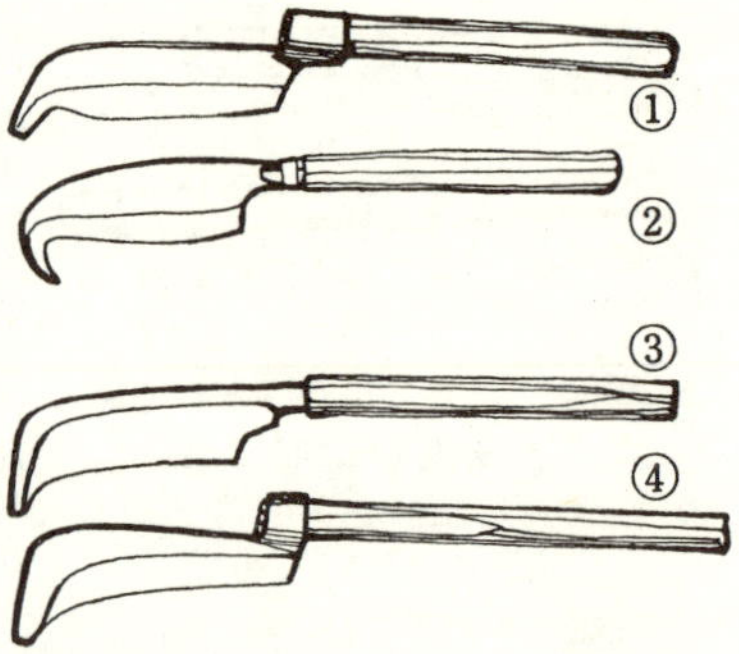

81図　外付けヒツとナカゴ式の鉈

①②『吉野林業伝書』より復元。②は“エビナタ”とある。

③④『愛媛県農具図譜』より復元。③の柄付は打ち込んだだけのように見え，ナカゴをメヌキで止める方法とは異なるようである。④の刃部の形態は『和漢三才図会』の挿絵に非常に近い点に注目したい。

みかけないようである。一般に中国の刃物は〈袋ヒツ（巻き込んで作った袋状のヒツに木柄の方を差し込む方法）〉が用いられ、この方法は古い時代からの伝承を持っている。だから〝ハナ付鉈〟にもこの方法による柄付けが使用されており、〈外付けヒツ〉に限らず、〈ナカゴ打ち込み〉の柄作りもあまりないらしいのである。私の知っている範囲では、〈ナカゴ打ち込み〉の方法はインド文化に属すると考えられる物に多い。その影響を受けた形式のものは東南アジアで広く用いられている。

〈外付けヒツ〉の構造は、〝ヒツ鍬〟や〝備中鍬〟の〈ヒツ〉の場合と非常に類似している。既に述べてきたことであるが、中国の〝鉄搭〟は日本の備中鍬と形態や使用方法のよく似た農具であるが、詳しく観察をすると、〈ヒツ〉の構造に反映をする接合技術が全く違ったものなのである。だから、中国においても〝ヒツ鍬〟と〝鉄搭〟とは別個の技術系統に属する農具であると考えてよい。

そこでもし〝ヒツ鍬〟と〝鉈〟の〈外付けヒツ〉が技術的に同じ系統に属するものであるとみなせるならば、日本の〝ヒツ鍬〟がどのような分布を持っているものであったかを思い出してみる必要がある。〈外付けヒツ〉を持つ〝ハナ付鉈〟の伝播とは無関係ではないかもしれないからである。中国の場合には〝ヒツ鍬〟は南方水田地帯で用いられ、それが東南アジアにも広く普及しているが、日本に伝来し普及した地域は、沖縄をはじめとする琉球列島や西南諸島、そして伊豆七島であるとみられ、また九州の西岸や四国でも用いられている。この中で琉球列島や西南諸島は〝ヒツ鍬〟単独の伝播であって〝鉈〟を伴ってはおらず、伊豆諸島のように近年になって普及したとみられる地域もある。

そこで、私なりの想像が許されるならば、〝ヒツ鍬〟のヒツ付けの技法が〝備中鍬〟の作り方を生み出し、更に〝ハナ付鉈〃の〈外付けヒツ〉をも生み出したのではないかと考えたいのである。

文政十二年(一八三〇)に描かれた『勇魚取絵詞』(33)は、前出の『肥前州物産図考』を受け継いだものであるが、そこに出てくる「山刀(なた)」および「骨切山刀(ほねきりなた)」の図には、いずれも現在の鉈と等しい〈外付けヒツ〉が用いられている。〃備中鍬〃がはじめて文献に登場するのは『農具便利論』であるから、それもこの『勇魚取絵詞』とほぼ時代的に等しいものである。〈ヒツ〉を接合する簡便な技術の普及が、こうした形式を生みひろめさせる背景にあったのだと私は考えているのである。

以上のように〃ハナ付鉈〃の柄付け方法も様々の変化を経てきたが、元々は発生論的にみて二本柄の刃物と等しいものであるから、本来は焼いたコミを木柄に打ち込む形式(インド・東南アジアに多い)であったのだと思われる。それが中国の南方で在来の〈袋ヒツ〉を利用するものにかわり、日本ではナカゴを木柄に挟んでメヌキで止める刀剣の柄付けに結び付く。その一方で〈外付けヒツ〉をも生み出して、それぞれに固有の発展をたどってきたのである。更にその一方で、ハナ先の方も少しずつ変化したものを生み出してきた。

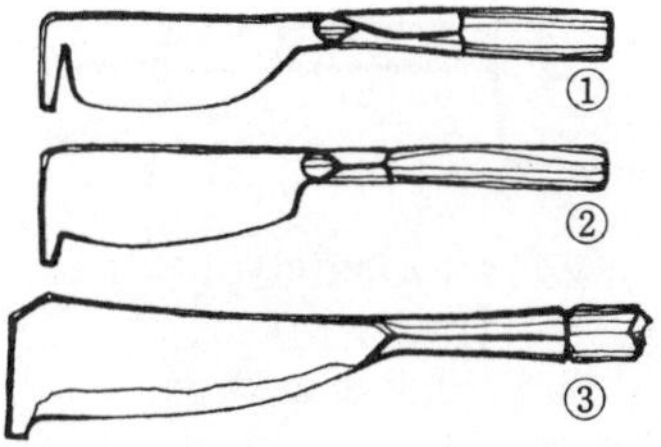

82図　袋ビツを持つ中国のハナ付鉈
①『チャイナ・アット・ワーク』よりの復元図
②江西省南昌の鉈
③シーサンパンナの鉈

ハナ先はその鍛造の工程から考えて、曲鎌とは異なり、峰側から突起が伸びてくるはずのもので、刃先から成り行きに伸びてハナ先を作るものではなかった。実際に文献に現われる古い時代の〃ハナ付鉈〃は、いずれもこの原則の通りに峰側から作り出されている。切先の峰側をナカゴ側とほぼ同じように打ち延しておき、最後にそれを切刃側に折り曲げてハナ先に仕上げたのである。この形式は現在も一部には残っており、刃部とハナ先とは一続きのものではないということを気持ばかり残している場合が少なくない。

この点が鉈鎌(鏍)と基本的に異なっていたはずである。しかし、多くの場合

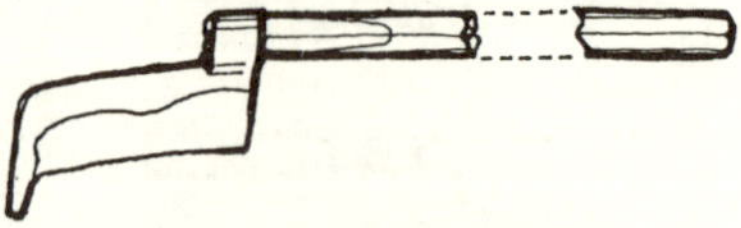

83図　『先大津阿川村山砂鉄洗取之図』の鉈
この復元図は原図が略図であるのであまり正確ではない。

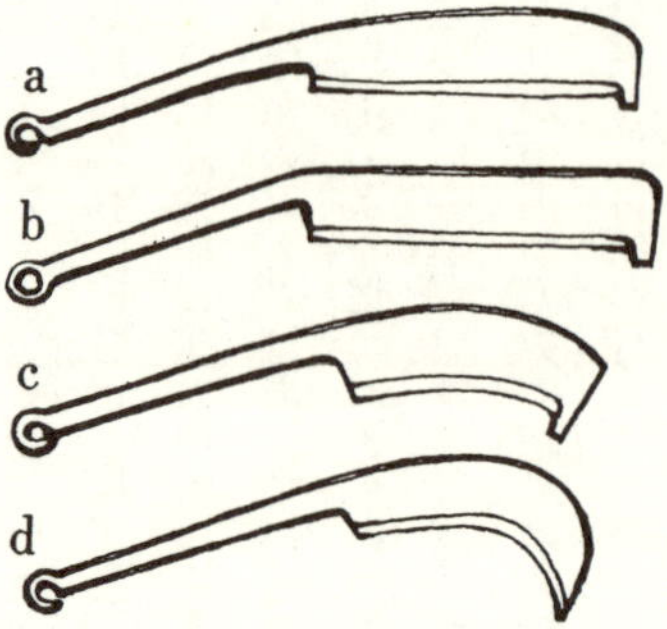

84図　中国地方山地の鉈
a. 鳥取県　b. c. 岡山県　d. 兵庫県

に、何時しか〝鉈鎌〟の製法と複合していき、峰側からハナ先が伸びるのではなく、刃先側からほぼ連続的に伸びて曲る形式のものが作られるようになってきた。こうして、〝ハナ付鉈〟はその本来の姿から離れてより自由な選択が可能になり、かなり〝鉈鎌〟に近い形式のものも用いられてくることになる。それがハナ付鉈の普及に一役買ったのだと考えられるが、その結果、『和漢三才図会』の「鏍―ナタ」とする考えが生じたのではないかと思われる。

以上のような変遷ないしは発展を含みながら、西日本型の〝ハナ付鉈〟は独特の分布圏を作っていったが、以下にそれを簡単に述べておくことにする。まず日本海側ではどうであったのであろうか。

萩藩の幕末の製鉄及び砂鉄採集作業を図示した絵巻物に『先大津阿川村山砂鉄洗取之図』[34]がある。この絵巻物は藩政時代の最末期の鉄山・大鍛冶・炭焼きの状態をよく表現していることで有名であるが、その炭焼きをみると、山口県と島根県の県境に近い白須山の山中にタタラ場があって、さらにその奥山で大炭(精錬用炭)や小炭(鍛冶用炭)を焼いている。ここの炭焼き達も斧と鉈とを用いて伐木しているが、その鉈は『鉄山必要記事』に記載のものとは全く異なり、〈外付けヒツ〉を持つ〝ハナ付鉈〟で、三尺近い長い柄を付けている。「九州型」とみなしてよいものである。

とすると、既に述べてきたとおり、伯州や出雲の炭焼きは〝日野木切り〟、即ち〈共柄作り〉の〝直鉈〟を使っていたのだから、ここにみられる〝ハナ付鉈〟が日本海側における「九州型」の東の限りであるということになる。実際、現在も阿武郡(山口県)の山間の村々ではこの系統の鉈が用いられてきており、出雲側の〃直鉈〃とは異なっているのである。

もっとも、瀬戸内海側や四国では「土佐型」といわれる〃ハナ付鉈〃が普及しており、広島県や岡山県の西部まではこの形式が及んでいる。しかし、どちらかと言うと利用の程度は低く、むしろ〃鉈鎌〃の方が一般的であって、その理由はすでに述べてきた。岡山県東部、美作の山地は日本海側の〃直鉈〃や兵庫県側の〃鉈鎌〃の影響が大きく、もう西日本型の〈外付けヒツ〉を持つ〃ハナ付鉈〃は見られない。直鉈で共柄の系統の鉈にほんの小さなハナ先を付けたものがこの地方には残っている。それは山陰地方の〃直鉈〃と西南日本の〃ハナ付鉈〃との出合いの結果と考えることが出来て、そのハナ先の形態から考えて、薪割りの他になにか特別な意味があるのかもしれないが私には判らない。いずれにしても、西日本の〃ハナ付鉈〃の影響はこのあたりを限りとしているのである。

しかし、西日本型の〃ハナ付鉈〃は太平洋側では更に東上していき、四国から紀州へと伝播している。そこで、この太平洋に沿った流れをもう一回ざっと見て、西日本型の〃ハナ付鉈〃の紹介をおえることにしたい。

紀州から東へ向かうこの系統の鉈は、一跳びに伊豆諸島に渡り、八丈島や三宅島に及んでいる。そして、これらの島々の鉈は西日本型の鉈の古い時代の形式を保存しており、この鉈の普及が比較的早い時期に海伝いにもたらされたことを暗示している。先に鯨漁の刃物の中にこれが含まれていることを示したのは、そういう伝播を想定していたからなのである。ハナ先を持つ《割込み刃金》の両刃鉈は、単に山の刃物ということだけでなく、船上生活の道具でもあったようで、それが浜へもたらされると、山の刃物として用いられていったのだと私は考えている。

その影響は伊豆半島や房総半島に止まらず、形式はかなりかわってくるが、更に北上をしていき、牡鹿半島や陸前浜にまで及んでいるようである。それをここで詳しく述べることは出来ないが、こうした太平洋沿岸の鉄器とその技術の流れは私にはたいへん興味深いことに思われるのである。それは鉈に限るものではなく、鉄器文化の色々の側面を含んだ大きな潮流であることは既に繰り返し述べてきたことである。

九州の西海岸にしても紀州にしても、四国の土佐にしても伊豆の島々にしても、海と山とが直接に繋がっている地域である。そういう所からこの鉈の普及が始まっているかにみえることは、鉄の文化の担い手がかならずしも平場の農業地帯にばかりあったのではないことを示してくれる。いやむしろ、海と山とをつなぐ回路の中で生まれ育った鉄器文化が、水田地帯にも入っていったのだという考えは捨てがたい。それは〈ヒツ〉を持つ鍬が島や山畑に結び付いていたことと見合っており、その技術伝承の影響の中から備中鍬の〈ヒツ〉の技法が成立したのだと見ることが出来るから、決して小さな役割ではなかったものと思われるのである。

八　突起のある刃物

前節までにごく概略ではあるが、鉈をめぐる刃物の歴史と鉈の分布を通して、二本の柄や突起を持つ刃物を見てきたから、最後に、ここで刃物に付いた突起(〃ハナ付鉈〃のハナ先)そのものに焦点を合わせて幾つかの例を見ておくことにしたい。

私はかねてから、なぜ鉈にハナ先が付くのかということに関心を持っていて、その発生や機能あるいは使用方法の実際を知りたいと考えて、あちらこちらを聞き歩いてきた。それを通して、鉈には実に様々の用い方があり、地域的な分布があることを知ることになったが、それが今まで述べてきたことである。しかし、改めて〃ハナ先〃という観点から整理を試みる段階になると、はたと困惑することになってしまった。そこになんらかの機能的な分類が可能で、その結果ある種の共通な性格を見出すということが難しかったからである。

ハナ先の性質

鉈の先端にハナ先が付けられたのは、計画的に一定の役割や目的が前もって想定されて、その上で形態が選択されていくという過程を経て成立したのではなさそうである。そうではなくて、まず初めに刃物の先端の部分（もしくはその周辺）に、なにかよく判らない理由で突起が打ち出されて、それがそのまま使用されてきた。その使用の中でハナ先（突起）は様々の目的に合わせて適応し、利用されることになってきたようである。即ち、刃物にまず突起が付いているという形態的な側面が伝承されており、その突起は簡単には取り去り難いという気持が強く働いていたから、逆になんとか有効に利用しようと考えた工夫の結果であると思われる。勿論、この気持も状況によって様々の変化をしてくるから、一概にこの事ばかりを強調することも出来ないが、以下に幾つかの具体例を見ながら考えてみることにしよう。

ある土地では、木に打ち込んだ鉈を起して取り外す時に、ハナ先が付いていると一種のテコの役割をする。そのために必要なものであるという。ところが別の所へ行くと、ハナ先を尖らせて鳶口のかわりに用いて、運搬用の手鉤のように使い、時には立木に打ち込んで足掛りにするのだという。そのために、ハナ先にも刃金を仕込んで鋭く作らせている。ということは、この二つの例は全く逆の目的を持ち、それに合わせてハナ先にはそれぞれ異なった機能と形態が与えられていることになる。

また別の一例には、ハナ先は木割りを行なう時に刃先を保護するために付いているのであって、ハナが刃線より外に突き出ているから、刃先を地面に打ち込んでしまうことがなく、刃を傷める心配がないから良いのだ、と考えられている。このような考え方が反映している鉈の場合には、ハナ先は往々にして退化して小形になっており、利用方法に見合った作りになっているのである。しかしその一方で、鉈にハナ先を付ける目的は刃部に加速重量をあたえて大きな打撃力を持たせるためであると思われている場合も多い。この場合には先端を出来るだけ重くするために、たっぷりと肉を付けた大きな鉄塊がぶら下がるということになる。この二つの例からもそれぞれ異なった目的を持ち、全く対照的な機能が設定されることがあるのが判る。

この他にも、〃直鉈〃を用いると、強く振り回した時に誤って切先で自分の身を切る危険があるが、ハナ先が付いているとたとえ少々かすめても安全であるという理由から、「アンゼン(安全)鉈」と名付けられていることもある。これなどは刃物売りの口上の方からきているようにも思われるが、どうであろうか。

以上の外にもハナ先の存在に対する理由付けはまだまだ色々のものがあって、それらの中にはかなり無理なこじつけもあるようで、合理的な説明をするために強いて思い付いた理屈のようにみえるものも含まれている。

しかし大局的に見るならば、そうした理由付けには、その土地の暮しや生業のあり方、あるいは自然的な条件が何分かは反映しており、そこからハナ先の取り扱い方の違いが自ずから生まれ、鉈の形態の全体も影響を受けてくることになったのだと言える。これは即ち、鉈が地域に適応していく過程において、それぞれ特定の機能や役割を与えられることによって〃地型〃を生み出してきたことを示しているのであって、言い換えれば、応用や適応に属する事柄であると言える。

それは他の鉄器、例えば近世の風呂鍬が全国的に共通の構造と製法で作られていながら、各地各様に微細な変化形をおびただしく生み出して、土地土地に最も適応するように改良されてきたのと同じ過程であって、これらの事例は常民の世界の物質文化の展開の原理をよく示している。それはあたかも、与えられた自然と社会構造の下にそれぞれの固有文化を育んできた常民の生き方そのものの表現であるかのように見える。そこでは基本的な技術様式や物の形式、形態、構造は、付与された世界、即ち動かし難い先験的なものとして存在しているのである。〃ハナ付鉈〃とその仲間は初めからハナ先を持つものとしてあり、そこから全ての変化発展が生じてきた。あれこれの刃物にその都度必要に応じてハナ先が追加されることで生み出されてきたものではないのである。

様々の適応過程の結果生じた〃ハナ付鉈〃の多様化は、それに引き続く段階では目的や機能が更に限られていき、一層特殊化した鉈を生み出している。既に述べてきた〝ヒョウズ鉈〟や〝ハナカキ鉈〟もこの例である。しかし、一旦は特殊化したものも、重ねて対象をかえていくことがあり、再び汎用的な利用方法にもどっていくこともあった。こうした変遷を経て、〝オトクリ鉈〟のようなものが残されてきたのだと私は考えている。

特殊化した結果、機能の力点が刃部からハナ先へ移行してしまった例として〝ヒョウズ鉈〟や『奥民図彙』[35]の〝漆掻き〟があるが、その逆に、ハナ先の存在が邪魔になってくる場合もあった。この場合は結局はハナ先が退化していくことになるが、退化しつつもそう簡単には消滅しなかったようである。近年、土佐あたりで作られて若木の枝落しに用いられている〝枝打ち鉈〟は、明らかに西日本型の〝ハナ付鉈〟からそのハナ先を取り除いてしまったものであるが、そういう改良が生まれてくるのはある種の合理的な道具観の普及と無関係ではなく、新しい時代に属することのように思われるのである。

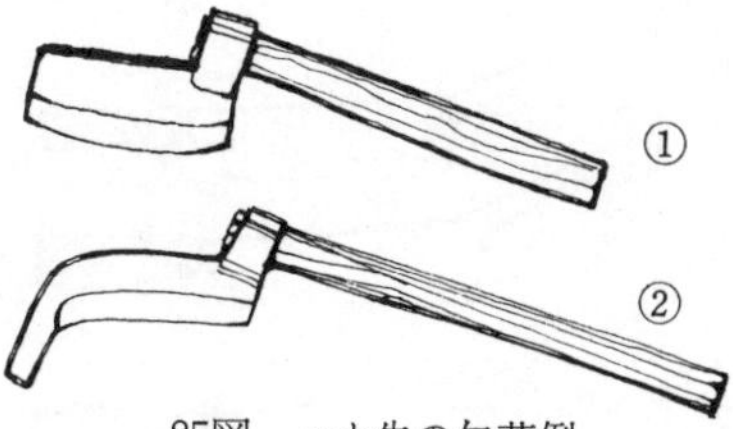

85図　ハナ先の欠落例
①枝打ち鉈　②ハナ付鉈

以上のように、〝ハナ付鉈〟のハナ先は積極的に利用されている場合もあり、かえって邪魔になって最終的には消えていった場合もあるが、その中間には、ただなんとなく習慣的に残ってきて、役割や機能があまりはっきりしないままに伝承されてきた例も多い。〝ハナ付鉈〟とはそういう形のものであると考えられてきたからなのである。

そういう訳であるから、鉈のハナ先についてかなり聞き歩いてみたにも関わらず、結局はあまり明解な結論を引き出すことが出来なかった。しかし、それから後に、〝ハナ付鉈〟は中国大陸においても広く使用されている事を改めて知り、また、私自身も中国を訪れた時に入手することが出来て、この形式の刃物についてもう一度考え直してみる必要を感じるようになってきたのであった。

そこで折にふれて分類を試みたり、原型を探し求めたりしてきたのであるが、それも結

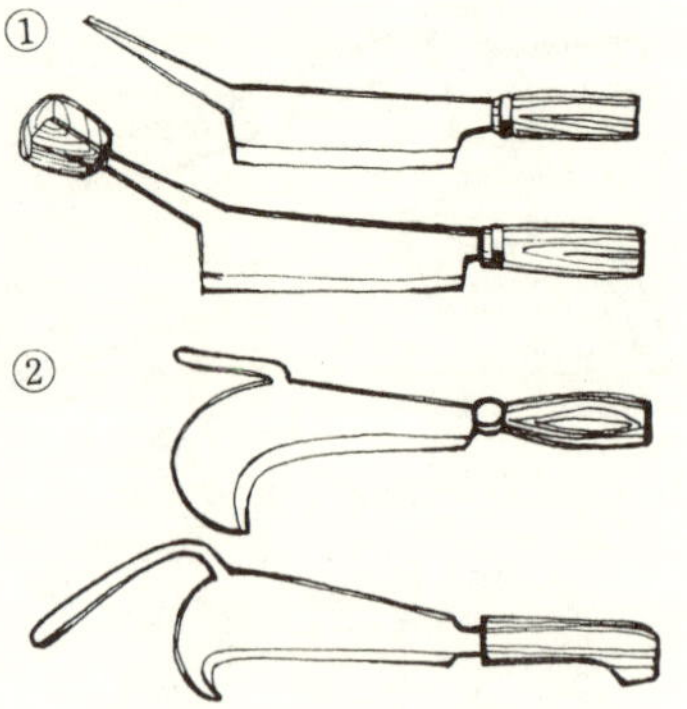

86図　割り裂き用の刃物
①竹割りセン
②割り裂き用のビルフック

論から言ってしまえば、まだ幾つかのミッシングポイントがあって、きれいに系統付けられるということからはほど遠い。しかしそれでも、鐁（セン）・正直（ショウジキ）ガンナ・鉋等と〝ハナ付鉈〟との間には共通の要素があって、日本に伝来してきた時点以後の展開を考えるならば、それらは一群の新しい鉄器文化として受容されていったのだと考えられるまでには到達することが出来た。そして、中国においても〝ハナ付鉈〟は少し前の時代に、もっと西方からもたらされた新しい刃物らしいのである。それが既に繰り返し述べてきた「二本柄（ないしは突起）を持った刃物」の仲間という概念である。

「二本柄を持った刃物」の一種に〝竹セン〟という割り竹を作る時に用いる専用の刃物がある。〝竹セン〟は〝ハナ付鉈〟の変形であると考えることも出来るし、〝桶屋セン〟の仲間と解釈してもおかしくない中間的な性質を示すものである。この〝竹セン〟を、私は〝ハナ付鉈〟と「二本柄の刃物」を結び付ける上で見落すことの出来ないものであると考えている。

〝竹セン〟を用いて割り竹を作る時は、竹細工師は匕首《あいくち》を持つ時のように逆向きに柄を左手でにぎり、宛木を付けた突起を自分の腹に突きたてて保持する。それに右手で竹材を割り込み、引き抜きつつ裂いていくのである。桶職の場合も同じ要領でタガに用いる竹を割り裂いていくが、彼らの場合は通常の〝桶屋セン〟を用いて竹センの代用とすることもあった。ここで大切な事は、この種の長尺の材料（竹の他に木の枝もある）の割り裂き作業の場合には、刃物の先端の突起（鉈のハナ先）が重要な役割を果していることで、この突起を利用して、それを腹に当てたり、作業台に押し当てたりして刃部を安定させることが出来る。即ち、柄と突起とによって二点で支持出来ることになるのである。

このような支持方法による割り裂き作業は日本の竹材の加工に限るものではなく、広く普遍的な技術として各地に伝承されてきたもののようで、はるかに遠く西ヨーロッパにも及んでいる。ヨーロッパ文化のように古くから作業台が普及をして、立位で加工作業を行なうことが習慣化している所では、刃物の突起を自分の腹ではなく作業台に当てて保持する方法が一般的である。そのために、刃先の位置を無理のない高さに保持するために、突起を延して非常に長く作る場合も少なくない。突起を受けるために作業台の一部分に小さな窪みがえぐられ、あるいはアテが付けられていて、そこに突起が引っ掛かるようになっているのである。

日本のように腹当てを介して自分の体で突起を保持する場合も、ヨーロッパのようにしっかりした作業台に押し付けて用いる場合も、作業形態自体はほとんど変りなく、このような刃物の扱い方は〝セン〟や〝ショウジキガンナ〟を生み出す一段階以前の利用方法のように考えられる。この場合の刃物の両端の保持方法は、片側は突起を用いることで固定的になり、もう一方は左手で持つから比較的自由である。これを両手使いにすれば〝セン〟そのものとなるが、逆に両端を台木に固定することにすれば〝ショウジキガンナ〟の原理が生まれることになる。

このように見てくると、ヨーロッパにおけるこの種の刃物がどのような形態を持っているのかに興味がひかれる。以下にその例を紹介してみることにする。

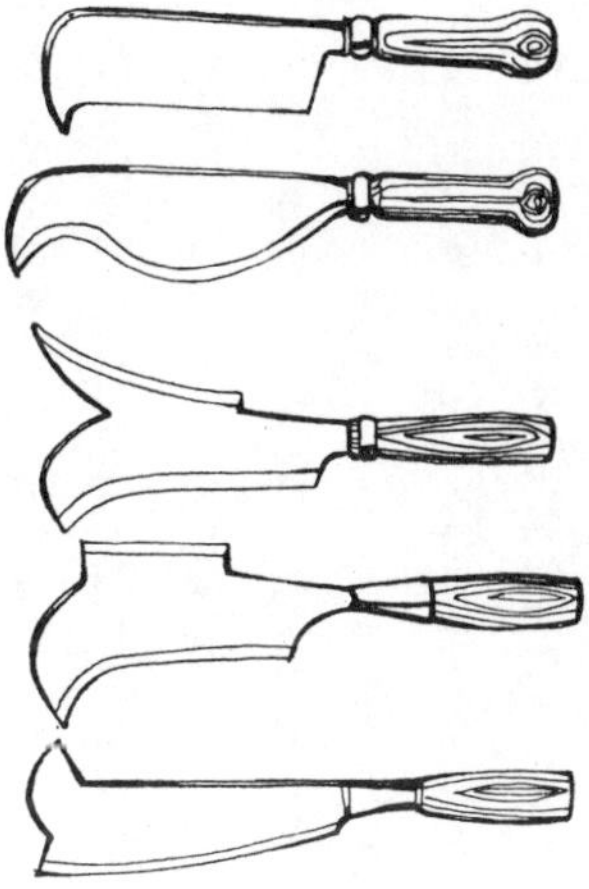

87図　ヨーロッパのビルフック

ハナ先を持つ刃物は様々の形態に作られており，目的によって細かく分れていたらしい。

イギリスで羊の囲い柵を作る細枝を割り裂く仕事や、バスケットの材料作りに用いられていた刃物は、ビルフック(bill-hook)という鉈鎌の一種であった。鉈鎌の背に長い突起がとび出しており、それを作業台に押しあてて、左手で柄をにぎり〝竹セン〟と全く同じ方法で割り裂いていくのである。その突起の形や長さは、地域によって、あるいは割り裂く材料によって様々のものがあったようである。この系統の鉈鎌はその他に木割りや木加工とも結び付いていたようで、日本の場合と同じ形式の二本柄のものも数多くみられるのである。

例えばドロウナイフ(draw-knife　セン)やスコープ(scorp　刳りセン)があって、ドロウナイフには日本の〝内ゼン〟と〝外ゼン〟に対応する外削りのものと内削りのものとが組みになっている。樽作りや桶作りに用いられてきたものである。スコープは日本で汁杓子を刳るのに用いているものと等しい。

ただし、ヨーロッパには日本や中国で用いている〝ハナ付鉈〟に相当するものは現在はみられないようである。その代りにビルフック(中国の鎩にあたる)が多用されている。詳しくは後述するが、このビルフックには前述の例の他に色々の形式の突起が付く場合があり、その分布は相当に広く、利用方法も日本のハナ付鉈の応用の拡がりと共通点が多いことは注目される。〝竹セン〟と同様の〈割り裂き〉に用いられるものはその一例にすぎないのである。

ハナ付鉈とハナ付鉈鎌

既に一通り述べてきたように、中国の〝ハナ付鉈〟は日本の物と基本的になんら異ならない。現在それらは「鉄庫放刀」などと称されて「刀」の仲間に含まれており、〝鎩(鉈鎌)〟とは違うものであることは既に述べてきたが、その辺のことをここでもう一度整理をしておくことにしたい。

江西省の南昌近郊で入手した〝ハナ付鉈〟は袋ヒツを持ち、これに木柄を差して用いるものであった。その時に聞いた話では、この鉈は木刈りに使用するが、同時に薪割りにも用いるものであるということであった。その鍛冶屋には、この他にハナを持たない鉈もあって、こちらは峰の中央部分だけを高く盛りあげてあり、木割り(薪割り)専用に使用するものであると言っていた。薪割りといっても直接に鉈を振るって打ち割るというのではなく、日本の〝割り庖丁〟のように峰を木槌で叩きながら割っていくもののようで、そのために鉈の峰の中央部分だけを高く盛り上げて、打ち込む深さをかせげるように工夫したものらしい。〝割り庖丁〟が広幅に作られるのと同じ原理である。

私の手元にある中国の鉈のもう一例はシーサンパンナのものであるが、この方は長い柄を付けて粗朶を刈り集めるのに使用するものであるという。ハナ先がかなり退化しており、形式的に残っているだけのことのようで、全体が外反りになっている所に特徴があるが、この外に全くハナ先を持たない〝直鉈〟の系統といえるものもあるらしい。

今のところ、私の持っている実物はこの二例だけであるが、集めればまだ様々の変化形が中国でも用いられているものと考えられる。機会があれば、それをたくさん集めて日本の場合と同じように分布を調べてみると何か判るのではないかと思われるが、それはそう簡単なことではなさそうである。

そこで文献にもどる以外に方法がないが、私が南昌で購入してきた鉈と非常に近い製品は『チャイナ・アット・ワーク』にも載せられている。その説明によると、町の人々が、一メートルほどの長さの薪束を購入して、これを小割りにする時に用いたものとある。この薪割りは婦人達（時には子供）の仕事であった。そして、薪割りは道端や石を敷いた床の上などで行なわれたから、先端の突起が刃部の保護に有効であったと述べられている。これは上海市街の例であるから、ハナが刃先の保護に役立ち、どこでも使えるということで町中に普及していたのだと考えられる。

この鉈について、著者のホーメルは同様の形態のものがヨーロッパでも古くに用いられていたことに気付いて脚注を残している。それによると、一五〇二年のストラスブルク版のヴァージル（ローマ時代の詩人）の詩集の挿画の中で、農夫が同様の刃物を用いているとある。また、十二世紀以来伝承しているランデスパルクの調理の本にも、テーブルナイフとして出てくるというのである。(36) とすれば、ヨーロッパでも〝ハナ付鉈〟が用いられていたことになるのであるが、私はまだその資料を見ていないから結論的なことは言えない。

『チャイナ・アット・ワーク』によると、町で暮す人々が薪割りに〝ハナ付鉈〟を用いる一方、農村の人々は自分で山に入って薪取りをしていたが、彼らが小枝を落としたり若木を刈ったりするのに用いるものは、〝ハナ付鉈〟とは違

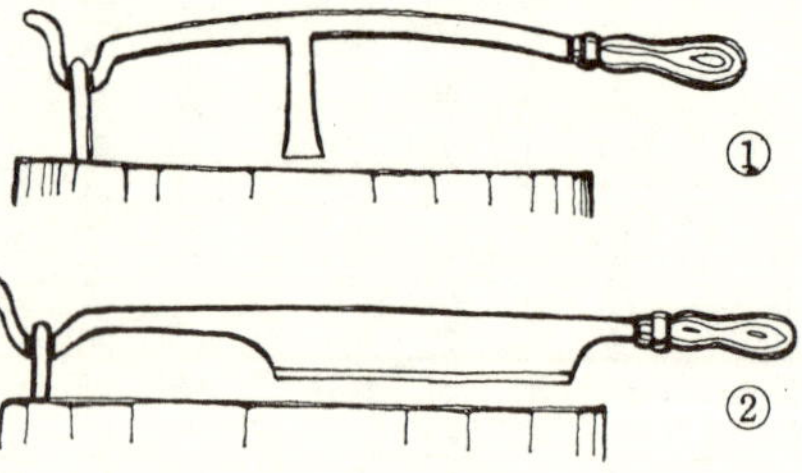

88図　ヨーロッパの
ハナ付鉈に似た刃物
①チセルナイフ　穴掘りに用いる
②ブロックナイフ　割り木に用いる

った鉤のある刃物であったとある。それには写真が添えられているから〃鉈鎌〃といってよいものであることが判るが、それを編物で作った鞘に入れて、腰にさげて持ち歩いたというから興味深い。この〃鉈鎌〃は『王禎農書』で「鏍」と名付けられているものよりも直鎌に近く、これを〃鏍〃の一つの発展形とみなせるのかどうかは私には判らない。いずれにしても、中国でも日本と同様に〃ハナ付鉈〃の他に、〃直鉈〃あるいは〃鉈鎌〃も木刈りや木割りに用いられてきており、なかなか複雑な関係がありそうなのである。

中国の状況は日本の場合と似ており〃ハナ付鉈〃が広範囲に用いられてきたと考えられるが、これに対して東南アジア、インド、更にヨーロッパの方は〃鉈鎌〃の利用の方が優勢であったように思われる。ここでもまた〃ハナ付鉈〃と〃鉈鎌〃の相互関係の問題にもどってしまうが、結局はよく判らない。ただ、前述のホーメルの記述のような〃ハナ付鉈〃は近年のヨーロッパでは使用されてはいないようで、その代りに〃鉈鎌〃が普及をしているから、世界的に見ると〃ハナ付鉈〃と〃鉈鎌〃とは利用の濃度によって異なった分布圏を形成しているのだと言えそうである。

そこで、ヨーロッパで〃ハナ付鉈〃に類似した形態を持つ刃物を探し出すと、私の知っている範囲では用法の違うブロックナイフ(block-knife 押し切り)が思い付く程度である。細かく言えばブロックナイフにも様々の種類があるが、基本的には、切先に長く延びたハナ先を上向きの鉤形に曲げて、作業台に打ち込んだ逆U字形のピンに引掛け、それをテコの支点として木割りや穴掘りをする押し切り刃物である。確かにこれもハナ付鉈の応用例には違いない。であるとすれば、ヨーロッパにも鉈鎌(ビルフック)とは別にハナ先を持つ刃物(ハナ付鉈)が伝来し、用いられていたことは十分に考えられるが、それ以上のことは残念ながらまだ判らない。しかし少なくとも〃鉈鎌〃の方が広く普及

①
②
③

89図　『鐘馗元夜出遊図』の武器
①刀　②鑓　③鏍

していたことは間違いないから、日本や中国とは異なっていたとは言えるのである。

鉈鎌のハナ先

木刈りや木割り刃物の多くがそうであるように、〝鏍〟も古くは伐木や木割りの刃物ではなく（あるいはそれと同時に）武器として使用されたものであったらしい。古く〝鉈〟が矛の一種と考えられ、木削り刃物であると同時に武器を表わし、また、〝鉞〟が斧に結び付くものである一方、やはり武器として強い象徴性を持っていたのと同じことである。鉄製武器は、形態的に特殊なものに象徴的な機能があたえられることが多く、一旦なんらかの象徴性を得るとその形態は長く伝承してきた。もはや武器としての用法が失われても、形態そのものは持続していくことになるのである。そういう例は東南アジアの島々の部族に残されてきた様々の刃物の中に見ることが出来る。

現在私の知っている〝鏍〟の最も古い図例は、南宋時代の最末期のものである。それは、咸淳年間（一二六五〜七四年、元暦では至元年間に相当）に描かれた道釈画の中にみられる。浙江省の人で吉州（江西省）で活躍をしたと伝えられている顔輝の作品の「鐘馗元夜出遊図」（クリーヴランド美術館蔵）の中で、鐘馗に同行をする三匹の鬼が、それぞれに武器を持ち、それを振り回している中に描かれている。その一つが〝鏍〟なのである。『王禎農書』の図と異なる点というと、切先が尖ってはおらず〈止め〉に作られている事ぐらいである。切先が〈止め〉に作られている事は、この武器が〝ハナ付鉈〟となんらかの関係があることを暗示しているとも考えられて興味深い。

もう一つ、この図では切先近くの峰の横に穴をうがって、飾り房を付けていることも注目される。図に登場する三匹の鬼はそれぞれ、鑓・鏍・刀と異なった形式の武器を携えていて、この組合わせには何か特別の意味が与えられていると考えられるが、飾り房は鑓や刀にも付けられている。

武器としての鉄器に飾り房が付く例は世界的にみられるが、私の考えではそれは騎馬兵の習俗から起ったものであると思われる。そして強いて言えば、飾り房とハナ先との間にはなにか関係がありそうに思われ、武器の飾りが実用化したところから二本柄の刃物やハナ付鉈の仲間が普及していったのではないかと思われるのである。ここに登場する三種の武器の場合も、突起の付けられたものが他所に残っている。とすれば、鉈鎌についても同様に考えられ、中国においてもヨーロッパのようにハナ先を持った鉈鎌があった可能性も無視できない。

ここで鉈鎌に付けられたハナ先の用例をみるためにもう一度ヨーロッパのビルフックを見ておくことにしたい。

前述のように、〝鉈鎌〟の形を持つ刃物を英語ではビルフック(bill-hook)といい、ビルもフックも共に鉤形（ビルは嘴、フックは鉤)の意味から成っている。私の知っているこの刃物の古い例は、スイスのヴァーゼルの聖堂教会のステンドグラスの中で、木の枝の上に立った樵夫がかざしているものである。このステンドグラスは十四世紀頃に作られたものであると言われているから、それ以前に既に普及していたのである。ボン大学のパウア氏の御教示によると、南ドイツからオーストリアにかけての森林地帯では近年までビルフックを使用しており、樹木の新芽を打ち落として飼料を取るのに用いていたという。私自身もシュットガルトの町の金物屋で偶然にこれをみつけて手に入れることが出来たが、この場合は森林での生活に用いるのではなく家庭庭園の庭木の剪定に使用するためのもののようであった。文献をみると、ビルフックは宮廷庭師の剪定用具の中にも現われてきて、枝落しなどに使用されていた。その名残が町の金物屋にも残っていたという訳である。ウォルテル・ベルントの『道具尽し』(37)を見ると、十六世紀の宮廷庭師の使用する道具類の中に、峰側に突起を持ちそれにも刃を立てたビルフックがみられる。だから、ビルフックに突起が付くのはなにも枝木の割り裂きの場合に限るものではなく、様々にも用いられていたのだと考えられ、こうした用法は古い時代からあったのである。

また、イギリスの森の生活者達もビルフックをさかんに使用しており、それに突起が付けられる場合も少なくなかった。そして彼らが新大陸へ渡ると、この刃物も彼らと共に海を渡り、斧と共に開拓時代に活躍したものらしく、その時代の記録の中に時々見掛けることがある。

一九五〇年代のイギリスのバーミンガムの鍛冶屋のカタログには、南イングランドやウェールズ等に向けて売られていたものだけでも、約八〇〇種類のビルフックの形式がのせられている。その上に、大きさの違いやちょっとした部分的な形式の差、柄の付け方等の変化を含めると、実に四二五〇という種類があり、最も絞り込んで整理分類をしたとしても、一七二の様式には分かれてしまうというのである。[38]

余談であるが、この鍛冶屋についてもうすこし詳しく知りたいと思い、東京のブリティッシュ・カウンシルで調べてもらった。しかし、製造元がもう廃業してしまったのか、バーミンガム市の電話帳にはのってはおらず、市の発行している商工資料からも見出すことができなかった。おそらく同様の物を作る鍛冶屋は残っているものと思われるが、私はイギリスに行ったことがないのでこれ以上のことは判らない。

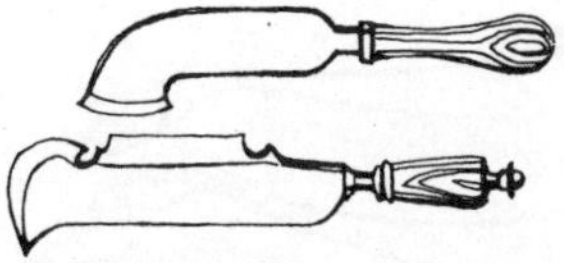
90図　宮廷庭師の枝落し刃物

イギリスの森の生活、木の加工やその用具については、ゲレイント・ジェンキンスの『伝承的な田舎の職人』[39]が詳しく、また、ジョン・ヴィンスの『昔の農業　絵案内』[40]も楽しい。

ジェンキンスによると、ビルフックは羊を囲い込む垣根を小枝で編む仕事に使ったり、葺屋根の垂木作り、あるいは薄い剝ぎ板による編物細工などにも使用するものであるという。目的によって形態にたくさんの種類があり、地域的な変化も多いということである。

東南アジアや中国とヨーロッパとは遙かに遠く隔てられており、その間には様々な風土と文化とを持った数多くの民族がある。だから、東アジアの鉈鎌とビルフックとを一続きの鉄器とみていくとすれば、その間の国々の一つ一つを調べて、そこでどのような〝鉈鎌〟が用いられているのかを知る必要があるが、それはとても出来ることではない。それどころか、私はインド亜大陸や西アジアの実際についてほとんどなんの知識も持っていないのが実状である。従って、私の知っていることは今まで述べてきた範囲に尽きるが、次の程度の結論は出せるのではなかろうか。

〝鉈鎌(鍬・ビルフック等)〟は木刈り、木割り、剝ぎ板作りなど森と木との暮しに深く関わりがあるが、それは古い時代から各地に拡がっていた鎌がそれぞれに発達をしたものではなく、比較的に新しい時代の一群の鉄器の伝播に含まれるものである。そして、〝ハナ付鉈〟との間に相当程度の互換性を持っており、地域や時代によってどちらかが選択され、それが固定して伝承してきたのである。その中で日本には主に〝ハナ付鉈〟の系統が伝来し、徐々に古い形式の木鎌に替っていったのだと考えられる。

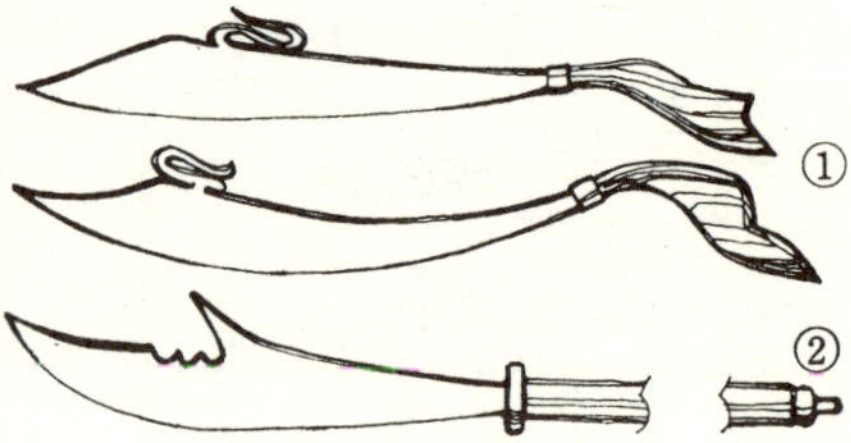

91図　ハナ先の付く刀剣
①パラング（マレーシア）　②中国刀

私は、中国の鍬やインドや東南アジアの鉈鎌は、本来は付属していた突起がいつしか欠落した結果出来たものなのではないかと考えている。ヨーロッパのビルフックに見られるような様々の突起が、元は付いていたのではないかと想像をしているのである。というのは、突起の付属している刃物はなにも鉈や鉈鎌に限られているものではない。先に幾つかの中国の「刀」の様式を図で示してきたが、それらは峰の切り返しによって様式が区分けされていた。古くはこの〈切り返し〉の所から突起が延びている例が多く、それが後に退化して単純な刀の様式になっていったものらしいのである。中国刀に近い例にマレー半島で用いられているパラング（刀、現在は草刈り刃物として用いられている）があるが、これは峰の切り返しの地点から長い突起が延びており、それが複雑な曲線を作って折り畳まれている。これは部族の象徴的な武器としてスルタンに用いられていたらしいのである。

これ以外にも、複雑な突起を付けている例はボルネオ島のバタック族の刀剣やバリ島の広幅の鉈（これも元は武器であるらしい）にも見られ、有名なジャワ島のクリス（剣）の虫喰いのような突起も同じものであると考えることが出来る。だから、突起の原理は実用上のことから成立したものではないと言えるのである。前述の幾つかの例からも十分に推測されるように、装飾的かつ呪術的な要素によって突起の形態は複雑になっていく。即ち、刃物に付属した突起は一方で実用的な方面に発達をした場合もあったが、その一方では武器の装飾的かつ呪術的な機能を象徴するものとしても広く応用されてきたと考えられるのである。

ヒンズーの文化は物に装飾的ないしは呪術的な要素を付与する傾向が強いようであるが、次にごく日常の刃物に残っている突起の例を紹介しておく。

インドやネパールの庖丁類には日本のように刃物を持って切るのではなく、刃物の方は固定をしておいて、野菜や魚の方をそれに押し付けて切る形式のものがある。日本人の感覚からすればかなり変った使い方であるといえるが、庖丁を左手で持って刃を上向きにして、それに物をあてて切る方法はヨーロッパなどでもかなり見掛けることであるから、そう不思議なものではない。左手で柄を持つ代りに平らな柄にして足でおさえて刃物を固定させるのであるから、大きな物を切るために考え出された合理的な方法であると言える。

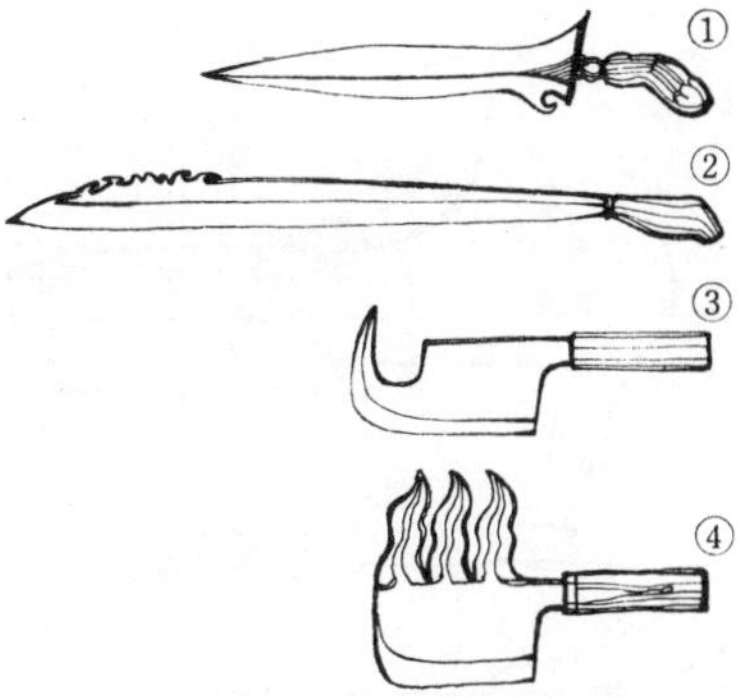

92図　突起を持つ刃物武器
①クリス（ジャワ）
②バタックの剣（カリマンタン）
③角を持つ刃物（ジャワ）
④複雑な突起を持つ刃物（バリ）

そこでこの庖丁を物の構造的な側面から観察してみると、基本形は〃ハナ付鉈〃や〃刀〃と全く異ならないものなのであって、木柄を台木に置き換えただけのものであることが判る。従って、これらの中にもハナ先を持つものがあって、それが様々の形態を取り、時

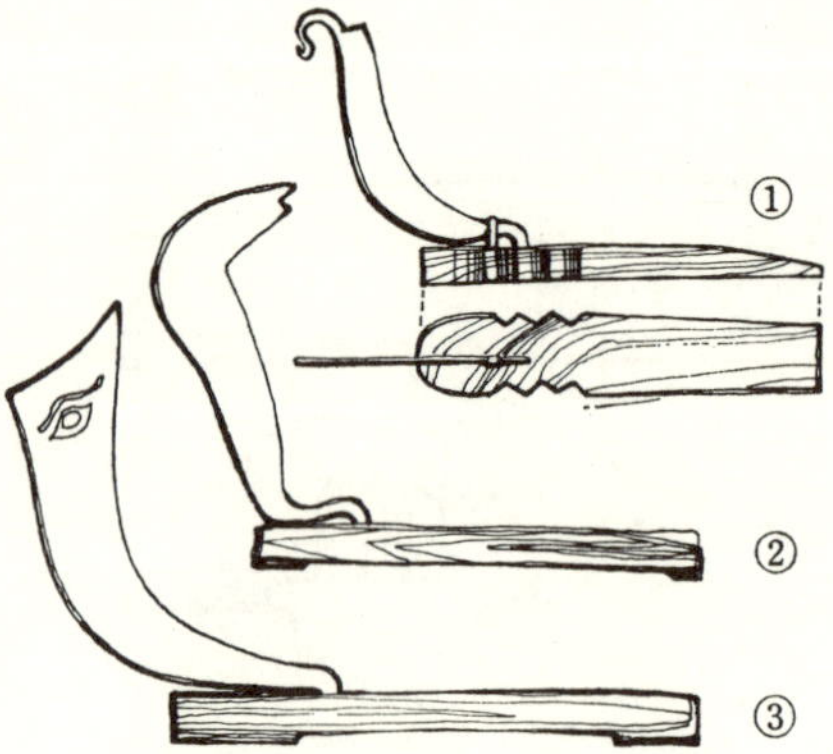

93図　インド・ネパールの庖丁
①野菜切り（ネパール）
②野菜切り（インド）
③目を持つ魚肉切り（インド）

には華やかな曲線の装飾となっている。

また、魚切り庖丁の中には、切先の方に〈目〉を描き込むことがある。神様の目ということであるらしいが、ここにははっきりと呪術性が表われている[41]と言えるであろう。そして、この〈目〉は、私には直ちに舟の舳先に描き込んだ〈目〉のことを連想させるのであるが、それは舟にも刃物にも〈目〉が描かれているということによるだけではなく、木台から反り出した庖丁の形態が舟の舳先と似ていることも関係しており、そこに「切り開くこと」の隠された意味が含まれているものと思われる。

次に、人伝に入手した南ネパール低地の半月形の鎌の中には、峰の中間や元の方にごく小さな突起を付けたものが幾つか含まれていた。この地域はインド側の影響の大きな所であるから、インドにおいてもこれと同様の突起を付けた半月鎌を探し出すことはそれほど困難なことではなかろう。実際にこの南ネパールの鎌と全く同様の形式のものは、大阪の国立民族学博物館の展示品の中にもみられ、それがアフリカのウガンダのものであったことに驚いたものである。インド商人達は西アフリカで広く活躍しているから、私の考えでは、彼らが持ち込んだインドの鎌ではないかと思われるのである。

その一方で、突起を付けたこの半月鎌は既述のヨーロッパのビルフックの突起を再び思い起させる。想像を逞しくすれば、この小さな突起が段々と成長をしていって、枝木の割り裂きのビルフックのように長大なものになっていったのではないかと考えられるからである。

この地方の半月鎌はナカゴ(コミ)を木柄に打ち込む方法によって柄を付けている。この点に着目すると、この場合の突起には、突起の出ている位置によってはそこから実用的な意味を推定できるものも含まれている。〈打ち込み〉で柄を付ける場合には、ナカゴの部分を加熱して、それを木柄の中心にあてて焼きながら穴をあけ、徐々に深く打ち込んでいく。だからこの時に、突起を鎚で叩けるように作っておくと便利なのである。この突起の利用方法は日本の〝鍔鑿〟と似た考え方で、古くは堅木の場合には鍔鑿も焼いて使用していたのかもしれない。とすれば、鍔鑿の鍔も十手の鉤も、このネパールの半月鎌の小さな突起と無関係ではないように思われるのである。

　このような〈焼き打ち込み〉の方法による鎌の中には、突起を持たないものも含まれている。その場合にはナカゴの上部で二度直角に折り曲げて、ナカゴの直ぐ上を打てるように作られており、この形式もかなり広く分布している。穴をあけるのに別の専用の鍔鑿に類するものを焼いて使用するようになると、突起も折り曲げもまったく実用上の意味を失ってしまい、ただ形式としてのみ伝承していったものらしいのである。

　こうした例は、半月鎌とは反対の、外側に刃の付いた刃物にもみられ、インドの他にジャワ島でも用いられていたらしい。ジャカルタの国立博物館のコレクションの中にはこの形式の刃物が幾つか残されているが、古くはボロブドールの壁画に刻ま

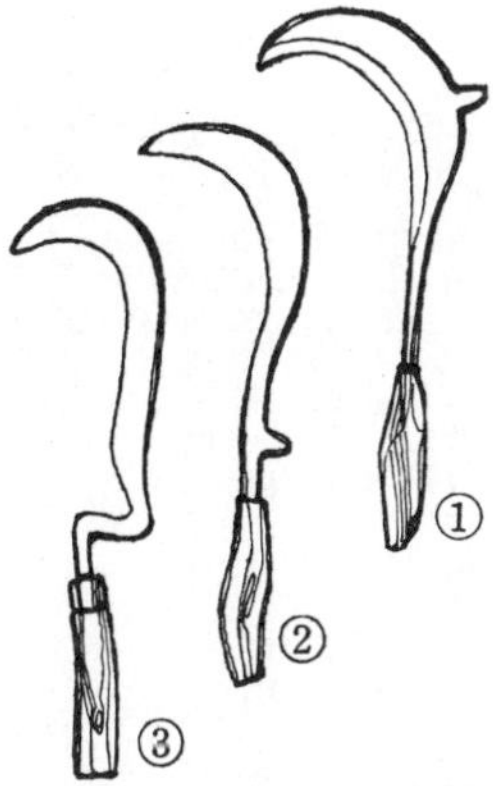

94図　突起を持つ半月鎌
①峰の中間に突起を持つ例
②峰の元に突起を持ち，打ち込みに用いたと思われる例
③突起の代りに元を折り曲げて打ち込みに用いたもの

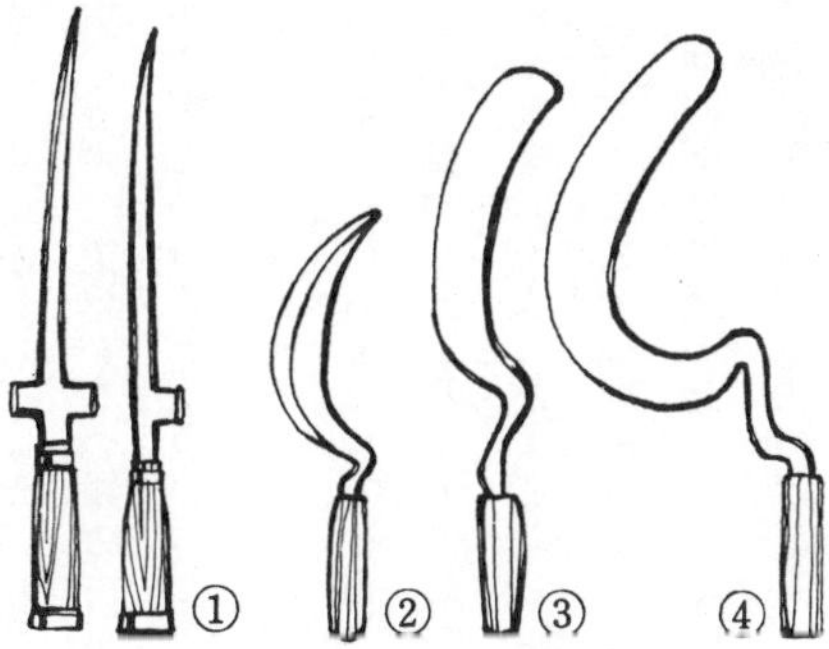

95図　打ち込み柄を持つ曲刀と鍔鑿
①日本の鍔鑿
②現在のピサウ(小刀)の一種
③ジャカルタ博物館所蔵品
④ボロブドールの壁画より

れたものの中にもあり、また、現在一般に用いられているピサウ(小刀)にもその名残を示すものがある。

一方、小さな突起をもつ鎌の方も、その突起は峰のあちこちにとび出していて、柄入れのためには全く役に立たない位置に来ていることが多い。だから、この場合も柄入れのために突起が付けられたのか、そうではなくて、別の理由によってあらかじめ存在していた突起をそれに利用するようになったのかは判らないのである。

問題はあまりにも拡がってしまった。日本の〝ハナ付鉈〟から出発して、最後にインドの半月鎌に付けられた小さな突起を発見するところまで来たが、もうこれ以上は手元の資料だけでは進みえないようである。更により深く突起のある刃物を考えようとするならば、もう一回り大きな調査と研究を必要とすることになり、それは私の手にはあまる。ただ、ここまで追い続けてくると、こういう方法によっても一筋の鍛冶や鉄器の流れを探し出せるのではないかという期待だけは残ったのではないかと思われる。そして、たとえごくささやかな物の形態や技術ではあっても、人間の歴史は閉されたものではなく、常に広く世界に繫がっていたことが感じられる。極東の島国の片隅に生きてきた地域文化を見つめることの中にも、そこに至る道があるとすれば、鉈のハナ先の研究も全くの無駄事ではなくなると思われるのである。

註1　民具解説抄　宮本常一『日本観光文化研究所紀要』第四号(一九八三)。本稿は一九七〇年前後に計画されて出版をみなかった『民具辞典』のための草稿である。

『体系日本史叢書』13 生活史 Ⅱ　山川出版社(一九六五)所収の「戦国乱世に生きる人々」木村礎　には次のような鉈の用法の紹介がある。

文亀二(一五〇二)年「近江国蒲生郡中野村今堀定条々之事」には、惣の森や個人持の森の木を手折ったり、葉を寄せ集める者は一〇〇文の過料、鎌で枝を払う者は二〇〇文、鉈で伐る者は三〇〇文、まさかりを用いる者は五〇〇文の過料と定められていた。

2　須藤功氏撮影による八ミリ映画・宮崎県西都市における焼畑の記録。(一九八三)

3『吉野の民俗誌』　林宏　文化出版局（一九八三）
4『皇太神宮儀式帳』　大中臣真継・荒木田公成他（八世紀末）。『群書類従』に収録。
5『倭名類聚抄』　源順（九三五）
6『類聚名義抄』　菅原是善（一二四一）
7『方言』　楊雄撰　中国の地方語辞典（前漢時代）
8『釈名』　劉熙撰（後漢時代）
9『王禎農書』　前出
10『皇太神宮儀式解』　荒木田維雅（一七七四）
11『和訓栞』　谷川士清（一七七七年から以後数年に亘って作られた）
12『新撰字鏡』（八九二）　これについては成田寿一郎氏の御教示による。氏は〃木割り鉈〃に関して木工学の立場から実験的な研究を行なっておられる。
日本における割鉈としてのまんりき（Froe）について　成田寿一郎『千葉大学工学部研究報告』第三十四巻二号
13『伊呂波字類抄』（一一四四）
14『下学集』　東麓破衲（一四四五）
15『三才図会』　王圻（明　万暦年間＝一五七三〜一六一九）
16『説文』　許慎（後漢時代）
17『箋注倭名類聚抄』　狩谷棭斎（一八二七）
18『一乗谷朝倉氏遺跡』Ⅶ　福井県教育委員会（一九七五）
19・20『東アジアの初期鉄器文化』　前出
21『梁塵秘抄』　後白河法皇編（一一五九〜一一七九）
22 岩井宏實・神崎宣武氏の御教示による。〃両手〃の具体的な使用対象については今後の調査を必要とする。
23『正字通』　張自（明時代）
24『直幹申文絵巻』（鎌倉時代後期）。渋沢敬三編『日本常民生活絵引』第四巻　角川書店（一九六七）による。
25 中世農業技術の様相　黒田日出夫『講座日本技術の社会史』第一巻　日本評論社（一九八三）による。

26『鉄山必要記事』　下原重仲　前出

27『中国冶金発達簡史』前出

28『福島県農具絵図』　福島県立図書館蔵（一八七二年）
明治五年以来、数回に亘って作られた各県各郡農具図録が現在全国的な規模でみつかっている。東北地方ではこの他に山形県庄内地方（酒田県）の分、「農具略絵　明治五年壬申三月　田川郡淀川組」がある。それには鉈は〃畔斬山刀〃が記載されているのみである。次の如くの解説が付されている。
畔ノ崩ヲ繕スルニ田中ノ土ヲ塗ル　是ヲ塗畔ト云　当村里古田ノ畔蓋カクノ如シ　谷地田ハ畔ヲ繕スルニ此器ヲ以テ草根ノ滋蔓ヲ斬除ス　故ニ土俗谷地山刀ト云

29『奥民図彙』　比良野貞彦（一七九〇年前後）。『日本庶民生活資料集成』第十巻、『日本農書全集』第一巻に収録。

30 吉野の漆掻　河岡武春『民具論集』第一巻所収　慶友社（一九六九）

31 小川嶋捕鯨絵巻『肥前州産物図考』に含まれる　木崎盛標（一七七三）。『日本庶民生活資料集成』第十巻　三一書房に収録。

32『明治十三年調べ　管内農具図』　月川雅夫・立平進編　長崎出版文化協会（一九八四）
『愛媛県農具図譜』前出

33『勇魚取絵詞』　益富又左衛門（一八二九）。『日本庶民生活資料集成』第十巻に収録。

34『先大津阿川村山砂鉄洗取之図』（一八六〇年代）。『江戸科学古典叢書』第一巻　恒和出版に収録。

35『奥民図彙』　前出

36 China at Work; P. 150 の注記
1. Vergil edition; Strassburg (1502) Illustrated by Grüninger
2. Hortus diliciarum Herrad von Landsperg

37 Atles Wenkzug; Walther Bernt, Callwey, München, Deutschland (1939)

38 Edge Tools; David Thomas, Design Vol. 113, London, England (1958)

39 The Traditional Country Craftmen; John Geraint Jenkins, Poutledge & Kegan Paut Ltd, England (1976)

40 Old Farm An Illustrated Guide; John Vince, Fakenham Press, Norfolk, England (1982).
Old Ways Working Wood; Alex Bealer, General Publishing Co. Ltd. Canada (1980)

41『道具と器』金子量重編　学生社（一九八三）

補記

1．その後の民俗技術研究

筆者が農鍛冶の調査をとうして鉄器の製作・使用の実態に関心を持ちはじめたのは、二十代の後半のことであったからすでに四半世紀が経過したことになる。そして、これらの調査結果を一冊の本に取りまとめてみたのが『鍛冶の民俗技術』であった。当時は、もちろんワープロなどなかったから、原稿用紙に万年筆で書いては破り、破っては書きを繰り返し、さらに鋏と糊による悪戦苦闘の連続であったから、なにほどかの論理らしきものを紡ぎ出すのに二年以上もかかってしまった。考えてみると恐ろしく非生産的なやり方で、よくも脱稿できたものと我ながら感心する。それから数えても、すでに十五年以上の歳月が過ぎた。

見直してみるとずいぶん未熟なできばえではあるが、それはそれで仕方がなかったと思う。しかし、それならば以後にこれを越える高度な観点に到達できたはずである、ということになるが、そうはならなかった。その後もこの段階で考えた枠組みから少しも踏み出していないことに、唖然とせざるをえないである。情けない話ではあるが、能力以上のことはできないということであろう。

しかし、その原因を個人的な能力にばかり帰することはできない。

『鍛冶の民俗技術』は高度成長時代の後半期に書いたものである。そこで扱った世界は、その当時失われつつあった「モノとヒトとの関係」から成り立っており、その内容は、それ以後に決定的に消滅せざるをえないものであった。だから、広範に資料蓄積をおこない、内容をさらに深めていく機会も同時に失われてしまったのである。あとはただ論拠を繰り返して問い質し、もう一度整理を仕直すといった程度にとどまったのも必然的なことであった。

いや、そうばかりとはいえないかもしれない。筆者にもう少し力量が備わっていれば、「失われていくもの」と同時に「変容するもの」を把握して、近代以後の「モノとヒトの関係」をもう少し明快に提示することができたのかもしれない。しかし、それは今にしての反省である。

だからといって、これ以後には、新しい知見がまったく得られなかったかというと、そうではない。本書を書いた後に本土を離れて、沖縄でしばらく暮らすことになり、改めて考えを深める機会が与えられたからである。また、日本本土の調査に限界をもたらした高度成長は、その一方で、海外に容易に出ていく機会を生むものでもあった。こうして東南アジア・朝鮮半島・中国・南アジアなどに出かける機会が得られて、それらの地域における農鍛冶と農民のさまざまな関係を知ることができ、それらを比較することによって、日本本土の様相をひとまわり大きな座標に位置づけることができるようになったと思う。

以下では、そうした観点からの補足をいくつか付け加えておくことにしたい。

2. 鉄製農具と再生の担い手

『鍛冶の民俗技術』が対象とした世界は、鉄製農具の使い卸しの実際、再生を担う農鍛冶と農民の具体的な関係、それを可能にする技術の登場、形態・形式の伝播、機能の変容などであった。そして、当時の僅かな海外経験から、それが日本本土だけに成立した固有の文化事象ではないことを示すため、「鉈」という特異な形式をもつ刃物に着目して検討したのであった。だから、全体からいえば、前段で示した鍬・鎌の使い方、農鍛冶の役割などの部分と、後段の「鉈」の形態・機能を論じた部分との関連があまり明快ではないきらいがあった。それはひとつの反省点であるし、後段の「鉈」を論じた部分では、インドならびにインド以西の鉄器文化の諸相について十分な知識がなかったために、説得的ではなかったところも少なくない。

はじめの鉄製農具と鍛冶の関係については、以後におこなった調査は次のようなものであった。

1　沖縄における鉄製農具の供給と再生

2　沖縄における在村鍛冶と寄留鍛冶
3　インドネシア諸島における鍛冶の諸形態とその技術
4　ジャワにおける鍬の形式と生業の変容
5　スラウェシ・トラジャにおける鍛冶の装置と製品
6　韓国における市の鍛冶と再生
7　中国・浙江省の鍛冶と鉄製農具
8　中国・雲南省・四川省の鉄製農具とその再生
9　ネパール・ネワールの鍛冶とその変容
10　ネパール・パルパティの鍛冶との変容

以上の諸点についてはすでに個別に報告したものが多いから、ここで繰り返して詳しく述べることはしないが、海外諸地域の調査からえられた知見は、ひるがえって日本本土について再考しようとする時に、重要な考察のヒントを与えてくれた。以下では、その要点をいくつか指摘しておきたい。

東アジア・東南アジア・南アジアの調査は、いずれも時間的・空間的に十分満足のいくものではなかったが、それでも、これらの体験を通して間違いないと考えるようになった点は少なくない。たとえば、生活に関わる鉄器は、どこでもなんらかの再生を日常的におこなっており、その具体的な手段・方法には、制度的・技術的・慣習的な差異を反映した地域的な個性がある、ということである。

すでに『鍛冶の民俗技術』において論じたごとく、日本本土においては、これが特に鍬先の再生として顕在していたのであるが、海外においては、主となる製品の種類が地域的に異なる。地域によってそれは日本の場合と同様に、鍬先であることもあるが、刃物（山刀・鉈・鎌の類）である場合も決して少なくはない。そして、その再生方法は、当初の製造技術・材料によって規定されていると考えられる。たとえば、一般に「片刃付け刃金」のものは修理・再生が容易であるが、「両刃割り込み刃金」は難しい、といったことである。

そして、今日では、近代製鉄工業の様相や工業的鉄製品の普及・流通が強い影響を与えているから、現在観察できるものによって直ちに前近代に接近することははなはだ困難で、むしろ、必要なことは今日の様相を的確に把握する努力であると考えられる。

ここで肝要なことは、このような近代化にともない工業的な鉄製品が普及していき、生活の変容を大きく迫られながら（あるいは、そうであるがゆえに）、かえって伝承的な鉄器が、再生方法を付随するものとして残って、そこにおける農鍛冶の役割がより重要度を増していく場合が少なくないことである。

この傾向が生じる理由のひとつとして、伝承的な製品がもつ地域的な形式・形態の多様さは、工業化による量産システムでは克服しがたいことをあげることができる。逆にいえば、地域的な差異の少ない製品は、規模はともかくとして、工業化の方向を示しやすく、量産と広域流通を前提にした一定形式の製品に変化していくが、地域的な要素に左右されやすいもの（地域色を強くもつもの）ほど工業化の網目から脱落して、自力生産・再生が要求されることになる。

たとえば、日本本土において、幕末・明治時代には西日本で稲刈り専用の刃鎌・鋸鎌が開発・量産されて、急速に全国に普及していったが、当然のことながら、それは稲刈りの作業が地域的な差異を重視するものではなかったからである。だから、ある程度の地域的な差異を含む草刈り鎌の場合はそうならず、各地に地域的な産地が生れて、それぞれ特徴的な製品が後々まで残ることになったのである。

鉈などにも地域的な差異の強いものがあったが、もっとも重要なものは鍬先などの農耕具であった。そのために各地に鍬先を再生する農鍛冶が後々まで存在しえたのであった。

このような観点から、さらに観察をおこなうと、時には画一的な工業製品を地域に適応させるために再生活動が積極的に用いられて、その結果、製品そのものを作りかえていく場合も生じる。農鍛冶の側からいえば、実は工業製品を、素材として利用している、ということになるのである。

かつて、その典型的な例をジャワにおけるふたつの鍬先（水田稲作とプランテーション農業に対応する）の関係によって示したことがあるが、それは同時に、在地の農鍛冶の保持する技術や装置の改良をともないながら進行したものであった。これに類似するものは、改革解放以後の中国において、農鍛冶が介在して量産の鍬先を改良して地域に適応させていく例にもみることができる。こうした事例から、近世本土の鍬先の地域適応の発展は、「先掛け」ないしはその前駆形態である再生・修理活動から生じたと推測することについても、ある程度の説得的な解釈を示しうるのである。

もうひとつは、こうした再生活動の形成に熱処理が重要な要素となっていることである。

このことは日本の鉄器加工技術のもつ特異性のために、国内調査からはなかなか認識しにくいが、海外の状況を踏まえてみると、日本において刃物（とりわけ鎌）の再生が一般的ではなかった理由に、磨耗しても簡単には刃先が尽きず、たびたびの熱処理を必要としなかった製法・構造をあげることができる。深く峯まで仕込まれた刃金に完全に焼きが入っているから、刃金が完全に尽きるまで、使い続けられたからである。

韓国では農鍛冶が村の定期市に出かけて、そこで修理にあたっていたが、この習慣の背後には、磨耗した鉈鎌に繰り返し「焼入れ」をしながら用いる、という使用方法があった（刃先先端部分のみに焼入れをする方法だから、磨耗によって焼入れ部分が減ると切れなくなり、また焼入れをする）。

しかも、形状からしてその焼入れには高度の技能を必要としたから、農鍛冶にとって、焼入れこそ腕のふるいどころであったと考えられる。

中国雲南省や南アジアの刃鎌・鋸鎌を用いる地域でも、同様の「焼入れ」を繰り返しながら使用していたところが少なくない。これらの地域においても、刃先の磨耗はすなわち焼入れ部分の消滅を意味したからである。だから、こうした地域において農鍛冶の主たる役割は、刃物の再生であった。

このように、刃先構造や形態は再生技術を規定しており、それが農鍛冶と農民の相互関係を決定していくという『鍛冶の民俗技術』の主張は、海外においても十分適応しうるものであることを知った。

3．材料鉄と加工方法

『鍛冶の民俗技術』以後に、特に関心をもって観察してきたものに、伝承的な製品における近代的な鉄材料の利用があった。周知のごとく近代の鉄鋼材料は、今日では世界のどんな辺鄙な地域にも及んで、伝承的な製鉄方法を駆逐してしまった。しかし、だからといって、それは新しく溶解炉から生れた新材料の一般的利用を指しているわけではなく、鉄材料は工業製品の形をとって普及・拡散していったものの廃鉄器として存在する。そして、この膨大な量の廃鉄器を素材にした鉄器を用いて日常生活が成り立っていることが、発展途上地域をおおう今日の状況である。たとえば、近年ネパールでは日常の煮炊器具として鉄鍋の利用が増えているが（伝承的には土器・青銅器であった）、その材料はインドから入ってくる石油のドラム缶をひらいて円盤にしたもの、といった状況である。

このことは鍛冶材料の場合にもまったく変わりなく、以前沖縄の農鍛冶を訪れた時に見せられたものは、ショップの脇に小山のように集められた自動車の板バネ・コイルバネであった。そして、今日広く東南アジアの農村地域で用いられている材料も、同様に自動車の板バネ・コイルバネ・アクスルがきわだって多いのである。

これらの材料は合金鋼であるから硬くて加工がしにくく、鍛接がまったくできないという性質を持っている。薄く打ち延ばすことができないし、鍛接できないから、刃金と地金を合成する利用方法（「付け刃金」や「割り込み刃金」）に用いることはできず、常に単材で使用するしか方法がないのである。このためにこれを利用して作れる製品は限定され、時にはこれに適応させるために製品の形式・形態を変えざるをえないのである。

また、この材料で作った刃物は焼入れ方法が限られており、片側にしか焼入れができないから諸刃を作ることは難しい。また、焼入れの深さも浅くなる。

だから、この材料に依存するようになると、製品に変化が生じてその再生手段にも限界が出てくる。

そこで、どこでも自動車の廃部品は豊富で容易に入手できるにも関わらず、合金鋼ではなく、炭素鋼をなんとか手に入れようとする動きが生じることになる。刃先には鋼、柄入れには軟鉄を使用して、それらを鍛接して作ってきた鍬先や斧（鋼と軟鉄の鍛接個所を持つ）を、自動車の板バネに変更することは困難だからである。

カトマンズ・パタンなどの都会や、少し大きなバザールで売られている斧には板バネを用いたものがある。その場合には、柄入れの部分を電気熔接していたり、板バネの両端にある軸穴をそのまま柄入れに利用していたりする。いいかえれば、電気が使えるところ、あるいは軸穴のある両端だけを集められるほど自動車が普及しているところでは、この材料も利用可能であるが、農村に散在する農鍛冶にはとても処理しきれないものである、ということになる。

ところで、ネパールではタライ平野のうちのごく限られた地域にしか鉄道は敷設されていない。だから、鉄道の廃材料は国内にはほとんど存在しないことになるが、実際に農鍛冶が用いている刃金材料には、線路・継目板など鉄道関連の廃材が多い。それは炭素鋼だからである。鉄道の敷設されていないところで、廃材料がなぜ用いられうるのかといえば、鉄道王国であるインドから輸入されるからである。

ネパールの農村で鍛冶屋に鉄材料の種類や名称をたずねると、おおむね三種類の区分があることが分かる。かれらが「スリス」といっているものは軟鉄材料で、これは建材などの廃品をあてている。カトマンズなどの都市にはこれを集める回収業者がおり、屑鉄の回収はすべてインド人が従事し、ネパール人は絶対にしない、といったりしている。次にかれらが「スプリング」や「アクスル」と称しているものは文字通り自動車部品で合金鋼である。このほかに「イスパール」というものがあり、これが鉄道の廃部品の炭素鋼で、インドから持ち込まれるものである。インドとの国境のビルガンジには、これらの鉄道廃品を圧延して鍛冶材料にふさわしく仕立てる工場があり、前述のドラム罐のサークル加工品などとともに、ここから入ってくるという。

なぜ「イスパール」というのかながらく疑問に思っていたが、最近ちょっとしたことからインドの製鉄会社の名称であることを知った。このことは、鉄道の廃部品を用いるようになる以前にインドから鋼材料を輸入していた時代があったことを表している（兵器製造のために輸入したのであろう）。輸入鋼材料が鉄道の廃部品に替わってからも、名称だけが残っているということである。

機会があるならば、これらの鍛冶材料がインドからネパールにどのような流通過程をへて入ってくるのか、その中間でどのような加工が加わるのかを調べてみたいと思っている。辺鄙な寒村の農鍛冶がもちいるわずかばかりの鉄材料も、その背後にさまざまな人間活動が見え隠れするのである。

4．これからの課題

筆者がジャワの鍛冶屋を見て歩いた時代は、アセアン諸地域の「緑の革命」の結果、稲の在来品種が改良品種に変わり、農業ダムが築かれて灌漑が普及し、農村風景が一変し、食料問題がようやく解決をみるようになったころであった。あれから驚くべき経済発展が起こって、都市には高層ビルが林立するようになった。と思う間に、今度は突然に深刻な経済危機がやってきて、インドネシアは再び混沌の時代に入ってしまった。わずかな時の経過のあいだに、振りかえってみると、たいへんに大きな変貌があったものである。

こうして、現在、もう一度地域社会における「モノとヒトの関係」を見つめ直す機会がえられるならば、と思っている。いずれにしても、近代工業や機械化農業が世界中を埋め尽くしてしまうはずはないし、その一方で、民衆が生み出す「民俗技術」は、絶えまなく再生産され続けているはずだからである。

あとがき

民俗技術と民具とに関心を持ちはじめてからもうかなりの歳月が過ぎた。その間に高度成長を誇りとした時代も既に過去のことになり、私達は新しい混沌の中に投げ出されている。一方でめまぐるしい技術革新が言われながら、もう一方では新たな宗教の時代の到来ともいわれつつ、人と物質文化とは確かに新局面に入りつつあるのだと思われる。そういう時代になんとか鉄の技術文化に関して一冊の本をまとめてみたいと思ったのは、今までに各地で邂逅した多くの鍛冶職がそれぞれに伝承してきた技術が、今日根こそぎに消滅しようとしているからであって、その現実がそのまま現状への鋭い批判となりうると考えたからである。その意味で本書は語らざる職人の代弁を志したものであったが、その責を十分に果せなかったのは、唯、筆者の力不足の故である。

今思いかえすと、書き落としたこと、論考不十分のところが次々に思い出されて心安らかではないが、それも已むを得ない。以下にいくつかの点について補足をしておきたい。

一、鉈の分布について

本書の鉈の分布図において、北東北地方は鉈の分布の薄い所とされている。しかし実はこの地方についてはまだ十分に調査の手が及んでいないのである。今春、下北半島を歩く機会を得て、北東北地方にもある程度は直鉈が普及をしていることを知ったが、それが北海道からの逆流であるのかどうかはまだ判らない。いずれにしてもこの地方では鉈よりも手斧の使用が多いことに注目しておかなければならないと思っている。

二、钁と鎛について

本書において私は钁と鎛との関係について多少の考察をあたえたが、書き残した点がいくつかあった。その中で、钁は鎛（hák）に（qu）が重なったものではないかと考えられる点は重要であると思われるので付記しておきたい。今後もうすこし詳しく調べてみたいと考えている。

三、『喜多院職人尽絵屛風』の「藁細工師」について

「藁細工師」について網野善彦氏より、最近の学説で「竹細工師」の誤りではないかというものがあると御教示いただいた。そこでもう一度図版を参照してみると、確かに「藁細工師」であることを示すものは何もないことが判った。どちらが正しいのか固より私の能力ではまったく判らないが、ただ、『職人尽絵』の中に「藁細工師」が含まれていることの不自然さについて思い至らなかったことは愧じとしなければならない。識者の御教示を願うものである。なお、この画面の中にも〃ハナ付鉈〃が描き込まれていることを指摘しておきたい。

最後に、本書の成立はその技術伝承者である多数の鍛冶職の存在と、彼らから教えられた知識によるものであることを記し、感謝の意を表したい。しかし、本書にいたらない点があるならば、それは私の責任であり、今後の調査と研究によって補っていきたい。識者の御叱正と御教導を願ってやまない。また、今日まで様々の方面で御指導いただいた民俗、民具、技術史研究の先学諸兄に感謝するものである。慶友社の宮嶋秀氏、飯田幸子氏はつたない原稿をなんとか一冊にまとめて下さった。その労にも深く謝意を表するものである。

一九八四年六月

朝岡康二

本書は昭和五十九年に刊行した後、しばらく版が途絶えていた旧版に若干の補記を追加したものである。読み返してみると旧版の内容には書き改めたいところが多々ある。しかし、その後に新たにとりまとめた執筆がいくつかあり、また、本書は筆者にとって研究の出発点となったものであり、手前味噌ではあるが、それなりのまとまりがないわけではないから、あえて本文に手を加えることはしなかった。

それを補う意味で巻末に、以後の研究がどのような方向に向かったかについて若干の一文を追加することにした。補記を書きながら感じたことは、筆者が当初考えた基本的な認識は、これ以後たいして深化させることができなかった、という反省である。

これまで鉄製農具・鍛冶技術、鍋釜・鋳造技術などを主題として、人の営みと金属に関心を持ってきた。宮本常一先生の表現によれば、それは「硬い民具」ということになり、これも宮本流にいえば、その「落穂」をわずかばかり拾い集めてきたにすぎない、ということになるであろう。

最近はもう少し範囲を広げてみたいと考えるようになったが、それには本人の自覚以上に世の中の移ろいが作用していると思われる。高度成長時代（あるいは量産工業と大量消費の時代）の終焉は「モノとヒトの関わり」が新たな曲がり角に至ったことを示し、社会は再び大きく変化する新しい状況に入りつつあると、切実に感じられるのである。ここにおいてなにを考えればよいかが筆者のこれからの課題である。

以上のような言い訳めいたものによって「あとがき」に変えたい。

最後に旧版出版の時を思い返しながら、一方ならずお世話になった宮島秀氏にたいして、改めて深く感謝の意を表するものである。

平成十二年二月十五日　　朝岡康二

朝岡康二（あさおかこうじ）
一九四一年、ソウルに生まれる
東京芸術大学卒業
同　大学院修了
育英工業高等専門学校教授
沖縄県立芸術大学教授を経て
現在、国立歴史民俗博物館教授
総合研究大学院大学併任教授
千葉大学大学院併任教授
メディア教育開発センター客員教授を兼ねる
著書に『日本の鉄器文化—鍛冶屋の比較民俗学』慶友社
『鍋釜』『農鍛冶』法政大学出版局などがある

鍛冶の民俗技術　増補版

二〇〇〇年六月二十三日第一刷

著者　朝岡康二

印刷所　電算印刷株式会社

製本所　協栄製本株式会社

発行所　慶友社

〒一〇一-〇〇五一　東京都千代田区神田神保町二-四八
電話〇三(三二六一)一三六一　FAX〇三(三二六一)一三六九

ISBN4—87449—129—4　C3039

索　引

凡 例

1. 同字ごとにまとめて配列したため，かならずしも五十音順になってはいない。
2. （○○）の場合は呼び方，同意，関連を示し，〔○○〕は分類を示すようカッコを使い分けた。例えば，片刃付け刃金（作り）は片刃付け刃金でできた刃物であることを示し，播州角型〔鎌〕は，それが鎌に属することを示しているようにである。

ア

イ

ウ

エ

オ

カ

コ

サ

シ

ソ

タ

チ

ツ

テ

ト

ナ

ニ

ヌ

ネ

ノ

ハ

ヒ

フ

ヘ

ホ

マ

ミ

ム

メ

モ

ラ

リ

ル

レ

ロ

ヤ

ユ

ヨ

ワ